JN371128

칭기스 칸, 잠든 유럽을 깨우다

GENGHIS KHAN AND THE MAKING OF THE MODERN WORLD

Copyright ⓒ 2004 by Jack Weatherford
Korean translation copyright ⓒ 2005 by Sakyejul Publishing Ltd.

This translation published by arrangement with Crown Publishers,
a division of Random House, Inc. through Eric Yang Agency.
All rights reserved

이 책의 한국어판 저작권은 에릭양 에이전시를 통한 Crown Publishers사와 맺은
독점계약으로 (주)사계절출판사가 보유합니다.
저작권법에 따라 한국 내에서 보호를 받는 저작물이므로 무단전재와 복제를 금합니다.

칭기스 칸, 잠든 유럽을 깨우다

잭 웨더포드 지음 ● 정영목 옮김

사계절

잠든 유럽을 깨우다 칭기스칸,

2005년 3월 28일 1판 1쇄
2025년 5월 31일 1판 26쇄

지은이 잭 웨더포드
옮긴이 정영목

편집 강창훈
디자인 백창훈
제작 박흥기
마케팅 김수진·백다희·이태린
홍보 조민희

출력 블루엔
인쇄 천일문화사
제책 J&D바인텍

펴낸이 강맑실
펴낸곳 (주)사계절출판사
등록 제406-2003-034호
주소 (10881)경기도 파주시 회동길 252
전화 031)955-8588, 8558
전송 마케팅부 031)955-8595 편집부 031)955-8596
홈페이지 www.sakyejul.net **전자우편** skj@sakyejul.com
페이스북 www.facebook.com/sakyejul **블로그** blog.naver.com/skjmail
트위터 twitter.com/sakyejul

값은 뒤표지에 적혀 있습니다.
잘못 만든 책은 구입하신 서점에서 바꾸어 드립니다.

사계절출판사는 성장의 의미를 생각합니다.
사계절출판사는 독자 여러분의 의견에 늘 귀기울이고 있습니다.

이 책은 저작권법에 따라 보호받는 저작물이므로 무단전재와 무단복제를 금합니다.

ISBN 978-89-5828-078-1 03910

젊은 몽골인들에게

역사를 지키기 위해 목숨을 아끼지 않았던
몽골의 학자들을 잊지 마시기를.

차례

머리말-사라진 정복자 … 11

1부-초원의 공포정치: 1162~1206

1장 … 핏덩어리 … 41
2장 … 세 개의 강 … 78
3장 … 칸들의 전쟁 … 109

2부-몽골 세계대전: 1211~1261

4장 … 황금 칸에게 침을 뱉다 … 141
5장 … 술탄과 칸의 대결 … 173
6장 … 유럽 원정대 … 204
7장 … 왕비들의 싸움 … 240

3부-세계 인식의 대전환: 1262~1962

8장 … 쿠빌라이 칸의 새로운 몽골 제국 … 285
9장 … 팍스 몽골리카 … 314
10장 … 환상의 제국 … 342

맺음말-영원한 푸른 하늘, 칭기스 칸 … 372

미주 … 380 / 용어 해설 … 398
참고문헌 … 403
감사의 말 … 417 / 역자 후기 … 422
찾아보기 … 426

대몽골 제국(예케 몽골 울루스)의 왕가 계보도

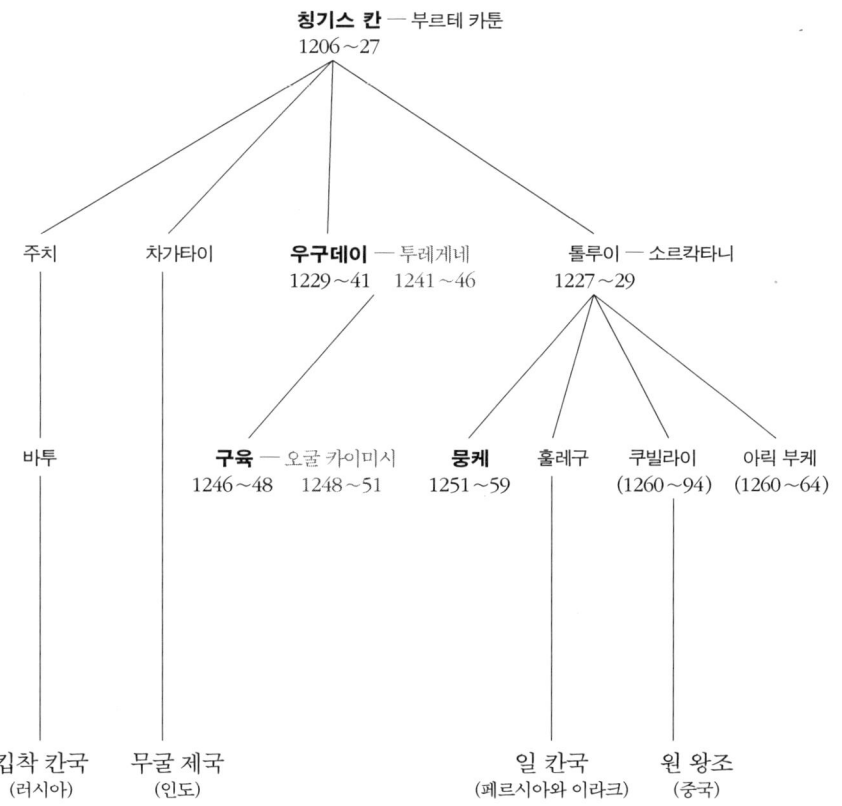

[범례]

칭기스 칸 : 대칸
투레게네 : 섭정
1206~27 : 통치기간
(1260~94) : 대칸의 자리를 놓고 다툰 칸의 통치 기간

이 고귀한 왕의 이름은 칭기스 칸이었으니
그는 당대에 큰 명성을 떨쳐
어느 지역 어느 곳에도 만사에 그렇게 뛰어난 군주는 없었다.

제프리 초서, 『캔터베리 이야기』(1395년경)

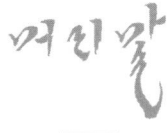

사라진 정복자

> 칭기스 칸은 행동하는 사람이었다.[1]
> 「워 싱 턴 포 스 트」(1 9 8 9)

1937년 몽골 중부의 거무스름한 샹크 산맥 아래를 흐르는 '달의 강' 가 어느 절에서, 칭기스 칸의 영혼이 사라졌다. 충성스런 라마승들이 수백 년 동안 보호하고 경배해오던 영혼이었다. 1930년대에 스탈린의 심복들은 여러 차례 몽골의 문화와 종교를 공격하여 파괴했고 그 과정에서 약 3만 명의 몽골인을 처형했다. 군대는 사원을 차례차례 짓밟았다. 승려를 사살하고, 여승을 폭행하고, 종교 유물을 부수고, 도서관을 약탈하고, 경전을 불태우고, 건물을 파괴했다. 전해오는 말에 따르면, 누군가 샹크 사원에서 칭기스 칸의 영혼의 상징물을 몰래 빼냈고, 수도 울란바토르의 안전한 장소에 보관했으나, 결국 그곳에서도 사라졌다고 한다.

아시아 내륙 지방의 굽이치는 초원지대*에서는 전사 겸 목자(牧者)가 술데라고 부르는 '영기(靈旗)'**를 들고 다니는 것이 수백 년의 전통

---

* 스텝(steppe)이라고 부른다. 본문에 붙은 것은 옮긴이의 주석이며, 저자의 주석은 책 뒤에 따로 붙어 있다.
** 보통 기나 깃발로 표현하지만, 여기서는 'Spirit Banner'라는 영어의 의미를 살려 '靈旗'라고 해보았다. 몽골어로는 토크라고 한다.

이었다. 영기는 가장 훌륭한 종마의 말총을 창날 바로 아래 묶어서 만들었다. 전사는 설영(設營)을 할 때마다 영원한 안내자인 영기를 입구 밖에 세워놓았다. 이 기는 전사의 정체를 밝히는 역할도 했다. 영기는 몽골인이 섬기는 '영원한 푸른 하늘' 밑의 광대한 공간에서 늘 나부꼈다. 초원에는 거의 언제나 바람이 불었고, 말총은 끊임없이 나부끼면서 바람과 하늘과 해의 힘을 붙들어, 이 힘을 자연으로부터 전사에게 옮겨주었다. 말총에 부는 바람은 전사의 꿈의 영감이 되었으며, 전사가 자신의 운명을 따르도록 격려했다. 바람에 나부끼고 꿈틀거리는 말총은 그 소유자에게 계속 앞으로 나아가자고 손짓했으며, 이곳을 떠나 다른 곳을 찾아보자고, 더 나은 목초지를 찾아보자고, 새로운 기회와 모험을 탐사해보자고, 이 세상에서 새로운 운명을 창조해보자고 유혹했다. 전사와 영기는 서로 뗄 수 없이 얽혀 있어 전사가 죽어도 그 영은 말총에서 영원히 산다고 했다. 전사가 살아 있는 동안 말총 깃발은 그의 운명을 싣고 다녔으며 죽으면 이것이 곧 그의 영혼이 되었다. 전사의 육신은 바로 자연에 버려지지만, 영혼은 그 말총에 영원히 살며 후손에게 영감을 주었다.

칭기스 칸은 평화로울 때에는 백마 말총으로 만든 영기를 이용했고, 전시에는 흑마 말총으로 만든 영기를 안내자로 삼았다. 백마 영기는 일찍 사라졌지만 흑마 영기는 그의 영혼을 간직한 채 오래 살아남았다. 몽골인은 그가 죽은 뒤에도 수백 년 동안 그의 영혼이 깃든 깃발을 숭배했다. 16세기에는 칭기스 칸의 후손인 라마승 자나바자르가 그의 영기를 보호하려는 목적으로 절을 지어, 칭기스 칸의 깃발은 계속 바람에 나부끼게 되었다. 그후 티베트 불교의 황모파(黃帽派)* 승려 1000여 명이 폭

---

* '노란 모자 종파'라는 뜻이며 게룩파(티베트어로 '미덕의 본보기'라는 뜻)라고도 부른다. 달라이 라마가 이 파에 속해 있다.

풍이나 눈보라, 외침(外侵)이나 내전에도 아랑곳하지 않고 이 깃발을 지켰다. 그러나 20세기의 전체주의 정치 앞에서는 그들도 속수무책이었다. 승려들은 죽임을 당하고 영기는 사라져버렸다.

[칭기스 칸의 유산]

운명은 칭기스 칸을 끌고다니지 못했다. 그는 스스로 운명을 만들어나갔다. 어린 시절의 칭기스 칸은 영기를 따라 세계를 가로지르기는커녕 영기를 만들 말을 손에 넣을 수도 없는 운명을 타고난 것처럼 보였다. 장차 칭기스 칸이 될 소년은 여러 부족이 거칠 것 없이 폭력을 휘두르는 세계에서 성장했다. 서로 살인을 하고, 납치를 하고, 노예로 삼는 일이 비일비재했다. 추방당한 가족의 아들로서 초원에 버려져 죽음을 기다려야 했던 이 소년이 어린 시절에 만난 사람은 모두 합쳐도 몇백 명을 넘지 않을 것이다. 게다가 그는 공식 교육도 받지 못했다. 소년은 이런 엄혹한 환경에서 욕망, 야망, 잔혹 등 인간 감정의 전 영역을 샅샅이 목격했다. 그는 어린 시절에 이미 배다른 형을 죽이기도 했고, 경쟁 관계인 씨족에게 붙잡혀서 노예 생활도 했고, 납치되었다가 탈출하기도 했다.

이런 살벌한 환경에서 소년은 강렬한 생존과 자기보존 본능을 보여주었다. 그러나 그가 훗날 이룩하게 될 성취의 조짐을 보여준 것은 아니다. 어린 시절 칭기스 칸은 개를 무서워했고 잘 울었다. 동생은 그보다 힘도 셌고 활도 잘 쏘았고 씨름도 잘했다. 배다른 형은 그를 부려먹고 괴롭혔다. 그러나 굶주림, 갖은 수모, 납치, 노예 생활이라는 괴로운 환경에서 그는 권력을 향한 긴 계단을 밟아 올라가기 시작했다. 그는 사춘기에 이르기 전에 이미 인생에서 중요한 역할을 담당할 인물을 둘이나 만났다. 칭기스 칸은 자기보다 약간 나이가 많은 소년을 만나 영원한 우정과 신의를 맹세했다. 이 소년은 젊은 시절 가장 가까운 친구였지만 어른이 되면서 철천지원수가 되었다. 칭기스 칸은 또 평생 사랑할 여자를 만났으며, 훗날 그녀는 황제들의 어머니가 되었다. 필요에 따라 깊은 우정을 나누는가 하면 강한 적대감을 품기도 하는 칭기스 칸의 이중적 소질은 젊은 시절에 형성되어 평생 유지되었으며, 그의 성격의 결정적 특질로 자리잡았다. 함께 덮고 자는 담요 밑이나 집안 화로의 깜빡거리는 불빛 주위에서 생겨난 사랑과 부권이라는 이 풀기 어려운 문제는 세계사라는 더 큰 무대에도 투사되었다. 칭기스 칸의 개인적인 목표, 욕망, 공포는 세계를 삼켜버렸다.

칭기스 칸은 해마다 자기보다 권력이 센 사람들을 물리쳐 결국 몽골 초원지대의 모든 부족을 정복하게 되었다. 대부분의 정복자들이 전장에서 물러나는 쉰의 나이에 칭기스 칸의 영기는 그를 고향에서 불러내 수백 년 동안 유목 부족들을 괴롭히고 노예로 부려온 문명인 군대와 머나먼 땅에서 맞서게 했다. 그는 여생 동안 영기를 따라 고비 사막과 황허〔黃河〕를 건너 중국으로 들어가고, 중앙아시아의 투르크인과 페르시아인의 땅을 통과하고, 아프가니스탄 산맥을 넘어 인더스 강까지 이르면서 연거푸 승리를 거두었다.

몽골군은 정복에 정복을 거듭하면서 전쟁을 수천 킬로미터를 가로질러 펼쳐진 다수의 전선에서 벌이는 대륙간 사업으로 바꾸어놓았다. 칭기스 칸의 혁신적인 전투 기술로 인해 중세 유럽의 중무장한 기사는 역사의 뒤편으로 물러나고, 전체에 통합된 단위를 이루어 움직이는 규율 잡힌 기병이 전면에 나섰다. 칭기스 칸이 방어용 요새에 의존하는 대신 기습을 기발하게 활용하고 공성전을 완벽하게 다듬어 운용하자, 성벽을 두른 도시의 시대도 끝이 났다. 칭기스 칸은 오랜 기간 원정을 계속하면서 자신의 민족에게 엄청나게 넓은 공간에서 싸울 수 있는 능력을 길러주었다. 그 결과 몽골군은 세 세대가 넘게 싸움을 계속할 수 있었다.

몽골군은 25년이라는 짧은 기간 동안 로마군이 400년 동안 정복한 것보다 많은 땅과 사람을 정복했다. 칭기스 칸은 아들, 손자 들과 함께 13세기에 가장 인구 밀도가 높은 문명들을 정복했다. 그가 굴복시킨 사람들 숫자로 보나, 합병한 나라들의 숫자로 보나, 정복한 땅의 면적으로 보나 칭기스 칸은 역사상 다른 어떤 정복자보다 두 배 이상을 정복했다. 몽골 전사들의 말발굽은 태평양부터 지중해까지 모든 강과 호수의 물을 밟아보았다. 전성기 몽골 제국은 연속되는 면적으로 2800만 내지 3100만 제곱킬로미터의 땅을 차지했는데, 이것은 대략 아프리카 대륙만한 넓이며, 미국, 캐나다, 멕시코, 중앙아메리카, 카리브 해의 섬들을 합친 면적보다도 훨씬 넓다. 몽골 제국은 눈 덮인 시베리아 툰드라부터 인도의 뜨거운 평원까지, 베트남의 논에서부터 헝가리의 밀밭까지, 고려에서부터 발칸 제국까지 뻗어 있었다. 오늘날 세계 인구의 다수가 한때 몽골이 점령했던 나라에 살고 있다. 현대 지도에서 칭기스 칸이 정복한 땅은 30개국이며 인구로는 30억이 훨씬 넘는다. 이런 성취에서 가장 놀라운 측면은 그의 휘하에 있던 몽골 부족 전체가 약 100만 명으로, 현대 일부 기업의 직원들보다 적은 수였다는 점이다. 칭기스 칸은 이 100만 명에서 군대를 징집했는데, 그 수는 10만 명에 불과했다. 현대의 대형 경기장도 꽉 채우지 못할 숫자였던 것이다.

　미국을 예로 들어 칭기스 칸이 이룬 일을 비유적으로 한번 이야기해보자. 교육받은 상인이나 부유한 경작자가 아니라 문맹의 노예 한 사람이 순전히 인격과 통솔력, 결단력만으로 미국을 건립했다고 생각해보라. 거기서 더 나아가 미국을 외세의 지배에서 해방하고, 국민을 단결시키고, 알파벳을 만들고, 헌법을 쓰고, 보편적인 종교의 자유를 보장하고, 새로운 전쟁 방식을 고안하고, 캐나다에서 브라질까지 군대를 몰고 다니고, 교역로를 열어 양 대륙을 가로지르며 길게 뻗은 자유무역지대를 만들었다고 상상해보라. 칭기스 칸이 이룬 업적의 규모와 범위는 어떤 수준에서 보든, 어떤 관점에서 보든, 상상의 한계에 도전하며, 아무리 설명에 능한 학자라도 그 앞에서는 말문이 막히고 만다.

칭기스 칸의 기병대가 13세기를 가로질러 돌격하자 세계의 경계가 다시 그려졌다. 칭기스 칸은 돌이 아니라 나라로 건축을 했다. 칭기스 칸은 다수의 작은 왕국들로는 만족을 못했는지 작은 나라들을 합쳐서 큰 나라로 만들었다. 몽골군은 동유럽에서 슬라브족의 공국과 도시 여남은 개를 묶어 하나의 커다란 러시아 국가를 만들었다. 동아시아에서는 3대에 걸쳐 남쪽의 송(宋)나라에 만주의 주르첸(여진女眞을 가리킨다), 서쪽의 티베트, 고비 사막 옆의 탕구트, 투르키스탄 동부의 위구르의 땅을 결합하여 커다란 중국을 만들었다. 몽골은 통치 영역을 확대하면서 인도도 통치했다. 인도는 대체로 몽골 정복자들이 세운 경계 안에서 현대까지 생존해왔다.

칭기스 칸의 제국은 주위의 많은 문명을 연결하고 융합하여 새로운 세계 질서를 만들어냈다. 그가 태어난 1162년, 구세계는 여러 지역문명으로 이루어져 있었고, 그 각각은 자신의 가장 가까운 이웃 외에는 다른 문명을 거의 알지 못했다. 중국은 유럽을 몰랐고, 유럽은 중국을 알지 못했다. 현재 알려진 바로는 중국과 유럽 사이를 여행한 사람도 없다. 그러나 칭기스 칸이 사망한 1227년에 중국과 유럽은 외교나 상업으로 연결되어 있었고, 그 연결은 지금까지 유지되고 있다.

칭기스 칸은 귀족적 특권과 출생에 기초한 봉건제를 부수고 개인의 장점과 충성심, 성취에 기초한 새롭고 독특한 체제를 건설했다. 그는 '비단길' 주변에 고립되어 있는 굼뜬 교역도시들을 점령하여 비단길을 역사상 가장 큰 자유무역지대로 조직해놓았다. 칭기스 칸은 전체적으로 세금을 내렸으며, 의사, 교사, 사제, 교육기관에는 완전히 면제해주었다. 정기적으로 통계조사를 했고, 처음으로 국제적인 역전(驛傳) 제도를 확립했다. 몽골은 부와 보물을 축적하는 제국이 아니었다. 대신 칭기스 칸은 전투에서 얻은 물자를 널리 분배하여 다시 상업적 유통망으로 들어가게 했다. 칭기스 칸은 국제법을 만들고 '영원한 푸른 하늘'의 법을 만민을 다스리는 궁극적인 최고의 법으로 규정했다. 대부분의 통치자가 스스로 법 위에 있다고 생각하던 시절 칭기스 칸은 통치자도 미천한 목자와 똑같이 법의 지배를 받는다고 주장했다. 그는 정복당한 모든 신민에게 종교와 관계없이 완전한 충성을 요구했지만, 영토 내에서 종교적 자유를 허용했다. 법의 지배를 내세우고 고문을 철폐했지만, 양민을 습격하는 도적떼나 테러리스트 암살자들을 찾아내 죽이기 위한 대규모 원정에는 서슴없이 나섰다. 그는 볼모를 잡아두는 관행을 없애고, 대신 모든 대사와 사절에게 외교적인 면책특권을 부여하는 새로운 관행을 수립했다. 전쟁 중인 적대국가의 사절도 예외가 아니었다.

칭기스 칸은 제국을 단단한 기초 위에 세워두고 세상을 떠났기 때문에, 이 제국은 그 뒤에도 150년 동안 더 팽창해나갔다. 제국이 붕괴한 뒤에도 수백 년 동안 그의 후손은 러시아, 터키, 인도에서 중국과 페르시아에 이르기까지 작은 제국과 큰 나라를 다스렸다. 이 통치자들은 칸, 황제, 술탄, 왕, 샤, 아미르, 달라이 라마 등 다양한 절충적 칭호를 사용했다. 칭기스 칸 제국의 자취는 후손들의 통치를 통해 700년 동안 유지되었다. 무굴인 가운데 일부는 18세기에도 인도에서 통치자 자리에 앉아 있었으나, 1857년에 영국인이 황제 바하두르 샤 2세를 몰아내고 그의 두 아들과 손자를 참수했다. 칭기스 칸의 후손 가운데 통치자 자리에 앉았던 마지막 인물은 부하라의 아미르인 알림 칸이었다. 그는 우즈베키스탄에서 권좌에 앉아 있다가 1920년 소비에트 혁명의 물결에 밀려 퇴위했다.

[몽골 초원에서 사라지다]

역사는 대부분의 정복자들에게 비참하고 때 이른 죽음을 선고했다. 알렉산드로스 대제는 33세의 나이에 바빌론에서 의문을 남기고 죽었다.

부하들은 그의 가족을 죽이고 땅을 나누어 가졌다. 율리우스 카이사르는 동료 귀족과 이전 동맹자들에게 로마 원로원에서 칼에 찔려 죽음을 맞이했다. 나폴레옹은 자신의 모든 정복지가 파괴되거나 원래의 주인에게 돌아가는 과정을 지켜본 뒤 지구에서 가장 접근하기 힘든 외딴 섬에서 외로운 수인(囚人)으로 고독하고도 고통스럽게 죽어갔다. 그러나 거의 70세에 이른 칭기스 칸은 자신의 야영지 침대에서 사랑하는 가족과 의리 있는 친구, 명령만 내리면 목숨이라도 내놓을 충성스러운 병사들에게 둘러싸여 숨을 거두었다. 그는 1227년 여름 황허의 상류지방에서 탕구트 민족과 전쟁을 벌이던 도중에 죽었다. 죽음이나 병을 언급하기 싫어하는 몽골인의 표현에 따르면 "하늘로 올라갔다." 그가 죽은 뒤에도 죽음의 원인이 공개되지 않자 여러 추측이 나돌았으며, 나중에 생겨난 전설이 시간의 켜가 쌓이면서 역사적 사실로 둔갑하기도 했다. 몽골인과 만났던 첫 유럽인 사절 플라노 디 카르피니는 칭기스 칸이 번개를 맞아 죽었다고 기록했다. 칭기스 칸의 손자 쿠빌라이 시절에 몽골 제국을 널리 여행했던 마르코 폴로는 칭기스 칸이 활에 맞아 생긴 무릎 부상으로 죽었다고 전했다. 미지의 적이 독살했다고 주장하는 사람들도 있었다. 또 어떤 사람들은 그와 싸우던 탕구트 왕의 마법 주문에 걸려 죽었다고 주장하기도 했다. 칭기스 칸을 비방하는 사람들이 퍼뜨린 이야기에 따르면 포로로 잡힌 탕구트 왕비가 자신의 질(膣)에 기묘한 장치를 집어넣어, 칭기스 칸은 그녀와 잠자리를 함께 하다 성기가 찢어지는 극심한 고통을 겪으며 죽었다고 한다.

　칭기스 칸의 사망을 둘러싼 여러 가지 이야기와는 달리, 그가 유목민의 게르에서 죽었다는 사실, 즉 그가 태어난 곳과 크게 다르지 않은 환경에서 죽었다는 사실은 칭기스 칸이 자신의 민족의 전통적 생활방식을 보존하는 데 성공을 거두었음을 보여준다. 자기 민족의 전통적 생활방식을 보존하려고 노력하는 과정에서 인간 사회 전체를 오히려 바꾸어놓았으니, 이것이 아이러니라면 아이러니다. 칭기스 칸의 병사들은 죽은 칸의 주검을 몽골 고향으로 옮겨 비밀리에 묻었다. 그를 묻은 자리에는 능(陵)도 없고 사원이나 피라미드는커녕 그가 누워 있다는 사실을 알려주는 작은 묘비조차 세우지 않았다. 몽골인의 믿음에 따르면 죽은 자의 몸은 평화롭게 놓아두면 그만이었으며 굳이 기념비를 세울 필요가 없었다. 영혼이 이미 몸을 떠났기 때문이다. 영혼은 영기에 머물며 살게 된다. 칭기스 칸은 매장되어 자신이 나왔던 몽골의 광대한 풍경 속으로 조용히 사라졌다. 그의 마지막 안식처는 알려지지 않았으나 사람들은 믿을 만한 정보가 없다는 점을 이용하여 제각기 이야기를 꾸며대고 거기에 극적인 장식까지 붙여놓았다. 자주 되풀이되는 이야기에 따르면 그의 장례 행렬에 속한 병사들은 고향으로 돌아가는 40일 동안 길에서 만난 모든 사람과 짐승을 죽였다고 한다. 비밀리에 매장을 마친 뒤에는 800명의 기병이 그 땅을 여러 번 밟아 다져 무덤의 흔적을 완전히 지워버렸다. 이 상상력이 돋보이는 이야기에 따르면, 기병들은 무덤의 위치를 발설하지 못하도록 다른 병사들에게 죽음을 당했고, 이 병사들은 또 다른 병사들에게 죽음을 당했다고 한다.

 그들은 칭기스 칸을 고향 땅에 비밀리에 묻은 뒤 그 주변 수백 제곱킬로미터의 땅을 폐쇄했다. 특별히 훈련받은 전사들이 침입자를 죽이는 임무를 부여받고 그 땅을 지켰으며, 칭기스 칸의 가족 외에는 아무도 그곳에 들어가지 못했다. 아시아 심장부 깊숙한 곳에 자리잡은 이흐 호리그, 즉 '대금구(大禁區)'는 거의 800년 동안 폐쇄되어 있었다. 칭기스 칸 제국의 모든 비밀이 그의 신비한 고향에 모두 갇혀 있는 것 같았다. 몽골 제국이 무너지고 나서 오랜 세월이 흐르면서 외국 군대가 몽골의 여러 지역을 침입하기도 했지만, 몽골인은 조상의 성지에는 아무도 발을 들여놓지 못하게 끝까지 막았다. 몽골인이 불교로 개종하는 과정에서 많은 사건이 발생했지만, 칭기스 칸의 후계자들은 성직자가 그의 매장지를 표시할 사당이나 절이나 기념물을 세우는 것을 허락하지 않았다.

20세기에는 소련 통치자들이 칭기스 칸의 탄생지나 매장지가 민족주의자들의 집결지가 되지 않도록 철저하게 지켰다. 소련 사람들은 이곳이 칭기스 칸과 관련이 있다는 암시를 줄까봐 대금기라는 말이나 다른 역사적 이름을 사용하지 않고 그냥 '접근 금지구역'이라는 관료적인 용어를 사용했다. 그들은 행정 체제에서도 이곳을 주변 지역과 분리하여 중앙정부의 직접 관할 지구로 돌렸다. 물론 몽골 중앙정부는 모스크바의 통제를 받았다. 이뿐만 아니라 소련은 접근 금지구역 주변의 100만 헥타르를 '접근 제한구역'으로 설정하여 봉쇄했다. 공산주의자들이 지배하던 시기에 정부는 이 지역으로 사람이 들어오는 것을 막기 위해 아예 도로나 다리를 건설하지 않았다. 소련은 제한구역과 몽골의 수도 울란바토르 사이에 요새화된 미그기용 공군기지를 건설했다. 아마 핵무기를 보관하는 창고도 있었을 것이다. 여기에 커다란 소련 탱크 기지까지 생겨 일반인이 금지구역으로 들어가기란 실제로 불가능했으며, 러시아 군부는 이 지역을 포병과 탱크 훈련장으로 이용했다.

[칭기스 칸과 세계사]

몽골인은 과학기술에서 새로운 돌파구를 열지도 않았고, 새로운 종교를 만들지도 않았고, 책이나 연극도 거의 쓰지 않았으며, 세상에 새로운 작물이나 영농기술을 내놓지도 않았다. 몽골의 장인은 직물을 짜지도 못하고, 금속을 주조하지도 못하고, 도기를 만들지도 못하고, 심지어 빵을 굽지도 못했다. 그들은 자기나 도기를 제작하지도 않았고, 그림을 그리지도 않았고, 건물을 짓지도 않았다. 그러나 그들의 군대는 여러 문화를 차례차례 정복하면서 이 모든 기술을 모아 이 문명에서 저 문명으로 전해주었다.

칭기스 칸이 세운 유일한 항구적 구조물은 다리였다. 풍경을 가로질러 움직이던 그는 성, 요새, 도시, 성벽의 건설은 우습게 보았지만, 다리는 역사상 그 어느 통치자보다 많이 놓았을 것이다. 군대와 물자를 더 빠르게 이동시키려면 내와 강을 수백 개 건너야 했기 때문이다. 몽골은 세계의 문을 열어 물자만이 아니라 사상과 지식도 새로 흐르게 했다. 몽골인은 독일의 광부들을 중국으로 데려오고, 중국 의사들을 페르시아에 데려갔다. 이런 이동에는 기념비적인 것도 있었고 사소한 것도 있었다. 그들은 가는 곳마다 양탄자를 퍼뜨렸고, 레몬과 당근을 페르시아에서 중국에 이식했으며, 국수, 카드, 차를 중국에서 서구로 가져갔다. 그들은 파리의 금속세공 장인을 데려와 몽골의 건조한 초원지대에 분수를 만들게 했고, 영국의 귀족을 데려와 군대에서 통역으로 일하게 했으며, 지문을 찍는 중국의 관행을 페르시아에도 옮겨놓았다. 중국에서는 기독교 교회 건립, 페르시아에서는 절과 탑 건립, 러시아에서는 『쿠란』을 가르치는 이슬람 신학교 건립을 위한 자금을 댔다. 몽골인은 정복자로서 지구를 휩쓸었지만, 문화의 전달자 역할에서도 달리 경쟁자를 찾아볼 수 없었다.

칭기스 칸의 제국을 물려받은 몽골인은 생산품과 상품을 이동시키고 그것을 결합하여 완전히 새로운 생산품과 전례 없는 발명품을 만들어내는 일을 과감하게 추진해나갔다. 중국, 페르시아, 유럽의 숙련된 기술자들이 중국의 화약과 무슬림의 화염방사기를 결합시킨 뒤 유럽의 종주조 기술을 응용하자 완전히 새로운 종류의 과학기술 혁신품인 대포가 탄생했다. 권총에서 미사일에 이르기까지 방대한 근대 무기의 발전이 여기에서 시작되었다. 각각의 물품에도 그 나름의 의미가 있었지만, 몽골인이 과학기술을 골라서 조합하면 엄청난 영향력을 가진 발군의 합성물이 탄생했다.

몽골인은 정치, 경제, 지성의 면에서도 헌신적인 태도로 꾸준하게 국제주의적 열정을 과시했다. 그들은 세계를 정복하려 했을 뿐 아니라,

자유무역, 단일한 국제법, 모든 언어에 사용할 수 있는 보편적인 알파벳에 기초한 세계질서를 수립하려 했다. 칭기스 칸의 손자 쿠빌라이 칸은 어디에서나 쓸 수 있는 지폐를 도입했고, 문맹을 없앨 목적으로 모든 아동에게 보편적인 기본 교육을 시킬 수 있는 초등학교를 세우려 했다. 몽골은 역법을 개선하고 결합하여 이전 어디서 나온 것보다 정확한 만세력을 만들었으며, 이전 어느 때보다 광범위한 지도 수집을 후원했다. 몽골인은 상인들이 육로로 자신의 제국에 오도록 권했으며, 상업과 외교 범위를 확대하기 위해 땅과 바다를 가로질러 멀리 아프리카에까지 탐사대를 보냈다.

몽골인이 손을 댄 나라의 주민은 대개 처음에는 미지의 야만적인 부족의 파괴와 정복 때문에 충격을 받았지만 곧 유례 없는 문화교류,[2] 교역 확대, 생활수준 개선의 혜택을 보게 되었다. 유럽에서 몽골인은 대륙의 귀족적인 기사들을 학살했지만, 이 지역이 중국이나 무슬림 국가들과 비교할 때 전반적으로 빈곤한 것에 실망했기 때문에 구태여 도시를 정복하려 하지도, 나라를 약탈하거나 제국에 편입시키려 하지도 않고 말머리를 돌려 떠났다. 결국 유럽은 고통은 제일 적게 겪었으면서도, 베네치아의 폴로 가문 같은 상인들이나 몽골 칸과 유럽의 교황이나 왕 사이에 교환한 사절을 통한 접촉의 이익은 모두 누릴 수 있었다. 새로운 과학기술, 지식, 상업적 부는 르네상스를 낳았으며, 유럽은 이 시기에 자신의 이전 문화 일부를 재발견했다. 그러나 이보다 중요한 점은 동양으로부터 인쇄술, 화기(火器), 나침반, 주판 등 과학기술을 흡수했다는 사실이다. 13세기에 잉글랜드의 과학자 로저 베이컨은 몽골인이 승리한 것은 군사 분야의 우월성 때문만이 아니라고 말했다.[3] 오히려 "그들은 과학으로 승리를 거두었다." 몽골인은 "열렬히 전쟁에 나서기도" 했지만, "철학 원리를 습득하는 데 여가시간을 바쳤기" 때문에 그렇게 앞서 나갈 수 있었다는 것이다.

몽골의 영향을 받은 결과인 르네상스 기간에 유럽 생활의 모든 측면—과학기술, 전쟁, 의복, 상업, 음식, 예술, 문학, 음악—이 바뀌었다. 새로운 전투 형태, 새로운 기계, 새로운 음식에 덧붙여, 유럽인은 몽골의 직물을 받아들여 튜닉과 로브(가운 비슷한 형태의 짧은 속옷과 긴 겉옷) 대신 바지와 저고리를 입고, 손가락으로 뜯는 악기 대신 초원지대의 활로 타는 악기를 연주하고, 새로운 양식의 그림을 그렸다. 유럽인들은 심지어 서로 용기를 북돋으며 격려할 때 몽골인의 감탄사 후레이(hurray)를 가져다 쓰기도 했다.

몽골인의 업적이 이렇게 많기 때문에 영어를 사용한 최초의 작가 제프리 초서가 『캔터베리 이야기』에서 가장 긴 이야기를 아시아의 정복자 칭기스 칸에게 바친 것도 놀랄 일은 아니다. 초서는 칭기스 칸과 그의 업적에 경외감을 감추지 않았다. 요즘 사람들은 르네상스 시대의 학식 높은 사람이 그런 태도를 보인 것에 놀라움을 느낄 수도 있다. 지금은 세계의 많은 사람들이 몽골인을 피에 굶주린 전형적인 야만인으로 보기 때문이다. 그러나 초서나 베이컨이 남긴 몽골인의 초상은 우리가 그 뒤의 책이나 영화에서 알게 된 이미지, 즉 황금, 여자, 피에 굶주린 야만인의 무리라는 이미지와 매우 다르다.

[칭기스 칸을 둘러싼 편견들]

칭기스 칸 사후에 그를 묘사한 수많은 이미지와 그림이 나왔지만 실제로 그가 살아 있는 동안 그려진 초상화는 없다. 역사의 다른 정복자와는 달리 칭기스 칸은 자신의 초상화를 그리거나, 자신의 상(像)을 조각하거나, 동전에 자신의 이름이나 얼굴을 새기는 것을 허락하지 않았다. 그와 같은 시대에 살았던 사람들이 칭기스 칸을 묘사한 말도 정확한 정보를 준다기보다는 흥미를 자아내는 정도이다. 칭기스 칸에 대한 현대 몽골 노래의 가사에는 "우리는 당신의 모습을 그려보지만 우리 머릿속은 텅 비어 있다"[4]는 구절이 나온다.

칭기스 칸의 초상이나 몽골의 기록이 없기 때문에 세상 사람들은 자기 멋대로 그의 모습을 상상했다. 그러나 그가 죽고 나서 50년이 지나기 전에는 아무도 감히 그의 모습을 그릴 생각을 하지 못했다. 그 뒤부터 각각의 문화는 칭기스 칸의 특정한 이미지를 투사하기 시작했다. 중국인은 성긴 턱수염에 눈의 초점이 흐린, 마음씨 좋은 늙은 숙부처럼 그려놓아, 사나운 몽골 전사보다는 비탄에 사로잡힌 중국 현자를 보는 듯하다. 페르시아의 세밀화는 칭기스 칸을 왕좌에 앉은 투르크족 술탄처럼 그려놓았다. 유럽인은 사나운 얼굴에 잔인한 눈으로 노려보는 전형적인 야만인으로 묘사해놓았는데, 구석구석 추하기 짝이 없다.

몽골인이 입을 다무는 바람에 칭기스 칸과 그의 제국에 대한 글을 쓰고자 하는 후대의 역사가들은 부담스러운 과제를 물려받게 되었다. 전기 작가와 역사가들은 이야기를 풀어나갈 근거를 찾기가 힘들었다. 물론 도시를 정복하고 다른 군대와 싸운 연대기는 알고 있었다. 그러나 칭기스 칸의 출신, 성격, 동기, 개인 생활에 대한 믿을 만한 정보는 거의 없었다. 칭기스 칸이 죽은 뒤에 그와 가까운 사람이 그의 삶의 모든 내용을 비밀문서에 낱낱이 기록해놓았다는 소문이 수백 년 동안 끊이지 않았다. 중국과 페르시아 학자들은 이 신비한 문건이 실제로 존재하는 것처럼 말했으며, 일부 학자들은 몽골 제국의 절정기에 그 책을 보았다고 주장하기도 했다. 칭기스 칸이 죽고 나서 거의 100년이 지난 뒤 페르시아 역사가 라시드 앗 딘은 그 문건이 "몽골의 고유어와 글자로" 쓰인 "진정한 연대기"라고 묘사했다.[5] 그러나 그 글은 보고(寶庫)에 간수하며 "외부인에게는 감춘다"고 덧붙였다. 그는 몽골 텍스트를 "이해하고 간파할 수 있는 사람에게는 볼 기회를 준 적이 없다"고 강조했다. 몽골 체제의 붕괴와 더불어 이 비밀 문건은 흔적조차 사라진 것처럼 보였다. 시간이 흐르면서 일급의 학자들 다수가 그런 텍스트는 존재한 적이 없다고, 그것 역시 칭기스 칸을 둘러싼 많은 신화 가운데 하나일 뿐이라고 믿게 되었다.

여러 나라의 학자들도 상상력 풍부한 화가들과 마찬가지로 그의 모습을 다르게 그려냈다. 고려에서 아르메니아에 이르기까지 많은 학자들이 칭기스 칸의 삶에 대하여 온갖 신화와 기발한 이야기들을 지어냈다. 믿을 만한 정보가 없었기 때문에 그들은 이 이야기에 자신의 공포를 투사했다. 알렉산드로스, 카이사르, 샤를마뉴, 나폴레옹 같은 정복자들이 죽고 나서 수백 년이 흐르면 학자들은 그들의 잔학하고 호전적인 행위들을 업적이나 역사에서 떠맡았던 특별한 임무와 비교해 보게 된다. 그러나 칭기스 칸과 몽골인의 경우 업적은 잊혀지고 이른바 범죄나 야만성만 확대되었다. 칭기스 칸은 야만인, 피에 굶주린 미개인, 파괴 자체를 즐기는 무자비한 정복자의 전형이 되었다. 칭기스 칸, 그의 몽골 유목민 무리, 나아가서 아시아 사람들 전체가 만화 속의 1차원적 인물이 되었으며, 문명화된 백인 세계 너머에 놓여 있는 모든 것의 상징이 되었다.

18세기 말 계몽주의 시대가 되자 칭기스 칸의 중국 정복을 다룬 볼테르의 희곡 『중국의 고아(The Orphan of China)』에서 이러한 위협적 이미지가 나타났다. "왕 중 왕인 사나운 칭기스 칸, 그는 아시아의 비옥한 들판을 황무지로 만들었다." 칭기스 칸에게 찬사를 보낸 초서와는 달리 볼테르는 그를 "오만하게…… 왕들의 목을 짓밟은…… 파괴적인 압제자"로 묘사했다. 그러면서도 "어려서부터 무기를 써오고 피를 흘리는 일을 해온 거친 스키타이의 병사"에 불과하다고 조롱했다(1막 1장). 볼테르는 칭기스 칸이 주변 문명의 우월한 덕목에 원한을 품은 사람으로, 문명에 속한 여자를 유린하고 자신이 이해하지 못하는 것을 파괴하고자 하는 야만인의 기본 욕구에 따라 움직이는 사람으로 묘사했다.

칭기스 칸의 부족에게는 타르타르, 타타르, 무갈, 무굴, 모알, 몽골 등 여러 가지 이름이 붙었다. 그러나 어떤 이름에든 불쾌한 저주가 따라다녔다. 19세기 과학자들은 아시아 사람들과 아메리카 인디언이 열등하다는 것을 보여주고 싶을 때 그들을 몽골 인종으로 분류했다. 의사들은 우월한 백인종 어머니가 지진아를 낳는 이유를 설명하고 싶을 때, 지진아의 얼굴 특징을 보면 아이의 조상 가운데 누군가가 몽골 전사에게 강간을 당한 적이 있다는 사실을 '분명하게' 알 수 있다고 주장했다. 이런 불행한 아이는 백인이 아니라 몽골 인종이었다. 매우 부유한 자본가들이 부를 과시하면서 민주주의나 평등이라는 가치에 반대되는 태도를 보일 때 이들은 무굴 사람이라고 조롱을 당했다. 무굴은 몽골을 가리키는 페르시아 말이다.

시간이 지나면서 몽골은 다른 나라의 좌절이나 약점을 감추기 위한 희생양이 되었다. 러시아가 서구의 과학기술이나 일본 제국의 군사력을 따라가지 못한 것은 칭기스 칸이 그들에게 씌운 끔찍한 '타타르의 멍에' 때문이다. 페르시아가 이웃나라들보다 뒤처진 것은 몽골이 관개체계를 파괴했기 때문이다. 중국이 일본과 유럽에 뒤처진 것은 몽골과 만주의 군주들에게 착취와 억압을 당했기 때문이다. 인도가 영국의 식민지 정책에 저항하지 못한 것은 무굴 체제의 탐욕 때문이다. 20세기에 들어 아랍 정치가들은 심지어 몽골이 아랍의 훌륭한 도서관을 태우고 도시를 짓밟지만 않았다면 무슬림이 미국인보다 먼저 원자폭탄을 발명했을 것이라고 주장하기도 했다.[6] 2002년 미국의 폭탄과 미사일 때문에 아프가니스탄의 권좌에서 밀려난 탈레반은 미국의 침공이 몽골 침략과 똑같다고 생각하여 복수를 한답시고 아프가니스탄에서 800년 동안 살아온 몽골군 후손인 하자라족 수천 명을 학살했다. 이듬해 독재자 사담 후세인은 미국이 침공하여 자신을 권좌에서 몰아내려 하자 이라크 국민에게 마지막 연설을 하면서 비슷한 맥락에서 몽골을 비난했다.

칭기스 칸의 진실은 이런 수많은 정치적 수사(修辭), 사이비 과학, 학자의 상상 속에 묻혀 후대 사람들은 그것을 영영 알 수 없게 되어버린 것 같았다. 20세기 공산주의자들은 그의 고향과 그가 권력의 자리에 올라섰던 지역을 폐쇄해버렸다. 그들은 지난 수백 년 동안 그곳을 지켜온 전사들과 마찬가지로 그 땅을 물샐 틈 없이 봉쇄했다. 이른바 『몽골 비사(元朝秘史, Secret History of the Mongols)』라는 이름의 몽골 문건은 비밀인 것만으로 모자랐는지 아예 사라져버렸다. 칭기스 칸의 무덤보다 더 신비하게 역사의 깊은 곳으로 모습을 감춘 것이다.

[『몽골 비사』와 함께 부활하다]

20세기 들어 두 가지 사건이 벌어지면서 칭기스 칸의 수수께끼 가운데 일부를 해결하고 기록도 정정할 예기치 않은 기회를 맞게 되었다. 우선 칭기스 칸의 사라진 역사가 포함된 귀중한 원고를 판독하게 되었다. 몽골인에 대한 편견과 무지에도 불구하고 수백 년 동안 학자들 사이에서는 칭기스 칸의 삶을 기록한 전설적인 몽골 텍스트를 본 적이 있다는 이야기가 가끔 흘러나왔다. 멸종되었다고 여겨지는 희귀동물이나 귀중한 새의 경우처럼 그 텍스트를 보았다는 소문은 학문적 열의보다는 오히려 회의적 태도를 자극했다. 그러다 마침내 19세기에 베이징에서 한자로 적힌 문서 사본이 한 부 발견되었다. 학자들은 한자 자체는 쉽게 읽을 수 있었지만 의미는 이해할 수 없었다. 이 한자들은 13세기의 몽골어 발음을 옮겨놓은 일종의 암호였기 때문이다. 학자들은 각 장에 딸린 간략한 한문 요약문만 읽을 수 있었다. 이 요약문을 통해 텍스트에 담긴 이야기의 암시는 얻을 수 있었지만, 문서 전체의 내용은 해독할 수 없었기 때문에 감질만 날 뿐이었다. 이 문건을 둘러싼 수수께끼 때문에 학자들은 이것을 『몽골 비사』라고 불렀고, 이것이 그후 이 문건의 이름이 되었다.

20세기 대부분의 기간 동안 몽골에서 『몽골 비사』의 판독은 목숨을 걸어야 하는 위험한 일이었다. 공산주의자들은 일반인이나 학자들이 이 책을 손에 넣지 못하게 막았다. 이 텍스트의 낡고, 비과학적이고, 비사회주의적인 관점이 부적절한 영향을 줄 수도 있다고 생각했기 때문이다. 그러나 『몽골 비사』를 둘러싸고 지하 학술 운동이 전개되었다. 초원지대 유목민 야영지마다 귀에서 귀로 새로 발견된 역사의 이야기가 퍼져나갔다. 마침내 이들도 몽골의 관점에서 서술된 역사를 가지게 되었다. 몽골인은 주위의 우월한 문명을 괴롭힌 야만인이 아니었다. 몽골 유목민에게 『몽골 비사』는 칭기스 칸 자신이 보내준 선물 같았다. 그가 희망과 영감을 주려고 자신의 민족에게 돌아온 것 같았다. 700년 이상의 침묵 끝에 이제 그들은 다시 그의 말을 듣게 되었다.

공산주의자들이 공식적으로 금지했지만 몽골인은 다시 이 문건을 잃지 않겠다고 결심한 것 같았다. 1953년 스탈린 사후 짧은 기간 정치 해금이 이루어지고 1961년에 몽골이 국제연합에 가입하게 되자 몽골인은 용기를 얻었다. 그들은 다시 자유롭게 자신의 역사를 탐사하려 했다. 몽골은 1962년에 칭기스 칸 탄생 800주년을 기념하는 우표를 준비했다. 정부 내 서열 2위였던 투무르-오치르는 오논 강 옆 칭기스 칸의 탄생지에 콘크리트 기념물을 세워도 좋다고 허가했다. 그뿐만 아니라 몽골 제국 역사의 좋은 면과 나쁜 면을 평가하기 위한 학술대회도 후원했다. 우표의 그림 또 기념물 위에 단순한 선으로 그려놓은 그림은 모두 칭기스 칸의 사라진 술데, 즉 그가 정복에 나설 때 들고 다녔으며 그의 영혼이 깃들어 있는 말총 영기를 묘사하고 있었다.

거의 800년이 지났음에도 술데는 여전히 몽골인에게서 깊은 감정을 불러일으켰다. 한때 몽골인이 정복했던 사람들 일부도 그 의미를 심각하게 받아들이는 것 같았다. 러시아인은 우표에 영기를 그린 것이 민족주의가 다시 나타나는 조짐이며, 이것이 호전적인 행동으로 변할 가능성이 있다고 판단했다. 소련은 위성국가가 독립적인 길을 걸을지도 모른다는, 나아가 예전에는 동맹자였지만 이제는 소련의 적이 된 몽골의 다른 이웃인 중국 편을 들지도 모른다는 공포를 느끼자 화를 내며 비합리적으로 대응했다. 몽골 공산주의자들은 우표의 발매를 금지하고 학자들을 탄압했다. 당 간부들은 투무르-오치르가 "칭기스 칸의 역할을 이상화하는 경향"[7]을 드러내는 반역적 범죄를 저질렀다는 이유로 그를 공직에서 쫓아내고 외딴 곳으로 추방했다. 그것으로도 모자라 끝내는 도끼로 찍어 죽였다. 공산주의자들은 자신의 정당(공식 명칭은 인민혁명당이다) 내부 인사들을 숙청한 뒤 몽골 학자들의 작업으로 관심을 돌렸다. 당은 그들에게 "반당분자, 중국의 첩자, 방해공작을 벌인 자들, 해충"[8] 등의 낙인을 찍었다. 그 뒤의 반민족주의 캠페인 과정에서 당국은 고고학자 페를레를 감옥에 보냈다. 페를레는 투무르-오치르의 스승이라는 이유, 몰래 몽골 제국의 역사를 연구했다는 이유만으로 엄혹한 조건에서 수감생활을 해야 했다. 교사, 역사학자, 화가, 시인, 가수들 역시 칭기스 칸 시대의 역사와 어떤 식으로든 관련만 있으면 험한 꼴을 당했다. 실제로 당국은 몇 사람을 비밀리에 처형하기도 했다. 어떤 학자들은 일자리를 잃고 가족과 함께 집에서 쫓겨나 한데서 몽골의 가혹한 날씨와 마주해야 했다. 이들은 아파도 치료를 받을 수 없었다. 많은 사람들이 방대한 몽골 땅 여러 곳에 흩어진 추방지까지 걸어가야 했다.

이 숙청 기간에 칭기스 칸의 영기는 완전히 사라졌다. 어쩌면 소련이 몽골인을 응징한다며 파괴해버렸을지도 모른다. 그러나 이런 야만적인 탄압에도 불구하고, 아니 어쩌면 그런 탄압 때문에 수많은 몽골 학자들이 독립적으로 『몽골 비사』를 연구하기 시작했다. 비방과 왜곡에 시달리던 자신의 역사를 제대로 이해하기 위해 목숨을 건 것이다.

몽골 바깥에서는 여러 나라의 학자들, 특히 러시아, 독일, 프랑스, 헝가리 학자들이 『몽골 비사』를 판독하여 현대어로 번역하는 작업에 달려들었다. 그들은 몽골 내부의 자료에 접근할 수 없었기 때문에 매우 어려운 조건에서 일을 했다. 『몽골 비사』는 1970년대에 고대 몽골어를 연구하는 오스트레일리아의 헌신적인 학자 이고르 드 라케빌스의 세심한 감독과 분석을 받아 한 번에 한 장(章)씩 몽골어와 영어로 발표되기 시작했다. 같은 시기에 미국인 학자 프랜시스 우드먼 클리브스도 따로 꼼꼼하게 번역을 하였으며, 이 성과는 1982년 하버드 대학 출판부에서 책으로 펴냈다. 그러나 이 텍스트를 이해하려면 암호를 판독하고 내용을 번역하는 것만으로는 부족했다. 이 문건은 몽골의 왕가 내 소수를 대상으로 쓴 것이고, 이들은 당연히 13세기의 몽골 문화만이 아니라 지형도 잘 알고 있었다. 이 점 때문에 번역을 해놓아도 이해가 쉽지 않았다. 사실 이 원고의 역사적 맥락과 전기적 의미는 묘사된 사건들이 일어난 장소에 대한 꼼꼼한 현장 분석이 없으면 파악하기가 어려웠다.

1990년에 갑자기 공산주의가 붕괴하면서 소비에트의 몽골 지배가 끝이 났다. 이것이 두 번째 중요한 사건이다. 소련군은 철수하고, 비행기는 돌아가고, 탱크는 물러났다. 아시아 내륙의 몽골 세계가 마침내 외부인들에게 개방된 것이다. 하나 둘 이 보호 지역으로 과감하게 발을 들여놓기 시작했다. 몽골 사냥꾼은 사냥감이 가득한 골짜기로 짐승을 잡으러 잠입했고, 목자들은 이 지역 주변에서 가축에게 풀을 먹였다. 가끔 모험가들도 들어갔다. 1990년대에는 높은 수준의 과학기술 장치로 무장한 외국인 몇 팀이 들어가 칭기스 칸 가족의 무덤을 찾기도 했다. 이들은 많은 매혹적인 유물을 찾아냈지만, 궁극적 목표물에는 이르지 못했다.

[몽골 초원에서 칭기스 칸을 만나다]

필자의 작업은 중국, 중동, 유럽을 연결하는 비단길과 세계 교역의 역사에서 부족민이 차지하는 역할 연구에서 출발했다. 필자는 베이징의 자금성(紫禁城)에서부터 중앙아시아를 통과하여 이스탄불의 토프카피 궁에 이르는 길을 따라다니며 고고학적 발굴 현장과 도서관을 찾아보고 학자들과 회의를 했다. 1990년에 처음으로 시베리아의 몽골 지역인 부리아티아에 가본 이후 필자는 몽골인의 길을 쫓아 러시아, 중국, 몽골, 우즈베키스탄, 카자흐스탄, 타지키스탄, 키르기스스탄, 투르크메니스탄을 돌아다녔다. 한번은 여름 내내 고대 투르크 부족들의 이주 경로—그들은 고향인 몽골리아에서 지중해의 보스니아까지 퍼져나갔다—를 따라다녀보기도 했다. 그런 다음 마르코 폴로의 바닷길을 대충 따라서 중국 남부에서 베트남까지 갔다가, 말라카 해협을 통과하여 인도로 간 뒤 페르시아 만의 아랍 국가들을 지나 베네치아까지 가면서 과거의 제국을 일주해보았다.

광범위한 여행을 통해 많은 정보를 얻기는 했지만 바라던 만큼 이해를 할 수는 없었다. 이런 아쉬운 마음에도 어쨌든 연구는 다 끝나간다고 생각하고 있었고, 1998년에는 칭기스 칸이 젊은 시절을 보낸 지역에 가서 그의 배경과 관련된 어떤 프로젝트를 마무리하게 되었다. 필자는 이 짧은 여행으로 몽골도 마지막이라고 생각했다. 그러나 결국 이 여행을 계기로 5년 더, 전에는 상상도 못했던 광범위한 연구를 진행하게 되었다. 몽골인은 수백 년 외세의 지배로부터 자유를 얻은 것에 무척 흥분했으며, 이런 흥분은 건국의 아버지 칭기스 칸을 기념하는 일로 표현되었다. 보드카, 초콜릿, 담배에 그의 이름이 사용되었고, 그를 기리는 노래도 나왔다. 그러나 역사적 인물 칭기스 칸의 모습은 여전히 보이지 않았다. 절에서 그의 영혼만 사라진 것이 아니었다. 서구 역사에서나 그들의 역사에서나 칭기스 칸의 진짜 얼굴은 여전히 감추어져 있었다.

필자의 노력이나 능력 때문은 아니지만 어쨌든 필자는 갑자기 그런 질문들에 답하는 것이 가능해진 시점에 몽골에 도착했다. 거의 800년 만에 처음으로 칭기스 칸이 유년 시절을 보내고 땅에 묻혔던 금지구역이 개방되었고, 동시에 『몽골 비사』의 암호화된 텍스트 판독이 끝났던 것이다. 학자 한 사람의 힘으로는 완성할 수 없는 일이었지만 전공이 다른 학자들이 팀을 이루어 협동 작업을 하자 마침내 답이 나오기 시작했다.

필자는 문화인류학자로서 고고학자 Kh. 르하구아수렌 박사[9]와 긴밀하게 협력했다. 르하구아수렌 박사는 그의 지도교수이자 스승이며 20세기 몽골의 가장 유명한 고고학자인 Kh. 페를레 박사가 수집한 자료를 이용할 수 있었다. 필자는 르하구아수렌을 통하여 다른 연구자들을 만나기도 했다. 이들은 오랫동안 비밀리에 일을 해왔으며, 거의 언제나 혼자서 연구를 할 뿐 그 성과를 글로 쓰거나 발표한 적이 없었다. 공산당 당원인 O. 푸레브 교수는 당사(黨史) 공식 연구자라는 지위를 이용하여 몽골의 샤머니즘 관행을 연구했고, 그 성과를 이용하여 『몽골 비사』에 감추어진 의미를 해석했다. 몽골군의 Kh. 샤그다르 대령은 모스크바에 근무할 기회를 이용해 『몽골 비사』에 묘사된 칭기스 칸의 군사전략과 승리를 러시아 군사문서보관소의 자료와 비교했다. 몽골 정치학자 D. 볼드-에르데네는 칭기스 칸이 권력을 얻는 데 사용한 정치 기술을 분석했다. 그러나 가장 광범위하면서도 자세한 연구를 한 학자는 지리학자 O. 수흐바타르였다. 그는 칭기스 칸의 역사를 찾아 몽골 전역을 100만 킬로미터 넘게 돌아다녔다.

우리 팀은 함께 일하기 시작했다. 여남은 개 언어로 쓰인 가장 중요한 1차, 2차 자료를 『몽골 비사』의 이야기와 비교했다. 지도 위에 몸을 웅크리고 여러 문건과 예전에 분석된 내용의 정확한 의미에 대해 토론했다. 당연한 일이지만 우리는 엄청난 차이와 도저히 양립할 수 없는 수많은 모순을 발견했다. 나는 곧 수흐바타르가 『몽골 비사』의 모든 진술이 사실이라고 믿고 그것을 과학적 증거로 입증하려고 노력하는 극단적 경험주의자임을 알게 되었다. 반면 푸레브는 역사에서는 어느 것도 문자 그대로의 의미를 가지지 않는다고 생각했다. 푸레브에 따르면 칭기스 칸은 역사상 가장 강력한 샤먼이었으며,『몽골 비사』는 상징적인 방식으로 그가 권좌에 오르는 과정을 기록한 연대기적 비전(秘典)이었다. 그 수수께끼를 풀면 세계를 정복하고 통제하는 샤먼의 설계도를 다시 얻을 수 있었다.

협동 작업을 시작하자, 사건이 실제로 일어난 곳을 찾아내지 않으면 대립하는 생각과 해석에서 헤어나올 수 없다는 사실이 곧 분명해졌다. 각 텍스트의 진실성을 판단하는 궁극적 기준은 그 사건이 일어난 땅에 텍스트를 펼쳐놓았을 때에만 찾을 수 있을 것 같았다. 책은 거짓말을 할 수 있지만 장소는 절대 거짓말을 하지 않는다. 주요 유적지를 바쁘게 돌아다니며 훑어보자 몇 가지 의문에 답을 얻을 수 있었다. 그러나 더 많은 문제가 나타났다. 어떤 장소에서 일어난 사건을 이해하려면 그 장소를 찾아내는 것은 물론 기후 조건이 똑같을 때 그곳에 있어보아야 한다는 것도 깨달았다. 우리는 철을 바꾸어 같은 장소에 계속 가보았다. 유적지는 수천 제곱킬로미터의 면적에 흩어져 있었지만, 우리 연구에 가장 중요한 구역은 칭기스 칸이 죽은 뒤로 폐쇄되었던 수수께끼의 접근 금지구역에 자리잡고 있었다. 칭기스 칸은 유목민 생활을 했기 때문에 우리 작업은 순회 프로젝트가 될 수밖에 없었다. 말하자면 장소의 고고학이 아니라 이동의 고고학이었던 셈이다.

위성사진을 보니 몽골 풍경에는 도로가 없고 대신 수천 개의 좁은 길이 교차하며 초원지대를 넘어, 고비 사막을 가로질러, 산맥들을 지나 사방으로 뻗어 있는 것처럼 보였다. 그러나 이 길들은 모두 이흐 호리그, 즉 폐쇄된 지대 가장자리에서 멈추었다. 칭기스 칸의 고향으로 들어가려면 소련이 점령하고 요새처럼 방비하여 아무도 들어가지 못하게 막았던 완충지대를 건너야 했다. 소련은 몽골을 떠나면서 그곳에 초현실적인 풍경을 남겨두었다. 포탄 구멍이 분화구처럼 뚫려 있는 땅에는 탱크의 금속성 주검, 망가진 트럭, 속이 텅 빈 비행기, 포탄 껍질, 불발탄이 흩어져 있었다. 공기에는 묘한 증기가 가득하고, 독특한 느낌의 안개가 깔렸다 흩어지곤 했다. 비틀린 금속 구조물이 몇 층 높이로 서 있었다. 목적을 알 수 없는 구조물의 묘한 잔해였다. 한때 비밀 전자 장비가 들어가 있던 건물이 무너져, 시커멓게 석유에 젖은 생명 없는 모래언덕들 사이에 텅 빈 모습으로 쭈그리고 앉아 있었다. 상처 입은 초원지대 여기저기에 낡은 군사용 장비들이 버려져 있었다. 알 수 없는 화학물질이 담긴 짙은 색의 뿌연 웅덩이가 환한 햇빛을 받아 희미하게 반짝거렸다. 이 20세기의 공포의 무덤 너머에 오랫동안 아무도 발을 들여놓지 못한 칭기스 칸의 폐쇄된 고향이 있었다. 그곳에는 원시의 숲과 산, 강과 초원지대가 수백 킬로미터 뻗어 있었다. 이런 극명한 대조를 이루는 풍경은 달리 상상하기 힘들었다.

금지구역으로 들어가는 것은 단지 시간을 한 걸음 거슬러 올라가는 것과는 달랐다. 이것은 칭기스 칸의 세계를 거의 그가 남기고 간 그대로 발견할 수 있는 기회였다. 이 구역은 그 동안 20세기 최악의 과학기술이 만들어낸 공포의 무기들에 둘러싸여 보호받고 있었다. 이 구역에는 쓰러진 나무, 빽빽한 관목 숲, 거대한 돌 때문에 뚫고 들어갈 수 없는 곳이 많았다. 들어갈 수 있는 곳도 지난 800년 동안 군인들이 이따금씩 순찰을 돌았을 뿐이다. 이 금지구역은 칭기스 칸의 살아 있는 기념물이었다. 이 지역을 돌아다니자 당장에라도 칭기스 칸이 강을 따라 또는 능선을 넘어 말을 달려와 자신이 사랑했던 곳에 설영을 하고, 달아나는 영양에게 활을 쏘고, 오논 강을 덮은 얼음에 구멍을 뚫어 고기를 잡고, 살아서만이 아니라 죽어서도 그를 계속 보호해준 성산(聖山) 부르칸 칼둔에 고개 숙여 기도할 것 같았다.

우리 연구 팀은 범죄 현장을 처음 찾은 탐정들처럼 이흐 호리그에 다가갔다. 우리는 『몽골 비사』를 중요한 안내자로 삼아 평원을 돌아다니고 야트막한 산과 둔덕에 올라서서 원시의 풍경을 살폈다. 산, 강, 호수 같은 분명한 경계표가 없는 넓은 초원지대에서 우리는 바다를 향해 하는 선원들처럼 풀을 가로질러 돌아다니는 데 익숙한 목자들에게 많이 의존했다. 우리는 몽골 학생, 학자, 목자, 말몰이꾼들과 항상 함께 다녔다. 그들은 내가 던지는 질문을 놓고 열심히 토론을 벌였다. 그들의 판단과 답은 늘 내가 내놓는 것보다 나았다. 그들은 거꾸로 내 머리에는 떠오르지도 않았던 질문을 던지기도 했다. 그들은 유목민의 사고방식에 익숙했다. 처음 와본 곳이었음에도 조상들이 어디에 설영을 했을지, 어느 방향으로 나아갔을지 쉽게 알아차렸다. 척 보면 여름에 너무 모기가 많거나, 겨울에 너무 춥다고 판단을 내릴 수 있었다. 그들은 더 중요한 일도 해주었다. 한 지점에서 다른 지점까지 말을 달려 시간이 얼마나 걸리는지, 아니면 이곳과 저곳에서 말발굽이 땅을 울리는 소리가 어떻게 다른지 직접 확인하여 우리의 생각을 검증해주었던 것이다. 그들은 강에 얼음이 언 것을 보면 두께를 판단하여 말을 타고 건널 수 있는지, 걸어서 건너야 하는지, 아예 얼음을 깨고 찬 물로 들어가 건너야 하는지 판단할 수 있었다.

몽골의 어떤 지명에는 묘사적인 특징이 있었기 때문에 그 의미를 풀어 우리 주변의 풍경에 적용해볼 수 있었다. 『몽골 비사』에는 칭기스 칸이 카라 지루겐 산 옆의 쿠케 호수에서 처음으로 씨족의 족장이 되었다고 나와 있었다. 그 의미를 풀어서 말하면 '검은 심장 모양의 산' 옆에 있는 '푸른 호수'라는 뜻이었다. 이 장소의 생김생김은 수백 년 동안 그대로 보존되어 누구라도 쉽게 찾아낼 수 있었다. 그러나 그의 출생과 관련된 다른 이름들, 예를 들어 우데르 산이나 스플렌 호수 같은 이름은 까다로웠다. 그것이 그 장소의 눈에 보이는 특징을 가리키는 것인지 아니면 그곳에서 벌어진 사건을 가리키는지 알 수 없었기 때문이다. 또 건조하고 바람이 많이 부는 이 지역에서는 800년 동안 산과 호수의 모양이 많이 바뀔 수도 있었다.

우리는 손에 쥐어지는 증거를 이용해 최선을 다해 이야기를 꿰어맞추기 시작했다. 칭기스 칸이 어린 시절을 보낸 곳을 찾아 그 땅을 가로지르며 사건들의 경로를 추적해보면 그의 삶과 관련하여 잘못 생각한 부분을 금방 교정할 수 있었다. 예를 들어 우리는 칭기스 칸이 태어난 곳, 즉 오논 강변의 작은 언덕이 정확히 무엇이냐를 놓고 논쟁을 벌였지만, 숲이 우거진 오논 강은 늪지대가 많아 대부분의 유목민이 살아가는 넓은 초원지대와 매우 다른 것이 분명했다. 사실 대부분의 역사가들은 칭기스 칸이 그런 초원지대에서 어린 시절을 보냈다고 가정해왔다. 그러나 이런 지형의 차이를 보니 칭기스 칸과 다른 유목민 사이의 차이가 확연하게 드러나는 것 같았다. 『몽골 비사』에서 칭기스 칸의 어린 시절에 목축보다 사냥 이야기가 더 많이 나오는 이유도 금방 분명해졌다. 이곳의 풍경을 보자 칭기스 칸이 넓은 평원의 투르크 부족들보다 시베리아 문화―『몽골 비사』는 이곳을 몽골인의 기원으로 이야기한다―에 더 가까운 곳에서 유년을 보냈다는 것을 알 수 있었다. 이 점을 확인하자 우리는 칭기스 칸의 싸움 방법을 이해할 수 있을 것 같았고, 그가 적국의 민간인은 몰고 다니는 가축 취급을 했지만 병사들은 사냥감 취급을 한 이유도 이해할 수 있을 것 같았다.

우리 팀은 5년에 걸쳐 여러 조건과 상황에서 답사를 나갔다. 기온은 85도나 차이가 났다. 그늘 없는 땅에서는 기온이 40도까지 올라갔다. 그러나 2001년 1월 코르코나그 초원에서는 기온이 영하 45도까지 내려갔다. 물론 심한 바람 때문에 체감온도는 더 내려갔다. 우리는 그런 지역에서 여행을 하면서 흔히 겪을 수 있는 불운과 행운을 여러 가지 겪어보았다. 우리 차량은 겨울에는 눈에, 봄에는 진흙에, 여름에는 모래에 빠져 움직이지 않았다. 한 대는 갑자기 불어난 물에 쓸려가기도 했다. 우리 야영지는 바람과 눈 때문에, 또 어느 때는 술 취한 사람들 때문에 무너지기도 했다. 20세기 마지막 여름에는 젖과 고기를 한껏 맛보기도 했다. 그러나 금세기 초에는 '주드'라고 부르는 가축 기근이 혹심하여 실제로 우리 주위에서 말과 야크가 갑자기 쓰러져 죽었으며 밤사이에 다양한 크기의 짐승들이 선 채로 얼어버리기도 했다.

그러나 우리 작업이 위험해지거나 의심을 받는 일은 없었다. 늘 그런 지역에서 살아가는 목자나 사냥꾼이 일상적으로 겪는 어려움과 비교할 때 우리의 어려움은 그저 짜증이 나는 일 정도에 불과했다. 계획에 없던 일이 생기면 처음에는 불편했지만 끝날 때는 늘 이 땅이나 사람에 대해 새로운 것을 배울 수 있었다. 하루에 말을 타고 거의 80킬로미터를 달려보니 몸통에 비단 5미터를 꼭 동여매면 실제로 장기(臟器)가 제자리를 유지하고 구토가 나오지 않는다는 것을 알 수 있었다. 그런 먼 길을 갈 때는 호주머니에 마른 요구르트를 넣어두는 것이 요긴하다는 것도 배웠다. 말을 멈추고 조리를 할 수 없을 때 허기를 달랠 수 있었기 때문이다. 두껍고 긴 몽골의 겉옷 델도 나무 안장에 올라 말을 달릴 때는 꽤 실용적이었다. 성산 부르칸 칼둔 근처에서 이리를 만난 것도 동료들의 눈에는 위험이 아니라 축복이었다. 길을 잃거나 차가 고장난 경우는 헤아릴 수도 없이 많았는데, 이런 일을 통해 방향 포착이나 운전에 대해, 또 누군가 올 때까지 기다리는 인내에 대해 새로운 교훈을 얻을 수 있었다. 필자는 여러 차례 몽골인이 자신의 세계를 깊숙하게 잘 안다는 것을 확인했으며, 그들의 빈틈없는 판단, 신체적 능력, 관대한 태도를 언제나 전적으로 신뢰할 수 있다는 것을 알았다.

이 책에는 우리가 발견한 내용의 핵심만 담겨 있다. 물론 우리가 마주친 날씨, 음식, 기생충, 병 같은 자잘한 이야기, 연구자나 길에서 만난 사람의 개성과 변덕 같은 주변적인 이야기는 빠져 있다. 우리의 임무, 즉 칭기스 칸을 이해하고 그가 세계사에 미친 영향을 이해하는 일에 초점을 맞추었기 때문이다.

1부는 칭기스 칸이 초원지대에서 권력을 잡기까지, 즉 1162년 태어날 때부터 1206년에 모든 부족을 통일하여 몽골 나라를 세우기까지 그의 삶과 인격을 형성한 힘들을 다루고 있다. 2부에서는 몽골이 몽골 세계전쟁을 통해 역사의 무대에 진입한 과정을 추적한다. 이 전쟁은 칭기스 칸의 손자들이 서로 전쟁을 벌이기 전까지 50년간(1211년부터 1261년까지) 계속되었다. 3부에서는 평화의 세기를 살피면서, 서구 근대 사회의 정치, 상업, 군사 제도의 바탕이 된 '세계 인식의 대전환'을 다룬다.

1부

초원의 공포정치
1162~1206

민족! 민족이 무엇인가?
타타르족! 훈족! 중국인! 그들은 벌레처럼 몰려다닌다.
역사가는 그들을 사람들의 기억에 남기려 애쓰지만 헛수고일 뿐이다.
그렇게 많은 사람들이 몰려다니면 한 사람 한 사람은 보이지 않는다.
그러나 세상에 사는 사람들은 모두가 개인이다.[10]

헨리 데이비드 소로, 『일기』(1851년 5월 1일)

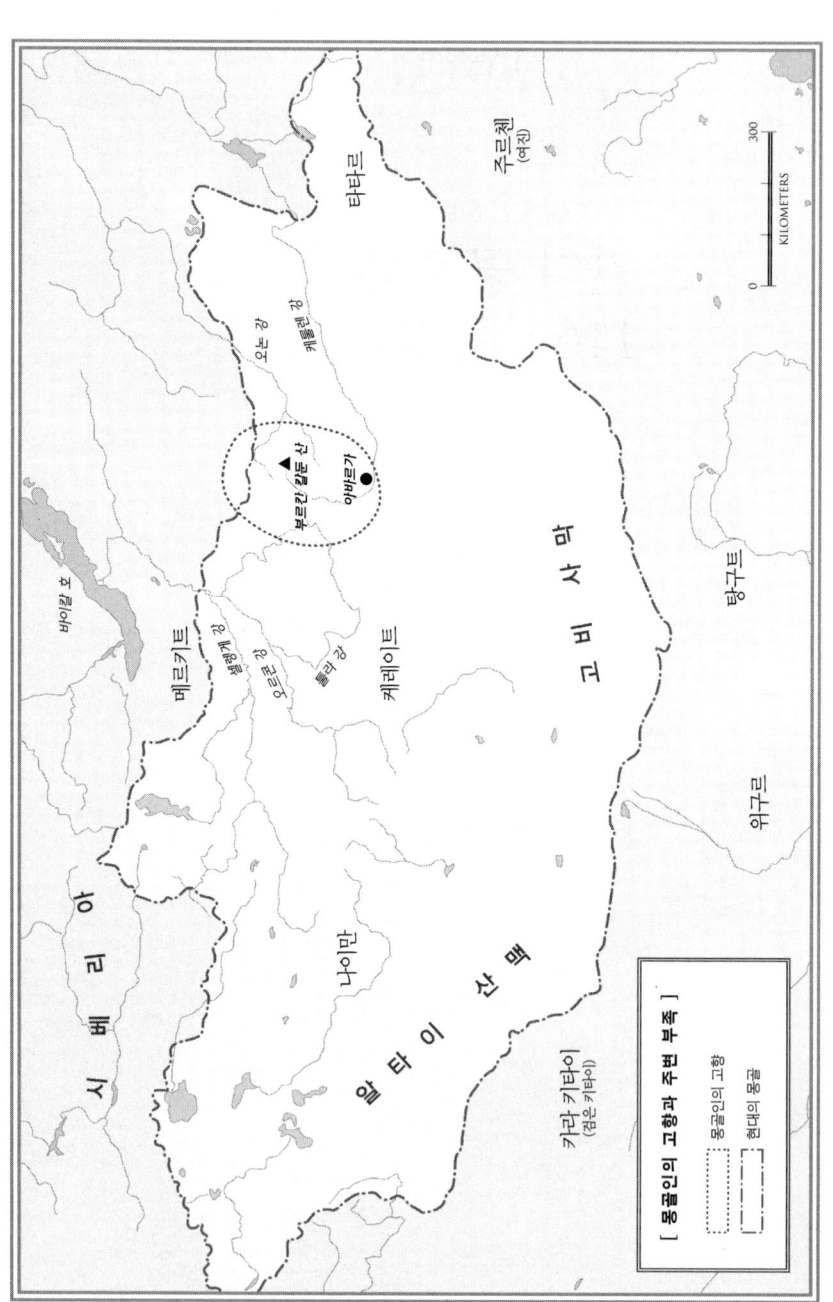

핏덩어리

그의 눈에는 불이 있고 얼굴에는 빛이 있다.[11]
『몽골 비사』

역사는 몽골인이 정복한 수천 개의 도시들 가운데 칭기스 칸이 친히 입성한 도시는 하나뿐이라고 기록하고 있다. 보통 승리가 확실해지면 그는 멀리 떨어진 안락한 야영지로 물러나고 나머지 일은 그의 전사들이 마무리했다. 용의 해인 1220년 3월의 어느 날, 몽골의 정복자는 자신의 이런 독특한 전통을 깼다. 칭기스 칸이 직접 기병대를 이끌고 새로 정복한 도시 부하라 중심부로 진입한 것이다. 부하라는 현재의 우즈베키스탄인 호라즘 제국에 속한 매우 중요한 도시였다. 부하라는 수도도 아니고 주요한 상업도시도 아니었지만, 무슬림 세계 전체에서 '고귀한 부하라'로 일컬어지며 정서적으로 아주 높은 자리를 차지했다. 이 신앙의 중심은 '모든 이슬람의 훈장이요 기쁨'이라는 별명으로도 유명했다. 칭기스 칸은 도시를 정복하고 입성하는 자신의 행동이 선전전에서 어떤 가치가 있는지 잘 알았다. 그는 말을 타고 당당하게 정문을 통과하여 옹기종기 모여 있는 목조 가옥과 노점들을 지나 도시 한가운데 커다란 덩어리를 이루고 있는, 돌과 벽돌로 지은 건물들 앞에 이르렀다.

칭기스 칸은 부하라에 입성하는 것으로 전쟁 역사상 가장 대담한 기습공격을 성공적으로 마무리했다. 그의 군대 일부는 몽골로부터 가장 빠른 길을 이용해 호라즘 샤 술탄의 국경도시들을 정면 공격했다. 그 사이에 칭기스 칸은 다른 부대를 빼돌려 그때까지 다른 군대는 상상도 못했던 엄청난 거리 ─사막, 산, 초원을 가로질러 3500킬로미터에 이르렀다─ 를 주파하여 적의 전선 후방 깊숙한 곳에 불쑥 나타났다. 물론 적은 전혀 예상하지 못했다. 장사를 하는 캐러밴들조차 유명한 '붉은 사막' 키질쿰은 가로지르지 못하고 수백 킬로미터를 우회해 갔다. 물론 바로 그 점 때문에 칭기스 칸은 그 방향으로부터 공격하기로 결정했다. 그는 그 지역의 유목민과 사귄 덕분에 그들의 안내를 받아 그때까지 알려지지 않았던 길을 통해 돌과 모래가 섞인 사막을 통과할 수 있었다.

칭기스 칸이 목표로 삼은 도시 부하라는 아무다리야의 한 지류에 걸터앉은 비옥한 오아시스의 중심에 자리잡고 있었다. 이 시대에 명멸하던 수많은 제국 가운데 하나인 신생 호라즘 제국의 주민은 대부분 타지크인이나 페르시아인이었지만, 통치 집단은 투르크 부족민이었다. 호라즘의 술탄은 몽골의 캐러밴을 약탈하고, 평화적인 교역 협상을 하러 온 몽골 사절단의 얼굴을 망가뜨렸다. 이것은 치명적인 실수였다. 칭기스 칸은 예순을 바라보는 나이였지만 부하들이 공격을 당했다는 소식을 듣자, 규율이 엄하고 경험도 많은 군대를 주저 없이 다시 소집하여 전쟁의 길로 돌진했다.

몽골군은 역사상 다른 모든 대군과는 달리 보급품 수송대 없이 가볍게 움직였다. 그들은 사막을 건널 수 있는 가장 추운 달이 올 때까지 기다렸다. 이때는 사람이나 말이나 물 소비도 적었다. 이 철에 맺히는 이슬 때문에 잘 자라는 풀이 있었는데, 이것은 말의 먹이가 되었을 뿐 아니라 사람들이 먹고 사는 데 필요한 사냥감들도 끌어들였다. 몽골인은 빠르게 움직일 수 없는 공성(攻城) 무기나 무거운 장비를 가지고 다니는 대신 기동성이 좋은 공병대를 구성하였으며, 이들은 현장에서 손에 넣을 수 있는 재료를 이용해 필요한 시설을 만들었다. 광대한 키질쿰 사막을 건넌 몽골군은 나무들이 처음 눈에 띄자 그것을 잘라 사다리, 공성 무기를 비롯하여 공격에 사용되는 여러 장비를 만들었다.

사막을 건너 빠르게 움직이던 전위는 마을을 발견하자 곧 속도를 늦추어, 속공에 나선 전사들이 아니라 장사를 하러 온 상인이나 되는 것처럼 행렬을 이루어 느릿느릿 움직였다. 이들은 상대가 정체를 파악하고 경보를 발령하기도 전에 느린 걸음으로 태연하게 성문에 이르렀다.

사막에서 갑자기 나타난 칭기스 칸은 바로 부하라를 공격하러 달려가지 않았다. 국경의 다른 도시들은 그의 다른 부대의 공격을 받고 있어 어차피 부하라로 지원군을 보낼 수 없다는 것을 알고 있었기 때문이다. 그에게는 깜짝 놀란 부하라 주민의 공포와 희망을 이용하여 그들을 심리적으로 괴롭힐 시간 여유가 있었다. 이런 전술의 목적은 단순했고 늘 똑같았다. 적에게 겁을 주어 실제 전투가 시작되기 전에 항복을 얻어내려는 것이었다. 칭기스 칸은 먼저 근처의 작은 읍 몇 개를 정복하였으며, 그 과정에서 많은 주민이 부하라로 달아나게 놓아두었다. 피난민이 부하라에 들어차면서 도시는 공포 분위기에 사로잡혔다. 그렇지 않아도 몽골군이 후방 깊숙한 곳을 기습했다는 사실 때문에 왕국 전체가 공황 상태에 빠져 있던 터였다. 페르시아의 연대기 기록자 아타 말리크 주베이니는 칭기스 칸이 다가오는 것을 묘사하면서, 주위의 모든 땅이 "기병으로 가득 차고 그들이 일으키는 먼지로 사방이 밤처럼 컴컴해지는 것"을 보면 사람들은 "겁에 질리고 도시는 공포 분위기에 사로잡힌다"[12]고 말했다. 칭기스 칸은 어떤 도시를 상대로 심리전을 준비할 때 주민의 앞일을 보여주는 두 가지 예부터 제시했다. 그는 외진 마을에 관대한 항복 조건을 내걸었으며 이 조건을 받아들이고 몽골군에 합세하는 사람들에게는 자비를 베풀었다. 주베이니의 말에 따르면 "그들에게 항복을 하는 사람들은 누구나 안전하게 공포로부터 벗어날 수 있었으며, 수치스러운 형벌을 면할 수 있었다."[13] 그러나 거절하는 사람은 매우 가혹한 대접을 받았다. 몽골군은 그들을 앞장세워 다음 공격의 방어벽으로 이용했다.

이 전술 때문에 부하라의 투르크족 수비군은 공황 상태에 빠져들었다. 2만 명의 수비군은 몽골 본대가 도착하기 전 시간 여유가 있을 때 피신할 요량으로 부하라 요새를 운영할 500명만 남겨두고 달아나기 시작했다. 그러나 요새를 버리고 흩어져 도주하는 것이야말로 칭기스 칸이 바라던 바였다. 달아나는 적을 기다리던 몽골 전사들은 여유 있게 그들을 도륙했다.

부하라의 민간인들은 항복을 하고 성문을 열었다. 그러나 소규모의 용감한 병사들은 요새 안에 그대로 남았다. 그들은 몽골군이 어떤 식으로 공격을 해도 요새의 육중한 벽이 그들을 무한정 지켜줄 것이라고 생각했다. 칭기스 칸은 전체적인 상황을 면밀하게 평가하기 위해 직접 도시에 들어간다는 유례 없는 결정을 내렸다. 칭기스 칸은 부하라 중심에 이르자 우선 주민을 소집하여 말을 먹일 꼴부터 가져오게 했다. 이것은 칭기스 칸이 항복한 주민에게 가장 먼저 시키는 일이었다. 그는 정복당한 주민이 몽골의 전사와 말을 먹이는 것을 항복의 표시로 간주했다. 칭기스 칸의 입장에서 음식과 마초를 받아들이는 것은 항복한 주민이 그의 명령에 복종하는 대신 보호를 받는 봉신이 되었음을 인정하는 행동이었다.

칭기스 칸이 중앙아시아를 정복하던 시기에 그의 생김새를 묘사한 몇 안 되는 기록 가운데 하나가 나왔다. 이 무렵 칭기스 칸은 예순 살 정도였다. 주베이니보다 몽골인을 훨씬 더 불쾌하게 여겼던 페르시아의 연대기 기록자 민하지 알 시라지 주즈자니는 칭기스 칸을 이렇게 묘사했다. "키가 크고, 몸에 힘이 넘치고, 몸집은 단단하고, 얼굴에 난 성긴 수염은 모두 하얗게 셌고, 눈은 고양이 같고, 넘치는 에너지와 분별력과 천재성과 이해력을 갖추었고, 경외감을 불러일으키고, 학살에 능하고, 의롭고, 단호하고, 적을 쉽게 무너뜨리고, 용맹스럽고, 살벌하고, 잔인하다."[14] 도시를 파괴하고 자기 군대보다 몇 배나 큰 적군을 제압하는 신비한 능력 때문에 이 연대기 기록자는 또 칭기스 칸이 "마법과 기만에 능하며, 악마 몇 명을 친구로 두고 있다"고 덧붙였다.

목격자들의 말에 따르면 칭기스 칸은 부하라의 중심부에 이르자 커다란 모스크까지 말을 타고 가 그곳이 술탄의 집이냐고 물었다. 아마 모스크가 도시에서 가장 큰 건물이었기 때문에 그렇게 물었을 것이다. 그는 그곳이 술탄의 집이 아니라 신의 집이라는 말을 듣자 아무 말도 하지 않았다. 몽골인에게 유일한 신은 지평선에서 지평선까지 사방을 가득 채운 '영원한 푸른 하늘'뿐이었다. 이 신은 땅 전체를 관장했다. 또 이 신은 죄인이나 우리에 갇힌 짐승처럼 돌로 지은 집에 가두어놓을 수도 없었으며, 부하라 사람들의 주장과는 달리 신의 말을 붙잡아 책 속에 집어넣을 수도 없었다. 칭기스 칸은 고향 산악지대의 광활한 공간에서 자신에게 직접 이야기하는 신의 목소리를 들은 경험이 있었으며, 신의 말을 따름으로써 큰 도시와 거대한 나라들을 정복하게 되었다.

칭기스 칸은 말에서 내려 커다란 모스크 안으로 걸어 들어갔다. 기록으로 보면 그가 모스크에 들어간 것은 이때뿐이었다. 모스크에 들어간 칭기스 칸은 학자와 성직자 들에게 말을 먹이라고 명령했다. 자신의 수중에 들어온 거의 모든 성직자에게 그랬듯이, 그들이 자신의 보호를 받아 위험한 일을 겪지 않도록 거두어들인 것이다. 이어 칭기스 칸은 도시에서 가장 부유한 사람 280명을 모스크로 불렀다. 칭기스 칸은 도시의 성벽 안에서 살아본 일이 별로 없었음에도 인간 감정의 움직임은 날카롭게 포착할 수 있었다. 칭기스 칸은 모스크에 모인 사람들 앞에서 계단 몇 개를 올라가 연단에 서더니 부하라의 엘리트를 마주보았다. 칭기스 칸은 통역을 통해서 술탄을 포함한 그들의 죄와 비행을 엄하게 꾸짖었다. 이런 죄를 지은 사람들은 보통사람들이 아니었다. "이런 죄인들은 당신들 가운데 큰 사람들이다. 당신들이 큰 죄를 짓지 않았다면 신이 나를 통해 당신들에게 벌을 주었겠느냐."[15] 이어 칭기스 칸은 몽골 전사들에게 부자를 한 사람씩 맡겼다. 전사들은 부자와 함께 가서 재물을 거두었다. 칭기스 칸은 부자 포로들에게 땅 위로 드러난 재산은 굳이 보여줄 필요가 없다고 말했다. 그런 재물은 그들의 도움을 받지 않고도 찾아낼 수 있으니, 감추었거나 묻어둔 보물이 있는 곳만 안내해달라는 이야기였다.

칭기스 칸은 도시를 체계적으로 약탈하도록 지시한 뒤 부하라 요새 안에서 옥쇄를 각오하고 버티는 투르크족 전사들을 공격하는 일로 관심을 돌렸다. 부하라나 사마르칸드 같은 중앙아시아의 도시화된 오아시스에 사는 사람들은 몽골인에게는 익숙하지 않을지 몰라도, 수백 년 동안 다른 이교도가 오가는 것은 많이 보았다. 이전에는 아무리 용감하고 규율이 엄하다 해도 부족 군대에게서 심각한 위협을 느낀 적은 없었다. 도시의 군대는 식량과 식수만 있으면 요새의 육중한 벽 뒤에서 무한정 버틸 수 있었기 때문이다. 몽골군은 어느 모로 보나 전문적으로 훈련을 받은 부하라 직업군인들의 상대가 되지 않았다. 몽골군이 전체적으로 우수한 활을 사용했다고는 하나 각 병사가 스스로 활을 만들거나 구해야 했기 때문에 활의 품질은 각양각색이었다. 또 몽골군은 부족의 모든 남성들로 구성되어 있었으며, 이들은 군사훈련보다는 가축을 돌보며 어렵게 성장하는 과정을 통해 단련되었다. 따라서 강인하고 규율이 엄하고 자신이 맡은 일에 헌신적이기는 했지만, 부하라의 수비군처럼 직업군인으로 선별되어 훈련을 받은 것은 아니었다. 나아가 부족 군대는 대개 공성 전투의 복잡한 기술에 익숙하지 않다는 점도 요새의 육중한 돌 벽 뒤에 몸을 숨긴 병사들에게 매우 유리한 점이었다. 그러나 칭기스 칸은 자신이 그렇게 만만하게 볼 수 없는 상대임을 입증했다.

칭기스 칸은 압도적인 힘을 과시할 수 있는 공격을 계획했으며, 그 관중은 이미 정복한 부하라 주민이 아니라 멀리 떨어진 다음 행군 목적지 사마르칸드의 군대와 주민이었다. 몽골 침략군은 공성 부대들이 수백 년 동안 사용해온, 돌과 불을 던지는 투석기, 평형추 투석기, 대석궁(大石弓) 등을 새로 만들어 요새로 굴려갔을 뿐 아니라, 불이 붙은 액체가 든 단지, 폭발장치, 인화물질까지 가져갔다. 그들은 또 바퀴에 올려놓고 쓰는 엄청난 크기의 쇠뇌도 가져갔다. 접이식 사다리가 달린 이동용 탑도 밀고 갔다. 이 탑 위에 올라가면 성벽의 수비군을 향해 활을 쏠 수 있었다. 몽골군은 공중에서만 공격한 것이 아니었다. 굴을 파는 사람들은 땅속을 파고들어 성벽을 무너뜨리려 했다. 칭기스 칸은 이렇게 하늘, 땅, 지하에서 뛰어난 과학기술 능력을 과시하는 동시에 포로들—요새에 있는 병사들의 전우도 많았다—에게 앞으로 달려나가라고 명령하여 적에게 심리적인 압박을 가했다. 이 포로들의 몸이 해자를 채우면서 살아 있는 방벽이 세워졌다. 그러면 다른 포로들이 그 방벽 위로 전쟁용 무기를 밀고 갔다.

몽골군은 무기를 새로 고안했을 뿐 아니라 그들이 접촉한 다양한 문화의 무기들을 이용하기도 했다. 이런 지식의 축적을 통해 손에 쥐게 된 세계의 무기들은 어떤 상황에도 응용이 가능했다. 몽골군은 화염과 폭발을 일으키는 무기 분야에서 훗날 박격포와 대포의 초기 형태라고 할 만한 무기를 실험했다. 주베이니의 묘사에 따르면, 목격자들이 혼란에 빠져 자신이 당하는 일을 제대로 설명하지 못한다는 느낌을 받게 된다. 주베이니는 몽골군의 무기가 빨갛게 달아오른 용광로처럼 생겼다고 하면서 이렇게 묘사한다. "외부로부터 단단한 막대를 오목한 곳 안으로 밀어넣어 연료를 공급하자 용광로 배 부분에서 공중으로 불꽃이 튀었다."[16] 칭기스 칸 군대는 초원 전사의 전통적인 공격력과 기동력을 중국 최고 수준의 과학기술과 결합했다. 그는 지상에서는 빠르게 움직이는 잘 훈련된 기병대를 내세워 적의 보병을 물리쳤으며, 요새를 만나면 막강한 화력과 새로 등장한 파괴용 기계를 이용한 새로운 포격 기술로 성벽을 뚫고 수비군을 공포에 떨게 했다. 불과 죽음이 요새 안의 사람들에게 비처럼 쏟아지자 술탄의 전사들은, 주베이니의 말에 따르면, 곧 "전멸의 바다에 빠져 익사하고 말았다."

칭기스 칸은 전쟁이 운동경기나 경쟁자들 사이의 단순한 힘겨루기가 아니라는 사실을 인식했다. 그것은 한 민족이 다른 민족에 대항하여 온 힘을 쏟아붓는 일이었다. 규칙대로 경기를 하는 쪽에 승리가 돌아가는 것이 아니었다. 규칙을 만들고 그것을 적에게 강제하는 쪽에 승리가 돌아갔다. 승리는 부분적일 수가 없었다. 완전하고, 전면적이고, 부정할 수 없는 것이어야 했다. 이런 승리가 아니라면 아무런 의미가 없었다. 전투에서 이것은 공포와 기습을 무제한 사용해야 한다는 뜻이었다. 평화 시에는 보통 사람들에게서 충성을 이끌어낼 수 있는 몇 가지 기본적인, 그러나 절대 흔들리지 않는 원칙들을 꾸준히 준수해야 한다는 뜻이었다. 저항하는 자에게는 죽음을 내리고 충성하는 자에게는 안전을 제공해야 했다.

칭기스 칸의 부하라 공격은 성공을 거두었다. 이 도시의 주민이 항복했을 뿐 아니라, 몽골군 원정 소식이 수도 사마르칸드에 전해지면서 그곳 군대 역시 항복을 했기 때문이다. 술탄은 자기 왕국에서 달아났고 몽골이라는 대형 전차는 계속 앞으로 밀고 나아갔다. 칭기스 칸은 본대를 이끌고 아프가니스탄의 산지를 가로질러 인더스 강까지 갔다. 다른 부대는 카스피 해를 빙 둘러 카프카스 산맥을 통과하여 러시아 평원에 이르렀다. 칭기스 칸이 입성했던 1220년 그날부터 1920년에 소비에트 군대가 진입할 때까지 꼭 700년 동안 칭기스 칸의 후손들은 칸과 아미르로서 부하라를 통치했는데, 이 통치자 가문은 역사상 가장 긴 가족 왕조로 손꼽힌다.

사람과 과학기술을 다루는 칭기스 칸의 능력은 40년 이상에 걸친 쉼 없는 전쟁 경험을 통해 얻은 것이었다. 전쟁을 수행하는 천재적 능력, 부하들로부터 충성심을 이끌어내는 수완, 세계적인 규모의 조직을 꾸려나가는 전례 없는 기술 등은 살다가 어느 한순간에 갑자기 얻어진 것이 아니었다. 또 직관적인 깨달음이나 공식 교육에서 얻은 것도 아니었다. 그것은 끝없이 되풀이되는 실용적 학습, 실험적 적용, 꾸준한 수정을 통해 얻은 것이었다. 물론 그 밑바탕에는 그의 독특하게 단련된 정신과 집중력이 돋보이는 의지가 있었다. 그는 부하라에서 싸운 몽골 전사들 대부분이 태어나기 전부터 전투에 뛰어들었으며, 싸울 때마다 뭔가 새로운 것을 배웠다. 접전이 벌어질 때마다 추종자와 더불어 전투 기술도 늘었다. 거꾸로 전투를 할 때마다 새로운 구상을 적용하여, 군사 전술, 전략, 무기를 끊임없이 바꾸어나갔다. 그는 한 번도 똑같은 방식으로 전쟁을 한 적이 없었다.

[핏덩어리를 움켜쥐고 태어나다]

세계에서 가장 위대한 정복자가 될 운명을 타고난 소년의 이야기는 몽골군이 부하라를 정복하기 60년 전 유라시아의 광대한 내륙 지방의 가장 외딴 지역에서 시작된다. 정확히 말하면 현대 몽골과 시베리아가 맞닿은 곳 근처였다. 전설에 따르면 몽골인은 '잿빛 푸른 이리'와 '아름다운 붉은 암사슴'이 커다란 호숫가에서 짝을 지은 뒤 산속 숲에서 태어났다. 몽골인은 칭기스 칸이 죽자 고향에 외부인의 출입을 영구히 금지했기 때문에 이곳을 묘사한 역사적 기록은 남아 있지 않다. 이곳의 강과 산의 이름은 역사 문헌에는 거의 등장하지 않으며, 현대의 지도들조차 지명이 일치하지 않는다. 철자가 제각각인 것은 말할 필요도 없다.

몽골 씨족들의 영토는 현재 몽골로 알려진 땅의 북동쪽 작은 지역이었다. 현재 몽골의 영토는 대부분 중앙아시아 북부의 고원 위에 펼쳐져 있다. 태평양의 습기를 품은 바람은 아시아의 농업 문명이 자리잡은 해안의 푸른 평원에는 물을 대주지만, 이 고원지대에는 이르지 못한다. 몽골 고원에 불어오는 바람은 대부분 북서쪽 극지방으로부터 온다. 이 바람은 얼마 안 되는 습기를 북쪽 산악지대에 대부분 쏟아버리기 때문에, 고비라고 알려진 남부 지역은 건조한 상태에서 벗어나지 못한다. 이 삭막한 고비 사막과 어느 정도 비가 뿌리는 북쪽 산악지대 사이에는 방대한 초원이 펼쳐져 있다. 여름에 비가 오면 초원은 녹색으로 변하고, 유목민은 풀을 찾아 이곳으로 들어온다.

몽골의 헨티 산맥은 높이는 약 3000미터 정도에 불과하지만 지구에서 가장 오래된 산맥으로 꼽힌다. 등반 장비가 있어야만 올라갈 수 있는 험하고 젊은 히말라야 산맥과는 달리 늙은 헨티 산맥은 수백만 년의 침식으로 평탄해져서 약간의 고생만 각오하면 말을 타고 올라갈 수 있다. 물론 계절은 여름이어야 하고 몇 개 봉우리는 제외해야 한다. 산맥의 양옆에는 습지가 있다. 긴 겨울에는 이 습지들이 단단하게 얼어붙어 덩어리를 이룬다. 산비탈의 우묵하게 팬 곳에는 눈과 물이 쌓이면서 얼어 겨울에는 빙하처럼 보이지만 짧은 여름에는 코발트 빛깔의 아름다운 호수로 변한다. 봄이면 얼음과 눈이 녹아 호수의 물이 넘치면서 산 아래로 흘러내려 작은 강이 여러 개 초원을 가로지른다. 이 강들은 여름에 한창 날씨가 좋을 때면 풀과 함께 에메랄드빛으로 반짝거리지만, 날씨가 나쁘면 몇 년 동안 계속 불에 타버린 듯 갈색을 띠기도 한다.

헨티 산맥에서 흘러나오는 강은 크기도 작고 연중 대부분 얼어 있다. 심지어 5월에도 얼음이 두꺼워 여럿이 말을 타고 건널 수 있으며, 짐을 잔뜩 실은 지프도 문제없이 건너곤 한다. 이 작은 강들을 따라 펼쳐진 길고 넓은 초원은 몽골인에게 유라시아의 여러 지역으로 가는 간선도로 역할을 했다. 이 풀밭은 서쪽으로는 동유럽의 헝가리와 불가리아까지 이어진다. 동쪽으로는 만주까지 이어지는데, 한반도로 가는 길을 막아서는 해안의 좁은 산맥만 아니라면 태평양까지 뻗어나갈 수도 있었을 것이다. 이 풀밭은 고비 남부에서부터 점차 빽빽해지다가 아시아 대륙 중심부와 만나 황허의 넓은 평야지대와 연결된다.

헨티 산맥 근처의 풍경은 기복이 완만하지만 날씨는 갑자기 사납게 변한다. 이곳은 극단이 두드러지는 땅이다. 이곳에 사는 사람과 가축은 늘 까다로운 날씨와 직면한다. 몽골인은 헨티 산맥에서는 하루에도 사철을 다 경험할 수 있다고 말한다. 5월에도 말이 깊은 눈구덩이에 빠져 고개를 제대로 쳐들지 못하는 일이 생기기도 한다.

이 지역의 오논 강 옆에서 훗날 칭기스 칸이라고 알려지게 될 사내아이가 태어났다. 아시아인 역법에 따르면 말의 해인 1162년 봄이었다. 이곳의 자연은 아름다웠지만 인간의 역사는 그가 태어나기 오래 전부터 끊임없는 갈등과 곤경으로 얼룩져 있었다. 납치되어온 젊은 여자 후엘룬은 멀리 오논 강을 굽어보는 헐벗고 외떨어진 작은 언덕에서 첫 아이를 낳으려고 애를 쓰고 있었다. 후엘룬은 그녀를 길러준 가족이나 그녀가 아는 세계와는 멀리 떨어진 곳에서 낯선 사람들에게 둘러싸인 채 진통을 했다. 이곳은 그녀의 고향이 아니었으며, 지금 그녀의 남편 노릇을 하는 사람은 그녀가 결혼한 남자가 아니었다.

얼마 전까지만 해도 그녀의 운명은 완전히 다르게 전개될 것처럼 보였다. 그녀는 메르키트 부족의 칠레두라는 다른 젊은 전사의 부인이었다. 칠레두는 미녀가 많기로 소문난 올쿠누트 부족을 찾아 동쪽 초원까지 와서 후엘룬에게 구혼을 했다. 그는 초원의 전통에 따라 그녀의 부모에게 선물을 주었을 것이고, 또 몇 년 동안 일까지 해준 뒤에 마침내 그들의 딸을 신부로 맞아 자신의 부족에게 데리고 갈 수 있었을 것이다. 그들은 단 둘이 칠레두의 고향으로 가는 길에 나섰다. 몇 주 걸리는 길이었다. 『몽골 비사』에 따르면 후엘룬은 황소 또는 야크가 끄는 작고 검은 수레에 탔고, 그녀의 당당한 남편은 수레 옆에서 호박색 말을 타고 갔다고 한다. 후엘룬은 열여섯 살을 넘지 않았을 것이다.

그들은 오논 강을 따라 초원을 편안하게 여행하다가 이윽고 메르키트의 땅으로 들어가는 관문이라 할 수 있는 산맥을 만났다. 이제 앞에 놓인 외진 산골짜기를 따라 며칠만 더 고생하며 가면 메르키트 부족의 가축이 풀을 뜯는 비옥한 풀밭으로 들어갈 수 있었다. 어린 신부는 말을 탄 사람들이 덮칠 것이라고는 생각도 못하고 작고 검은 수레 앞쪽에 앉아 있었다. 납치범들의 공격은 결국 그녀의 삶을 완전히 바꿀 뿐 아니라 세계의 역사까지 바꾸게 된다.

혼자서 말을 타고 매와 함께 사냥을 하던 남자는 근처 절벽 꼭대기에서 모습을 감춘 채 후엘룬과 칠레두를 내려다보고 있었다. 후엘룬과 그녀가 탄 수레는 그가 매로 잡을 수 있는 어떤 것보다도 훨씬 탐나는 사냥감이었다.

사냥꾼은 신혼부부에게 들키지 않고 자기 야영지로 돌아가 두 형제를 불렀다. 이 사냥꾼은 가난해서 후엘룬 같은 신부와 결혼을 하는 데 필요한 선물을 마련할 여유도 없었고, 또 신부를 데려오기 위하여 처갓집에서 노역을 하고 싶은 마음도 없었다. 그는 초원에서 부인을 얻는 두 번째로 흔한 방법을 택했다. 약탈혼이었다. 삼형제는 아무것도 모르는 사냥감을 추적했다. 그들이 신혼부부를 급습하자 칠레두는 공격한 자들을 수레에서 떼어내기 위해 즉시 앞으로 내달았다. 예상대로 그들은 칠레두를 쫓아갔다. 칠레두는 산을 한 바퀴 돌아 공격자들을 떨치고 신부에게 돌아가려 했다. 그러나 후엘룬은 남편이 공격자들을 그들의 땅에서 속일 수 없다는 것을 알았다. 잠깐 따돌려봐야 곧 다시 돌아올 것이 분명했다. 후엘룬은 십대 소녀에 불과했지만 남편의 목숨을 살리기 위해서는 자신이 그 자리에 남아 납치범들에게 굴복해야 한다고 판단했다. 만일 칠레두의 말에 함께 타고 달아난다면 결국 붙잡혀서 남편은 죽음을 당할 것이 뻔했다. 그러나 칠레두 혼자만 달아나면 자신만 붙들리는 것으로 끝날 수 있었다.

『몽골 비사』에 따르면 후엘룬은 남편이 자신의 계획을 따르도록 이런 식으로 설득을 했다고 한다. "살아만 있으면 앞방마다 수레마다 처녀들이 당신을 기다리고 있을 거예요. 당신은 다른 여자를 찾아 신부로 삼을 수 있고, 그 여자를 나 대신 후엘룬이라고 부르면 돼요."17) 이어 후엘룬은 얼른 저고리를 벗더니 신랑에게 "빨리 달아나라"고 다그쳤다. 그녀는 헤어지는 선물로 저고리를 그의 얼굴에 던지며 말했다. "이것을 가져가요. 내 냄새를 맡으며 가요."

초원 문화에서는 냄새가 매우 중요한 자리를 차지한다. 다른 문화에서는 만나거나 헤어질 때 끌어안거나 입을 맞추지만 초원의 유목민은 뺨에 입을 맞추는 것과 흡사한 동작으로 서로 냄새를 맡는다. 냄새 맡기에는 매우 깊은 감정적 의미가 담기는데, 여기에는 부모와 자식 사이에 이루어지는 가족간의 냄새 맡기에서부터 연인 사이의 성적인 냄새 맡기에 이르기까지 다양한 수준이 있다. 각 사람의 숨결과 독특한 체취는 그 사람의 영혼의 일부로 여겨진다. 따라서 후엘룬이 남편에게 던져준 저고리는 중요한 사랑의 정표였던 것이다.

그날 이후 후엘룬은 길고 다사다난한 인생을 살아가게 되지만 첫사랑은 두 번 다시 만날 수 없는 운명이었다. 칠레두는 아내의 납치범들로부터 달아나면서 아내의 저고리를 얼굴에 갖다 댔다. 그녀를 보기 위해 뒤를 하도 자주 돌아보는 바람에 길고 검은 변발이 채찍처럼 가슴과 어깨를 번갈아 두드려댔다. 후엘룬은 남편이 고개를 넘어 시야에서 영원히 사라지자 자신의 가슴에 담긴 감정을 한껏 토해냈다. 그녀가 크게 소리를 지르는 바람에, 『몽골 비사』에 따르면, "오논 강이 물결치고", "숲과 골짜기가 울렸다."

후엘룬을 납치한 남자, 즉 그녀의 새 남편이 될 남자는 작고 미미한 집단에 속한 예수게이였다. 훗날 이 무리는 몽골족으로 알려지게 되지만, 이때 예수게이는 보르지긴 씨족의 구성원이었고, 보르지긴 씨족은 더 강력한 타이치우드 친척들의 명령을 따르고 있었다. 후엘룬에게 납치범의 지위보다 더 곤혹스러웠던 점은 그에게 이미 아내 또는 첩 소치겔이 있고 둘 사이에 아들도 있다는 사실이었다.* 후엘룬은 가족 내에서 자기 자리를 차지하려고 노력했을 것이다. 후엘룬이 운이 좋았다면 두 여자는 아마 별도의 게르—격자 구조물 둘레에 모전(毛氈)**을 묶어서 만든 원형의 주거용 천막—에 살았을 것이다. 그러나 설사 같은 게르에 살지 않았다 해도 매일 얼굴을 마주칠 수밖에 없는 가까운 거리에 살았을 것이다.

후엘룬은 사방이 광활하게 트여 있고 여름이면 말, 소, 양, 염소가 무리를 지어 몰려와 풀을 먹고 살이 찌는 넓은 초지에서 성장했다. 따라서 초원의 생명체들이 제공하는 고기와 젖으로 이루어진 푸짐하고 풍부한 식사에 익숙했다. 그러나 그녀의 새 남편이 속한 작은 부족은 목축 세계의 북쪽 가장자리에서 살고 있었다. 이곳은 초원과 숲이 우거진 산악지대가 만나는 곳으로 큰 가축 떼가 모여들 만한 넓은 초지가 없었다. 이제 후엘룬은 마못, 쥐, 새, 물고기, 또 가끔 사슴이나 영양 등 사냥꾼들이 먹는 거친 음식을 먹어야 했다. 몽골족은 초원의 부족들 가운데 오래고 화려한 역사를 자랑할 수 있는 부족이 아니었다. 그들은 작은 짐승을 사냥하려고 이리와 경쟁을 하다 썩은 고기나 주워 먹는 사람들로 여겨졌다. 이들은 기회만 생기면 초원의 유목민으로부터 가축이나 여자를 훔쳤다. 몽골족은 후엘룬도 노획한 물건 정도로 여겼을 것이다.

자주 되풀이되는 이야기에 따르면, 후엘룬의 첫 아기는 오른손에 뭔가 신비하고 불길한 것을 쥐고 세상에 태어났다. 젊은 어머니가 깜짝 놀

---

* 다른 자료에는 소치겔이 둘째부인이라고도 하고, 이름이 다르게 나오기도 한다. 이 번역서에서는 이 사항을 포함한 모든 이야기를 수정 없이 저자의 원문 그대로 옮겨놓았다.
** 모전: 짐승의 털로 색을 맞추고 무늬를 놓아 두툼하게 짠 부드러운 요.

라 손가락을 하나씩 하나씩 살살 펴보니 손가락 마디뼈만한 크기의 크고 검은 핏덩어리가 드러났다. 갓난아기는 어머니의 자궁 어딘가에서 이 핏덩어리를 움켜쥐고 바깥 세상으로 나올 때도 손에서 놓지 않았던 것이다. 삶의 경험도 없고, 글도 모르고, 몹시 외롭기까지 했던 젊은 여자는 아들의 손에 나타난 이 이상한 징조를 어떻게 해석했을까? 800년이 지난 지금 우리 역시 후엘룬이 아들을 보고 품었던 의문에 대답하려 노력하고 있다. 이 핏덩어리는 길조일까, 저주일까? 행운을 예시하는 것일까, 악을 예시하는 것일까? 자부심을 느껴야 하나, 두려움을 느껴야 하나? 희망을 품어야 하나, 겁을 먹어야 하나?

[몽골 초원의 아들, 테무진]

12세기 초원지대에는 수십 개 부족과 씨족이 유목민들답게 서로 이합집산하면서 살아갔다. 초원지대의 모든 부족 가운데 몽골족과 가장 가까운 친족은 동쪽의 타타르족과 거란족(契丹族), 그리고 더 동쪽으로 만주족, 서쪽으로 중앙아시아의 여러 투르크족이었다. 이 세 인종 집단은 시베리아의 일부 부족들과 문화, 언어 유산을 공유하고 있는데, 실제로 이들 모두가 시베리아 출신일 가능성도 있다. 몽골족은 타타르족과 투르크족 사이에 자리를 잡고 있어 외부인은 그들을 혼동하는 경우가 많았다. 그래서인지 몽골족은 가끔 '푸른 투르크족'이나 '검은 타타르족'으로 알려지기도 했다. 몽골족이 사용하는 알타이어 ─ 몽골 서부의 알타이 산맥에서 따온 이름이다 ─ 는 한국어나 일본어와 유사한 면이 있지만 중국어를 비롯한 아시아의 다른 성조(聲調) 언어와는 완전히 다르다.

투르크족이나 타타르족은 몇 개의 부족 연맹체로 결합되어 있었지만, 몽골족은 많은 작은 무리로 나뉘어 있었다. 대체로 친족 관계에 바탕을 둔 이 무리는 칸(汗)이라고 부르는 우두머리가 이끌었다. 몽골족 자신은 투르크나 타타르와는 다른 독자적인 정체성을 주장한다. 그들은 그때나 지금이나 3세기에 고원의 초원지대에 첫 제국을 건설했던 훈족(흉노족이라고도 부른다)의 직계 후손이라고 주장한다. 훈은 몽골어로 인간을 가리키는 말이며, 몽골족은 훈족 조상을 태양의 사람들이라는 뜻으로 훈누라고 불렀다. 4, 5세기에 훈족은 몽골 대초원으로부터 퍼져 나오며 인도에서 로마까지 정복했지만, 여러 씨족 간에 접촉을 유지할 수 없어 곧 그들이 정복한 문화에 동화되고 말았다.

예수게이는 후엘룬을 납치한 직후 타타르와 싸우러 나갔다가 테무진 우게라는 이름의 전사를 죽였다. 아들이 태어난 직후에 돌아온 예수게이는 아이의 이름을 테무진이라고 지었다. 초원지대 사람들은 아이에게 평생 사용할 이름을 하나만 지어주기 때문에 이름을 고르는 데는 상당한 상징이 개입되며, 그 상징은 여러 겹의 의미를 가지는 경우가 흔했다. 이들은 이름이 아이의 인격과 운명을 드러낸다고 생각하기도 했다. 테무진이라는 이름을 지어준 것은 몽골족과 타타르족 사이의 끈질긴 적대감을 강조하려는 것이었는지도 모른다. 그러나 테무진이라는 이름의 정확한 의미나 아버지가 그런 이름을 지어준 의도에 대해서는 학술적인 ─물론 상상이 많은 부분을 차지했지만─ 토론이 끊이지 않았다. 가장 강력한 가설은 여러 아이들에게 공동의 어근에서 파생된 이름을 부여하는 몽골의 관습에서 출발해야 한다는 것이었다. 후엘룬은 테무진 뒤에도 자식을 넷 더 낳았는데 막내아들은 이름이 테무게였다. 막내자식이자 외동딸의 이름은 테물룬이었다. 이 세 이름은 모두 테물이라는 동사 어근에서 나온 것으로 보인다. 이 어근은 물불 안 가리고 달려가다, 영감을 받다, 창조적인 생각을 하다, 심지어 분방하게 공상을 하다 등의 뜻을 가진 여러 몽골 단어에 나타난다. 한 몽골 학생은 나에게 "등 위에 올라탄 사람의 의사에 관계없이 가고 싶은 데로 질주하는 말의 눈에 나타난 표정"을 연상하면 된다고 설명해주었다.

[초원: 사냥, 목축, 그리고 전쟁의 무대]

몽골 세계는 고립되어 있었지만 그곳에 사는 부족들이 세계사의 흐름으로부터 완전히 단절되어 있었던 것은 아니다. 칭기스 칸이 태어나기 수백 년 전부터 중국, 무슬림, 힌두, 기독교 문명이 몽골족의 고향으로 흘러들었다. 그러나 그들의 문화 가운데 높은 초원지대의 가혹한 환경에 적용할 수 있는 것은 거의 없었다. 유목 부족들은 중국과 중앙아시아의 끊임없이 변하는 나라들과 간접적이고 복잡한 상업, 종교, 군사적 관계를 맺어왔다. 몽골족은 북쪽으로 멀리 떨어진 곳에 살았기 때문에 훗날 비단길로 알려지게 된 교역로 ─고비 사막의 남쪽을 달리며 이따금씩 미약하게 중국과 무슬림 사회들을 연결시켜주었다─ 의 영향권으로부터는 벗어나 있었다. 그러나 교역되는 상품들은 북쪽으로도 흘러들어 몽골족 역시 남쪽에 보물이 있다는 사실을 알고 있었다.

유목민에게 이웃과 교역을 하고 싸우는 것은 일 년의 삶의 순환에서 떼어낼 수 없는 한 부분이었다. 이것은 봄에 새로 태어난 가축을 돌보는 것, 여름에 목초지를 찾는 것, 가을에 고기와 유제품을 말리는 것과 마찬가지로 관습적이고 일상적인 일이었다. 길고 추운 겨울은 사냥의 계절이었다. 남자들은 작은 무리를 이루어 산을 돌아다니며 숲을 뚫고 들어가 토끼, 이리, 검은담비, 엘크, 야생염소, 아르갈리(중앙아시아에 사는 뿔이 큰 야생 양), 멧돼지, 곰, 여우, 수달 등을 사냥했다. 이따금씩 공동체 전체가 사냥에 참여하여 커다란 땅을 둘러싼 다음 사냥감들을 중앙의 도살 지점으로 몰기도 했다. 짐승들은 고기, 가죽, 모피만이 아니라, 유목민에게 필요한 여러 가지 연장이나 무기를 만들 때 사용하는 뿔, 엄니, 이빨, 뼈, 나아가 말려서 약재로 사용할 수 있는 다양한 장기도 제공했다. 그 외에도 숲에서는 교역과 일상생활에 필요한 것들을 얻을 수 있었다. 갓 부화했을 때 둥지에서 잡아와 길들이는 사냥용 새도 한 예였다.

유목민은 남쪽으로 내려오면서 가족끼리, 게르끼리 숲의 산물을 거래했고, 고비 남부의 교역 중심지들로부터 북쪽으로 천천히 올라가면서 금속이나 직물 같은 제품을 거래했다. 몽골족은 이 세계의 북쪽 가장자리, 초원지대와 시베리아 북부 삼림이 만나는 곳에서 생존해왔다. 그들에게는 숲에서 사냥을 하는 것만큼이나 초원에서 가축을 기르는 것도 생계에 중요했다. 따라서 그들은 양쪽 집단의 가장 극단적인 특징들을 동시에 보여주었다. 그들은 툰드라 북부나 초원지대를 남쪽 지역의 농경지나 작업장과 연결하는 가늘고 약한 실 같은 교역로의 너덜너덜한 끄트머리에 매달려 있었다. 이 먼 북방으로 흘러드는 물자는 아주 빈약했기 때문에 몽골족 사이에서는 쇠로 만든 등자를 가진 사람이면 가장 높은 지배자 행세를 할 수 있었다.

어떤 해에는 사냥 수확이 좋지 않아 사람들이 초겨울부터 굶주리기도 했다. 숲에서 내다 팔 물건을 찾기도 힘들었다. 그런 해에도 몽골족은 사냥대를 조직했다. 그러나 짐승을 잡으러 북쪽 숲으로 들어가는 대신 인간을 잡으러 초원을 가로질렀다. 몽골족은 거래할 물건이 없으면 초원이나 외딴 골짜기에서 눈에 띄는 목자들을 습격했다. 이들은 인간에게 접근할 때도 짐승에게 접근할 때와 똑같은 전술을 이용했다. 몽골족이 공격 움직임을 보이면 목자는 보통 짐승이나 집에 있는 물건을 비롯하여 사냥꾼들이 원할 만한 것을 대부분 놓아두고 달아났다. 공격의 목표는 물자를 확보하는 것이었기 때문에 사냥꾼들은 달아나는 사람들을 추적하기보다는 게르를 약탈하거나 짐승들을 몰아오곤 했다. 따라서 이런 싸움에서는 사상자가 별로 나오지 않았다. 젊은 여자는 납치되어 부인이 되고 사내아이는 노예가 되었다. 나이든 여자와 아기는 보통 피해를 입지 않았다. 싸울 수 있는 나이의 남자는 보통 가장 빠르고 튼튼한 말을 타고 가장 먼저 달아났다. 그들이 죽을 확률이 가장 높았고, 전체 집단의 미래의 생계가 그들에게 달려 있었기 때문이다.

달아난 남자가 도와주러 올 사람들을 빨리 부를 수 있으면 잃어버린 것들을 되찾기 위해 사냥꾼들을 거꾸로 추적했다. 그렇지 못할 경우 패배한 남자들은 사냥꾼들의 손을 피한 가축을 최대한 긁어모아 다시 생계를 꾸릴 방도를 강구하면서 적당한 시기에 반격을 노렸다.

몽골족에게 싸움이란 진짜 전쟁이나 지속적인 분쟁이라기보다도 생계를 위한 일상적인 약탈에 가까웠다. 복수도 약탈의 구실이 되곤 했지만, 진짜 동기가 되는 경우는 드물었다. 전투에서 이기면 약탈품을 가지고 와서 가족이나 친구와 나누었고, 나누는 물자의 규모에 따라 승자의 위신이 달라졌다. 승리한 전사들은 적을 죽인 것에 자부심을 가졌고 그 일을 기억했지만, 머리나 머리 가죽을 모으는 허세는 부리지 않았다. 또 전투에서 죽인 사람들의 숫자를 나타내기 위해 눈금을 새긴다거나 다른 상징을 이용하지도 않았다. 중요한 것은 살인이 아니라 물자였다.

초기 몽골 부족들에게 사냥, 교역, 목축, 전투는 서로 뗄 수 없이 연결되며 생계활동의 망을 이루었다. 사내아이는 말을 탈 수 있을 때부터 이 각각의 일을 배웠다. 어떤 가족도 이 가운데 한 가지 활동만으로 먹고살 수 없었다. 습격의 방식은 지리적 조건이 결정했다. 비단길의 교역 도시들에 가까이 사는 남쪽 부족들은 멀리 떨어진 북쪽 부족들보다 늘 물자를 많이 얻을 수 있었다. 게다가 남쪽 사람들은 무기도 좋았다. 따라서 그들과 싸워서 이기려면 북쪽 사람들은 더 빨리 움직이고, 더 머리를 써야 하고, 더 열심히 싸워야 했다. 이렇게 교역과 습격을 번갈아 되풀이하면서 느리지만 꾸준하게 금속과 직물이 북방으로도 흘러들었다. 북방은 날씨도 더 나쁘고, 풀도 더 부족하고, 사람들도 더 거칠고 폭력적인 곳이었다.

[테무진의 어린 시절]

테무진의 어린 시절에 대한 이야기는 몇 가지밖에 남아 있지 않지만 그의 아버지가 그를 높이 평가하지 않았다는 사실을 알 수 있다. 한번은 다른 야영지로 이동할 때 실수로 테무진을 남겨두고 가기도 했다. 그러자 타이치우드 씨족이 그를 발견하여, 지도자인 '뚱뚱이 칸' 타르쿠타이가 자기 집으로 데려가 한동안 보살폈다. 훗날 테무진이 강력해지자 타르쿠타이는 목자의 가장 귀중한 재산인 망아지를 훈련시킬 때와 마찬가지로 신중하게 주의를 기울이고 애정을 쏟으면서도 또 한편으로는 엄하게 테무진을 훈련시켰다고 자랑했다.[18] 자세한 내막과 사건의 흐름은 알려져 있지 않지만, 어쨌든 결국 아이와 가족은 재결합했다. 아마 뚱뚱이 칸이 아이를 돌려주었거나 아이의 가족이 '뚱뚱이 칸'의 야영지로 들어갔을 것이다.

또 하나 알려진 사건은 그의 나이 불과 9세―서양식 셈법으로는 8세이다―때[19] 아버지가 테무진의 신부를 구하러 아이와 함께 떠나면서 일어났다. 예수게이와 테무진은 둘이서만 동쪽으로 후엘룬의 가족을 찾으러 갔다. 후엘룬이 자기 부족 여자를 며느리로 삼고 싶어했을 수도 있고, 아니면 아들이 어머니의 집안과 알고 지내기를 바랐을 수도 있다. 그러나 후엘룬의 생각이야 어찌 되었든 예수게이는 아들을 집에서 내보내고 싶어했던 것 같다. 어쩌면 아버지는 첫 부인 소치겔에게서 낳은 아들 벡테르―테무진보다 나이가 약간 더 많았다―와 테무진 사이에 터져나올 갈등을 예감했는지도 모른다. 그는 테무진을 어린 나이에 멀리 떠나보내 형제 사이의 경쟁이 그의 작은 가족에 일으킬 분란을 예방하려 했을 것이다.

예수게이는 사돈 될 사람에게 선물로 줄 것이 말 한 마리밖에 없었기 때문에, 테무진을 몇 년 동안 일꾼으로 쓰고 그 대가로 딸을 내줄 가족을 찾아야 했다. 테무진으로서는 이 여행이 오논 강변의 고향을 떠나는 첫 모험이었을 것이다. 여행자는 낯선 땅에서 길을 잃기 쉬웠으며, 세 가지 위험도 각오해야 했다. 야생동물, 거친 기후, 그리고 무엇보다도 다른 인간이었다. 결국 아버지는 테무진을 후엘룬의 가족이 있는 곳까지 데려가지 않았다. 가는 도중에 어느 집에 묵었는데, 그 집 가장에게는 테무진보다 나이가 약간 더 많은 딸 부르테가 있었다. 두 아이는 서로 좋아하는 것 같았다. 두 아버지는 아이들을 혼인시키기로 결정했다. 이 신랑 수업 기간, 즉 신부를 얻기 위해 봉사를 하는 기간에 테무진은 장인과 장모가 될 사람의 보호를 받으며 일해야 했다. 약혼한 두 아이는 점점 더 가까워졌다. 이런 약혼 관계에서는 부르테와 테무진의 경우처럼 여자아이가 보통 남자아이보다 나이가 약간 더 많았기 때문에, 여자아이가 둘에게 적당하다고 여겨지는 시기에 적당한 속도로 남자아이에게 성관계를 가르치는 것이 상례였다.

　예수게이는 테무진을 두고 돌아가는 긴 여행길에 우연히 타타르족이 잔치를 하던 야영지를 지나게 되었다. 『몽골 비사』에 따르면 예수게이는 잔치에 참가하고 싶었지만 자신의 정체를 드러내서는 안 된다는 것을 알았다. 8년 전 싸움에서 그들 부족 소속의 테무진 우게를 죽인 일이 있었기 때문이다. 그러나 누군가가 그를 알아보고 몰래 독을 먹였다. 예수게이는 독 때문에 심하게 아팠지만 그래도 타타르족을 떠나 그의 가족의 야영지까지 돌아갔다. 그는 돌아가자마자 사람을 보내 테무진을 불러오게 했다. 테무진은 부르테를 두고 서둘러 아버지의 임종을 지키러 가야 했다.

　그러나 소년이 가족의 야영지에 도착했을 때 아버지는 이미 이 세상 사람이 아니었다. 예수게이는 두 아내와 열 살이 안 된 자식 일곱 명을 세상에 남겼다. 당시 이 가족은 여전히 오논 강변에서 타이치우드 씨족과 함께 살고 있었다. 타이치우드는 그때까지 세 세대 동안 예수게이의 보르지긴 씨족을 지배해왔다. 그러나 싸움과 사냥을 도와줄 예수게이가 사라지자 두 과부와 어린 일곱 자식이 쓸 데가 없다고 판단했다. 오논 강의 가혹한 환경에서 아홉 명의 입이 몹시 부담스러웠던 것이다.

초원지대의 전통에 따르면 후엘룬 납치를 돕기도 했던 예수게이의 형제들 가운데 하나가 그녀를 아내로 받아들여야 했다.* 몽골의 결혼제도에 따르면 예수게이가 다른 부인 소치겔에게서 낳은 아들 가운데 하나도 가족을 부양할 나이만 되었다면 후엘룬의 남편이 될 수 있었다.[20] 몽골 여자들은 죽은 남편의 가족에 속한 훨씬 어린 남자와 결혼하는 경우가 많았다. 그렇게 하면 젊은 남자는 신부 가족에게 선물을 주거나 신부를 얻기 위한 노역을 하지 않고도 경험 많은 부인을 얻을 수 있었기 때문이다. 그러나 후엘룬은 아직 젊은 여자였음에도 —20대 중반이었을 것이다— 어지간한 남자가 부양하기에는 자식이 너무 많았다. 게다가 고향에서 먼 곳으로 납치되어온 여자로서 남편 될 사람에게 가족의 부나 가족 간의 유대도 제공할 수도 없는 처지였다.

남편은 죽고 다른 남자들은 데려가려 하지 않았기 때문에 후엘룬은 이제 가족 외부로 밀려나게 되었는데, 그런 사람은 누구도 도와줄 의무가 없었다. 후엘룬이 이제 그 무리의 일원이 아니라는 메시지는 몽골족이 늘 관계의 상징으로 이용하는 음식을 통해서 그녀에게 전달되었다. 봄에 전직 칸의 미망인인 두 늙은 할멈은 가족의 조상에게 드리는 연례 제사 음식을 마련하면서 후엘룬에게 알리지 않았다. 이것은 그녀에게 제사 음식을 나누어주지 않겠다는 의사 표현이었고, 나아가서 그녀가 가족의 구성원이 아니라는 통보였다. 이제 후엘룬과 그녀의 가족은 스스로 생계를 유지하고 스스로 자신들을 보호해야 했다. 타이치우드 씨족은 오논 강 하류에 있는 여름 근거지로 내려갈 준비를 하면서 후엘룬과 그녀의 자식들은 두고 가기로 결정했다.

『몽골 비사』에 따르면 무리가 이동하면서 두 여자와 일곱 자식을 버리고 가자, 무리에서 지위가 낮은 가문에 속하는 노인 하나만 큰 소리로

---

* 형사취수(兄死娶嫂) 관행이다.

이의를 제기했다고 한다. 테무진은 이 노인의 말에 감동을 받았을 것이다. 그러나 타이치우드의 한 남자가 노인에게 당신은 우리를 비판할 권리가 없다고 마주 고함을 지르더니 뒤로 돌아가 창으로 노인을 찔러 죽였다. 이것을 보고 당시 열 살짜리 아이였을 테무진은 죽어가는 사람을 도와주러 달려갔다. 그러나 아무것도 할 수가 없어 고통과 분노를 느끼며 흐느끼기만 했다.

 10년 전 납치를 당할 때도 냉정한 판단력을 보여주었던 후엘룬은 새로운 위기를 맞이했을 때에도 결단과 힘을 보여주었다. 후엘룬은 그녀의 가족을 버리고 가지 못하게 하려고 마지막으로 과감한 노력을 기울였다. 타이치우드 씨족의 수치심을 자극해보기로 한 것이다. 씨족이 야영지를 떠나자 후엘룬은 죽은 남편의 말총 영기를 움켜쥐고 말에 올라타 떠난 사람들을 쫓아갔다. 후엘룬은 영기를 머리 위로 높이 쳐들고 공중에 사납게 휘두르며 달아난 사람들 주위를 맴돌았다. 후엘룬의 행동은 죽은 남편의 상징을 흔드는 것일 뿐 아니라, 그녀를 버리고 떠난 부족민에게 그의 영혼 자체를 보여주는 것이었다. 부족민은 실제로 그의 영혼 앞에서 부끄러움을 느꼈으며, 그의 영혼으로부터 초자연적인 복수를 당할 것이 두려워 일단 야영지로 돌아갔다. 그러나 밤이 오기를 기다렸다가 하나씩 몰래 빠져나가면서 가족의 가축까지 데려갔다. 이것은 두 과부와 일곱 자식에게 다가올 겨울에 굶어죽으라고 말한 것이나 다름없었다.

 그러나 이 가족은 죽지 않았다. 후엘룬은 엄청난 노력을 기울여 가족 모두를 구했다. 『몽골 비사』에 따르면 그녀는 모자를 단단히 눌러쓰고 치마를 바짝 여미고 밤낮없이 그녀의 굶주린 다섯 자식을 먹일 음식을 찾아 강의 상하류로 뛰어다녔다. 그러면서 작은 열매를 찾기도 했고, 노간주나무 막대기로 강가에서 자라는 식물의 뿌리를 캐기도 했다. 테무진은 어머니를 돕기 위해 초원의 쥐를 잡으려고 날카롭게 깎은 뼈가 달린 나무 화살을 만들었으며 어머니의 바느질용 바늘을 구부려 낚시용 미늘도 만들었다. 나이가 들자 소년들은 더 큰 사냥감도 잡을 수 있었다. 50년 뒤 몽골족을 방문하여 외국인으로서는 처음으로 테무진의 삶을 기록했던 페르시아의 연대기 기록자 주베이니의 말에 따르면, 이 가족은 "개와 쥐의 가죽으로 만든" 옷을 입었으며, "음식 역시 그런 짐승을 비롯한 다른 죽은 짐승의 고기였다."[21] 이 이야기가 정확한지 아닌지는 몰라도, 어쨌든 이 묘사는 이들 사회적 추방자들이 고립된 상황에서 필사적으로 분투하는 모습을 보여준다. 이들은 기아선상에서 거의 짐승처럼 살아갔다. 모두들 거친 삶을 살아가는 땅이었지만, 이들은 거기에서도 초원생활의 가장 밑바닥까지 추락한 것이다.

어떻게 해서 그런 비천한 지위에 있던 추방당한 아이가 몽골족의 위대한 칸으로 올라갈 수 있었을까? 『몽골 비사』에서 테무진이 어른으로 커가는 이야기를 살피다 보면 아이에게 깊은 상처를 준 이 초기의 사건들이 그의 성격을 형성하는 데, 나아가서 그가 권좌에 오르는 데 중대한 역할을 했다는 핵심적 실마리를 발견하게 된다. 테무진은 그의 가족과 함께 비극을 견디어내면서 초원지대의 엄격한 카스트 구조에 도전하고, 자신의 운명을 주도하고, 가족이나 부족보다는 신임하는 동료와 동맹을 맺어 이것을 일차적인 지지기반으로 삼겠다는 강한 결의를 굳히게 되었던 것으로 보인다.

테무진은 우선 자무카라는 이름의 몇 살 연상의 소년과 이런 강력한 유대를 맺었다. 자무카의 가족은 오논 강변 테무진의 야영지 근처에 여러 번 천막을 쳤으며, 그가 속한 자다란 씨족은 테무진 아버지의 씨족과 먼 친척 관계였다. 이상적인 몽골 문화에서는 친족 관계가 다른 모든 사회적 원리를 지배했다. 친족으로 이루어진 망 외부에 있는 사람은 바로 적이 되고, 가까운 친족 관계일수록 그 유대도 더 가까워졌다. 테무진과 자무카는 먼 친척 관계였지만 더 가까워지고 싶었다. 형제처럼 되고 싶었던 것이다. 테무진과 자무카는 어린 시절에 두 번이나 영원한 형제 관계를 맺자고 맹세했으며, 몽골 전통에 따라 의형제가 되었다. 이 운명적인 우정의 이야기는 테무진 인생 초기의 축을 이루는 사건으로, 필요한 자원들을 배치하는 테무진의 탁월한 능력을 분명하고 세밀하게 보여준다. 테무진은 이 능력을 바탕으로 역경을 이겨내고, 나아가 초원지대를 지배하는 여러 부족의 폭력적 성향을 길들이게 된다.

테무진과 자무카는 사냥과 낚시를 하고 놀이를 하면서 우정을 돈독히 유지해나갔다. 놀이라 하지만 이것은 사실 아이들에게 일상 활동에 필요한 기술을 가르치기 위한 방편에 가까웠다. 몽골족의 아이들은 남녀를 가리지 않고 말을 타고 성장했다. 그들은 아기 때부터 부모나 나이 든 형제와 함께 말을 탔으며 몇 년만 지나면 혼자서 말을 타고 다니게 되었다. 보통 네 살이면 안장 없이 말을 타는 데 익숙해졌으며, 결국은 말 등에 올라서는 방법도 익혔다. 아이들은 말 등에 올라선 채 상대를 말에서 떨어뜨리는 시합을 했다. 다리가 등자에 닿을 만큼 길어지면 말을 탄 채로 활을 쏘고 올가미밧줄을 던지는 법도 배웠다. 장대에 대롱대롱 매달려 바람에 흔들리는 가죽 주머니들이 과녁이었다. 아이들은 말을 탄 채 거리와 속도를 바꾸어가며 목표물을 맞히는 연습을 했다. 이런 놀이에서 터득한 기술은 훗날 기마병으로서 활동할 때 귀중한 자산이 되었다.

양의 복사뼈로 만든 주사위 비슷한 조각을 가지고 노는 공기놀이도 있었다. 사내아이들은 모두 이런 뼛조각을 네 개씩 가지고 다니며 이것으로 미래를 점치기도 하고, 의견 차이를 해소하기도 하고, 그냥 놀이를 하기도 했다. 나아가 자무카와 테무진은 얼어붙은 강에서 컬링(얼음판에서 둥근 돌을 미끄러뜨려 과녁에 맞히는 놀이) 비슷한 격렬한 놀이를 하기도 했다. 『몽골 비사』에 그들이 스케이트를 탔다는 이야기는 나오지 않지만, 다음 세기에 이곳을 방문한 한 유럽인은 이 지역의 사냥꾼들이 발에 뼈를 묶고 운동삼아 또는 짐승을 추적하러 얼어붙은 호수나 강을 가로질러 달린다고 기록했다.

이런 기술은 나중에 몽골군에게 큰 도움이 되었다. 다른 군대와는 달리 몽골군은 얼어붙은 강이나 호수에서도 쉽게 움직이고 심지어 싸움도 할 수 있었기 때문이다. 유럽인은 얼어붙은 볼가 강이나 도나우 강이 외침의 방어선 노릇을 한다고 믿었다. 그러나 몽골족에게는 오히려 상대의 방비가 가장 허술한 철에 말을 타고 성벽까지 다가갈 수 있는 간선 도로가 되었다.

테무진은 어린 시절 주로 가족의 생존을 위해 일을 했다. 훗날 위대한 정복자가 된 아이의 삶에 대한 어떤 자료에도 오논 강에서 자무카와 함께 놀이를 했다는 것 외에 다른 여가활동은 언급되지 않는다. 테무진과 자무카가 처음 의리의 맹세를 한 것은 테무진이 열한 살 때쯤이었다. 두 아이는 이 맹세의 상징으로 장난감을 교환했다. 자무카는 테무진에게 노루 수컷의 복사뼈를 주었고, 테무진은 자무카에게 같은 복사뼈지만, 작은 놋쇠 조각을 박아 넣은 것을 주었다. 이것은 먼 곳에서 온 진귀한 보물이었을 것이다. 다음해에는 어른처럼 화살촉을 서로 선물했다. 자무카는 송아지 뿔 두 조각을 가져다가 구멍을 뚫어 호각으로도 쓸 수 있는 화살촉을 만들어주었다. 테무진은 자무카에게 삼나무로 만든 우아한 화살촉을 주었다. 테무진은 사냥꾼들의 오랜 관습대로 어린 시절부터 호각 화살촉으로 다른 사람들은 무시하거나 판별할 수 없는 소리를 내서 비밀리에 교신을 했다.

두 번째 맹세 의식을 할 때 소년들은 서로의 피를 약간씩 삼켜 영혼의 일부를 교환하기도 했다. 『몽골 비사』를 보면 나중에 자무카는 그들 둘이 잊을 수 없는 말을 했고, 무엇인지는 알 수 없지만 "소화되지 않는 음식"[22]을 함께 먹었다고 회고한다. 어쨌든 이런 맹세를 통해 두 소년은 안다(의형제)가 되었다. 안다는 자유롭게 상대를 택하기 때문에 피를 나눈 형제들보다 유대가 더 강했다. 자무카는 테무진이 평생 얻은 유일한 안다였다.

자무카의 씨족은 다음 겨울에 돌아오지 않았다. 그후 몇 년 동안 두 소년은 헤어져 살았다. 그러나 어린 시절에 맺어진 이 유대는 훗날 테무진이 권좌에 오르는 데 중요한 자산이자 장애가 된다.

[형을 죽이다]

테무진은 이렇게 자무카와 일찌감치 친밀한 유대를 나누었지만 집에서는 배다른 형 벡테르가 가끔 권위적으로 못살게 구는 바람에 화를 내곤 했다. 두 소년이 사춘기에 이르면서 형제간의 경쟁은 더 심해졌다. 몽골 유목민의 가족생활은 지금과 마찬가지로 보통 엄격한 위계질서의 지배를 받았다. 들짐승과 날씨 때문에 일상적으로 수많은 위험과 마주하게 되는 몽골족에게는 아이들이 부모의 말에 무조건 복종하는 것이 관행이었다. 몇 시간이든 몇 달이든 아버지가 집을 비우면 장남이 그 역할을 대신했다.[23] 장남은 동생들의 모든 행동을 통제하고, 할 일을 나누어주고, 마음대로 무엇을 주거나 빼앗을 수 있었다. 맏형은 동생들에게 절대적 권력을 행사했다.

벡테르는 테무진보다 약간 나이가 많았으며 아버지가 죽임을 당한 뒤 점차 집안에서 가장 나이가 많은 남성으로서 권력을 행사하기 시작했다. 『몽골 비사』에만 담긴 이야기에 따르면 테무진은 처음에는 아주 사소해 보이는 일 때문에 분노를 터뜨렸다. 테무진이 쏜 종다리를 벡테르가 가져가버린 것이다. 어쩌면 벡테르는 가장으로서 자신의 권리를 보여주기 위해 그냥 종다리를 가져갔던 것인지도 모른다. 실제로 그런 이유였다면 벡테르가 테무진에게 그런 식으로 자신의 권력을 행사한 것은 지혜로운 일이 아니었다. 그 사건 직후의 어느 날, 테무진과 그의 바로 아래 친동생 카사르는 배다른 두 형제 벡테르, 벨구테이와 함께 오는 강가에 앉아 낚시를 했다. 테무진이 고기를 잡았지만 배다른 형제들이 그것을 채갔다. 테무진과 카사르는 화가 나서 울분을 참지 못하고 어머니 후엘룬에게 달려가 그 일을 이야기했다. 그러나 후엘룬은 자신의 두 아들이 아니라 벡테르 편을 들어, 형과 싸우지 말고 그들을 버린 적 타이치우드 걱정이나 하라고 야단쳤다.

후엘룬이 벡테르 편을 든 것은 테무진이 받아들일 수 없는 미래를 보여준 것이나 다름없었다. 벡테르는 맏아들로서 동생들의 행동을 통제할 수 있을 뿐 아니라 여러 가지 특권을 누릴 수 있었다. 거기에는 자신의 친모를 제외한, 아버지의 미망인 누구에게나 성적인 접근을 할 수 있는 권리도 포함되어 있었다. 벡테르는 죽은 남편의 형제들이 결혼해주지 않은 미망인 후엘룬의 짝이 될 수 있는 유력한 후보였다. 그는 아버지가 다른 부인에게서 낳은 아들이었기 때문이다.

파국으로 치달을 수도 있는 긴장의 순간에 후엘룬은 성이 나서 아들들에게 '미녀' 알란의 이야기를 해주었다. 알란은 몽골족을 세운 여자 조상으로 남편이 죽고 나서 양자로 들인 아들과 함께 살면서 아들을 몇 명 더 낳았다. 이 이야기에 감추어진 의미는 분명해 보였다. 벡테르가 나이가 들면 후엘룬은 그를 남편으로 받아들여 그를 완전한 의미의 가장으로 삼겠다는 뜻이었다. 그러나 테무진은 벡테르가 가장이 되는 상황은 용납할 수 없다고 판단했다. 테무진은 벡테르 문제를 놓고 어머니와 감정적으로 맞선 뒤 화가 나서 문간의 모전 덮개를 옆으로 밀쳐버리고—몽골 문화에서는 매우 무례한 행동이었다—밖으로 나갔고 동생 카사르도 그 뒤를 따랐다.

두 형제는 벡테르가 초원을 굽어보는 작은 언덕에 가만히 앉아 있는 것을 보았다. 그들은 풀을 헤치고 조심스럽게 벡테르에게 다가갔다. 테무진은 집안에서 가장 활솜씨가 좋은 카사르에게 우회하여 언덕 앞쪽으로 가라고 말하고 자신은 뒤쪽에서 언덕을 올라갔다. 그들은 쉬고 있는 사슴이나 풀을 뜯는 가젤에게 다가갈 때처럼 소리를 내지 않고 벡테르에게 다가갔다. 그들은 쉽게 공격할 수 있는 위치에 이르자 각각 소리 없이 활에 화살을 메우고 시위를 당긴 자세로 풀밭에서 몸을 일으켰다. 벡테르는 달아나지 않았다. 심지어 자신을 방어하려고 하지도 않았다. 그는 동생들 앞에서 두려움을 드러낼 생각이 없었다. 그는 어머니와 똑같이 그들의 진짜 적은 타이치우드 씨족이라고 훈계했다. 벡테르는 이렇게 말한 것으로 전해진다. "나는 너희 눈에 빠진 속눈썹, 너희 입 안의 가시가 아니다. 내가 없으면 너희의 벗은 너희 그림자밖에 없을 것이다." 그는 두 동생이 계속 다가와도 책상다리를 한 채 꼼짝도 하지 않았다. 벡테르는 자신의 운명이 어떻게 될지 알면서도 싸우려 하지 않았다. 대신 그는 자신의 친동생 벨구테이의 목숨은 살려달라고 마지막 요청을 했다.

테무진과 카사르는 거리를 유지한 채 벡테르를 활로 쏘았다. 테무진은 뒤에서 쏘고 카사르는 앞에서 쏘았다. 두 형제는 벡테르에게 다가가면 땅으로 흐르던 피가 몸에 묻을까봐 그를 혼자 죽게 내버려두고 떠나버렸다. 『몽골 비사』의 저자는 그가 금방 죽었는지 아니면 오랫동안 피를 흘리며 신음하다 죽었는지 이야기하지 않는다. 사실 몽골 전통에 따르면 피나 죽음을 언급하는 것만으로도 금기를 어기는 것이지만, 이 살인은 테무진의 인생에 매우 중요하다고 여겼는지 상당히 자세하게 기록해놓았다.

테무진과 카사르가 집에 돌아오자 후엘룬은 즉시 그들의 표정에서 사태를 짐작하고 테무진에게 소리를 질렀다고 한다. "살인자야! 살인자야! 너는 내 뜨거운 자궁에서 나올 때 손에 핏덩이를 쥐고 나왔다." 이어 후엘룬은 카사르를 질책하기 시작했다. "너는 자기 태를 뜯어먹는 들개와 같구나." 그녀가 격분하여 테무진에게 하는 이야기는 『몽골 비사』에서 가장 긴 독백 가운데 하나다. 이 독백에서 후엘룬은 두 아들을 짐승에 비유하며 계속 욕을 퍼붓는다 — "공격하는 표범 같고, 억제하지 못하는 사자 같고, 먹이를 산 채로 삼키는 괴물 같다." 결국 탈진한 후엘룬은 벡테르가 앞서 했던 경고를 저주처럼 되풀이했다. "이제 너희에게는 너희 그림자 외에 벗이 없을 것이다."[24]

어린 나이에 테무진은 단지 명예나 위신을 위해서가 아니라 이기기 위해 목숨을 건 게임을 했다. 그는 마치 짐승을 사냥하듯 형에게 살금살금 다가갔는데, 훗날 이런 사냥 기술을 전쟁 전술로 바꾸는 데 천재적인 솜씨를 발휘하게 된다. 그는 또 자기보다 활 솜씨가 나은 카사르를 앞으로 가게 하고 자신은 뒤를 맡음으로써 전술적으로 영특한 면을 보여주었다. 모든 경주에서 일등을 해야 하는 말처럼 테무진은 뒤따르지 않고 앞서 나가겠다고 결심하고 있었다. 그뿐만 아니라 앞자리를 얻기 위해서라면 관습을 어기고, 어머니에게 도전하고, 설사 가족이라 하더라도 앞길을 막는 사람은 죽일 수 있다는 것을 보여주었다.

테무진은 벡테르를 죽여 배다른 형제의 지배에서 벗어나기는 했지만, 금기를 어겼기 때문에 가족을 더 큰 위험으로 몰아넣고 말았다. 그들은 즉시 살던 곳에서 달아나야 했고, 실제로 그렇게 했다. 몽골 전승에 따르면 그들은 벡테르의 주검이 한데서 썩도록 놔두었고 그의 흔적이 남아 있는 동안은 그곳에 돌아가지 않았다고 한다. 벡테르와 후엘룬이 훈계했듯이 이제 테무진은 보호자나 동맹자도 없이 쫓기는 몸이 되었다. 그는 가장은 되었지만 배반자로서 위험에 처해 있었다.

지금까지 후엘룬의 가족은 버림받은 사람들이기는 했지만 범죄자들은 아니었다. 그러나 이 살인 사건으로 인해 모든 것이 바뀌었다. 이제 이것을 핑계로 누구나 그들을 추적해서 없애버릴 수 있었다. 스스로 오논 강의 귀족 혈통이라고 자부하던 타이치우드 씨족은 전사들을 보내 그들의 영토에서 살인을 저지른 죄를 물어 테무진을 벌하고 그가 비슷한 행동을 하지 못하도록 막기로 했다. 넓게 트인 초원지대에서는 숨을 곳이 없었기 때문에 테무진은 안전한 산악지대로 달아났다. 그럼에도 그를 추적한 사람들에게 붙들리고 말았다. 타이치우드는 그를 그들의 본거지로 데려갔으며 그의 의지를 부수기 위해 칼 — 황소의 멍에처럼 생긴 장치 — 을 씌워놓았다. 칼을 쓰면 걸을 수는 있지만 손을 움직이지 못하기 때문에 도와주지 않으면 먹지도 마실 수도 없었다. 매일 다른 가족이 그를 지키고 또 먹여주었다.

타이치우드 무리에는 몇 개의 가계가 속해 있을 뿐만 아니라 전쟁 포로들도 하인으로 함께 살고 있었다. 테무진은 이 하인 가족들에게 포로로 넘겨졌다. 타이치우드 씨족은 그를 경멸했지만, 하인들은 밤에 그를 자기들 게르로 데리고 들어가 동정하고 위로해주었다. 그들은 타이치우드 지도자들의 눈에 안 띄는 곳에서는 먹을 것을 주었을 뿐만 아니라, 『몽골 비사』에서 강조하는 사건을 보면, 한 노파는 칼 때문에 목에 생긴 상처를 치료해주기도 했다. 이 집안의 자식들은 또 아버지를 설득하여 씨족의 명령을 어기고 밤에는 칼을 풀어주었다. 덕분에 테무진은 편하게 쉴 수 있었다.

테무진이 이 출구가 없는 상황에서 탈출을 한 이야기를 통해 우리는 그의 성격을 더 분명하게 알 수 있으며, 이 성격은 훗날 그가 권좌에 오르는 방식을 규정한다. 어느 날 머리가 모자라고 몸도 약한 소년이 테무진을 맡고 있었는데, 타이치우드의 남자들은 모두 술에 취해 있었다. 테무진은 갑자기 칼을 강하게 휘둘러 소년의 머리를 때려 쓰러뜨렸다. 그러나 칼을 쓴 채로 초원을 걸어서 달아나는 것은 죽음을 자초하는 행동이었다. 테무진은 근처 강가의 잡초들 속에 숨었다. 그러나 수색이 시작되자마자 그에게 잘해주었던 가족의 가장에게 발각당하고 말았다. 하지만 노인은 소리를 질러 알리는 대신 테무진에게 어두워지면 달아나라고 말했다. 어두워지자 테무진은 강에서 나왔으나 달아나지는 않았다. 그는 천천히 노인의 게르로 가서 안으로 들어갔다. 노인의 가족은 기겁을 했다. 그들에게 매우 위험한 일이었기 때문이다. 그러나 이 가족은 머뭇거리면서도 자기들 목숨을 걸고 칼을 벗겨내 태워버렸다. 다음날에도 타이치우드 씨족의 수색은 계속되었고, 테무진은 장작더미 속에 숨어 지냈다. 그날 밤 이 가족은 테무진을 떠나보냈다. 그들은 가난한 처지였음에도 테무진을 위해 양고기 요리를 해주었고 말까지 주었다. 테무진은 말을 타고 추적자들을 피해 멀리 어머니의 외딴 야영지까지 달아날 수 있었다.

가난한 가족이 목숨을 걸고 테무진을 도와주고 또 귀중한 자산까지 내준 것을 보면 그에게 특별한 매력이나 능력이 있었음을 알 수 있다. 테무진도 물론 이 가족에게서 큰 감동을 받았다. 자신과 가까운 친족 관계에 있는 타이치우드는 한때 그의 가족을 내팽개쳐 죽음의 위기에 빠뜨렸으며, 이제는 그를 죽이려고 안달이었다. 그러나 그와 아무런 친족 관계도 아닌 이 가족은 목숨을 걸고 그를 도와주었다. 이 사건을 통해 테무진은 높은 지위에 있는 사람들을 불신하게 되었을 뿐 아니라, 어떤 사람들은 그의 씨족이 아니라 해도 가족과 다름없이 믿을 수 있다는 확신을 가지게 되었던 것 같다. 훗날 테무진은 혈연적 유대가 아니라 자신에게 보여주는 태도와 행동을 기준으로 사람을 판단하게 되는데, 이것은 초원 사회에서는 혁명적인 발상이었다.

몽골의 전승과 자료들은 테무진이 이때 한 번 포로로 잡혀 짧은 기간 동안 노예 생활을 했다고 기록해놓았지만, 같은 시대의 중국인 연대기 기록자는 테무진이 10년 이상 노예 생활을 했다고 적어놓았다.[25] 테무진은 여러 번 되풀이하여 노예가 되었을 수도 있으며, 방금 언급한 사건이 『몽골 비사』에서 보여주는 것보다 훨씬 더 오래 계속되었을 수도 있다. 어떤 학자들은 테무진의 유년 시절에 대한 자세한 정보가 유난히 부족한 이유를 그가 오랫동안 노예 생활을 한 데서 찾는다. 나중에는 이런 노예 생활 시기가 칭기스 칸에게 수치스러운 일이었을 것이다. 반대로 그를 노예로 잡았던 가족의 후손에게는 이 일이 무시무시한 결과를 낳을 수도 있었다. 따라서 노예 사건과 관련이 있는 사람들은 모두 이 문제에 대해 입을 다물 만한 이유가 있었다. 또 이 기간을 짧게 보이도록 하여 언짢은 면은 소략하게 지나가고 대신 탈출의 영웅적 성격을 강조하는 것도 몽골족의 정서에 어울리는 일이었을 것이다.

[험난한 길을 선택하다]

1178년 테무진은 16세가 되었다. 그는 7년 전 아버지가 세상을 뜬 이후로 약혼녀 부르테를 보지 못했지만 자신있게 그녀를 데려오러 나섰다. 테무진은 배다른 형제 벨구테이와 함께 케룰렌 강을 따라 그녀의 가족을 찾으러 가서, 부르테의 아버지 데이 세첸의 게르를 발견했다. 기쁘게도 부르테는 그를 기다리고 있었다. 그러나 그녀는 17세 또는 18세로 이제 결혼 적령기를 지나고 있었다. 데이 세첸은 테무진이 타이치우드 씨족과 문제가 있었다는 것을 알았지만, 그럼에도 그들의 결혼을 쾌히 받아들였다.

테무진과 벨구테이는 부르테와 함께 집으로 향했다. 신부는 함께 살게 되는 남편 부모에게 옷을 선물로 가져가는 것이 관습이었다. 유목민에게 큰 선물은 쓸모가 없었지만, 질 좋은 옷은 인기가 높았을 뿐 아니라 실용적인 가치도 높았다. 부르테는 초원에서 가장 높이 치는 모피 외투인 검은담비 외투를 가져왔다. 일반적인 경우라면 테무진은 그런 선물을 아버지에게 주었겠지만, 아버지가 없었기 때문에 외투를 가장 요긴하게 사용할 방도를 궁리했다. 그는 담비 외투를 이용해 아버지의 옛 우정을 되살리고, 이런 동맹을 통하여 자신과 점점 늘어나는 가족의 안전을 보장받기로 했다.

아버지의 친구는 토그릴, 훗날에는 흔히 옹 칸이라고 알려졌으며, 낙엽송이 빽빽한 툴라 강변의 '검은 숲(카라툰)'과 오르콘 강 사이에 사는 케레이트 부족 소속이었다. 케레이트는 몽골 중부에서 가장 비옥한 초원을 차지하고 있었으며, 여기저기 흩어져 살아가는 몽골의 다른 혈통이나 씨족과는 달리 단일한 왕 아래 여러 부족이 연합하여 강력한 부족 동맹을 이루고 있었다. 고비 사막 북부의 드넓은 초원은 이 시기에 세 주요 부족이 장악하고 있었다. 중앙은 옹 칸과 케레이트 부족이 다스렸으며, 서부는 타양 칸 휘하의 나이만 부족이 지배했으며, 타타르는 알탄 칸의 지도 하에 중국 북부 주르첸(여진)의 봉신으로서 동쪽 지역을 점령하고 있었다. 이 세 대부족의 통치자들은 그들 경계에 있는 작은 부족들과 동맹을 맺거나 깨고 때로는 전쟁을 벌이기도 하면서 그들의 협력을 얻어 좀더 중요한 적에 대항하여 싸우려고 끊임없이 노력하고 있었다. 테무진의 아버지 예수게이는 케레이트 부족과 친족 관계는 아니었지만 한때 옹 칸의 안다였으며, 그들은 많은 적과 맞서 함께 싸웠다. 이들 사이의 유대는 단순한 보호자와 부하 사이를 넘어섰다. 젊은 시절 예수게이는 옹 칸이 당시 최고 통치자였던 구르 칸을 쓰러뜨리고 케레이트 사람들의 칸이 되도록 도와주었기 때문이다. 나아가서 그들은 메르키트에 대항하여 함께 싸우기도 했고, 테무진이 태어날 무렵 예수게이가 타타르와 싸우러 나갔을 때도 여전히 동맹 관계였다.

초원의 문화에서는 정치가 남성 친족 관계를 통하여 이루어졌다. 동맹자가 되려면 남자들은 같은 가족에 속해야 하며, 따라서 생물학적인 관련이 없는 남자들 사이의 관계도 의식을 통하여 가공의 친족 관계로 바뀌어야 했다. 테무진의 아버지와 미래의 케레이트 지도자는 안다로서 의식을 통해 맺어진 형제였기 때문에 테무진은 이제 노인의 아들 대접을 받고자 했다. 테무진이 자신이 받은 결혼 선물을 옹 칸에게 준 것은 그를 자신의 아버지로 인정하는 행동이었다. 옹 칸이 그 선물을 받으면 그 역시 테무진을 아들로 인정하는 것이 되고, 따라서 보호해주어야 할 의무가 생겼다. 대부분의 초원 사람들에게 이런 의식을 통한 친족 관계는 진짜 친족 관계의 종속물이었지만, 테무진은 이런 식으로 선택한 가공의 친족 관계가 생물학적인 친족의 유대보다 더 유용하다는 것을 이미 확인했다.

케레이트와 서쪽의 나이만은 커다란 정치적 단위일 뿐 아니라 더 수준 높은 문화를 지니고 있었다. 이들은 수백 년 전 아시아 동방교회의 선교사들을 통해 기독교로 개종하면서 중앙아시아의 상업, 종교적 네트워크와 불안정하나마 연결이 되어 있었기 때문이다. 부족들 사이에 자리잡은 기독교도는 자신들이 사도 토마(예수의 열두 제자 가운데 한 사람)의 혈통이라고 주장했다. 유목민에게는 교회나 수도원이 없었기 때문에 방랑하는 수사들의 역할이 중요했다. 이 수사들은 게르 교회에서 예배를 인도했으며, 신학이나 엄격한 신앙을 강조하지 않고 경전을 유연하게 해석하면서 일반적인 의료 사업을 병행했다. 유목민은 병자를 고치고 죽음을 이겨낸 예수에게 강한 매력을 느꼈다. 그들은 죽음에 승리를 거둔 유일한 인간 예수가 중요하고 강력한 샤먼이라고 생각했으며, 십자가는 세계 사방(四方)의 상징으로서 신성하다고 생각했다. 초원 부족들은 목축을 하는 사람들이었기 때문에 성경에 나오는 고대 헤브루 부족의 목축 관습이나 믿음과 쉽게 친해질 수 있었다. 어쩌면 채식을 하는 불교도와는 달리 기독교인은 고기를 먹는다는 점이 중요했을지도 모른다. 또 먹고 마시는 데 절제하는 무슬림과는 달리 기독교인은 알코올을 마시는 것을 즐겼을 뿐 아니라 심지어 그것을 예배의 의무로 규정해놓기까지 했다는 점도 중요했을 것이다.

테무진은 신부 부르테를 어머니와 함께 게르에 남겨둔 채 친형제 카사르, 배다른 형제 벨구테이와 함께 외투를 들고 기독교 신자인 옹 칸에게 갔다. 옹 칸은 선선히 선물을 받아들임으로써 그들을 일종의 양자로 인정했다. 칸은 테무진을 다른 젊은 용사들보다 높은 지역 지도자로 이끌어주겠다고 제안했으나 테무진은 그것을 사양함으로써 전통적인 체제에는 관심이 없다는 점을 분명하게 밝혔다. 대신 그는 칸이 자신의 가족을 보호해주기만을 바랐다. 그 약속을 받아내자 테무진은 동생들과 함께 케룰렌 강변의 야영지로 돌아왔다. 젊은 신랑은 그곳에서 신부와 가족과 함께 보낼 수 있는 시간, 힘들게 얻어낸 시간을 한껏 누리고 싶었다.

테무진이 어린 시절에 겪은 수많은 고초는 이제 과거의 일이 된 것 같았다. 가족 구성원은 모두 어떤 식으로든 일을 할 수 있을 만큼 나이가 들었다. 테무진의 집안에는 형제들만이 아니라 젊은 남자 둘이 더 있었다. 보르추는 테무진이 도둑맞은 말을 찾으러 나섰다가 우연히 만난 뒤에 함께 생활하게 되었다. 젤메는 아버지 예수게이가 테무진에게 준 듯한데, 『몽골 비사』는 그 이유를 밝히지 않았다. 이렇게 둘이 늘었으니 이들의 야영지에는 사냥을 하고 가족을 보호할 수 있는 십대 소년이 7명인 셈이었다. 또 여자로는 신부 부르테 외에 누이와 나이든 여자 셋이 있었다. 나이든 여자는 여가장인 어머니 후엘룬, 테무진의 배다른 동생 벨구테이의 어머니 소치겔, 그리고 어디서 왔는지는 알 수 없지만 그들과 함께 머물고 있는 노파 등이었다.

『몽골 비사』에 따르면 테무진은 자신의 작은 씨족의 지도자로 평생을 보내고 싶어했던 것 같지만, 부족들의 공격과 반격이 이어지는 주변의 어지러운 세계는 그런 목가적인 삶을 허락하지 않았다. 수백 년의 세월 동안 초원의 부족들은 서로 무자비하게 물어뜯고 있었다. 과거의 행동에 대한 기억은 그대로 유지되었다. 부족 내의 어느 한 가족이 피해를 입으면 그것이 복수의 근거가 되었고, 이후 오랜 기간 동안 상대를 습격할 수 있는 구실이 되었다. 테무진의 집단이 아무리 조용히 있고 싶어도, 이 소란스러운 세계에서 아무런 접촉 없이 눈에 띄지 않고 살아갈 수가 없었다.

테무진의 가족이 이미 겪은 고생으로는 모자랐는지, 테무진의 어머니를 빼앗겼던 부족 메르키트는 18년이 지난 뒤에 이제 와서 과거의 수모를 복수하겠다고 나섰다. 메르키트는 다섯 자식을 기르느라 늙어버린 과부 후엘룬이 아니라 테무진의 젊은 신부 부르테를 데려가 후엘룬 납치에 대한 앙갚음을 했다. 옹 칸과 주도면밀하게 맺어놓은 동맹은 테무진이 이 위기에 대처하는 데 중요한 역할을 하게 되며, 메르키트의 도전은 그가 위대한 칸의 길로 나아가는 데 결정적인 계기가 된다.

세 개의 강

칭기스 칸이 운명의 깃발을 들어올리자 그들이 나타났다.[26]
아 타 말 리 크 주베이니, 『칭기스 칸: 세계 정복자의 역사』

케룰렌 강 상류 고립된 초원지대에 홀로 서 있던 게르에서 가족이 잠을 자던 어느 이른 아침 메르키트 부대가 그들을 기습했다. 가족과 함께 살던 노파는 땅에 머리를 대고 누워 있었으나, 노파들이 흔히 그렇듯이 동트기 몇 시간 전부터 깜빡깜빡 잠을 놓치곤 했다. 말들이 가까이 다가오자 노파는 말발굽 때문에 땅이 울리는 것을 느꼈다. 잠이 완전히 달아난 노파는 소리를 질러 다른 사람들을 깨웠다. 일곱 청년은 벌떡 일어나 정신 없이 신을 신고 근처에 묶어놓은 말을 향해 달려갔다. 테무진은 형제, 동료들과 어머니, 누이를 데리고 달아났다. 신부, 계모 소치겔, 그들 모두를 구해준 노파는 데려가지 못했다. 일상생활이 언제든지 비극이나 죽음으로 바뀔 수 있는 살벌한 부족 세계에서 기사도는 사치스러운 장식품이었다. 테무진은 여자 셋을 적의 전리품으로 놓아두면 습격자들의 추적 속도가 느려지고 그 사품에 다른 사람들은 한 걸음이라도 더 달아날 수 있다는 현실적인 계산에 따라 신속하게 결정을 내린 것이었다. 달아나는 테무진 무리에게 확 트인 초원지대는 피난처가 될 수 없었다. 북쪽의 산으로 피신하려면 열심히 말을 달려야 했다.

침입자들이 게르에 이르렀을 때 테무진 무리는 이른 아침의 어둠을 뚫고 달아난 뒤였다. 그러나 노파가 끌고 가는 황소 수레에 숨어 있는 부르테는 금방 발견할 수 있었다. 메르키트는 며칠 동안 필사적으로 주변을 샅샅이 뒤졌으며 테무진은 계속 이동하면서 부르칸 칼둔의 비탈이나 숲이 우거진 골짜기에 숨었다. 마침내 메르키트는 수색을 포기하고 북서쪽 시베리아의 바이칼 호수에서 흘러나온 셀렝게 강 옆에 자리잡은 머나먼 고향으로 떠났다. 테무진은 그들의 철수가 자신을 끌어들이려는 함정일지도 모른다고 생각하여 벨구테이를 두 친구 보르추, 젤메와 함께 보내 납치범들을 사흘 동안 추적하게 했다. 메르키트가 다시 돌아와 기습을 하지 않는지 확인하려는 것이었다.
　부르칸 칼둔의 숲에 숨은 테무진은 그의 평생을 좌우하는 결정을 내려야 했다. 아내의 납치에 어떻게 대응할 것인가? 부르테를 다시 빼앗아올 희망을 접을 수도 있었다. 사실 이것이 예상되는 선택이었다. 그의 작은 집단으로는 강력한 메르키트에게 도전할 수 없었기 때문이다. 시간이 지나면 다른 부인을 찾을 수 있을 터였다. 그러나 아버지가 그의 어머니를 납치했듯이 테무진도 여자를 납치해야 했다. 더 힘센 남자들에게 부인을 빼앗긴 사람한테 자발적으로 딸을 내줄 가족은 없었기 때문이다.
　과거에 테무진은 영리한 두뇌에 의지하여 싸움을 하거나 달아났다. 그러나 그런 결정은 갑자기 닥쳐온 위험이나 기회에 대한 자연발생적인 대응이었다. 이제는 신중하게 생각하고 행동 계획을 짜야 했다. 이 결정이 평생에 영향을 줄 수도 있었다. 말하자면 자신의 운명을 선택해야 했던 것이다. 그는 자신이 숨어 있는 산 덕분에 목숨을 살렸다고 생각하고 산신령에게 기도를 했다. 불교, 이슬람교, 기독교처럼 경전이나 사제가 중시되는 전통을 받아들인 다른 초원 부족들과는 달리 몽골족은 여전히 정령 신앙을 유지하여 주위의 정령에게 기도를 했다. 그들은 '영원한 푸른 하늘', '태양의 황금 빛'을 비롯하여 자연의 무수한 영적 힘들을 섬겼다. 몽골족은 자연 세계를 땅과 하늘 둘로 나누었다. 인간의 영혼이 몸 가운데 움직이지 않는 부분이 아니라 피, 숨, 냄새 등 움직이는 요소에 담겨 있듯이, 땅의 영혼도 움직이는 물에 잠겨 있었다. 피가 몸을 흐르듯이 강은 땅을 흘렀다. 이 강들 가운데 세 줄기가 이 산에서 흘러나왔다. 부르칸 칼둔은 가장 높은 산으로 '신의 산'이라는 의미였으며 이 지역의 칸이었다. 이곳은 땅에서 '영원한 푸른 하늘'에 가장 가까운 곳이었다. 또한 세 강의 원천으로서 부르칸 칼둔은 몽골 세계의 신성한 심장이었다.

『몽골 비사』에 따르면 테무진은 메르키트의 손에 죽지 않은 것을 고맙게 여겨 먼저 그를 보호해준 산과 하늘을 가로질러 달려가는 해에게 감사기도를 드렸다. 또 족제비처럼 말발굽 소리를 들음으로써 다른 사람들을 구해주고 자기 자신은 잡힌 몸이 된 노파에게 특별히 감사했다. 테무진은 주위의 정령에게 감사하기 위해 몽골의 관행대로 허공과 땅에 젖을 뿌렸다. 이어 겉옷에서 허리띠를 풀어 목에 걸었다. 전통적으로 남자만 매는 허리띠는 몽골 남자의 정체성의 핵심이었다. 테무진이 이런 식으로 허리띠를 푼다는 것은 자신의 힘을 제거하여 주위의 신들 앞에 무력한 모습을 드러내겠다는 뜻이었다. 이어 테무진은 모자도 벗고 손을 가슴에 올려놓았다. 그런 다음 땅에 아홉 번 엎드려 해와 성스러운 산 앞에 머리를 조아렸다.

초원의 부족들에게 정치적이고 세속적인 권력은 초자연적인 힘과 떼어놓을 수 없었다.[27] 둘 다 '영원한 푸른 하늘'에서 나왔기 때문이다. 성공을 거두고 다른 사람들에게 승리를 거두려면 먼저 영적인 세계에서 초자연적인 힘을 얻어야 했다. 영기(靈旗)가 승리와 권력을 얻기 위해서는 먼저 거기에 초자연적인 힘을 불어넣어야 했다. 테무진은 부르칸 칼둔에 숨어 사흘간 기도를 드린 뒤부터 그를 특별히 보호해주는 이 산과 오랫동안 내밀한 영적 관계를 유지하게 되었다. 이 산은 앞으로 그의 힘의 원천이 된다.

부르칸 칼둔은 그에게 힘을 주었을 뿐 아니라 어려운 선택으로 먼저 그를 시험하기도 했다. 이 산에서 흘러나오는 세 개의 강은 테무진에게 각기 다른 행동 방향을 제시했다. 그는 케룰렌 강을 따라 남동쪽 하류로 돌아갈 수도 있었다. 이곳은 그가 초원 생활을 하던 곳으로 아무리 많은 짐승과 부인을 얻는다 해도 메르키트나 타이치우드 등 다른 부족의 침략을 받아 그것을 잃을 위험이 상존하는 곳이었다. 그가 태어난 오논 강을 따라 북동쪽으로 갈 수도 있었다. 오논 강은 케룰렌 강보다 더 외떨어지고 숲이 많은 곳으로, 구불구불 흘러가기 때문에 숨을 곳은 많았다. 그러나 이곳에는 가축을 기를 목초지가 없었다. 그곳에 살게 되면 어린 시절처럼 낚시를 하거나, 새를 잡거나, 쥐를 비롯한 다른 작은 포유동물을 사냥하며 근근이 살아가야 했다. 오논 강가의 삶은 안전하기는 하지만 번영이나 명예는 기대할 수 없었다. 세 번째 대안은 남서쪽으로 흐르는 툴라 강을 따라가 담비 외투를 선물했던 옹 칸의 지원을 요청하는 것이었다. 테무진은 이미 옹 칸 휘하의 하급 지도자로 들어오라는 제안을 거절한 적이 있었다. 그로부터 불과 일 년 뒤 그의 제안을 거절하고 선택한 삶이 메르키트 침략자들 때문에 박살이 나기는 했지만, 그래도 테무진은 칸들끼리 서로 죽이는 싸움에 뛰어들기를 망설였던 것으로 보인다. 그러나 신부를 다시 찾으려면 다른 길이 없었을 것이다.

테무진은 초원지대의 끊임없는 전쟁과 소요로부터 떨어져서 조용한 생활을 하고 싶었지만 메르키트의 침략으로 그런 삶은 가능하지 않다는 것을 배웠다. 추방당한 자로서 궁핍한 삶을 살고 싶지 않다면, 늘 그의 야영지를 마음대로 습격하는 침략자들에게 휘둘리고 싶지 않다면, 초원지대 전사들의 위계 속에서 자기 자리를 차지하기 위해 싸워야 했다. 그때까지 피해온 거친 게임에 가담하여 늘 전쟁을 치러야 했다.

정치, 위계, 영적인 힘 등의 문제들을 떠나 테무진은 자신의 짧지만 비극적인 삶에 행복을 가져다준 유일한 사람이었던 부르테를 간절히 그리워했다. 몽골 남자들은 사람들이 있는 곳에서, 특히 다른 남자들이 있는 곳에서는 보통 감정을 드러내지 않았지만, 테무진은 부르테에 대한 사랑, 그녀가 없기 때문에 느끼는 고통을 솔직하고 분명하게 인정했다. 그는 침입자들이 자신의 침대를 허전하게 했을 뿐 아니라 그의 가슴을 찢어 열고 심장을 부수었다고 탄식했다.

테무진은 싸우는 쪽을 택했다. 그는 죽을 각오를 하고 아내를 찾기로 했다. 산속에서 사흘간 힘들게 고민을 하고 기도를 하고 계획을 짠 뒤에 테무진은 툴라 강을 따라갔다. 옹 칸의 진지를 찾아 지원을 요청하기로 한 것이다. 그러나 추방당한 외로운 존재로서 옹 칸을 찾아가는 것이 아니었다. 막강한 옹 칸에게 귀중한 담비 외투를 바치면서 충성을 서약한 적법한 아들로서 찾아가는 것이었다.

테무진이 옹 칸을 찾아가 메르키트를 습격하고 싶다는 뜻을 전하자 늙은 칸은 선뜻 돕겠다고 나섰다. 만일 옹 칸이 싸우고 싶지 않았다면 미적거리다가 테무진에게 자신의 진영에 있는 여자 가운데 하나를 부인으로 주고 말았을 것이다. 그러나 늙은 칸은 그 나름으로 메르키트에게 구원(舊怨)이 있었다. 따라서 테무진의 요청은 그에게 다시 메르키트를 공격하고 약탈할 구실을 주었던 셈이다.

옹 칸은 또 젊은 몽골의 영웅으로 새로 떠오른 인물에게 테무진을 보내 지원을 요청하게 했다. 옹 칸의 동맹자인 이 젊은이는 전사로서 뛰어난 능력을 발휘하여 상당한 추종자를 거느리고 있었다. 그 인물은 테무진과 안다 언약을 맺은 자다란 씨족의 자무카였다. 자무카는 기꺼이 칸의 부름에 응하여 젊은 의형제를 도와 메르키트와 싸우기로 했다. 그들은 힘을 합쳐 초원지대에 이상적인 군대를 만들어 옹 칸이 우익(서쪽)을 이끌고, 자무카가 좌익(동쪽)을 이끌기로 했다. 옹 칸과 자무카의 군대는 부르칸 칼둔 근처 오논 강의 발원지에 모여 그곳으로부터 산을 넘어 초원지대로 밀고 내려가 바이칼 호수 방향 셀렝게 강변의 메르키트 영토로 들어가기로 했다.

테무진은 그때까지 짧은 생애 동안 여러 차례 까다로운 곤경을 헤쳐 나오기는 했지만, 실제 습격에 가담한 것은 이때가 처음이었다. 테무진은 자신이 이런 일을 감당할 능력이 있다는 것을 보여주지만, 사실 이 습격은 일방적으로 몰아붙인 공격에 가까웠다. 산속에서 밤 사냥을 하던 메르키트 부족 사람 몇 명이 침입군을 보더니 자기네 진영으로 달려가 사람들에게 알렸다. 바로 뒤이어 침입군 기병대가 들이닥쳤다. 메르키트는 하류로 달아나기 시작했으며 야영지 전체가 공황에 빠졌다. 침입군이 메르키트의 게르를 약탈할 때 테무진은 게르마다 돌아다니며 부르테의 이름을 불렀다고 한다. 혹시 남은 사람들 가운데 부르테가 있을지도 모른다는 기대감 때문이었다. 그러나 메르키트의 나이든 전사의 부인이 된 부르테는 수레에 실려 전장을 떠나고 있었다. 그녀는 누가 자신의 새로운 가정을 공격하는지 알지 못했으며 다시 납치당하고 싶지도 않았다. 부르테로서는 이 공격이 자신을 구출하기 위한 것임을 알 도리가 없었다.

『몽골 비사』는 부르테가 갑자기 자신을 둘러싼 혼란과 소요 가운데 그녀의 이름을 외쳐 부르는 목소리를 듣고 그것이 테무진의 목소리임을 알았다고 전한다. 부르테는 수레에서 뛰어내려 어둠을 뚫고 그 목소리를 향해 달려갔다. 테무진은 안장에서 미친 듯이 몸을 돌려가며 부르테의 이름을 부르고 어둠을 살피기를 되풀이했다. 그는 제정신이 아니어서 그녀가 달려오는 것을 모르고 있다가, 그녀가 말고삐를 손에서 낚아챘을 때 하마터면 알아보지 못하고 공격할 뻔했다. 그러나 곧 두 사람은 "서로 힘차게 끌어안고" 감격의 포옹을 했다.

다른 두 여자는 구하지 못했지만 테무진은 부인을 다시 찾았다. 이제 다른 것은 중요하지 않았다. 메르키트에게 자신이 당했던 고통을 안겨 주었으니 이제 집으로 돌아갈 생각이었다. 『몽골 비사』에 따르면 테무진은 공격하는 부대에게 이렇게 말했다고 한다. "우리는 그들의 가슴을 텅 비게 했습니다. …… 우리는 그들의 침대도 텅 비게 했습니다. …… 우리는 그 부족의 남자와 후손들을 죽였습니다. …… 우리는 남은 자들도 죽였습니다. …… 이제 메르키트 부족은 완전히 흩어졌으니 우리도 물러납시다."[28]

[검은 뼈의 운명]

테무진은 메르키트에게 결정적인 승리를 거두고 부르테와 감동적으로 재결합했으니 적어도 한동안은 함께 즐겁게 살기를 바랐을지도 모른다. 이들은 20세가 되려면 아직 먼 나이였을 것이다. 그러나 인생에서 흔히 그렇듯이 어떤 문제의 답은 다른 문제의 원인이 될 수도 있다. 테무진은 부르테가 임신한 것을 알았다. 『몽골 비사』는 재결합한 부부의 행복을 묘사하지도 않고, 임신 기간 동안 부르테와 그들의 생활에 대해서도 입을 다물고 있다. 이 침묵은 이후 100년 동안 몽골 정치에도 그대로 반영된다. 이 사건이 부르테의 첫 아이의 아버지가 누구냐 하는 긴 논쟁의 출발점이었기 때문이다. 어쨌든 부르테는 1179년에 맏아들을 낳았으며, 테무진은 그 아이에게 '방문객' 또는 '손님'이라는 뜻의 주치라는 이름을 지어주었다. 이것을 테무진이 맏아들을 자신의 자식으로 여기지 않았다는 증거로 받아들이는 학자들이 많다. 그러나 아기가 태어날 때 그들 모두가 자무카의 손님이었다는 사실을 보여주기 위해 그런 이름을 지어주었을 가능성도 얼마든지 있다.

『몽골 비사』는 이 무렵 테무진이 자무카와 신의를 새로 다진 일에 주목하며 그 과정을 꼼꼼하게 기록하고 있다. 테무진은 부르테를 극적으로 구출한 뒤에 자신의 작은 무리를 자무카의 커다란 추종자 집단과 합치기로 결정했다. 그는 자신의 무리를 이끌고 조상들이 살던, 오논 강과 케룰렌 강 사이의 코르코낙 골짜기라고 알려진 크고 비옥한 지역으로 갔다. 그곳이 자무카의 본거지였다.

테무진과 자무카는 젊은 나이였음에도 벌써 세 번째로 의형제 서약을 했다. 이번에는 부하들이 증인으로 지켜보는 가운데 공적인 행사를 통해 두 어른으로서 우정을 맹세했다. 두 청년은 절벽 가장자리의 나무 앞에 서서 황금 허리띠와 튼튼한 말을 교환했다. 옷을 교환함으로써 체취를 나눈 것이며, 따라서 영혼의 진수를 교환한 셈이었다. 특히 허리띠는 그들의 남성의 상징이었다. 그들은 "서로 사랑하고",[29] 두 목숨을 하나로 만들고, 서로를 저버리지 않겠다고 공개적으로 서약했다. 테무진과 자무카는 잔치를 열어 술을 양껏 마시며 그들의 서약을 축하했고, 친형제처럼 다른 사람들과 떨어져 둘이서만 한 담요를 덮고 잤다. 그들의 형제 관계를 공적인 상징을 통해 확인하는 행동이었다.

테무진은 자신의 작은 무리를 데리고 안전한 산을 떠나 초원지대로 나와 자무카와 함께 생활함으로써 사냥꾼 생활을 버리고 유목민 생활을 택했다. 테무진은 평생 사냥을 매우 좋아했지만 그의 가족은 이제 사냥에만 의지하여 생계를 유지하지 않고, 자무카 집단의 일부로서 고기와 유제품을 안정되게 공급받으면서 전보다 수준 높은 생활을 하게 되었다. 테무진은 자무카의 무리로부터 유목 생활에 대해 많은 것을 배워야 했다. 유목 생활에서는 일 년간 이루어지는 일상 활동의 모든 측면을 관장하는 관습들이 확립되어 있었다. 또 당연한 일이지만 소, 야크, 말, 염소, 양, 낙타 ― 몽골인들은 소와 야크를 함께 계산하기 때문에 이들 짐승들을 '다섯 주둥이'라고 불렀다 ― 를 오랫동안 관리해온 과정에서 가축에 대한 전문적인 지식이 쌓여 있었다. 모든 가축은 식량만이 아니라 생활 전체에 필수적인 재료를 제공했다. 이 가운데 말은 사람을 태우는 것 외에 다른 일은 하지 않았으므로 이 짐승들 가운데 귀족인 셈이었다.

씨족들의 끊임없는 분쟁을 고려할 때 테무진이 자무카와 손을 잡았다는 것은 초원의 전사로서 살아가겠다는 선택을 한 것이나 다름없었다. 그리고 이 삶에서 그는 뛰어난 능력을 보여주게 된다. 두 사람의 안다 관계 때문에 테무진은 전체적인 위계에서 자무카를 따르는 일반적인 부하와는 다른 특별한 지위를 얻게 되었다. 『몽골 비사』에 따르면 테무진이 자무카의 지도를 따르고 그로부터 배우는 데 만족하는 생활은 일년 반 정도로 끝이 났던 것 같다. 배다른 형의 지배에 굴복하는 것보다는 형을 죽이는 쪽을 택했던 젊은이에게 이런 관계는 견디기 힘들 수밖에 없었다. 게다가 이 경우에는 계급 위계에 따른 초원의 오래된 관습 역시 영향을 주었다.

친족 위계에서 각각의 가문은 뼈라고 불렀다. 혼인이 허용되지 않는 가장 가까운 관계는 흰 뼈였다. 혼인이 허용되는 먼 친족 관계는 검은 뼈였다. 사실은 모두가 서로 연결되어 있었기 때문에 어느 가문이나 중요한 인물의 후손이라고 주장할 수 있었다. 물론 그런 주장의 힘은 그것을 강요할 수 있는 힘에 비례했다. 테무진과 자무카는 먼 친척이었지만 뼈가 달랐다. 그들의 조상을 따라 올라가다 보면 한 여자에게서 만나지지만, 이 여자의 남편에서 갈라졌다. 자무카는 그녀의 첫 번째 남편인 초원의 유목민 후손이었다. 테무진은 그들의 구전 역사에서 '바보' 보돈차르라고 알려진 숲의 사냥꾼 후손이었다. 보돈차르는 남편을 죽인 뒤 이 여자를 납치했다. 이에 따르면 자무카는 자신이 장남의 후손일 뿐 아니라 초원에서 살던 남자의 후손이므로 더 우위에 있다고 주장할 수 있었다. 초원 사회에서는 이런 이야기가 유대를 강조할 때도 사용되었지만 적대감을 표현할 구실이 될 수도 있었다. 테무진과 자무카의 경우 그들의 친족 이야기는 양쪽으로 다 작용했다. 친족 관계는 실제로 관계를 규정하는 역할을 한다기보다는 사람들이 사회적인 요구를 놓고 협상을 하거나 강요할 때 사용하는 공동의 방언 역할을 했다.

테무진이 자무카의 무리에 속해 있는 한, 자무카의 가문은 흰 뼈의 지위였고 테무진은 먼 검은 뼈 친족일 수밖에 없었다. 테무진이 흰 뼈의 지위에 오르려면 자신과 자신의 가문을 중심에 놓는 무리를 스스로 만들어야 했다. 『몽골 비사』의 이야기에 따르면 테무진이 자무카를 지도자로 인정하고 난 뒤 자무카는 테무진을 안다라기보다는 동생처럼 대하기 시작했으며, 자신의 씨족이 공동의 조상의 장남의 후손임을 강조하기 시작했다. 이미 가족 관계를 통해 증명되었듯이 테무진은 열등한 지위를 참는 사람이 아니었기 때문에 곧 이런 상황을 계속 받아들일 수는 없다고 생각하게 된다.

『몽골 비사』에 따르면 1181년 5월 중순 자무카는 겨울 야영지를 철거하고 멀리 떨어진 여름 목초지로 가자고 했다. 자무카와 테무진은 평소처럼 길게 늘어선 부하와 가축들의 맨 앞에서 함께 말을 타고 갔다.[30] 그러나 그날 자무카는 앞으로 테무진과 지도자 자리를 공유하지 않기로 결정했다. 테무진이 무리의 다른 사람들로부터 큰 인기를 얻고 있었기 때문인지도 모르고, 그냥 테무진이라는 존재에 짜증이 난 것인지도 모른다. 자무카는 테무진에게 자신은 말을 끌고 산 가까운 곳으로 가 야영지를 만들 테니, 테무진은 말보다 가치가 떨어지는 양과 염소를 끌고 강 가까운 곳으로 가 따로 야영지를 만들라고 말했다. 흰 뼈인 자무카가 말을 모는 사람으로서 자신의 권위를 내세우며 테무진을 검은 뼈의 목동 취급을 한 것이다.

『몽골 비사』에 따르면 테무진은 그 명령을 받은 뒤 행렬의 뒤편에 있던 자신의 가족과 가축이 있는 곳으로 물러나 후엘룬과 상의했다. 테무진은 혼란에 빠져 확실한 대응 방법을 찾지 못했던 것 같다. 그러나 테무진이 어머니에게 상황 설명하는 것을 옆에서 듣고 있던 부르테가 나서서 성난 목소리로 자무카와 헤어져서 테무진을 따르고자 하는 사람들을 데리고 독자적으로 움직이자고 주장했다. 그날 자무카가 밤을 보내기 위해 설영을 하려고 걸음을 멈추었을 때, 테무진과 그의 작은 무리는 몰래 달아나 밤새도록 움직였다. 혹시 자무카가 따라올까 두려워 최대한 거리를 벌려놓으려는 것이었다. 사전에 계획된 것이었는지 아니면 그 순간의 자발적인 선택이었는지 자무카의 부하들 가운데 다수가 테무진을 따랐다. 물론 가축도 데려왔다. 이렇게 무리가 분열되었음에도 자무카는 그들을 추적하지 않았다.

1181년 초여름 밤 두 청년 사이에 벌어진 균열은 이후 20년 동안 몽골의 중요한 전사로 성장한 두 사람 사이의 전쟁으로 발전했으며, 결국 두 사람은 불구대천의 원수 사이가 되었다. 테무진은 19세에 자무카와 갈라선 뒤, 스스로 전사들의 지도자가 되어 부하를 모으고 권력기반을 다지기로 결심한 것으로 보인다. 그는 다루기 힘든 몽골 부족을 통일하여 칸의 자리에 오르겠다는 궁극적 목표를 세웠을 것이다. 이런 목표를 향해 나아갈 때 자무카는 그의 가장 강력한 경쟁자가 되며, 그들의 분쟁은 몽골족 전체를 내란의 소용돌이에 빠뜨리게 된다. 이 두 경쟁자는 이후 25년 동안 서로 가축과 여자를 약탈하고, 상대를 습격하여 부하들을 죽였다. 몽골족의 최고 통치자 자리를 놓고 싸움을 벌인 것이다.

[새로운 권력 구조의 형성]

자무카와 테무진은 끊임없이 변하는 동맹 관계와 충성 서약 속에서 몽골 민족에 속하는 가족과 씨족들을 각기 자기 편으로 끌어들였다. 그러나 둘 다 그들보다 힘이 센 케레이트나 타타르나 나이만처럼 모든 가문을 단일 부족으로 통합하지는 못했다. 몽골 구전 역사에 따르면 그들은 이전에 딱 한 번 한 사람의 칸 밑에 통일된 적이 있었다. 그러나 그 이후로 몇 세대가 지나도록 재통일은 이루어지지 않았다. 자무카와 헤어지고 나서 8년이 지난 1189년 여름 닭의 해에 27세의 테무진은 몽골족의 우두머리를 가리키는 칸이라는 칭호를 손에 넣기로 결심했다. 일단 그 칭호를 사용하면 자무카의 부하들도 더 많이 끌어들일 수 있을 것 같았다. 그 칭호 자체가 스스로 완성되는 예언이 될 것 같기도 했다. 설사 그렇지 않다 해도 이런 칭호를 통해 두 경쟁자 사이에 최종적인 결판이 벌어질 수는 있을 것 같았다.

테무진은 '심장 모양의 산' 발치에 있는 '푸른 호수' 옆의 초원으로 추종자들을 불렀다. 이곳에서 그들은 쿠릴타이라고 부르는 전통적인 회의를 열었다. 각각의 가족, 가문, 씨족에게는 이 회의에 참석하는 것이 곧 투표 행위였다. 참석한다는 것 자체가 테무진을 칸으로 공식 인정한다는 의미였기 때문이다. 반대로 이 자리에 참석하지 않는 것은 그에게 반대표를 던진다는 뜻이었다. 따라서 테무진의 입장에서는 정족수를 끌어모으기만 하면 성공이었다. 이런 회의가 열리면 보통 참석자 명단을 만들어 암기했다. 말하자면 선거 결과를 확인할 수 있는 근거인 셈이었다. 그러나 이 쿠릴타이의 참가자 기록은 남아 있지 않다. 어쩌면 참석자 수가 별로 많지 않았기 때문에 결과를 감춘 것인지도 모른다. 실제로 초원지대 가문들 가운데 많은 수 — 과반수였을 가능성이 높다 — 는 여전히 자무카를 지지하고 있었다.

테무진 자신의 가족, 의리 있는 친구들 무리, 흩어져 살던 몇 개 가족으로 이루어진 테무진의 부족은 초원의 다른 부족에 비하면 규모는 작았고, 테무진은 여전히 옹 칸의 봉신 신분이었다. 테무진은 자신의 새로운 직책이 옹 칸에게 도전하려는 의도는 아니라는 것을 보여주기 위해 케레이트 지도자에게 사절을 보내 자신의 충성을 재확인하고 그의 승인을 요청했다. 사절은 테무진이 옹 칸의 지도 하에 흩어진 몽골 씨족들을 통합하려는 것일 뿐이라고 세심하게 설명했다. 옹 칸은 그 설명을 받아들였다. 몽골족이 자신에게 충성하는 한 그들의 통일에 대해서는 별 걱정을 하지 않는 듯했다. 사실 옹 칸은 그를 따르는 몽골족의 분열을 조장해왔다. 두 젊은 지도자의 야망을 모두 부추겨 서로 대립하게 한 것이다. 몽골족은 분열로 허약한 상태에서 케레이트족의 칸에게 복종할 수밖에 없었다.

테무진은 소수집단의 칸으로서 활동하는 데 충분한 지지를 받았다고 생각하자 젊은 시절에 얻은 교훈들을 원칙으로 삼아 급진적인 개혁을 시행하여 부족 내에 새로운 권력구조를 형성하기 시작했다. 그의 부족의 중심이자 왕궁 역할을 하는 우두머리 게르 단지는 오르도 또는 호르데라고 불렀다. 대부분의 초원 부족들의 경우 칸의 오르도는 그의 친척들로 이루어져 있었으며, 부족들 위에 군림하면서 부족을 관리하고 지도하는 일종의 귀족 역할을 했다. 그러나 테무진은 친족 관계를 무시하고 개인의 능력과 충성도에 따라 여러 부하에게 수많은 책임을 나누어주었다. 개인 보좌관이라는 최고의 자리는 처음에 그를 따랐던 보르추와 젤메에게 맡겼다. 이들은 테무진에게 10년 이상 일관되게 충성했다. 사람의 재능을 평가하고 혈통이 아니라 능력에 따라 과제를 부여한 것은 테무진 칸의 핵심적 업적으로 꼽을 수 있다.

테무진은 신임하는 사람들에게 먼저 주방장 일을 맡겼다. 가축을 도살하여 고기를 만들고, 고기를 삶는 큰 솥을 가지고 다니는 것이 주된 임무였다. 그러나 테무진은 이들이 그의 목숨을 지키는 제1방어선이라고 생각했다. 아버지가 독살당한 뒤 독살에 대한 두려움을 느꼈기 때문이다. 다른 부하들은 궁수가 되었으며, 몇 사람은 가축 떼를 지키는 일을 맡았다. 가축은 본대로부터 멀리 떨어지는 일이 자주 생길 수밖에 없었기 때문이다. 몸집이 크고 힘이 센 동생 카사르에게는 전사로서 야영지를 지키는 일을 맡겼고, 배다른 동생 벨구테이에게는 많은 수의 예비용 말을 책임지는 일을 맡겼다. 이 말들은 늘 본대 가까이 머물며 언제든지 전사들을 태울 준비를 갖추고 있었다. 테무진은 또 우수한 전사 150명을 뽑아 친위대(몽골어로 케식텐)를 만들었다. 주간 친위 70명과 야간 친위 80명은 24시간 그의 야영지를 둘러쌌다. 테무진에게 이제 갓 태어난 몽골 부족을 관리하는 일은 곧 자신의 가문을 확대하는 일이 되었다.

테무진이 칸으로 인정을 받고 조정을 구성하여 행정을 책임졌음에도 자무카는 여전히 자신의 부하들을 거느리며 테무진을 모든 몽골 씨족들의 칸으로 인정하지 않았다. 자무카를 비롯한 흰 뼈 혈통 귀족에게는 테무진이 검은 뼈에 속한 사람들 사이에서나 우상화되고 있는 무례한 어정뱅이일 뿐이었다. 자무카는 테무진을 한 수 가르쳐 자기 자리로 되돌려놓을 생각이었다. 테무진이 칸으로 선출되고 나서 바로 다음해인 1190년 자무카는 소떼 습격 사건에서 테무진의 부하가 자신의 친족을 죽인 것을 구실로 부하들을 모두 불러모아 전투에 나섰다. 양 진영은 군대를 조직했지만 그래 봐야 각각 수백 명 정도밖에 안 되었을 것이다. 물론 이것은 어디까지나 추측에 불과하다. 이어진 초원 전투에서 자무카의 부대는 테무진의 부대에게 완승을 거두었다. 자무카는 테무진 부대가 다시 모이는 것을 막기 위해 초원에서 가장 잔인한 복수극을 선보였다. 우선 포로로 잡은 상대편 지휘관 한 사람의 머리를 잘라 그의 말꼬리에 묶었다. 이렇게 피를 흘리고, 나아가서 몽골족이 몸에서 가장 성스럽게 여기는 머리에 치욕을 준 것은 죽은 사람의 영혼을 더럽히는 일이었다. 게다가 그것을 말의 가장 역겨운 부분에 묶은 것은 그의 가족 전체에 수치를 안겨주는 일이었다.

전하는 말에 따르면 자무카는 또 젊은 남자 포로 70명을 산 채로 솥에 집어넣고 삶았다고 한다. 이것은 영혼까지 죽이는 사형 방식으로, 포로를 완전히 소멸시키는 행위였다. 7은 몽골족에게 불운의 숫자이기 때문에 이 70개의 솥 이야기는 극적인 효과를 위해 꾸며낸 것일 수도 있다. 그러나 『몽골 비사』는 자무카가 전투 승리 뒤에 실제로 어떤 일을 했건 사람들에게 심한 공포심을 심어주어 평판에 해를 입었다는 점은 분명히 밝히고 있다. 자무카가 이런 식으로 지나치게 잔인한 행동을 하자, 상속받은 권력에 기초한 낡은 귀족 가문들과 능력이나 개인적 충성을 중시하는 학대당하는 하층 가문들 사이의 분열은 더 분명하게 드러났다. 이 사건은 테무진에게 결정적인 전환점이 되었다. 전투에서는 졌지만 자무카의 잔인함을 두려워하게 된 몽골 대중의 지지와 동정을 얻을 수 있었기 때문이다. 테무진의 전사들은 참패했지만 다시 그들의 젊은 칸 뒤에 천천히 모여들게 된다.

[이웃 부족 원정]

자무카와는 결판이 나지 않았지만 테무진은 33세가 되던 1195년 예기치 않게 외부 침략과 대량 약탈의 기회를 맞게 되는데, 이 기회를 놓치지 않고 성공을 거두어 몽골족 사이에서 군사적 위엄이 높아지고 경제적 힘도 불어나게 된다. 고비 사막 남쪽 카타이(금나라를 가리킨다)의 문명화된 주르첸 통치자들은 자주 초원의 정치에 관여했다. 부족들끼리 계속 전쟁을 하여 어느 부족도 자신의 권력을 위협할 만한 힘을 키우지 못하게 하려는 것이었다. 주르첸은 전통적으로 타타르의 동맹자였지만 그들이 너무 강해지는 것도 두려워했다. 그래서 옹 칸을 부추겨 그들을 공격하게 했다. 옹 칸은 얼른 주르첸의 '황금 칸'과 얼른 동맹을 맺고, 테무진의 지원을 얻어 그들보다 훨씬 부유한 타타르 부족을 공격하고 약탈하기로 결정했다.

1196년 겨울 케레이트의 통치자 옹 칸과 테무진은 타타르 원정에 나섰다. 초원 습격에서 사용하는 전형적인 전술을 큰 규모로 적용해 공격을 하자 편하고 빠르게 승리를 거둘 수 있었다. 테무진은 이 전쟁에서 얻은 호화로운 전리품을 보고 놀랐다. 타타르는 주르첸 왕국과 가까운 곳에 살면서 중국의 세련된 제품들을 자주 접했기 때문에 초원의 다른 어떤 부족보다 교역 상품을 많이 소유하고 있었다. 『몽골 비사』는 황금 실과 진주로 수놓인 비단 담요가 덮인 은 돋을새김 장식 요람이 몽골족에게 강한 인상을 남겼다고 언급한다. 심지어 포로로 잡힌 타타르 아이들도 황금 실로 장식한 공단 옷을 입고 있었다. 어떤 사내아이는 코와 양쪽 귀에 황금 고리를 달고 있었다. 남루한 몽골족은 아이는커녕 어른도 그런 사치품을 입거나 달아보지 못했을 것이다.

테무진은 막강한 주르첸 왕국이 국경의 부족들을 부추겨 서로 싸우게 한다는 사실을 분명하게 인식했다. 그들은 어느 해에는 타타르와 동맹을 맺어 케레이트를 공격하고, 어느 해에는 케레이트, 몽골과 동맹을 맺어 타타르를 공격했다. 자무카의 경우처럼 오늘의 친구가 내일의 적이 될 수 있었으며, 오늘 정복당한 부족은 끊임없이 이어지는 전쟁과 싸움의 순환에서 연거푸 정복을 당할 수밖에 없었다. 결정적인 승리도 없었고 영원한 평화도 없었다. 이 교훈은 결국 테무진이 이런 대혼란으로부터 만들어내게 되는 새로운 세계에도 큰 영향을 주었을 것이다. 그러나 일단 이 전쟁의 결과로 인해 그의 민족에게는 유례 없는 규모의 물자가 유입되었으며, 그의 위상은 전보다 높아졌다.

테무진은 여전히 몽골족의 지도권을 둘러싸고 자무카와 결전을 벌여야 할 운명이었다. 타타르와 싸워 약탈한 재물 덕분에 추종자의 수는 늘어났다. 이제 테무진은 다른 몽골 가문들에게도 권력을 행사하면서 그들의 영토까지 영향력을 확대하기 시작했다. 비록 큰 부족들의 영역을 침범하지는 못했지만, 테무진의 집단 바로 남쪽 케룰렌 강변에 살던 몽골 가문 주르킨처럼 작은 무리는 밀어낼 수 있었다.

테무진은 타타르와 싸우기로 옹 칸과 합의했을 때 주르킨 친척들의 도움을 요청했고 그들은 도와주겠다고 약속했다. 그러나 테무진이 원정을 떠날 준비를 하면서 6일이나 기다렸지만 주르킨은 오지 않았다. 참석하는 것을 지지 투표로 간주하는 쿠릴타이의 경우와 마찬가지로 공격을 할 때 나타나지 않으면 그것은 곧 공격 지도자, 즉 테무진을 불신임하는 표를 던지는 것이나 마찬가지였다. 사실 주르킨과 테무진의 부하들 사이의 관계는 전에도 험악했던 적이 있었다. 테무진 주위의 거의 모든 사람들과 마찬가지로 주르킨 가문 역시 테무진 가문보다 지위가 높았으며, 따라서 그들은 테무진과 그 부하들을 경멸하는 일이 많았다. 『몽골 비사』에는 두 집단 사이에 적대감이 형성된 과정을 생생하게 보여주는 이야기가 나온다.

테무진은 타타르 원정을 가기 직전 주르킨족을 잔치에 초대했지만 그들이 테무진의 배다른 동생을 매우 모욕적인 방법으로 공격하는 바람에 혼란스러운 싸움이 벌어졌다. 벨구테이는 테무진 무리의 말을 지키는 일을 맡고 있었다. 그는 잔치가 진행되는 동안에도 말을 보고 있었다. 그때 주르킨족으로 짐작되는 사람이 말 한 마리를 훔치려 했고, 벨구테이는 그를 쫓아갔다. 그러나 '장사' 부리라고 알려진 다른 주르킨 사람이 그를 막아섰다. 벨구테이는 부리와 싸울 준비가 되었다는 표시로 옷 위쪽을 끌어내려 상체를 거의 드러냈다. 그러나 부리는 동등한 사람들 사이에 의견 불일치가 일어났을 때의 관습대로 벨구테이와 씨름을 하는 것이 아니라 아예 검을 뽑아 벨구테이의 어깻죽지를 내리쳤다. 이것은 벨구테이를 아랫사람으로 경멸한다는 뜻이었다. 상처가 아무리 작다 해도 이런 식으로 피를 흘리게 하는 것은 심각한 모욕이었다. 술에 취한 손님들은 바깥에서 벌어진 일을 알고 자기들끼리 싸우기 시작했다. 그들은 관례에 따라 무기 없이 잔치에 참석했기 때문에 음식 접시를 서로에게 던졌고, 대량으로 갖다 놓았던 발효된 암말 젖〔마유주(馬乳酒)〕을 젓기 위해 사용하던 주걱으로 상대를 때렸다.

주르킨은 결국 타타르 원정에서 테무진 부대에 가담하지 않았을 뿐 아니라 테무진이 없는 틈을 타 그의 본거지를 습격하여 부하 10명을 죽이고 나머지 사람들에게서는 옷과 다른 물건을 빼앗아 갔다. 따라서 테무진이 타타르에게 승리를 거둔 뒤 통치 영역을 확장하려고 했을 때 주르킨이 첫 번째 공격 대상이 된 것은 당연하다고도 할 수 있었다. 테무진은 1197년에 주르킨 원정에 나섰으며, 이제 자신이 전사와 지휘관으로서 높은 수준의 기술을 익혔다는 것을 보여주듯이 쉽게 그들을 물리쳤다. 이 시점에서 테무진은 통치 방식에 두 번째 —첫 번째는 가족이 아니라 충성스러운 동맹자들을 자신의 측근으로 임명한 것이다— 근본적인 변화를 꾀하게 되며, 이것은 그가 권좌에 오르는 과정에서 중요한 특징이 된다.

초원의 기나긴 전쟁사에서 승리한 부족은 패배한 부족을 약탈하고, 일부 구성원을 포로로 잡고, 나머지는 그냥 내버려두었다. 그래서 패배한 집단은 다시 모여 반격을 하거나, 흩어져서 다른 부족에게 가담했다. 그러나 테무진은 주르킨을 물리쳤을 때 공격과 반격의 악순환, 동맹을 맺고 끊는 악순환을 근본적으로 바꾸겠다는 야망을 드러내며 완전히 새로운 정책을 시행했다. 그는 부하들을 소집하여 쿠릴타이를 열고 주르킨의 귀족 지도자들을 공개 재판했다. 타타르 전쟁에서 함께 싸우겠다는 약속을 어기고, 자신이 없을 때 야영지를 습격한 죄를 물은 것이다. 테무진은 그들이 유죄라고 판결하고 처형했다. 이것은 동맹자 사이의 의리가 귀중하다는 것을 보여주려는 조치였을 뿐 아니라, 어떤 가문의 귀족에게도 특별 대접을 하지 않겠다는 분명한 경고였다. 이어 테무진은 주르킨의 땅을 점령하고 그 집단의 나머지 사람들을 자신의 씨족 구성원들에게 나누어주는 유례 없는 조처를 취했다. 양쪽 씨족 가운데 일부는 이것이 주르킨족을 노예로 삼겠다는 뜻이라고 해석했던 것 같다. 사실 그것이 초원의 관습에도 어울리는 일이었다. 그러나 『몽골 비사』에 따르면 테무진은 그들을 노예가 아니라 정상적인 부족 구성원으로 받아들였다. 주르킨 야영지의 고아 소년을 데려와 후엘룬에게 주면서 그녀의 게르에서 노예가 아니라 아들로 기르라고 말한 것이 그런 의도를 보여주는 상징적 행동이었다. 테무진은 이전에도 자신이 정복한 메르키트, 타이치우드, 타타르에서 한 명씩을 골라 어머니의 양자로 들인

적이 있었는데, 이번에도 주르킨 아이를 양자로 삼게 함으로써 자신의 동생 숫자를 하나 더 늘린 것이다. 이런 행동을 하는 이유가 감상적인 것이건 정치적인 것이건 테무진은 가공의 친족 관계를 이용하여 추종자들을 단결시킬 때 그런 행동이 상징적인 의미를 지닐 뿐 아니라 실제적인 이익을 주기도 한다는 것을 예리하게 파악하고 있었다. 그는 이 아이들 전체를 자신의 가족으로 받아들인 것과 똑같이 정복당한 사람들 전체를 자신의 부족으로 받아들였다. 그들에게도 미래의 정복에 참여하여 번영을 함께 나눌 기회를 준 것이다.

테무진은 승리를 거둔 몽골족과 새로 들인 친척 모두를 위해 잔치를 열어 주르킨 정복을 마무리하는 것으로 자신의 새로운 힘을 마지막으로 과시했다. 이 잔치에서 테무진은 전 해에 열린 잔치에서 벨구테이의 어깨에 상처를 냈던 '장사' 부리를 불러 벨구테이와 씨름을 시켰다. 부리는 이제까지 누구에게도 진 적이 없었으나 테무진이 화를 낼까 두려워 벨구테이가 자신을 내던지도록 놔두었다. 보통의 경우라면 이 시점에서 경기가 끝나야 하지만 테무진과 벨구테이는 다른 계획을 짜놓았다. 벨구테이는 엎어진 부리의 어깨를 잡더니 말을 타듯이 그의 엉덩이에 올라탔다. 그는 테무진의 신호를 받자 무릎으로 부리의 등을 찍어 척추를 꺾어버렸다. 이어 벨구테이는 부리의 마비된 몸을 야영지 밖으로 끌고 나가 혼자 죽게 내버려두었다.

테무진은 주르킨의 지도자들을 모두 없앴다. 초원의 모든 관련된 씨족들에게 그 메시지는 분명했다. 테무진을 따르는 사람에게는 보답을 해주고 좋은 대접을 해준다. 그러나 그를 공격하는 사람에게는 자비를 베풀지 않는다.

주르킨을 물리친 뒤 테무진은 그의 무리를 이끌고 케룰렌 강 하류를 따라 주르킨의 영토로 들어갔다. 그는 작은 쳉케르 강이 케룰렌 강과 합류하는 곳 근처에 새로 근거지를 만들었다. 결국 이곳이 그의 수도 아바르가가 되지만, 이 시기에는 외딴 야영지에 지나지 않았다. 두 강 사이의 땅은 아랄이라고 불렀는데, 이것은 몽골어로 '섬'이라는 뜻이었다. 첸케르와 케룰렌 두 강 사이의 섬은 넓게 트인 목초지를 이루고 있었기 때문에 이곳은 쿠데에 아랄이라고 불렀다. 이것은 현대 몽골어로는 '시골 섬'이라는 뜻이지만 고전 몽골어로는 '황량한 섬'[31])이라는 뜻이었다. 실제로 이곳은 나무 한 그루 없이 넓게 트인 초원의 한가운데 있는 고립된 장소이기 때문에 '황량한 섬'이라는 이름이 어울린다는 느낌이 들기도 한다.

아바르가는 황량하기는 했지만 초원 유목민의 이상적인 고향의 요소를 고루 갖춘 곳이다. 유목민은 게르가 남쪽을 향하기를 바란다. 그래야 입구 깊숙이 남쪽 태양의 빛과 온기가 들어올 뿐 아니라 차가운 북풍이 들어오는 것을 막아주기 때문이다. 그들은 또 물을 마주하기를 바라지만 너무 가까운 것은 원치 않는다. 걸어서 30분 정도 떨어져 있어야 인간의 폐기물이 물을 심하게 더럽히는 것을 막을 수 있다. 이 정도 거리를 두면 여름의 해충이나 가끔 강 주변의 평원을 덮어버리는 갑작스러운 홍수도 피할 수 있다. 아바르가는 이런 이점들 외에 테무진의 출생지와 가깝고 부르칸 칼둔도 가까웠다. 부르칸 칼둔은 상류로 200킬로미터쯤 떨어진 케룰렌 강의 원류에 자리잡고 있었다. 아바르가는 이런 입지조건을 갖추었기 때문에 1197년부터 테무진이 죽을 때까지 그의 작전기지 역할을 했다.

[타이치우드와 한판 승부]

테무진의 무리는 새로운 본거지에서 4년 동안 부를 쌓고 규모도 키웠지만, 그의 지도력을 인정하지 않는 자무카 역시 전통적인 생활방식을 개혁하는 테무진의 정책에 반감을 품은 귀족적인 씨족들 사이에서 중심인물로 성장해갔다. 닭의 해인 1201년 자무카는 이런 씨족들의 지원을 받아 몽골 민족 전체의 통치자 자리에 올라서려는 책략을 짰다. 자무카는 테무진과 옹 칸 두 사람 모두에 대한 도전으로 쿠릴타이를 소집했고, 여기에서 구르 카 또는 구르 칸*이라는 유서 깊고 명예로운 칭호를 부여받았다. 이것은 모든 수장 가운데 수장, 또는 칸 가운데 칸이라는 의미였다. 그의 추종자들은 그에게 새롭게 충성을 맹세했으며, 그 서약의 신성한 의미를 보여주기 위해 수말과 암말을 한 마리씩 제물로 바쳤다.

자무카가 이 오래된 칭호를 선택한 것은 단지 그것이 오래되었기 때문만은 아니었다. 여기에는 음험한 동기가 숨어 있었다. 구르 칸이라는 칭호를 얻었던 마지막 칸은 케레이트 부족을 다스리던 옹 칸의 숙부였다. 옹 칸은 그에게 반역하여 그와 그의 형제들을 죽였다. 테무진의 아버지 예수게이는 이 반역에서 옹 칸의 동맹자 역할을 했다. 따라서 자무카는 이 칭호를 택함으로써 옹 칸의 권력만이 아니라 그의 부하라고 할 수 있는 테무진의 권력에도 공개적으로 도전을 한 셈이었다.

만일 자무카가 이 전쟁에서 승리를 거둔다면 그는 중앙 초원지대의 최고 통치자가 될 수 있었다. 그는 테무진의 가족을 한때 아랫사람처럼 부렸고 또 실제로 테무진의 어린 시절에는 그를 노예로 삼은 일도 있었던 타이치우드 같은 중요한 귀족 씨족을 자기 편으로 거느리고 있었다. 두 몽골 분파 사이에 벌어지기 시작한 투쟁은 단순한 약탈과 포로 획득 이상의 전쟁, 몽골족의 지도권을 둘러싼 자무카와 테무진의 목숨을 건 투쟁이 될 수밖에 없었다. 옹 칸은 테무진의 후원자로서 자신의 전사들을 모아 직접 자무카 원정에 나섰다.

이런 원정의 일차적 목적은 실제로 전투를 벌이지 않고 압도적인 힘으로 상대에게 겁을 주어 달아나게 하는 것이었다. 초원 전사들은 이런 공포를 유발하기 위해 다양한 전술을 사용했다. 그 가운데 하나가 지도

---

* 구르는 사해(四海)라는 뜻.

자와 그 조상들의 영기를 과시하는 것이었다. 전투 전에 전사들은 영기 앞에서 그들을 인도하는 영(靈)과 조상들에게 희생제물을 바쳤다. 이런 영적인 드라마는 감정을 휘저어 긴장을 고조시켰다. 한 가문이 공통의 조상의 영기를 휘날리면 반대편에서는 그들과 싸우기가 곤란했다. 자신의 할아버지를 공격하는 것과 마찬가지였기 때문이다.

본격적인 전투 전의 선전전에는 샤먼이 북을 포함하여 의식에 사용하는 여러 장구를 들고 나타나는 경우도 있었다. 전투 전에 샤먼들은 양의 불탄 어깨뼈의 금을 읽어 미래를 예언했다. 어느 한 편에 샤먼이 있다는 것은 그가 그쪽 편의 승리를 예언했다는 뜻이었다. 그 예언의 힘은 샤먼의 과거의 성과, 즉 이전에 승리하는 편을 택한 횟수가 보여주었다. 테무진은 이미 그에게 꿈을 드러내는 샤먼을 많이 끌어들였는데, 그 가운데는 훗날 중요한 역할을 하는 텝 텡그리도 있었다. 샤먼들은 또 높은 곳에 올라가 북이나 마법의 돌(자다석이라고 부르기도 한다)을 두드렸다. 보통 이런 북이나 돌은 그들을 지원하는 영을 부르거나 날씨를 통제할 때 이용했는데, 전시에 이것을 두드리는 목적은 상대편 전사들을 이쪽 편으로 넘어오게 하거나 아니면 달아나게 하려는 것이었다.

자무카와 케레이트가 맞선 전투는 여러 면에서 옹 칸과 테무진에게 유리했다. 존경받는 샤먼들이 모여들어 테무진의 지위를 강화해준 것도 심리적 이점이었다. 그 즈음에 큰 폭풍우가 몰려오면서 심한 천둥번개가 쳤는데 양편에서는 이것을 샤먼들이 부린 마법의 결과라고 생각했다. 결국 자무카의 무리 가운데 많은 수가 달아나버렸기 때문에 자무카는 물러날 수밖에 없었다. 옹 칸의 전사들은 자무카의 본대를 추적했으며, 옹 칸은 테무진에게 오논 강 쪽으로 달아나는 타이치우드를 따라가라고 명령했다. 오논 강변은 테무진이 성장한 땅으로 그가 누구보다 잘 아는 곳이기도 했다.

테무진은 타이치우드를 따라가다가 그들과의 싸움이 예상보다 쉽지 않다는 것을 알았다. 초원의 전투 방식은 주로 말 위나 바위 뒤의 고정된 지점에서 서로 화살을 쏘는 것이었다. 오논 강변처럼 숲이 우거진 지역이라면 급조한 통나무 바리케이드 뒤에서 활을 쏠 수도 있었다. 초원 전사들은 싸움을 할 때 몸에 피가 튀는 것을 피했다. 따라서 가깝게 붙어 육박전을 벌이는 경우는 드물었다. 적의 숨결이나 냄새에도 영혼의 일부가 담겨 있다고 믿었기 때문에 적의 냄새를 맡는 것조차 꺼렸다. 공격하는 쪽에서는 말을 타고 적을 향해 빠른 속도로 몰려가며 활을 쏘고, 이어 방향을 틀어 돌아갈 때도 활을 쏘았다. 가끔 방어하는 쪽에서는 긴 장대를 가져와 적을 말에서 떨어뜨린 다음에 활로 쏘아 맞히기도 했다.

테무진 부대와 타이치우드는 하루종일 싸웠으나 어느 쪽도 확실하게 승기를 잡지 못했다. 그러나 적에게 패배의 공포를 더 크게 불러일으킨 쪽은 아무래도 테무진 부대인 것 같다. 『몽골 비사』에 따르면 그날 늦게 화살 하나가 테무진 칸의 목을 꿰뚫었다. 어둠이 깔리면서 두 군대는 하루종일 싸우던 바로 그 들판에서 숙영을 했다. 서로 거리가 멀지도 않았다. 이상하게 보일지 모르지만, 밤에는 이렇게 가까이 붙어 있어야 두 진영이 서로를 감시하여 기습을 예방할 수 있었다.

테무진은 상처가 깊지는 않았지만 해가 진 뒤에 의식을 잃었다. 이런 상처는 감염 위험이 컸으며 화살에 독이 묻었을 가능성도 있었다. 그의 충성스러운 부하이자 제2인자인 젤메는 저녁 내내 그의 옆을 지키며 상처에서 피를 빨았다. 젤메는 피를 뱉어 땅을 더럽히지 않기 위해 그대로 삼켰다. 이런 행동에는 종교적 이유 외에도 테무진이 피를 얼마나 흘렸는지 다른 전사들이 보지 못하게 하려는 실질적인 이유도 있었다. 젤메는 배가 너무 불러 입 밖으로 피가 줄줄 흘러내릴 때가 되어서야 바닥에 뱉기 시작했다.

자정이 지나자 테무진은 잠시 의식을 되찾더니 발효된 암말 젖인 아이라크를 마시게 해달라고 했다. 그러나 전장에 진을 친 상태라 젤메한테는 약간의 물밖에 없었다. 그러나 타이치우드의 진영 한가운데 둥근 방어선 안에 보급품이 실린 수레 몇 대가 있다는 사실은 알고 있었다. 젤메는 옷을 벗고 전장을 살며시 가로질러 적 병사들 사이를 돌아다니며 아이라크를 찾았다. 몽골족에게 사람들 앞에서 벌거벗는다는 것은 심각한 타락의 표시였다. 타이치우드 병사가 그를 보았다 해도 아마 변을 보러 나온 자기네 병사로 여겼을 것이며, 예의상 동료에게 수치심을 주지 않으려고 눈길을 돌렸을 것이다. 만일 누군가 자세히 살펴보다가 그의 정체를 알아채면 젤메는 자기 편 전사들이 그의 옷을 벗기고 수치를 주었기 때문에 타이치우드 진영으로 넘어왔다고 우길 작정이었다. 그들은 아마 젤메의 말을 믿어주었을 것이다. 자부심 있는 몽골 병사라면 벌거벗은 채로 적에게 잡히는 일을 허용할 리가 없었기 때문이다.

타이치우드는 잠이 깨지 않았다. 젤메는 아이라크를 찾아내지 못했지만 발효 중인 응유(凝乳) 한 통을 발견하여 들고 왔다. 그는 응유를 물에 섞어 밤새도록 테무진에게 먹였다. 아침이 밝아오자 테무진의 시야가 맑아졌다. 더불어 주위에 고인 피와 반쯤 벌거벗은 젤메도 눈에 들어왔다. 테무진은 어리둥절하여 어떻게 된 일이냐고 물었다. 밤새 있었던 일을 듣자마자 테무진은 옆의 땅바닥에서 자신의 피를 보고 마음이 불편하여 말했다. "다른 데 뱉을 수 없었나?" 테무진은 고맙다는 표현은 하지 않았지만 젤메가 자신을 타이치우드로부터 구했다는 사실을 결코 잊지 않았으며,[32] 훗날 젤메에게 몽골의 가장 중요한 원정을 몇 번 맡겼다.

목 부상 사건을 보면 테무진에게 깊은 의리에 기초한 충성심을 이끌어내는 재능이 있다는 것을 알 수 있다. 당시 초원 부족들은 조금만 자극을 받아도 편을 바꾸었고 병사들은 지도자를 버렸지만, 테무진이 전사로서 활동한 60년 동안 장군들 가운데 그를 버린 사람은 한 명도 없었다. 또 테무진 역시 장군을 벌하거나 장군에게 해를 준 적이 없었다. 역사 속의 위대한 왕과 정복자들을 살펴보아도 이런 충실한 군신 관계는 찾아보기 힘들다.

어쨌든 타이치우드는 테무진의 부상을 몰랐으며 밤사이에 많은 사람이 전장에서 달아나기 시작했다. 다음날 아침이 되자 전사들은 대부분 달아나고 얼마 남지 않았다. 테무진은 달아난 전사들을 추적했다. 테무진은 주르킨의 경우와 마찬가지로 타이치우드 지도자를 여러 명 죽였지만, 나머지는 자신의 부하로 받아들였다. 또 타이치우드에게 잡혀서 칼을 쓰고 포로가 된 지 약 30년 만에 예전에 탈출을 도와주었던 가족을 노예의 속박에서 풀어주어 보상을 하기도 했다.

테무진이 타이치우드를 물리치는 동안 자무카는 옹 칸 군대를 피해 도망치고 있었다. 자무카는 타이치우드를 잃었지만 여전히 그에게 충성하는 씨족들이 많았다. 또 초원의 더 먼 곳으로 달아나면서 새로운 동맹자들도 그에게 모여들게 된다. 자무카와 테무진 사이의 최종적인 결전은 훗날의 일이었다.

[초원의 오랜 관행을 깨다]

테무진이 타이치우드를 물리친 다음해인 1202년 개의 해에 옹 칸은 그에게 동쪽의 타타르를 약탈하는 원정을 맡겼다. 나이가 들어가는 옹 칸 자신은 멀지 않은 곳에 있는 메르키트를 정벌할 계획이었다.

테무진은 타타르 원정에서 오랫동안 초원 생활을 지배해온 규칙을 다시 완전히 바꾸게 된다. 이런 변화로 인해 그의 부하들 가운데 일부는 그에게 적대하고 다수의 충성심은 더욱 강해졌다. 적대한 소수는 귀족 가문이었고, 충성한 다수는 그가 개혁과 물자 분배를 통해 부를 안겨준 하급 가문이었다. 테무진은 여러 차례 습격을 해보면서 패자들의 게르를 성급하게 약탈하는 것이 더 완전한 승리에 장애가 된다는 것을 깨달았다. 공격하는 쪽에서는 습격당한 진영의 전사들을 추적하는 대신 보통 그들이 달아나도록 내버려둔 채 바로 상대 진영을 약탈하는 일에 정신을 빼앗겼다. 그 결과 패한 전사들 다수가 탈출하여 결국 반격을 하러 돌아왔다. 그래서 타타르 정복에 나선 테무진은 타타르군에게 완전한 승리를 거둔 다음에 약탈을 시작하라는 명령을 내렸다. 그렇게 하면 전보다 조직적인 방식으로 약탈을 할 수 있었고, 또 모든 물자를 그가 있는 중앙에서 통제하면서 그가 보기에 적당한 방식으로 분배할 수 있었다. 테무진은 숲의 사냥꾼들이 집단 사냥이 끝난 뒤 사냥한 짐승을 분배하던 전통적인 방식으로 물자를 분배한 것이다.

또 한 가지 혁신은 습격 과정에서 전사한 모든 병사의 과부와 고아에게도 일반 병사와 똑같은 몫을 주기로 한 것이다. 타타르에게 아버지가 죽임을 당한 뒤 어머니가 처했던 곤경을 기억하고 그렇게 한 것인지 아니면 다른 정치적인 목적이 있어서 그렇게 한 것인지는 몰라도 어쨌든 이 조치는 큰 영향을 주었다. 테무진은 이 정책을 통해 부족 내의 가장 가난한 사람들의 지원을 확보했을 뿐만 아니라 병사들의 충성심도 더 끌어냈다. 이제 병사들은 자신이 죽더라도 테무진이 남은 가족을 돌보아준다고 믿었다.

타타르 원정 뒤에 부하 몇 사람이 개별적 약탈을 금지하는 그의 명령을 무시했다. 그러자 테무진은 자신의 의도를 분명하게 보여주기 위해 엄하지만 적당한 벌을 내렸다. 명령을 어긴 자들의 소유를 박탈하고 원정에서 약탈한 물건을 몰수한 것이다. 약탈한 모든 물자의 분배를 테무진이 통제하자 그 휘하의 귀족적인 가문들은 다시 한 번 전통적 권리를 침해당했다고 생각했다. 이제 부하들에게 독자적으로 물자를 나누어 줄 권한을 상실했기 때문이다. 테무진의 급진적 개혁 때문에 귀족 다수가 분노했으며, 일부는 그를 버리고 자무카에게 합류했다. 이로써 지체 높은 가문과 일반적인 유목민 사이의 구분은 더 분명해지게 되었다. 그의 부족 구성원들은 친족의 유대나 전통 대신 테무진으로부터 직접적인 지원을 기대할 수 있다는 사실을 다시 한 번 확인하게 되었다. 이런 정책으로 테무진은 그의 통치 권력을 중앙으로 집중하면서 동시에 부하들의 충성심을 높였다.

소수가 불만을 품기는 했지만 테무진의 새로운 정책은 즉시 효과를 발휘했다. 약탈을 원정이 끝날 때까지 미루자 테무진 군대는 전보다 더 많은 물자와 가축을 모을 수 있었다. 그러나 새로운 부는 새로운 문제를 초래했다. 몽골족은 타타르를 이겼을 뿐 아니라 군대와 민간인 대부분을 포로로 잡았기 때문이다.

초원지대의 전통적인 사고방식에 따르면 친족의 망(網) 이외의 사람들은 모두 적이었으며, 입양이나 혼인이라는 유대를 통하여 가족으로 편입되지 않으면 앞으로도 계속 적이 될 수밖에 없었다. 테무진은 그런 집단들 사이의 끊임없는 다툼을 끝내고 싶었다. 그래서 주르킨이나 타이치우드를 다루었던 것과 같은 방식으로 타타르도 다루고 싶었다. 즉 지도자들을 죽이고, 생존자와 물자와 가축은 모두 그의 부족으로 흡수해들이는 것이었다. 이런 정책은 수백 명 단위의 씨족을 상대로 할 때는 효과를 보았지만, 타타르는 수천 명에 달하는 부족이었다. 이들을 흡수하는 대규모의 사회적 변화를 달성하기 위해서는 부하들의 전폭적인 지지가 필요했다. 그는 그런 지지를 얻기 위해 승리한 전사들을 쿠릴타이로 소집했다.

쿠릴타이의 구성원들은 그 계획에 찬성하여, 수레의 바퀴를 지탱하는 비녀장보다 키가 큰 타타르 남자는 죽이기로 결정했다. 수레는 어른의 키를 측정하는 수단일 뿐 아니라 나라의 상징이기도 했다. 해양민족이 배를 자기 나라의 상징으로 삼는 것과 마찬가지다. 이번에도 테무진은 이런 살육에 보상이라도 하듯이, 살아남은 타타르족을 자신의 부족의 노예가 아니라 완전한 구성원으로 받아들이는 정책을 시행했다. 이 점을 강조하기 위해 이번에도 타타르 아이를 어머니의 양자로 들였을 뿐 아니라, 그들과 혼인을 장려하기까지 했다. 이때까지 테무진의 공식적인 부인은 부르테 한 사람으로, 그녀는 아들 넷과 딸 —몇 명인지 확인되지 않았다— 을 낳았다. 그러나 테무진은 타타르와 싸운 뒤 타타르 귀족인 예수겐과 그녀의 언니 예수이를 아내로 맞았다. 그때까지만 해도 타타르는 몽골족보다 널리 알려진 부족이었다. 이 싸움 뒤에 몽골족은 타타르족을 아주 많이 받아들였고 그들 가운데 다수가 몽골 제국에서 고위직에 오르고 이름을 떨쳤다. 이런 연유로 타타르라는 이름은 몽골과 동의어가 되었을 뿐 아니라 몽골보다 더 유명해진 경우도 많아 수백 년 동안 역사적 혼란을 일으켰다.

그러나 큰 집단 둘을 하나의 민족으로 결합한다는 테무진의 목표를 완수하는 데는 혼인과 입양만으로는 부족했다. 만일 친족 집단들을 말짱하게 놓아둔다면 이보다 더 큰 집단은 통일을 이루지 못하고 결국 분해될 수밖에 없을 터였다. 그래서 테무진은 1203년 타타르 정복 후에 몽골 군대와 부족을 다시 한 번, 훨씬 더 혁신적으로 개혁했다.

테무진은 전사들을 아르반(십호十戶)이라고 부르는 10명으로 이루어진 분대로 편성하여 분대원들끼리 서로 형제 역할을 하도록 했다. 친족 집단이나 부족과 관계없이 그들은 형제처럼 함께 살고 싸워야 했다. 그들은 전투에서 분대원이 포로가 되면 남겨두고 떠날 수 없었다. 이것이 그들의 형제 관계를 확인하는 궁극적인 방법이었다. 맏형이 모든 것을 통제하는 가족처럼 몽골 아르반에서도 가장 나이 많은 사람이 분대장을 맡았다. 그러나 분대원들이 의견을 모아 다른 사람에게 이 자리를 맡길 수도 있었다.

분대 열이 모여, 즉 100명이 모여 자군(백호百戶)이라고 부르는 중대를 이루었고, 그들 가운데 한 사람이 중대장을 맡았다. 가족들이 확대되어 가문을 만들듯이, 몽골의 중대 열이 모이면 1000명이 밍간(천호千戶)이라고 부르는 연대를 이루었다. 밍간이 열 모이면 1만 명이 투멘(만호萬戶)이라고 부르는 사단을 이루었다. 각 투멘의 대장은 그런 지도자에게 어떤 자질이 필요한지 잘 아는 테무진이 선택했다. 그는 아버지와 아들과 형제와 사촌이 실질적으로 함께 모여 사는 것을 허락했지만, 새로운 단위로 그들을 편성하여 낡은 체제의 가문, 씨족, 부족, 인종적 정체성의 힘을 파괴해버렸다. 이 새로운 단위를 버리거나 바꾸려면 사형을 각오해야 했다. 이 조직 재정비의 시기에 테무진에게는 1000명 단위인 밍간이 95개 있었다고 한다. 그러나 이 단위들 가운데 일부는 꽉 채워지지 않았을 터이므로 전체 숫자는 8만 명 정도로 낮추어 볼 수 있을 것이다.

몽골 부족 전체는 군대라는 수단에 의해 통일되었다. 이런 새로운 체제에서는 부족의 모든 구성원이 남녀노소를 막론하고 어느 정도 공적 임무를 수행해야 했다. 군인으로 복무할 수 없으면 일주일 중 하루 정도에 해당하는 시간을 공적인 일이나 칸을 섬기는 일에 바쳐야 했다. 여기에는 전사의 가축을 돌보고, 연료로 쓸 똥을 모으고, 조리를 하고, 모전을 만들고, 무기를 수리하는 일, 심지어 군대를 위해 노래를 하거나 연예활동을 하는 일도 포함되었다. 새로운 조직에서는 모든 사람이 같은 뼈에 속했다. 어린 시절 낮은 출신 성분 때문에 여러 차례 벽에 부딪혔던 테무진이 검은 뼈와 흰 뼈 사이의 구별을 폐지해버린 것이다. 이제 그의 무리는 모두 하나의 통일된 민족 구성원이 되었다.

테무진이 십진법에 따른 조직을 채택한 경위에 대해서는 여러 가지 역사적 추측이 있다. 이전의 투르크 부족들 가운데도 십진법에 기초한 비슷한 군사조직을 갖춘 예가 있었다. 어쩌면 테무진은 그들에게서 이 체제를 빌려왔을지도 모른다. 그러나 테무진은 이 체제를 전쟁을 위한 군사전술로 이용했을 뿐 아니라 사회 전체의 영구적인 구조로 채택했다.

테무진의 해법은 거의 2000년 전 아테네의 입법자 클레이스테네스가 제시했던 것과 매우 비슷하다. 물론 테무진이 클레이스테네스의 이야기를 전해 들었다고 믿을 만한 근거는 전혀 없다. 어쨌든 클레이스테네스는 아테네 사람들의 전통적인 경쟁과 분쟁을 차단하기 위해 부족제를 폐지하고 모든 사람을 십진법에 기초한 10개 단위로 재배정했다. 이렇게 하여 부족도시가 도시국가로 바뀌면서 아테네는 지중해 동해안에서 가장 강력한 군사적, 상업적, 예술적, 지적인 힘을 발휘하게 되었다. 몽골족도 거의 똑같은 개혁을 통해 아시아 내륙의 초원지대에서 아테네보다 훨씬 더 놀라운 성과를 거두었다.

테무진은 군대를 재조직한 뒤 언뜻 작아 보이는 개혁을 한 가지 더 시행했다. 본영은 케룰렌 강변의 아바르가에 둔 채 성산 부르칸 칼둔 주위의 오논, 케룰렌, 툴라 강들의 원류에 자리잡은 몽골 부족의 고향—테무진이 메르키트로부터 피신해 있던 곳이기도 하다—을 폐쇄 구역으로 설정하기로 결정한 것이다. "아무도 세 강의 원류에는 설영을 하지 못하게 하라."[33] 테무진은 그렇게 명령했다. 그 명령으로 몽골족의 고향은 왕실 바깥의 외부인들은 접근할 수 없는 곳이 되었다. 왕실 구성원들은 200년 동안 이곳에 죽은 자들을 묻고, 가족 행사를 열고, 외부인들을 배제한 채 가족회의를 했다. 몽골족은 그 전에도 세 강의 발원지에 있는 이 산을 그들의 고향으로 여겼지만, 새로운 법이 나오면서 이곳은 훗날 몽골 제국의 은밀한 의식이 열리는 중심이 되었다. 부르칸 칼둔 주위의 땅은 이제 몽골족의 우주에서 공식적으로 신성한 장소의 자리를 차지하여, 땅의 중심을 넘어서서 우주의 중심이 되었다.

테무진은 단일 인종이나 부족 이름을 사용하는 대신 점차 자신의 무리를 '모전 벽의 사람들'[34]이라고 부르기 시작했다. 이것은 게르를 만드는 재료와 관련된 말이었다. 타타르를 물리친 뒤에 이 용어를 채택한 것을 보면 그가 초원지대의 모든 민족을 통일할 야심을 품고 있었다고 생각할 수도 있다.

타이치우드와 주르킨 같은 작은 집단만이 아니라 막강한 타타르까지 물리치고 통합해낸 테무진은 초원 세계에서 상당한 위신을 얻었다. 그의 오랜 주군인 옹 칸으로서도 미처 예상하지 못한 힘을 지니게 된 것이다. 테무진은 크게 확대된 집단의 통치를 공고하게 다져나가던 중 새로운 체제를 결정적으로 시험하게 되는 또 다른 큰 도전에 직면했다. 그의 다음 결정 때문에 평생에 걸친 경쟁자 자무카는 옹 칸과 동맹하여 테무진의 힘과 인기에 맞서게 된다.

칸들의 전쟁

모든 부족이 하나의 색깔이 되어 그의 명령에 복종했다.[35]
아 타 말 리 크 주 베 이 니, 『칭 기 스 칸 : 세 계 정 복 자 의 역 사』

옹 칸의 마지막이 멀지 않다는 것은 모두가 알고 있었지만 누가 그의 뒤를 이을지는 아무도 모르고 있었다. 테무진은 20년 이상의 투쟁 끝에 몽골족 대부분을 다스리게 되었지만 아직 경쟁자 자무카를 제압하지 못했다. 옹 칸은 대체로 테무진 편에 섰지만, 그럼에도 은근히 두 하위 칸들이 서로 경쟁하도록 부추기고 있었다. 테무진은 타타르에게 승리를 거둔 다음해인 1203년 돼지 해에 이 문제를 공개하고 옹 칸의 딸과 자신의 장남 주치의 결혼을 요청함으로써 해법을 찾으려 했다. 옹 칸이 결혼을 받아들이면 테무진을 자무카보다 총애한다는 사실을 공개적으로 인정하는 셈이 될 터였다.

옹 칸은 재능도 없고 독자적으로 추종자들도 거느리지 못한 아들 생굼의 말을 듣고 오만하게 결혼을 거부했다. 테무진은 자신의 무리를 '모전 벽의 사람들'이라고 일컬으면서 씨족 간 차별을 인정하지 않으려 했지만, 귀족적인 케레이트 왕실의 눈으로 볼 때 테무진은 아무리 쓸모가 있는 자라 해도 결국은 평민 출신의 어정뱅이였다. 거의 100년이 흐른 뒤 마르코 폴로는 테무진이 옹 칸의 딸을 자신의 신부로 맞이하려 했다고 착각을 하기는 했지만, 몽골 사람들이 그에게 들려준 옹 칸의 답변의 취지—물론 그가 한 말 그대로는 아닐 것이다—는 대체로 정확하게 기록해놓았다. "칭기스 칸이 내 딸을 신부로 삼으려 하다니 부끄럽지도 않은가? 그는 자기가 나의 봉신이자 노예라는 사실을 모른단 말인가? 가서 그에게 내 딸을 그의 아내로 주느니 차라리 불에 던져버리겠다고 전하라."[36]

그러나 노쇠한 칸은 곧 자신의 충동적인 거절을 후회하고 테무진의 반응을 걱정하게 되었다. 이제 테무진은 단연 초원 제일의 군사 지도자였으며, 옹 칸은 자신이 전투에서 테무진과 맞서서는 승산이 없다는 것을 알았다. 그래서 옹 칸은 타타르가 테무진의 아버지를 죽인 것처럼 계략을 통해서 테무진이라는 잠재적 위협을 없앨 계획을 세웠다. 옹 칸은 테무진에게 마음이 바뀌어 양가의 결혼을 환영하게 되었다는 전갈을 보냈다. 그는 날짜를 정했으니 가족을 데리고 와 양가 후손의 혼인을 축하하자고 테무진을 초대했다. 테무진은 옹 칸을 믿었던 것 같다. 어쨌거나 그는 20년 이상 의부(義父)였기 때문이다. 테무진은 군대는 뒤에 둔 채 작은 무리를 이끌고 결혼 잔치가 열릴 장소로 출발했다. 그는 이 결혼을 성공적으로 마무리하기만 하면 지도자로서 절정의 위치에 오를 것이라고 생각했다. 그의 휘하에 있는 사람들을 옹 칸 휘하의 케레이트와 결합할 수 있었기 때문이다. 그렇게 되면 테무진은 중앙 초원지대에서 옹 칸의 뒤를 이을 미래 통치자 자리에 올라설 수 있었다.

옹 칸의 왕실로부터 말을 타고 불과 하루 거리를 남겨두었을 때 테무진은 결혼 초대가 그를 얽어넣으려는 음모라는 정보를 얻었다. 옹 칸은 몰래 군대를 모아 그를 죽이고 가족까지 몰살할 계획이었다. 테무진은 자신이 고대하던 승리가 목전에 있다고 생각하던 순간 그런 결합은 불가능할 뿐 아니라 자신의 목숨과 가족의 생존마저 위기에 처했다는 것을 알았다. 본대는 멀리 떨어진 상황에서 소규모의 파견대만 이끌고 싸움을 벌이는 것은 큰 모험이었다. 그래서 테무진은 승산이 아주 낮을 때 초원 사람들이 늘 하는 일을 했다. 소수의 전사들에게 얼른 사방으로 흩어지라고 명령하고, 그 자신도 옹 칸의 군대가 추적을 시작하기 전에 몇 사람만 데리고 동쪽으로 달아난 것이다.

테무진은 이제 그의 능력을 최대로 시험하게 될 위기를 만났다. 그는 옹 칸의 전사들을 피해 도주하면서 20여 년 전 메르키트가 부르테를 납치했을 때 그들로부터 달아나던 것과 비슷한 기분이었을 것이다. 초원 전쟁의 무한한 악순환은 끝이 없는 것 같았다. 오랜 기간 많은 일을 한 것 같은데도 실제로 변한 것은 거의 없었다. 그는 이번에도 사회적으로 그보다 지위가 높고 정치적으로 강력한 사람들로부터 달아나고 있었던 것이다.

준비 안 된 지도자가 달아나자 새로 통일을 이룬 테무진의 '모전 벽의 사람들'은 처음으로 큰 위기를 맞이했다. 과연 버틸 수 있을까? 그렇게 다양한 부족과 가족으로 이루어진 민족이 어디로 달아났는지도 모르는 테무진에게 계속 충성하고 그를 신뢰할 수 있을까? 원래의 고향으로 다들 돌아가거나, 아니면 자기들끼리 이야기를 해서 옹 칸이나 자무카의 보호를 받으려고 할까? 그 뒤에 이어진 사건들은 테무진 최대의 시련이자 승리의 전설이 되었다.

[테무진과 자무카의 대결]

테무진은 먹을 것도 없이 지친 몸을 이끌고 며칠간 계속 달아나다가 진흙탕인 발주나 호숫가[37]에 이르렀다. 그는 몇 명이 살아남았는지 확인하려고 주위를 둘러보았다. 부하들 가운데 불과 19명만 남아 있었다. 그러나 남은 사람들마저 이 머나먼 땅에서 굶어죽을 판이었다. 그들이 몸을 쉬며 앞일을 결정하려고 발주나 호숫가에서 발을 멈추었을 때, 갑자기 북쪽에서 야생마가 나타났다. 그러자 테무진의 동생 카사르가 말을 쫓기 시작했다. 카사르는 말을 잡아왔고 부하들은 얼른 가죽을 벗겼다. 고기를 구울 장작도 없고 삶을 단지도 없었기 때문에 그들은 고래(古來)의 조리법을 이용했다. 말의 가죽을 벗긴 뒤 고기를 자르고, 말가죽으로 큰 주머니를 만들어 그 안에 고기와 물을 약간 넣었다. 그들은 마른 똥을 모아 불을 피웠지만 가죽 솥을 불에 직접 올려놓을 수는 없었다. 대신 그들은 돌 여러 개를 불에 빨갛게 달구어 가죽 부대 안에 집어넣었다. 돌 때문에 물이 뜨거워졌지만, 물 덕분에 가죽 주머니가 타서 뚫리지는 않았다. 몇 시간 뒤 굶주리던 사람들은 삶은 말고기를 마음껏 먹을 수 있었다.

테무진 주위에 모인 사람들은 카사르 외에는 친척이 아니라 친구들이었다. 가족 가운데 몇 사람은 초원에서 잠시 서로를 놓쳤지만, 다른 친척들은 테무진을 버리고 옹 칸이나 자무카에게로 갔다. 특히 그의 숙부—아버지의 두 형제 가운데 하나로 테무진의 어머니를 메르키트족 남편에게서 납치하는 일을 도왔던 사람이다—가 옹 칸 진영에 합류하여 조카와 맞섰다.

서로 위로할 것도 없고 격려하기도 힘든 상황에서 지친 사람들은 갑자기 말이 나타난 것을 초자연적인 징조로 여겼다. 이 말은 허기진 배를 채울 음식 역할만 한 것이 아니었다. 말은 몽골 세계에서 가장 중요하고 명예로운 짐승으로서 어떤 행사의 의미를 엄숙하게 드높여주는 역할도 하고 신의 개입이나 지원을 상징하는 역할도 했다. 말은 테무진의 운명의 힘을 상징했다. 주요한 전투나 쿠릴타이를 앞두고 말을 제물로 바치면 사람들은 그 고기를 먹었고 테무진의 영기의 힘은 강화되었다. 말고기를 먹은 뒤에 마실 물이라고는 발주나의 흙탕물밖에 없었다. 테무진 칸은 하늘을 향해 한 손을 들어올리고, 축배를 들듯 다른 손으로 발주나의 흙탕물을 들어올렸다. 그는 부하들의 충성에 감사하면서 결코 잊지 않겠다고 맹세했다. 부하들은 흙탕물을 함께 마시며 끝까지 그에게 충성하겠다고 서약했다. 역사는 구전으로 내려오는 이 사건을 다시 정리하면서 '발주나 맹약'이라는 이름을 붙였다. 이 사건은 테무진 칸의 군사적 운(運)의 최저점으로서, 또 몽골 제국의 정체성과 형식이 규정된 사건으로서 신화적인 지위를 얻게 되었다.

이 사건은 친족 관계, 인종, 종교를 떠나 상호 헌신과 의리에 기초하여 결집한 몽골 민족의 다양성을 상징적으로 보여준다. 테무진 칸과 함께 있던 19명은 아홉 부족 출신이었다. 아마 테무진과 형제 카사르만이 몽골 씨족 출신이었을 것이다. 다른 사람들 가운데는 메르키트, 키타이, 케레이트 출신도 있었다. 테무진은 '영원한 푸른 하늘'과 성산 부르칸 칼둔을 숭배하는 헌신적인 샤머니즘 신자였지만, 19명 가운데는 무슬림 3명 외에 기독교도와 불교도도 몇 명씩 있었다. 그들은 오직 테무진에 대한 헌신과 서로간의 서약을 통해서 결합되었다. 결국 발주나 호수의 맹약을 통해 하나의 결사체가 탄생한 셈이었다. 이 결사체는 친족 관계, 인종, 종교를 초월했기 때문에 개인적 선택과 헌신에 기초한 근대적 시민결사체에 가까웠다. 이 집단은 테무진의 추종자들이 이룩한 새로운 유형의 공동체의 맹아였으며, 이것이 결국 몽골 제국 내 통일의 기초로 힘을 발휘하게 된다.

테무진은 발주나에 은신하면서 반격 계획을 세웠다. 그는 옹 칸이 테무진이라는 위협적 존재를 완전히 제거했다고 자족하는 동안 빨리 움직여야 한다는 것을 알았다. 그는 초원에 흩어진 추종자들에게 자신의 계획을 알렸다. 그의 전언(傳言)에는 기적적으로 말이 나타나 그와 부하들을 구한 이야기가 자세하게 담겨 있었을 것이다. 며칠이 지나자 새로 조직된 수만 명의 군대가 초원에 다시 모여들었다. 아마 테무진 자신도 이 정도 규모의 군대가 모일 것이라고는 예상하지 못했을 것이다. 테무진이 발주나에서 다시 옹 칸의 땅을 향해 서쪽으로 진군해가자 더 많은 부하들이 사방에서 복귀했다. 게다가 테무진의 어머니와 부인 부르테를 통하여 그와 친척이 된 사람들 가운데 일부, 즉 옹 칸의 충성스러운 부하였던 사람들이 케레이트족 지도자를 버리고 테무진의 진영을 찾아왔다.

한편 옹 칸은 여전히 아무런 낌새를 채지 못하고 테무진에게 승리를 거둔 것만 기뻐하며 늘 그를 따라다니는 궁궐 같은 황금 게르에서 큰 잔치를 열었다. 부하들에 대한 영향력을 자만해 초원에서 실제로 벌어지는 일을 전혀 몰랐던 옹 칸은 테무진의 부하들이 흩어지고 테무진 자신도 동쪽으로 멀리 달아났다는 착각에 빠져 기분이 좋았다.

테무진의 군대는 잔치가 벌어지는 장소를 향해 진격했다. 충성스러운 부하들이 앞서 나가 예비 말들을 준비해놓고 있어, 지친 말들을 새 말로 바꾸어 타며 빠른 속도로 나아갈 수 있었다. 그의 군대는 이런 식으로 말을 바꾸어 타면서 한밤중에도 쉬지 않고 계속 달려나갈 수 있었다. 테무진은 이것을 '번개 진격'이라고 불렀다. 초원을 곧장 가로질러 케레이트 왕궁으로 다가가는 것이 편한 길이었겠지만, 테무진은 부하들을 이끌고 멀고 힘겨운 고개를 넘어 우회해 갔다. 그곳은 적이 경계를 하지 않기 때문이다.

말로 며칠 거리는 떨어져 있는 줄 알았던 테무진이 갑자기 나타나 잔칫상 앞에서 흥겨워하던 사람들을 덮쳤다. 테무진의 부하들은 진영 전체를 둘러쌌다. 이후 사흘간의 힘겨운 싸움에서 케레이트는 테무진의 군대를 감당하지 못하고 결국 물러났다. 옹 칸의 부하들 다수가 테무진의 깃발 아래로 들어왔으며, 테무진은 이미 널리 알려진 정책대로 그들을 받아들였다. 단, 테무진이 좋아서 옹 칸을 버릴 뿐이지, 옹 칸을 배신하거나 그에게 해를 주는 행동을 하지는 않았어야 한다는 조건이 붙었다.

테무진의 군대는 옹 칸의 군대를 물리쳤다기보다는 삼켜버렸다. 케레이트 조정은 저마다 목숨을 건지겠다고 사방으로 흩어졌다. 옹 칸의 아들은 남쪽으로 달아났다가 하인들에게 버림을 받아 사막에서 목이 타 죽었다. 자무카와 얼마 남지 않은 부하들은 서쪽 나이만—초원의 3대 부족 가운데 아직 테무진이 쳐부수지 못한 부족이었다—의 영토로 달아났다. 옹 칸 역시 혼자서 나이만 부족의 안전한 땅으로 달아나려 했다.

몽골족은 적의 지도자, 심지어 늙은 칸의 아들도 잡지 못했으므로 어떤 식으로든 이 실패를 설명하고 그 중요성을 깎아내리려야 했다. 테무진의 추종자들은 옹 칸의 평판을 훼손하는 이야기를 퍼뜨리면서, 모든 진영의 사람들에게 이제 그가 죽어서 위협이 되지 않는다고 안심을 시켰다. 몽골족이 퍼뜨린 이야기에 따르면 옹 칸은 나이만 국경까지는 안전하게 갔지만 국경의 경비병이 혼자 온 노인이 케레이트의 유명한 전사 칸이라는 것을 믿어주지 않고 죽여버렸다. 그러자 나이만 왕비는 옹 칸을 죽인 것을 속죄하기 위해 그의 머리를 가져오게 해, 게르의 문 맞은편 구석의 명예로운 자리에 거룩한 흰 모전 천을 깔고 그 위에 올려놓은 다음 제물을 바치고 기도했다. 몽골족의 감성으로 보자면 집 안에 그런 피가 흐르는 물건을 두는 것보다 불쾌한 일은 없었다. 게다가 옹 칸의 영혼이 있는 자리인 머리를 집 안에 두는 것은 위험한 일이기도 했다. 그러나 이 이야기에 따르면 나이만의 왕비는 음악가에게 모린 호르, 즉 마두금(馬頭琴)을 켜게 하고 며느리에게는 머리를 위해 노래를 하고 춤을 추게 했다. 그녀 자신은 술을 바치는 의식을 거행했다. 마치 옹 칸이 살아서 그녀의 게르에 귀빈으로 와 있는 듯한 행동이었다. 그때 나이만의 통치자인 타양 칸이 들어왔다가 잘린 머리를 보고 공포에 사로잡혔다. 그는 노여움과 두려움이 섞인 목소리로 머리가 자기를 보고 웃음을 지었다고 소리를 지르더니, 거룩한 흰 모전 천 위에 놓인 머리를 걷어차고, 그것으로도 성이 안 풀렸는지 아예 짓밟아버렸다.

이런 이야기들은 늙은 칸이 분명히 죽었다는 사실을 알리는 동시에 테무진의 다음 원정 목표인 나이만의 궁정에 수치와 치욕을 안겨주려는 것이었다. 이제 선전과 대중의 여론 통제는 테무진이 즐겨 쓰는 중요한 무기가 되었다. 몽골족은 나이든 타양 칸이 총기를 잃고 약골이 되자 부인과 아들이 사람들 앞에서 그를 경멸하고 수치를 준다는 이야기를 퍼뜨리기도 했다. 또 나이만에 대한 분노를 부추기려고 나이만 왕비가 몽골족을 더럽고 냄새 나는 야만인으로 경멸한다는 이야기도 퍼뜨렸다. 몽골족은 자기 편의 자신감을 기르고 적의 결의를 약화시키는 방편으로 소문을 이용했다. 타양 칸의 아들이 자기 아버지를 타양 할머니라고 부른다는 소문, 타양 칸은 겁이 많아 게르 밖으로 임신한 여자가 오줌을 누러 나가는 만큼도 나가지 못한다는 소문 등이 그런 예였다.

그들은 나이만 왕실에 대해 그런 이상한 이야기를 퍼뜨리면서, 동시에 그들이 몽골족을 두려워한다는 이야기로 자기 편의 사기를 북돋웠다. 이제 자무카가 나이만에게 갔으니 그가 테무진의 전사들 이야기를 하면 나이만족이 겁을 집어먹을 것이라는 말이 퍼졌다.『몽골 비사』는 자랑스러운 태도로 몽골족에 대한 무시무시한 묘사를 자세하게 전하고 있다. "그들의 코는 끌이며, 혀는 날카로운 송곳이다. 그들은 이슬을 먹고 살며 바람을 타고 다닌다." 또 테무진을 굶주린 송골매에 비유하기도 하고, "그의 몸 전체가 서로 꽉 맞물린 구리와 강철로 이루어져 어떤 송곳으로도 뚫지 못한다"고 말하기도 했다.

이런 묘사와는 대조적으로 나이만의 전위가 잡은 첫 몽골인은 원시적인 안장을 얹은 아주 여윈 말을 타고 있어 이 말과 안장은 나이만의 진영을 돌며 놀림거리가 되었다. 결국 나이만은 몽골족이 매우 궁색한 상태라고 확신하게 되었다. 테무진은 기병이 잡혔다는 이야기를 듣고 또 다른 꾀로 대응했다. 몽골군은 나이만군에 비해 수가 적었기 때문에 테무진은 숙영하는 산에 매일 밤 병사 한 명이 모닥불을 5개씩 피워놓으라고 명령했다. 그러자 멀리서 보면 "하늘의 별보다 더 많은 숫자의 불"[38]을 피워놓은 것 같아 실제보다 병력이 훨씬 더 많아 보였다.

[몽골을 통일하다]

몽골의 지배를 둘러싼 마지막 결전은 1204년 쥐의 해에 부르칸 칼둔으로부터 서쪽으로 500킬로미터 떨어진 곳에서 벌어졌다. 테무진은 싸움을 하기 전에 10명으로 이루어진 분대에 바탕을 둔 새로운 군사조직을 시험해보았다. 병력이 적었기 때문에 전면전으로 붙을 경우 승산이 적었다. 그래서 테무진은 예측 불가능한 치고 빠지는 작은 전투로 나이만을 괴롭혔다. 첫 번째 전투에서 테무진은 부하들에게 동트기 직전 '움직이는 덤불' 또는 '회전초'* 대형이라고 부르는 형태로 진격하라고 명령했다. 테무진의 군대는 큰 덩어리를 이루어 달려가며 공격을 한 것이 아니라, 동 트기 전의 어둠 속에 몸을 감춘 채 십호 단위로 흩어져 사방에서 소리없이 전진했다. 적은 테무진 군대의 숫자를 파악할 수가 없었고, 어느 한 방향을 정해놓고 공격에 대비할 수도 없었다. 공격을 한 뒤에 십호들은 사방으로 달아났다. 상처를 입은 적이 반격을 하기도 전에 사라져버린 것이다.

테무진은 '움직이는 덤불'을 통한 산발적인 공격 뒤에 '호수' 대형을 짰다. 병사들이 긴 줄을 이루어 전진하면서 화살을 쏘고, 이어 다음 줄과 교대하는 방식이었다. 병사들은 파도처럼 공격을 하고 나서 나타날 때처럼 재빨리 사라졌다. 화살을 쏘고 난 줄은 맨 뒤로 가서 다시 파도를 만들었다. '호수' 대형으로 공격하자 나이만군은 긴 줄에 대응하기 위해 자신들도 길게 늘어설 수밖에 없었다. 나이만군이 넓게 퍼지자 테무진은 세 번째 전술로 바꾸었다. 십호들을 앞뒤로 차례로 세워 뾰족한 '끌' 대형으로 바꾼 것이다. 이 대형은 앞쪽은 좁았지만 속이 매우 깊어, 공격 부대는 이제 얇아진 나이만 방어선의 한 지점을 최대의 힘으로 끌처럼 뚫고 들어갈 수 있었다.

* 가을에 바람에 의해 둥글게 뭉쳐서 날아가는 잡초.

이 전술은 적어도 부분적으로는 예전의 전투 기술과 사냥 전략을 결합한 것처럼 보였다. 그러나 적이 이런 형식의 전쟁 기술에 늘 효과적으로 대응하지 못하고 당황한 것을 보면 테무진이 혁신적인 방법을 통해 이런 요소들을 자기만의 독특한 전략으로 재구성했음을 알 수 있다. 테무진은 다양한 전술, 그리고 무엇보다도 전사들 사이의 긴밀한 협동과 지휘관에 대한 완전한 복종을 바탕으로 새로운 유형의 초원 군대를 만들어냈다. 이들은 이제 병사들의 단순한 집합체가 아니었다. 이들은 통일된 대오를 이루고 있었다. 테무진은 여러 가지 작전을 짜놓았으며, 각 전사들은 그것을 알아야 했고, 명령대로 정확하게 주저없이 움직여야 했다. 몽골군에게는 이런 말이 있었다. "그가 나를 불로 보내건 물로 보내건 나는 간다. 그를 위해 간다."[39] 이것은 새로운 몽골군의 이상을 보여주는 말이 아니라 현실 그대로를 반영하는 말이었으며, 이 힘에 나이만은 곧 무너지고 말았다.

몽골족은 점점 유리한 위치에 서게 되었지만 테무진은 승리를 향해 급하게 달려가지 않았다. 모두 결전의 날이 될 것이라고 예상하던 날 전야에 테무진은 전사들에게 푹 자두라고 말했다. 그러나 통신선마저 끊어져 방향감각을 잃고 혼란에 빠져 있던 나이만군은 밤사이에 달아나기 시작했다. 테무진은 병사들이 그들을 쫓지 않도록 제어했다. 달도 없는 깜깜한 밤이었다. 유일한 탈출로는 산 뒤쪽 가파른 비탈이었다. 앞이 보이지 않았기 때문에 달아나던 병사와 말들은 미끄러져 깊은 골짜기로 떨어졌다. 『몽골 비사』는 그들의 주검이 절벽 바닥에 "썩은 통나무들"[40] 처럼 쌓였다고 전한다.

다음날 아침 몽골군은 얼마 남지 않은 나이만을 쉽게 물리치고 "타양 칸을 죽였다." 그러나 타양 칸의 아들 쿠출룩은 '카라 키타이'가 사는 머나먼 톈산〔天山〕 산맥으로 달아났고, 자무카는 숲속으로 사라졌다. 자무카가 피난처를 찾으려 한 곳에는 거느릴 집단이 남아 있지 않았다.

그의 종말은 극적인 최종 결전이 아니라 느린 흐느낌처럼 찾아왔다. 점차 부풀어오르는 몽골 민족은 얼마 안 남은 메르키트족 무리들을 금방 삼켜버렸다. 마흔 살의 자무카는 소수의 부하들을 이끌고 야생동물을 잡아먹으며 추방당한 산적처럼 살았다. 운명의 묘한 역전인지, 한때 귀족이었던 자무카는 어린 테무진이 아버지를 잃었을 때처럼 초라하게 몰락해버렸다. 테무진이 나이만에게 승리를 거두고 나서 일 년 뒤인 1205년 소의 해, 절망과 체념에 빠진 자무카의 부하들은 자신들의 주군을 잡아 테무진에게 데려갔다. 테무진은 자무카와 적대 관계였지만, 그럼에도 다른 무엇보다도 의리를 높이 치는 사람이었다. 그는 자무카를 데려온 사람들에게 상을 주는 대신, 그들이 배반한 지도자 앞에서 모두 처형해버렸다.

20년 이상 싸워온 두 사람의 마지막 만남은 『몽골 비사』에서 매우 감동적인 장면이다. 테무진은 이제 자신에게 위협이 되지 않는 자무카에게 복수를 하지 않고 오히려 다시 그와 힘을 합치려 한다. "우리 동무가 되자. 이제 다시 힘을 합쳐 잊었던 일들을 서로에게 일깨워주자. 서로를 잠에서 깨워주자. 그대는 멀리 있을 때에도, 나와 떨어져 있을 때에도, 여전히 행운과 축복을 잃지 않은 나의 형제였다. 물론 죽고 죽이던 시절에는 그대의 명치와 심장이 나 때문에 고통을 겪었다. 물론 베이고 베던 시절에는 그대의 가슴과 심장이 나 때문에 고통을 겪었다."[41]

자무카는 한때 그의 동생뻘 동반자였던 사람, 그러나 이제는 자신이 가졌던 것 이상을 손에 넣고 다스리는 사람의 호소와 감정에 마음이 움직였던 것 같다. 젊은 날의 형제애를 감상적으로 회상하는 테무진의 감정에 잠시 끌려들어갔던 것이다. 자무카는 이렇게 대답한다. "우리는 소화되지 않는 음식을 함께 먹었고, 한 이불을 덮고 자면서 잊을 수 없는 이야기를 나누었다." 이어 자무카는 그들이 헤어진 것을 이름이 드러나지 않은 다른 사람의 영향 탓으로 돌린다. "우리를 갈라놓은 자가 우리를 자극했다. 옆에서 온 사람이 우리를 들쑤셨다."

『몽골 비사』에는 자무카의 긴 고백과 회한이 담겨 있지만, 그 웅장한 산문과 상세한 내용은 과연 이 이야기가 정확한 것인지 의심을 불러일으킨다. 『몽골 비사』에는 자무카가 이렇게 말한 것으로 나온다. "이제 세상이 그대를 맞이할 준비를 하고 있는데 내가 그대의 동무가 되는 것이 무슨 소용이 있겠나? 의형제여, 외려 어두운 밤이면 나는 그대의 꿈에 나타나 그대를 괴롭힐 것이고, 밝은 낮이면 그대의 마음의 짐이 될 것이다. 나는 그대의 옷깃의 이가 될 것이고, 문짝의 지저깨비가 될 것이다."

심리적인 문제와 감정적 장애를 근거로 자비를 호소하는 현대의 변호사처럼 자무카는 그들의 젊음을 회상하며 왜 자신이 테무진에게 그렇게 끌렸고 또 그를 배반하게 되었는지 그 이유를 탐색한다. 자무카는 자신도 부모를 잃었고, 형제나 신임하는 동무가 없었으며, 잔소리가 심한 여자를 아내로 얻었다고 간결하게 설명한다. 그러나 종국에는 자비를 구하는 대신 죽음을 청하면서 한 가지 요청을 한다. 귀족적인 방법으로, 즉 땅에 피를 흘리거나, 해와 하늘에 피를 드러내지 않고 죽게 해달라는 것이었다.

자무카는 살아서 테무진을 실망시켰지만, 죽음으로 더 나은 친구가 되겠다고 말한다. 그는 자신의 주검을 높은 곳에 안치해주면 테무진과 그 후손을 보살피겠다고 맹세한다. "나를 죽여 그 죽은 뼈를 높은 곳에 놓아라. 그러면 내가 영원히 그대 씨의 씨를 보호할 것이며, 그들에게 복이 되겠다." 전설에 따르면 테무진은 안다의 맹세를 할 때 자무카에게 주었던 황금 허리띠를 채워 장사를 지내주었다고 한다.

자무카는 테무진의 첫 번째 경쟁자였으며, 이제 그에게 대립한 마지막 몽골 귀족으로서 생을 마쳤다. 테무진은 몽골 씨족들을 장악해나가는 기나긴 과정에서 초원의 모든 부족을 물리쳤고 모든 위협적인 귀족 가문을 제거했다. 남자들은 죽여 없애고, 여자들은 자신의 아들이나 부하와 결혼시켰다. 그는 자신보다 우위에 선 사람의 권위는 잘 견디지를 못했다. 그는 집안을 다스리려는 벡테르를 죽였다. 부인을 데려간 메르키트족을 죽였다. 아버지를 죽이고 몽골족을 초원의 쥐처럼 경멸한 타타르족을 죽였다. 그는 자신이 속한 몽골족의 귀족을 타도했으며, 타이치우드와 주르킨 등 상위의 몽골 씨족들을 하나씩 없앴다. 자신의 동맹자이자 의부가 양가의 혼인을 허락하지 않자 의부와 그의 부족을 없애버렸다. 나이만 왕비가 몽골족을 열등하다고 비웃자 이 부족을 공격하여 그녀의 남편을 죽이고 그녀는 자신의 부하에게 부인으로 주어버렸다. 마지막으로 테무진은 그가 평생 가장 사랑한 사람 가운데 하나인 자무카를 죽였고, 그것으로 귀족적인 자다란 씨족은 완전히 사라졌다.

이제 테무진은 방대한 땅의 논란의 여지없는 통치자로서 남쪽의 고비로부터 북쪽의 툰드라까지, 동쪽의 만주 삼림으로부터 서쪽의 알타이 산맥까지 모든 것을 통제했다. 그의 제국은 풀밭이었으며, 인간보다 동물이 훨씬 더 많았다. 그러나 전장에서 승리를 거두어도 영토 각 지역에서 온 대표자들의 쿠릴타이에서 공식적으로 인정을 받기 전에는 통치의 정통성을 부여받을 수 없었다. 만일 어떤 집단이 대표를 보내지 않으면, 소집을 한 칸의 통치를 거부한 것이나 다름없었다. 칸은 그들을 통치할 수 없었지만, 더 중요한 점은 그들도 칸의 보호를 요청할 수 없다는 것이었다.

테무진은 일 년을 더 기다려 평화를 회복하고 관계들을 정리한 뒤 자신의 지위를 인정받을 쿠릴타이를 소집했다. 범의 해인 1206년 부르칸 칼둔 성산 근처 오논 강의 원류에서 쿠릴타이가 열렸다.42) 초원 역사상 가장 크고 가장 중요한 쿠릴타이였을 것이다. 근처에서는 수만 마리의 가축이 풀을 뜯으며 축제에 참가한 사람들에게 젖과 고기를 제공했다. 테무진의 야영지로부터 사방 몇 킬로미터씩 게르가 줄을 이었다. 그 한가운데 말총으로 만든 술대, 즉 테무진을 이 자리로 인도한 영기가 서 있었다. 대규모의 엄숙한 의식이 거행되기도 하고 잔치, 운동, 음악으로 축하를 하기도 했다. 낮이면 텝 텡그리(천신天神이라는 뜻)를 포함한 왕실 샤먼들이 북을 치고 노래를 했으며, 해가 지면 악사들이 연주를 했다. 밤에는 몽골족이 목구멍으로 부르는 독특한 노래가 느릿느릿 허공을 가득 채우며 사람들을 홀렸다. 이 배음(倍音) 창법은 몸 안의 아주 깊은 곳에서 소리를 내기 때문에 동시에 두 가지 선율을 따라갈 수 있었다. 주요 정치적인 행사에서는 언제나 그렇듯이 젊은이들은 씨름, 말 경주, 궁술 등으로 이루어진 몽골족의 전통적인 놀이 나담에 출전하여 기량을 겨루었다.

테무진은 현대의 서유럽 정도 크기의 방대한 영토를 통치했다. 그러나 그가 통제하는 유목 부족민 숫자는 100만 명 정도였고, 가축은 1500만 내지 2000만 마리였을 것이다. 그는 단지 타타르, 케레이트, 나이만 사람들만의 칸이 아니었다. 그는 모든 '모전 벽의 사람들'의 통치자가 될 예정이었다. 이 새로운 제국을 위하여 그는 자신의 부족 이름에서 파생된 새로운 공식 명칭을 선택했다. 예케 몽골 울루스, 즉 큰 몽골 나라였다. 그는 모든 사람들을 하나로 통일한 뒤 각각의 혈통, 씨족, 부족에 내려오는 세습적인 귀족 칭호를 모두 없앴다. 그런 직책들은 개인이나 가족이 아니라 나라에 귀속되었으며, 새 통치자의 의지에 따라 분배될 예정이었다. 테무진 자신은 구르 칸이나 타양 칸 같은 예전의 부족적 칭호를 거부하고 대신 칭기스 칸(Chinggis Khan)이라는 칭호를 사용했다. 아마 그의 부하들이 이미 그 전부터 이 칭호를 사용해왔을 것이다. 이 칭호는 훗날 서구에는 페르시아의 철자법을 따라 겡기스 칸(Genghis Khan)으로 알려지게 되었다. 몽골어에서 친(chin)은 강하고, 단단하고, 흔들림 없고, 두려움 없다는 의미였으며, 늑대를 가리키는 몽골어 치노(chino)와 가까웠다. 실제로 몽골족은 자신들이 늑대의 후손이라고 주장했다. 칭기스 칸은 단순하면서도 새로운 칸에게 잘 어울리는 칭호였다.

대부분의 성공적인 통치자들과 마찬가지로 칭기스 칸 역시 엄숙한 의식과 웅장한 구경거리에 정치적 효과가 있다는 사실을 이해했다. 그러나 궁이나 신전 같은 건축물 안에 갇혀 있던 대부분의 통치자들과는 달리 칭기스 칸의 즉위식은 사방이 트인 광대한 초원지대에서 이루어졌으며 참석자도 수십만 명이었다.

몽골의 공적인 행사는 방문객이나 연대기 기록자에게 뚜렷한 인상을 남겼으며, 그들은 이것을 자세하게 묘사하기도 했다. 현존하는 가장 충실한 이야기는 17세기 프랑스 전기작가 프랑수아 프티 드 라 크루아가 작성한 것이다. 그는 지금은 남아 있지 않은 페르시아와 투르크의 문건들을 참고할 수 있었다. 프티에 따르면 칭기스 칸의 부하들은 "그를 땅에 펼쳐놓은 검은 모전 양탄자 위에 올려놓았다. 백성의 목소리를 대변하는 임무를 부여받은 사람은 칭기스 칸에게 큰 소리로 백성의 기쁨을 알렸다."[43] 이 사람은 "칭기스 칸에게 어떤 권력이든 그것은 하늘로부터 오는 것이며, 정의롭게 백성을 잘 다스린다면 신이 그의 계획을 축복하고 성사시킬 것이지만, 반대로 권력을 남용하면 비참해질 것"이라고 훈계했다.

이 행사에서 칭기스 칸의 추종자들은 그를 분명히 지지한다는 점을 상징적으로 보여주었다. 양탄자에 앉은 칭기스 칸을 머리 위로 들어 왕좌까지 실어나른 것이다. 또 그들은 "새로운 황제 앞에서 아홉 번 무릎을 꿇어 복종을 약속했다." 여러 가문만이 아니라 샤먼들의 참석도 중요한 의미가 있었다. 영(靈)과 꿈이 그들에게 칭기스 칸을 지지하라고 명령했다는 의미였기 때문이다. 조직된 종교가 없는 상태에서 샤먼들은 이 행사를 영적으로 축복해주었고, 그 결과 이것은 정치적 행사 이상의 의미를 띠게 되었다. 샤먼들이 있었기 때문에 이 행사는 '영원한 푸른 하늘'이 테무진에게 영적으로 정해준 운명을 거룩하게 천명하는 자리가 되었다.

샤먼들은 자연의 영들을 향해 북을 치고 주문을 외웠으며, 공중과 땅에 아이라크를 뿌렸다. 모인 사람들은 줄을 맞추어 서서 두 손바닥을 '영원한 푸른 하늘'을 향해 들어올리고 기도를 했다. 사람들은 기도를 마치면서 오래된 몽골 표현인 "후레, 후레, 후레"로 기도를 하늘로 올려 보냈다. 이것은 몽골족이 기도를 마칠 때 반드시 하는 말로, 기독교도가 사용하는 아멘과 비슷한 말이다. 이 영적인 행동을 통해 각 사람은 칸의 선출에 참여했으며, 지도자만이 아니라 영적 세계하고도 종교적인 계약을 맺었다.

[칭기스 칸의 대법령]

왕이건 대통령이건 지도자들은 대부분 어떤 유형의 국가제도 안에서 성장한다. 그들은 보통 그런 제도나 그 제도를 포괄하는 국가의 재조직 또는 부흥과 관련된 업적을 쌓는다. 그러나 칭기스 칸은 의식적으로 하나의 국가를 창조하는 일에 나섰으며, 여기에 필요한 모든 제도를 새로운 기초 위에서 수립하려 했다. 이러한 기초 가운데 일부는 이전 부족들에게서 빌렸고, 일부는 스스로 만들어냈다. 새로운 민족-국가가 생존하려면 강한 제도들을 만들어야 했다. 칭기스 칸은 그에게 권력을 준 군대부터 손을 대기 시작했다. 더 강해진 군대는 정부의 중심에 확실하게 자리를 잡았다. 소나 양이나 낙타를 몰던 목자들은 칭기스 칸 휘하에서 장군이 되어 1000 또는 1만 명의 전사들로 이루어진 부대의 선봉에서 말을 달렸다. 15세부터 70세까지 건강한 남자는 모두 군대의 구성원으로 활동했다. 테무진은 부족의 칸으로 처음 선출되었을 때와 마찬가지로, 가장 충성스러운 부하들을 1000명의 병사와 그 가족들로 묶인 1000호의 우두머리로 임명했으며, 보르추 등 가장 오래된 부하들에게 1만 호의 책임을 맡겼다. 그는 하층의 검은 뼈 가문 출신 전사들에게 보답을 했으며, 각자의 성취와 전장 안팎에서 확인된 충성심에 기초하여 가장 높은 자리도 선뜻 내주었다. 충성스러운 친구들에게 준 1만 호에 비교할 때 자신의 가족에게 준 부대의 규모는 오히려 작았다. 어머니, 막내아우, 맨 끝의 두 아들 우구데이와 톨루이에게 맡긴 병력은 각각 5000에 불과했기 때문이다. 차가타이에게는 겨우 8000, 주치에게는 9000을 주었으므로, 맨 위의 두 아들조차 1만 명으로 이루어진 완전한 투멘을 얻지 못한 셈이었다. 칭기스 칸은 신임하는 친구들에게 어머니, 막내아우, 차가타이 등 가족 몇 명을 감독하게 했다. 그는 차가타이가 "고집이 세고 편협하다"[44]는 이유를 들어 그런 감독자의 필요성을 정당화했다. 그는 조언자들에게 "아침이나 저녁이나 옆에 머물며 조언을 해주라"고 부탁했다.

    테무진은 인종적으로 다양한 이 대규모 부족 연합체의 평화를 유지하기 위해 부족 간 분쟁과 전쟁의 전통적 원인을 없애는 새로운 법을 즉시 발표했다. '칭기스 칸의 대법령'*[45]은 다른 입법자들의 법과는 달랐다. 그는 신의 계시를 자신의 법의 기초로 삼지 않았다. 어떤 정주 문명의 오래된 법전으로부터 자신의 법을 끌어오지도 않았다. 그는 이 법을 통해 수백 년 동안 유지되어온 유목민 부족들의 관습과 전통을 강화했다. 동시에 자신의 새로운 사회의 기능에 방해가 되는 낡은 관행들은 없애버렸다. 그는 각 집단이 독자적인 영역에서는 대법령과 부딪히지 않는 한 고유의 전통을 따르는 것을 허용했다. 이렇게 해서 대법령은 모든 사람의 최고의 법 또는 관습법 역할을 했다.

    그러나 대법령은 한번에 성문화된 법이 아니라 그가 남은 생애 20년간 계속 발전시켜 나가게 되는 미완의 법률체계였다. 칭기스 칸의 법은

---

* 대야사라고도 부른다.

일상생활의 모든 측면을 파고들지는 않았다. 대신 가장 문제가 많은 측면을 규제했다. 남자가 여자를 약탈하는 한 초원지대에는 분쟁이 생길 수밖에 없었다. 칭기스 칸의 첫 번째 새로운 법은 여자의 납치를 금지하는 내용이었다고 전해진다. 이것은 자신의 부인 부르테의 납치 경험에서 나온 것이 거의 틀림없다. 부르테 납치로 인한 잠재적인 갈등은 칭기스 칸의 가족을 여전히 괴롭히고 있었다. 그의 장남의 아버지가 칭기스 칸인지 아니면 부르테를 납치한 사람인지 불분명했기 때문이다. 이런 불확실한 상황 때문에 칭기스 칸이 나이가 들면 심각한 문제들이 생길 가능성이 높았다.

칭기스 칸은 납치 금지와 더불어 몽골인을 노예로 삼는 것도 금지했다. 그는 타이치우드에게 잡혀 노예가 되었던 경험 때문에 노예로 강제 노동을 하는 고통을 직접 체험하기도 했으며, 이것이 전체 사회 구조에 해를 주고 부족들 간에 강한 적대감과 폭력을 낳는다는 사실을 인식했다.

칭기스 칸은 추종자들의 대오 내에서 모든 내적인 불화의 원인을 제거하려 했다. 적자(嫡子) 문제를 둘러싼 분열을 직접 경험했기 때문에 부인이 낳았건 첩이 낳았건 모든 아이는 적자라고 선언했다. 낙타의 가치를 따지듯이 부인의 가치를 놓고 실랑이를 하는 것[46]이 그의 부하들 사이에서 지속적인 불화의 원인이 될 수 있었기 때문에 여자를 돈으로 사서 결혼하는 것을 금지했다. 같은 이유로 간통도 금지했다. 사실 몽골족은 간통을 다른 민족과 다르게 규정했다. 여기에는 여자와 남편의 가까운 친척 사이의 성관계, 남자와 여자 하녀 또는 가족 내의 다른 남자의 부인 사이의 성관계는 포함되지 않았다. 게르의 일은 게르 내에서 결정되어야 하며 초원의 일은 초원에서 결정되어야 한다는 칭기스 칸의 언명에 따라, 간통은 서로 분리된 가구의 결혼한 사람들 사이의 관계에만 적용되었다. 또 이 관계가 가족들 사이의 공개적인 갈등을 낳지 않는 한 범죄로 여기지 않았다.

가축을 훔치는 일[47]은 늘 잘못으로 여겼지만, 초원지대의 습격 문화에서는 흔히 일어나는 일이었으며 질긴 적대와 불화의 원인이 되었다. 칭기스 칸은 자신들의 말 여덟 마리를 도난당했을 때 그의 가족이 겪은 고통을 기억했기 때문인지 가축 도둑질을 중대 범죄로 간주했다. 또 길을 잃은 가축을 찾으면 정당한 소유자에게 돌려주라고 명령했다. 그는 이를 위해 분실 가축을 찾아주는 방대한 체계를 확립했으며, 그 규모는 그의 제국의 성장과 더불어 팽창했다. 잃어버린 물건, 돈, 가축을 발견하고서도 그것을 해당 감독에게 갖다 주지 않는 사람은 도둑으로 간주했으며, 도둑질에 대한 벌은 사형이었다.

초원지대 사람들은 잃어버린 가축을 놓고 싸웠을 뿐 아니라 야생짐승에 대한 수렵권[48]을 놓고도 자주 싸웠다. 칭기스 칸은 새끼를 낳는 철인 3월부터 10월 사이에는 짐승 사냥을 금지함으로써 기존에 이상(理想)으로 여기던 일을 법으로 만들었다. 여름에 동물을 보호함으로써 겨울 생존을 위한 안전망도 마련한 셈이었다. 사냥꾼들은 식량에 필요한 동물만 죽이고 그 이상은 죽일 수 없었다. 나아가서 짐승을 사냥하는 방법부터 도살하는 방법까지 구체적으로 규정하여 낭비를 막았다.

칭기스 칸은 성, 재산, 식량과 더불어 경쟁하는 종교들도 분열을 일으킬 가능성이 있다고 인식했다. 불교에서부터 기독교, 마니교, 이슬람교에 이르기까지 거의 모든 종교가 이런저런 형태로 초원지대에서 신자들을 얻고 있었으며, 거의 모든 종교가 자신이 진정한 종교일 뿐 아니라 유일한 종교라고 주장했다. 칭기스 칸은 모든 사람에게 완전하고 전면적인 종교적 자유를 선언했는데, 이런 종류의 법으로는 세계 최초일 것이다. 칭기스 칸 자신은 계속 자신의 고향의 영들을 섬겼지만 그것을 국교로 높이는 것은 허용하지 않았다.

칭기스 칸은 모든 종교를 장려하기 위해 종교 지도자와 그 재산에 대해 세금을 면제하고 공적인 의무도 면제해주었다.[49] 관련 직업들도 장려하기 위해 나중에는 면세 범위를 장의사, 의사, 법률가, 교사, 학자 등을 포함하여 필수적인 공적 서비스를 제공하는 전문가들에게까지 넓혔다.

칭기스 칸은 칸의 자리를 둘러싼 다툼을 예방하기 위해 많은 법을 만들었다. 그의 법에 따르면 칸은 반드시 쿠릴타이에서 선출해야 했다. 그는 자신의 가족 구성원이라 해도 선거 없이 칸으로 자처하는 행위를 중대 범죄로 규정했다. 경쟁하는 후보들이 상대를 죽이는 일을 막기 위해 자신의 가족에 대한 사형은 어느 한 사람이 아니라 가족 전체의 쿠릴타이를 통해서만 가능하도록 정해놓았다. 이로써 칭기스 칸은 자신이 권좌에 오를 때 사용한 수단, 즉 배다른 형제를 죽이는 행위를 불법으로 만든 셈이다.

칭기스 칸이 성문화해나간 몽골 법은 집단 책임과 집단 범죄를 인정했다. 개인은 가족이나 더 큰 단위에 속했을 때에만 법적인 존재가 될 수 있었다. 따라서 가족에게는 그 구성원의 행동을 교정할 책임이 있었다. 한 사람의 범죄로 인해 가족 전체가 벌을 받을 수도 있었다. 마찬가지로 한 부족이나 소대도 서로의 행동에 똑같은 책임을 졌으며, 이런 식으로 군대나 민간 행정기관이 아니라 전 민족이 법을 유지하고 집행하는 책임을 졌다. 올바른 몽골인이 되려면 올바른 공동체에서 살아야 했던 것이다.

법 집행과 그것을 지키는 책임은 가장 높은 수준, 즉 칸 자신부터 시작되었다. 이런 식으로 칭기스 칸은 주권자를 포함한 모든 개인보다 법이 우위에 선다는 사실을 선포했다.[50] 통치자를 법에 복속시킨 것은 그때까지 어떤 문명도 이루지 못했던 업적이었다. 다른 많은 문명 ─ 특히 군주가 법보다 위에 서서 신의 뜻에 따라 다스린다고 했던 서유럽 ─ 과는 달리 칭기스 칸은 자신의 대법령이 다른 모든 사람들과 마찬가지로 통치자들에게도 엄격히 적용된다는 사실을 분명히 밝혔다. 그러나 그의 후손들은 칭기스 칸이 죽자 불과 50년 정도만 이 원칙을 지키다 내팽개치고 말았다.

　제국 전체를 다스리기 위해, 좀더 구체적으로 말하면 새로 생긴 많은 법률들을 기록하고 이제 그가 통치하게 된 광대한 땅에 그 법을 시행하기 위해, 칭기스 칸은 문자체계를 도입했다. 문자는 수백 년 전 무슬림 상인과 기독교 순회 수사 들이 초원에 도입했지만, 원주민 가운데 문자를 익힌 사람은 소수였다. 타타르, 나이만, 케레이트 등 문화 수준이 가장 높은 부족들도 마찬가지였다. 그리고 현재까지 알려진 바로는 몽골족 가운데 문자를 배운 사람은 없었다. 칭기스 칸은 1204년에 나이만을 정복했을 때 타양 칸이 서기를 두어 자신의 말을 받아 적게 한 다음 거기에 공식적인 국가 인장을 찍는다는 것을 알았다. 이 서기는 원래 몽골 초원지대에서 생활하다가 9세기에 현재 중국 서부 신장[新疆] 지역의 오아시스로 이주한 위구르족 출신이었다. 위구르어는 몽골어와 가까운 친족 관계였으며, 실제로 몽골어를 글로 적을 때 응용하기에도 비교적 편했다. 초원지대 부족들에게 기독교를 전파한 선교 수사들이 사용하던 시리아 알파벳에서 파생된 위구르 문자는 표의문자라기보다는 표음문자에 가까웠지만, 한문처럼 세로로 써내려갔다.

　칭기스 칸은 자신의 법들이 집행되는 과정을 확인하기 위해 최고재판관 자리를 만들고, 어머니에게 양자로 들여 그의 형제가 되었던 시기 쿠투쿠를 그 자리에 앉혔다. 시기 쿠투쿠는 황금 귀고리와 코걸이를 달고 다니던 타타르 소년으로, 칭기스 칸의 눈에 띄어 후엘룬의 양자로 들어가게 되었다. 칭기스 칸은 시기 쿠투쿠에게 "도둑을 처벌하고 거짓을 바로잡는"[51] 책임과 더불어 파란 책─'영생의 하늘'을 나타내는 거룩한 색깔이었다─으로 묶은 하얀 종이에 자신의 결정을 기록하는 일도 맡겼다. 이런 식으로 칭기스 칸의 행정부에서는 글을 쓰는 것과 법을 지키는 것이 밀접한 관련을 맺고 있었다. 아마 책을 가리키는 몽골어 놈(nom)도 법을 가리키는 그리스어 노모스(nomos)에서 나왔을 것이다. 13세기의 몽골 세계에서 법과 문자로 적힌 말은 똑같은 것이었다.

칭기스 칸은 국가의 거대한 장치 내에서 충성과 단결을 유지하기 위해 볼모라는 오래된 정치적 관행을 혁신했다. 그는 천호와 만호 단위의 모든 지휘관에게 아들과 아들의 가장 친한 친구를 보내게 하여 그 자신의 천호를 별도로 구성했다. 그러나 부모나 친척이 잘못을 저지르면 그 아이들을 죽이겠다고 협박하는 대신 훨씬 더 효과적인 전략을 채택했다. 칭기스 칸은 볼모 역할을 하는 아이를 행정관으로 훈련시켜, 능력이나 충성심이 떨어지는 관리가 나타날 경우에 그를 대체할 인력 집단으로 활용했다. 이런 식의 대체 가능성이 아마 친척이 죽을 가능성보다 더 큰 위협이 되었을 것이다. 이렇게 해서 칭기스 칸은 볼모의 지위를 바꾸어 그들을 정부의 한 부분으로 만들어버렸다. 이로써 거의 모든 가족이 제국 궁정과 직접적이고 개인적인 관련을 맺게 되었다.

칭기스 칸은 엘리트 부대를 주간 친위와 야간 친위로 나누었다. 이름에서 알 수 있듯이 이들은 낮이나 밤이나 칭기스 칸과 그의 야영지를 지켰지만, 사실 친위대 이상의 역할을 수행했다. 그들은 궁정에서 일하는 어린 남녀를 통제했으며, 여러 가축을 돌보는 목자들을 관리했다. 또 무기나 기, 미늘창, 북 등 국가의 장비와 더불어 막사의 이동을 감독했다. 나아가 조리용 그릇과 가축 도살도 감독했으며, 고기와 유제품을 고루 분배하는 일도 맡았다. 친위대는 또 재판을 책임지고, 벌을 내리고, 전체적인 법의 집행을 담당했다. 이들은 왕실 천막의 출입을 통제하면서 정부 행정의 핵심을 형성했다.

칭기스 칸이 직접 관할하는 연대는 다른 9개 만호 부대의 형(兄)이었기 때문에 이들은 누구에게나 명령을 내릴 수 있었고 다른 부대원들은 이의 없이 복종해야 했다. 부대원 각각에게 계급이 있는 다른 군대와는 달리 몽골 군대는 부대 전체에 계급이 있었다. 칭기스 칸의 투멘(만호)의 가장 낮은 부대원이라도 다른 투멘의 가장 높은 부대원보다 지위가 높았다. 마찬가지로 각 투멘에서도 지휘관 직할 천호 부대의 부대원이 다른 9개 천호 부대의 모든 부대원보다 지위가 높았다.

칭기스 칸은 명령이 의도한 대상에게 신속하게 전달되는 통신 체제 확립을 위해 빠른 기병들에게 이른바 화살 전령 역할을 맡겼다.[52] 군에서는 기병을 제공하고, 지역민은 역참을 제공했다. 역전(驛傳) 업무는 군사 업무와 맞먹는 중요한 일이었기 때문에, 몽골인은 군역을 역전 업무 종사로 대신할 수 있었다. 지형에 따라 달랐지만 역참은 대략 30킬로미터마다 세웠으며, 각 역참은 25가족 정도가 달라붙어 유지와 운영을 담당했다. 역참은 공적으로 이용되는 시설이었지만, 각 역참에 대한 정보의 많은 부분과 역참 수는 중요 기밀이었기 때문에 지금은 그 내용이 남아 있지 않다. 그러나 이 체제가 운영되던 18세기에 서쪽의 알타이 산맥으로부터 만리장성을 가로질러 중국 동부로 들어가는 관문까지 몽골을 가로지르는 데 약 64개의 역참이 필요했다고 하니 그 규모를 대략 짐작할 수 있다.

칭기스 칸은 횃불, 휘파람소리가 나는 화살, 봉화, 깃발 등 짧은 거리에 이용되던 예전의 통신수단을 개량하여 작전, 사냥, 군대 이동에서 평소보다 정보를 빨리 전달할 필요가 있을 때 이용했다. 유목민은 예전부터 복잡한 팔 신호를 사용하여 들리지 않는 거리에 있는 상대에게 의사를 전달해왔다. 칭기스 칸은 이것 역시 훨씬 더 정교하게 다듬어 전투나 부대 작전에서 빠르고 능률적인 교신에 이용했다.

[제국으로 가는 길목에 서다]

칭기스 칸은 평화와 번영이 그 나름의 문제를 낳는다는 사실을 알았다. 6년간 평화가 지속되자 음모와 자잘한 경쟁이 나타나기 시작했다. 아니, 평화가 그런 분위기를 조장하는 면도 있었다. 이로 인해 칭기스 칸이 어렵게 달성한 부족 통일이 흔들릴지도 모른다는 우려가 생겼다. 칭기스 칸의 권력이 강해질수록 부하들 사이의 불화도 심해졌다. 특히 그의 집안의 불화가 심했다. 가족은 가족 외부의 동맹자보다 더 많은 물자와 권력을 가질 자격이 있다고 생각했기 때문이다. 그러나 칭기스 칸이 신임하는 자문들로 이루어진 조정에 친척은 거의 포함되지 않았다. 그는 어머니를 막내아우 테무게에게 보내 함께 살게 했다. 막내인 테무게는 초원의 전통에 따라 옷치긴, 즉 '화로의 왕자'라고 불렸다. 옷치긴은 나이든 부모를 모시는 책임을 맡았다.

군대는 충성을 하고 가족이나 옛 귀족은 경쟁자로 나서지 않았지만 예기치 않은 곳에서 새로운 문제가 발생했다. 칭기스 칸의 샤먼 텝 텡그리가 문제를 일으킨 것이다.[53] 그는 이제까지 여러 차례 '영원한 푸른 하늘'이 칭기스 칸을 사랑하며, 그를 세계의 지도자로 만들 것이라고 예언해왔다. 꿈이나 다른 징조도 칭기스 칸에게 유리한 방향으로 해석하여 그의 성공을 돕고 지위를 높였다. 칭기스 칸은 텝 텡그리의 초자연적인 가치를 활용했을 뿐 아니라 실제적인 가치도 놓치지 않았다. 후엘룬과 테무게 옷치긴의 영지(領地)를 감독하는 일을 맡긴 것이 그런 예다. 그러나 텝 텡그리는 자신의 지위를 이용하여 부를 축적했고 그와 여섯 형제는 막강한 연합체를 형성했다. 이들은 텝 텡그리의 초자연적인 권력을 바탕으로 새로 창조된 몽골 민족 내부에서 칭기스 칸 다음 가는 규모의 추종자를 거느렸다.

한번은 텝 텡그리의 일곱 형제가 힘을 합쳐 칭기스 칸의 형제 카사르를 때리기도 했다. 그러자 카사르는 칭기스 칸의 게르로 가서 무릎을 꿇고 도와달라고 간청했다. 자신의 가족을 별로 신뢰하지 않았던 칭기스 칸은 동생을 꾸짖으며, 한때 부족에서 가장 힘이 센 사람이었던 그가 어떻게 그들에게 맞을 수가 있느냐고 놀리듯이 물었다. 『몽골 비사』에 따르면 카사르는 형 앞에 무릎을 꿇고 수치 때문에 눈물을 흘렸다. 그는 게르를 나온 뒤 분노, 공포, 수치 때문에 사흘간 칭기스 칸과 이야기를 하지 않았다.

텝 텡그리는 카사르에게 거둔 이 작은 승리에 대담해졌는지, 그 일 직후에 칭기스 칸을 찾아가 자신이 꿈을 꾸었는데 칭기스 칸이 몽골 민족을 다스리는 모습을 보았다고 말했다. 그러나 다른 꿈에서는 카사르가 다스리는 모습을 보았다고 덧붙였다. 텝 텡그리는 칭기스 칸에게 단호하게 카사르를 처단하여 위협 요소를 사전에 제거하라고 촉구했다. 칭기스 칸은 곧 카사르를 체포하라는 명령을 내리고, 얼마 안 되는 부하들마저 빼앗아버렸다.

칭기스 칸의 어머니는 궁정에서 하루 거리에 막내아들과 함께 살았지만 곧 그 소식을 들었다. 그녀는 그렇지 않아도 텝 텡그리가 그녀의 영지의 감독으로서 자신에게 권력을 휘두르는 것을 분하게 여기던 참이었는데, 그가 두 아들을 이간질한다는 이야기까지 듣자 더 참을 수가 없었다. 늦은 시간이었음에도 후엘룬은 검은 수레에 하얀 낙타를 묶고 밤새 달려 동틀녘에 아들의 야영지에 이르렀다.

『몽골 비사』에 따르면, 칭기스 칸은 어머니가 갑자기 자신의 게르에 들이닥쳐 카사르를 묶은 끈을 풀고 모자를 다시 씌워주고 허리띠를 묶는 것을 거드는 모습을 보고 놀라서 얼어붙었다고 한다. 맏아들에게 몹시 화가 난 후엘룬은 책상다리를 하고 앉아 델을 찢어 열고 다섯 아이를 먹여 기른 주름진 젖을 꺼냈다. 『몽골 비사』에 따르면 후엘룬이 손으로 받쳤는데도 두 젖이 무릎 위로 늘어졌다고 한다.

"이것을 보았느냐?"[54] 후엘룬은 두 손으로 시든 젖을 받치고 성난 목소리로 칭기스 칸에게 물었다. "이것이 네가 빨던 젖이다." 이어 후엘룬은 아들에게 장광설을 늘어놓았다. 그녀는 칭기스 칸이 자신의 탯줄을 갉아먹고 자신의 태를 씹는 짐승처럼 행동했다고 비난했다. 배다른 형제 벡테르를 죽였을 때 했던 말과 비슷했다. 칭기스 칸은 어머니를 달래기 위해 카사르를 풀어주고 부하들도 일부 돌려주겠다고 약속했다.

후엘룬은 아들과 싸운 직후에 숨을 거두었다. 아마 50대 후반의 나이였을 것이다. 전통을 따르자면 그녀의 재산은 막내아들에게 가야 했다. 그러면 테무게는 여기에 자신의 재산을 보태, 가족 가운데는 가장 많은 만 명 이상을 지휘할 수 있었다. 그러나 샤먼 텝 텡그리와 그의 여섯 형제는 테무게 옷치긴을 밀어내고 후엘룬의 영지와 부하들을 장악했다. 아마 칭기스 칸도 묵인했을 것이다. 테무게가 부하들을 되찾으려 하자 텝 텡그리 형제들은 칭기스 칸의 막내아우를 공개적으로 모욕했다. 텝 텡그리 뒤에서 무릎을 꿇고 목숨을 살려달라고 빌게 한 것이다.

친척들이 계속 항의를 했음에도 칭기스 칸은 여전히 가족보다는 텝 텡그리를 중시했다. 칭기스 칸이 의견을 존중해주는 유일한 가족은 그의 부인 부르테였다. 굳게 단결하여 몽골 민족 내에서 독자적으로 세력을 형성하고 있는 막강한 7형제의 위험을 그녀는 남편보다 더 분명하게 파악하고 있었다. 부르테는 막내 시동생이 수모를 당했다는 이야기까지 듣게 되자 화가 나 칭기스 칸에게 달려갔다. 그녀는 텝 텡그리에게 그렇게 큰 권력을 허용하면 칭기스 칸의 아들들이 위험해진다고 말했다. 그녀는 테무진이 자무카와 부하들을 합치려고 했을 때 그와 갈라서라고 조언했듯이, 이번에도 텝 텡그리 가족과 관계를 끊으라고 요구했다. 그녀는 남편에게 물었다. "대칸이 살아 있는데도 칸의 형제들에게 그런 짓을 하는데, 칸이 죽은 뒤에 그의 아들이나 미망인에게 무슨 짓을 못하겠어요?"

다음에 텝 텡그리가 여섯 형제에 아버지 뭉릭까지 데리고 왕궁에 나타났을 때 테무게 옷치긴은 게르 안에서 칭기스 칸과 함께 기다리고 있었다. 텝 텡그리가 자리에 앉자마자 테무게가 그에게 다가가더니 델의 멱살을 잡았다. 칭기스 칸은 게르 밖으로 나가 시합을 하라고 명령했다. 마치 씨름을 하려는 사람들에게 이야기하는 듯한 말투였다. 물론 테무게는 텝 텡그리와 씨름 시합을 하려는 것이 아니라 그를 벌하려는 것이었다. 테무게가 텝 텡그리를 게르 문 밖으로 끌어내자마자 기다리고 있던 세 사람이 그를 잡아 등을 꺾어버렸다. 칭기스 칸은 죽어가는 사람 위에 작은 천막을 치라고 명령했고, 곧 모두 그 자리를 떠났다.

텝 텡그리는 칭기스 칸이 초원 부족들을 통일하는 과정에서 만난 마지막 경쟁자였다. 칭기스 칸은 통제할 수 없는 것은 파괴했다. 그는 자신의 친척들의 권력을 박탈했으며, 귀족 가문과 모든 경쟁하는 칸을 말살했고, 예전의 부족들을 없앴으며, 사람들을 재배치했고, 마지막으로 초원에서 가장 강력한 샤먼을 죽이는 것을 허락했다.

칭기스 칸은 텝 텡그리의 자리에 새로운 샤먼을 임명했다. 새 샤먼은 나이는 많고 야심은 작았으며 성격은 유순했다. 칭기스 칸의 부하들도 교훈을 얻었다. 그들은 칭기스 칸이 군사적인 힘만이 아니라 영적인 힘에서도 가장 높은 샤먼보다 더 강하다고 생각하게 되었다. 칭기스 칸 자신이 강력한 샤먼이라고 생각하는 사람들도 많았다. 실제로 이것은 많은 몽골인이 오늘날까지 간직하는 믿음이기도 하다.

모든 유목민 부족이 단결하고 칭기스 칸이 통치자로서 확고하게 자리를 굳히자, 몽골인은 이제 무슨 일을 해야 할지 막막해했던 것 같다. 칭기스 칸은 오랜 세월 동안 자무카나 옹 칸과 경쟁해왔기 때문에 그들이 사라지자 그의 커다란 집단은 목적을 상실했다. 적이 없으면 뭉쳐 있을 이유도 없었다. 칭기스 칸은 새로운 적을 찾는 것 같았지만, 특별히 눈에 띄는 부족은 없었다. 다른 적당한 목표물이 없었기 때문에 1207년 칭기스 칸은 이제 28세가 된 장남 주치와 그의 투멘에게 몽골인이 시비르―여기서 오늘날의 시베리아라는 이름이 나왔다― 라고 부르던 지역에 원정을 가 숲의 부족과 순록을 치는 사람들을 제압하는 일을 맡겼다. 주치는 원정에 성공을 거두고 수천 명의 병사를 몽골군에 새로 받아들였다. 칭기스 칸은 이곳의 부족 지도자들과 수많은 동맹 혼인을 맺었다. 주치의 딸도 이때 결혼을 했다. 주치는 사람만이 아니라 검은담비 모피 같은 진귀한 모피, 사냥용 새, 기타 숲의 생산물 등 귀중한 공물도 가져왔다.

그러나 북방 정벌은 모피와 깃털 외에는 별 매력이 없었다. 금속, 직물, 색다른 물건 등 다양한 제조품으로 칭기스 칸의 큰 관심을 끌었던 곳은 남부였다. 그는 타클라마칸 사막과 주변 지역의 오아시스—현재 중국의 신장 자치구— 에서 농사를 짓던 위구르 사람들로부터 처음으로 그런 물자를 받아보았다. 칭기스 칸은 그들의 항복을 받아들였으며, 그들을 자신의 가족 안으로 끌어들이려 했다. 그것이 칭기스 칸이 아는 유일한 동맹 체결 방법이었다. 그는 위구르 칸[55]에게 딸을 내주어 그를 사위로 삼았다.

칭기스 칸은 시베리아 부족과 위구르인에게까지 친족 관계를 확대했다. 이것은 단순한 통치자 집안 사이의 동맹이 아니었다. 칭기스 칸은 전체 부족이나 민족을 통째로 가족 구성원으로서 자신의 제국에 받아들였다. 부족들의 정치적 언어로 볼 때, 이민족 칸에게 친족 관계를 허락한다는 것은 그 민족 전체와 가족적 유대를 맺겠다는 것이나 다름없었기 때문이다. 이런 식으로 친족이라는 용어는 일종의 시민권을 가리키는 말로 확장되었다. 칭기스 칸이 그 뒤로도 이 용어를 계속 이용하고 확대하면서, 실제로 이것은 일종의 보편적 시민권을 가리키게 되었다. 그러나 기독교나 무슬림에 속한 민족의 경우처럼 공동의 종교에 바탕을 둔 것도 아니었고, 전통적인 부족 문화의 경우처럼 생물학적 관계에 바탕을 둔 것도 아니었다. 몽골의 시민권은 단순히 신종(臣從)의 의무, 승인, 의리에 기초를 둔 것이었다. 시간이 지나면서 몽골 제국 내의 모든 비몽골 왕국들은 '카리'라고 알려지게 되었는데, 이것은 검다는 말에서 나온 것으로 혼인으로 맺어진 관계를 뜻하는 말이었다. 위구르와 고려 같은 특별한 민족이나 투르크족 가운데 특별한 무리는 몽골족과 인척이 되는 영광을 누렸지만, 몽골인이 '검은 친족' 이외의 사람들과 혼인하는 것은 허용되지 않았다.

1209년경 위구르 칸은 결혼을 하러 몽골 왕궁으로 오면서 금은만이 아니라 다양한 크기, 모양, 색깔의 진주 등 화려한 선물을 실은 낙타 캐러밴을 이끌고 왔다. 몽골족은 직물을 짜는 기술을 몰랐기 때문에 가죽, 모피, 압착한 양모로 만든 모전밖에 알지 못했다. 따라서 그들에게 가장 중요한 선물은 비단, 수단, 다마스크, 공단 등 사람이 만든 것으로 보이지 않는 직물이었다. 위구르인의 방문으로 농업문명의 부와 초원지대 부족의 궁핍이 극명하게 대조를 이루며 드러났다. 칭기스 칸은 대군을 호령했지만 그가 다스리는 사람들은 대개 가난했다. 반면 남쪽 고비 사막 너머에는 비단길을 따라 간헐적이기는 하지만 상당한 물자가 흐르고 있었다. 칭기스 칸은 이런 물자 흐름의 불균형을 바로잡고 자신의 군대를 다른 군대와 맞붙여 시험해볼 기회를 노리고 있었다. 물론 그런 일에는 큰 위험이 따랐다. 그럼에도 칭기스 칸은 그런 기회를 잡고 싶은 마음이 간절했으며, 마치 그의 기도에 응답이라도 하듯이 그런 기회가 곧 나타났다.

지금까지는 아무도 이 벼락출세한 통치자와 그가 새로 선포한 몽골 나라에 큰 관심을 갖지 않았다. 당시 아시아의 내륙 고원 초원지대 바깥에서는 야만족의 우두머리가 죽거나 새 통치자가 등장하는 데, 또는 야만적인 부족 하나가 스러지고 경쟁하던 다른 부족이 부상하는 데 관심을 가지는 사람이 거의 없었다. 말, 여자, 옷감을 놓고 싸우는 부족 간의 작은 다툼에서는 큰 문명들 간의 심각한 투쟁에서 느껴지는 무게를 찾아볼 수 없었다. 그러나 이제는 달랐다.

2부

몽골 세계대전
1211~1261

칭기스 칸과 그의 후손들이 지구를 흔들자
술탄들이 쓰러졌다.
칼리파들이 넘어졌고, 카이사르들은 왕좌에서 떨었다.[56]

에드워드 기번, 『로마 제국 쇠망사』

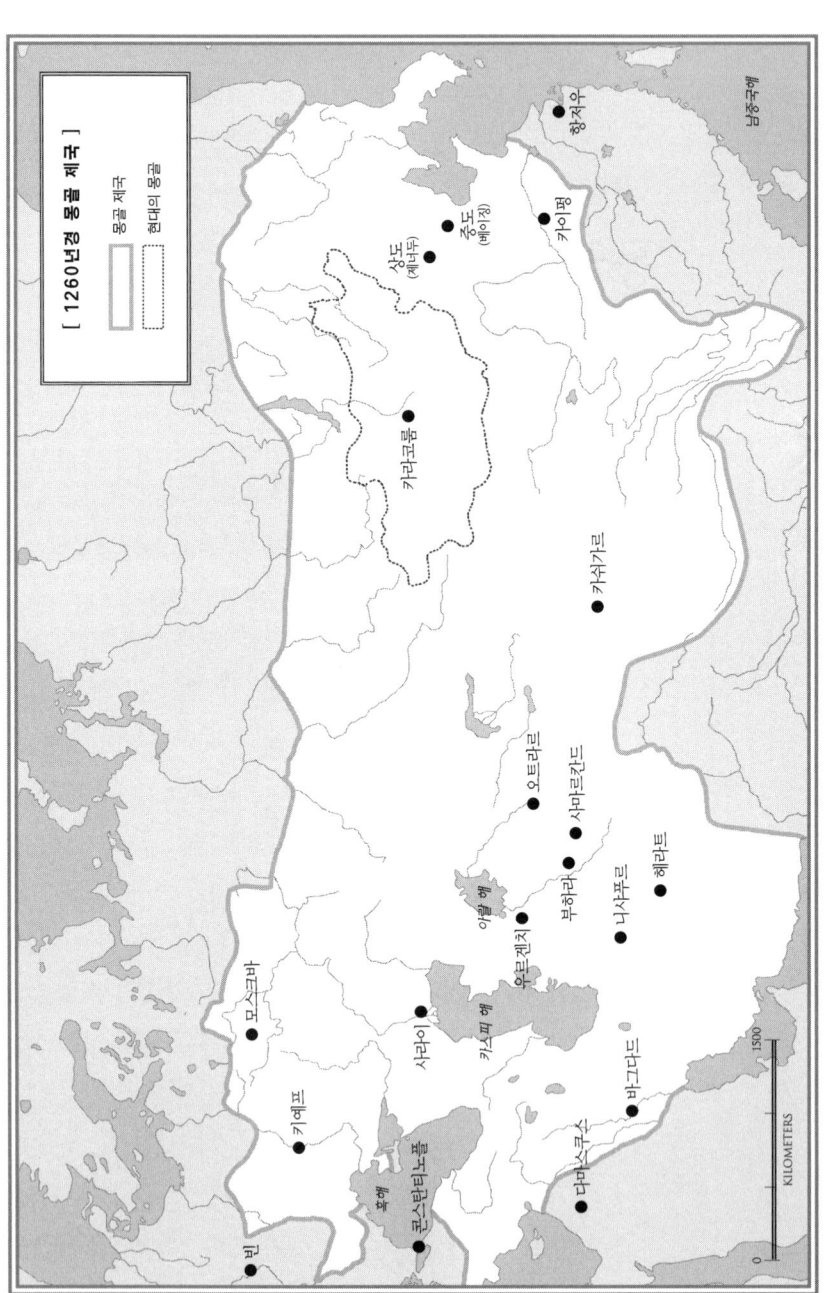

황금 칸에게 침을 뱉다

우리 몽골 말들의 발굽은 어디든 간다. 하늘을 오르기도 하고 바다에 뛰어들기도 한다.[57]
옐 뤼 추 차 이 . 1 2 3 7

칭기스 칸이 48세가 되고 그의 새로운 나라가 세워진 지 4년이 흐른 1210년 말의 해에, 주르첸(여진족의 금나라) 대표단이 몽골 야영지에 도착하여 새로운 황금 칸이 즉위했음을 알리면서 칭기스 칸의 몽골이 속국으로서 복종할 것을 요구했다. 100년 전쯤인 1125년에 세워진 주르첸 왕조는 현대의 베이징인 중도(中都)를 수도로 삼아 만주와 현대의 몽골 내륙과 중국 북부를 다스렸다. 주르첸은 만주의 숲 출신 부족으로 초원지대의 모든 부족에 대하여 주권을 주장하고 있었다. 과거 옹 칸이 그들에게 신종의 의무를 약속했기 때문에, 주르첸은 이제 초원의 유목민들 사이에서 옹 칸 대신 지배적인 인물로 떠오른 칭기스 칸에게도 자신의 우월한 지위를 재확인하고 싶어했다.

초원지대를 다스리는 주르첸의 권력은 군사적인 힘에서 나온다기보다는 중국 전역의 작업장과 도시로부터 목자들에게 흘러드는 물자의 확고한 통제에서 나왔다. 초원지대의 칸의 지위는 전투에서 승리를 거두고 교역 물자를 꾸준하게 공급하는 능력에 달려 있었다. 전장의 승리는 곧 패자의 재물을 약탈할 기회였기 때문에 이 두 가지 능력은 보통

일치했다. 그러나 칭기스 칸이 모든 부족을 이기고 통일을 해내는 전례 없는 업적을 이룩해내자 그의 의도와 관계없이 약탈은 끝이 났고 더불어 물자의 흐름도 막히게 되었다. 모든 제조품은 남부에서 나왔기 때문에 칭기스 칸은 남부의 통치자들 가운데 한 사람에게 신종의 의무를 약속하고 봉신으로서 물자를 받거나 아니면 그들을 공격하여 물자를 빼앗아야 했다.

칭기스 칸은 주르첸을 신뢰하지 않았다. 몽골족은 인종으로 보나 언어로 보나 주르첸이 제압하여 지배하고 있는 키타이(거란족)와 훨씬 더 가까웠다. 실제로 키타이족 가운데 많은 사람이 몽골의 새 통치자의 힘을 느끼고 주르첸의 영토에서 빠져나와 칭기스 칸 진영에서 피난처를 구했다. 1208년에는 궁정의 고위 관리 4명이 몽골족에게 투항하여 주르첸을 공격할 것을 촉구했다. 그러나 칭기스 칸은 함정이나 다른 사악한 음모가 있을 것을 두려워하여 그 요청을 거부했다.

1210년 주르첸의 황금 칸이 갑자기 죽고 그의 어린 아들이 왕위에 오르자, 주르첸 조정은 칭기스 칸을 평가해볼 기회라 여기고 사절을 보내 사태의 변화를 알리고 복종의 확실한 표현을 요구한 것이다. 1878년 『피킹 가제트(Peking Gazette)』는 주르첸의 후손인 만주족 조정(청나라 조정)에서 보낸 사절이 몽골 관리의 임관식을 거행하는 장면을 묘사하고 있는데, 이것을 보면 주르첸이 칭기스 칸에게 어떤 의식을 바랐는지 짐작할 수 있다. 몽골의 젊은 관리는 "땅에 공손하게" 무릎을 꿇고 "깊이 감사하는 마음으로" 자신의 "능력이 열등하기 때문에 그의 가족이 지난 몇 세대 동안 받은 황제의 은총을 조금도 갚을 수 없다는 것을 인정하고 미력한 힘이나마 최선을 다해 의무를 이행할 것을 약속했다." 그런 다음 이 관리는 "궁을 향해 방향을 틀더니…… 황제의 은혜에 감사하여…… 땅에 머리를 찧었다."[58]

칭기스 칸은 땅에 머리를 찧는 고두(叩頭)를 어떻게 하는지 잘 알았다. 부르칸 칼둔 성산에서 '영원한 푸른 하늘'에게 되풀이하여 경의를 표할 때 했던 동작이 바로 고두였기 때문이다. 그러나 이제 50세에 가까워진 칭기스 칸은 사람에게는 누구에게도 고두를 할 생각이 없었다. 또 다른 사람의 노예가 될 생각도 없었다. 칭기스 칸은 복종하는 태도를 보이라는 명령을 받자 남쪽으로 방향을 틀어 땅에 침을 뱉었다고 전해진다. 이어 그는 황금 칸에게 욕을 퍼붓더니 말에 올라 북쪽으로 달려갔다. 멍한 사절은 말이 일으키는 먼지에 숨이 막힐 것 같았다. 칭기스 칸이 황금 칸의 사절에게 도전한 것은 주르첸과 전쟁을 하겠다는 통고나 다름없었다. 칭기스 칸은 그렇지 않아도 교역 물자 때문에 주르첸과 전쟁을 고려하고 있었는데, 황금 칸이 복종을 요구했으니 이제 공격할 구실을 얻은 셈이었다.

칭기스 칸은 주르첸 사절을 만난 뒤에 케룰렌 강 근거지로 돌아가 1211년 양의 해 봄에 쿠릴타이를 소집했다. 결정할 안건이 무엇인지 모두 알았기 때문에 사람들은 참석을 거부하여 반대 의사를 표명할 수 있었다. 만일 쿠릴타이 불참자가 너무 많으면 칭기스 칸으로서는 전쟁을 추진할 수가 없었다. 칭기스 칸은 오랫동안 공개적인 토론을 하게 했으며 결국 공동체 모두가 전쟁에 참여하게 되었다. 더 중요한 것은 모두가 전쟁을 해야 하는 이유를 이해하게 되었다는 점이었다. 전장에서는 병사들이 아무런 질문 없이 명령에 복종해야 했지만, 회의에서는 아무리 지위가 낮은 병사라도 하급 동반자로 대접을 받아 이해할 수 있을 때까지 과제 설명을 듣고 또 자신의 의견도 제시할 수 있었다. 지위가 높은 구성원들은 대규모의 공개적인 회의를 열어 문제들을 토론하고, 그런 다음 각자 자기 부대로 돌아가 하급 전사들과 토론을 계속했다. 모든 전사의 완전한 헌신을 이끌어내기 위해서는 가장 높은 계급에서부터 가장 낮은 계급에 이르기까지 모든 사람이 논의에 참여하여 전체적인 계획 속에서 자신의 위치를 파악하는 것이 긴요했다.

칭기스 칸은 동맹을 맺은 위구르와 탕구트의 대표자들도 참석시켜 그들과의 관계를 강화하고, 그럼으로써 그가 공격을 할 경우 취약해지는 나라의 배와 등을 보호했다. 국내에서는 백성에게 용기를 불어넣고 전쟁의 필요성을 이해시켜야 했다. 칭기스 칸은 이 두 가지 목적을 달성하기 위해 백성에게 주르첸의 과거의 행패에 복수를 하여 명예를 되찾자고 호소하는 동시에 전쟁에 이기면 주르첸의 부유한 도시들로부터 물자가 제한 없이 들어오게 될 것이라고 강조했다. 『몽골 비사』에 따르면 칭기스 칸은 자신의 백성과 동맹국들이 자신을 확실히 지지할 것이라는 자신감이 생기자, 쿠릴타이에서 빠져나와 근처 산으로 가서 혼자 기도를 드렸다고 한다. 그는 모자를 벗고 허리띠를 푼 다음 '영원한 푸른 하늘' 앞에 고개를 숙이고 초자연적인 안내자들에게 자신의 입장을 설명했다. 그는 그의 민족이 몇 세대에 걸쳐 주르첸에게 품고 있는 원한을 이야기하고 그의 조상들이 고문과 살해를 당한 과정을 자세히 알렸다. 이어 자신이 먼저 황금 칸과 전쟁을 하고자 한 것이 아니며, 먼저 분쟁을 일으킨 것도 아니라고 설명했다.

    칭기스 칸이 없는 사이에 몽골 민족은 남자, 여자, 아이 등 세 집단으로 나뉘어 금식을 하고 기도를 했다. 몽골 민족은 모자를 벗고 굶으며 '영원한 푸른 하늘'의 결정과 칭기스 칸의 명령을 사흘간 초조하게 기다렸다. 그들은 밤낮없이 '영원한 푸른 하늘'을 향해 고래로부터 전해오는 몽골의 기도 후렴구 "후레, 후레, 후레"를 중얼거렸다.

    나흘째 되는 날 새벽에 칭기스 칸은 결정을 내리고 산을 내려왔다. "'영원한 푸른 하늘'이 우리에게 승리와 복수를 약속하셨다."

    몽골군은 남쪽 화려한 도시들을 향해 출발했고, 자만심에 찬 주르첸군은 그들을 기다리며 조롱했다. "우리의 제국은 바다와 같다. 너희 나라는 한줌의 모래에 불과하다." 중국의 어떤 학자는 주르첸의 칸이 칭기스 칸을 가리켜 그렇게 말했다고 기록했다. 이어 주르첸의 칸은 이렇

게 물었다. "어떻게 우리가 너희를 두려워하겠는가?"⁵⁹⁾

그는 곧 몽골의 답을 얻게 된다.

[이웃 나라들을 겨냥하다]

13세기에 현재 중국이 차지하고 있는 몽골 남부 지역에는 수많은 독립 국가와 왕국이 자리 잡고 있었으며, 세계 인구의 3분의 1이 살고 있었다. 주르첸 왕국은 인구가 약 5000만으로, 현재 중국에 포함된 영토를 차지하고 있던 수많은 왕국들 가운데 두 번째로 큰 나라였다. 가장 크고 가장 중요한 영토는 수백 년 중국 문명의 상속자인 송(宋) 왕조의 행정부* 관할하에 있었으며, 그들은 항저우〔杭州〕**를 수도로 삼아 중국 남부에서 약 6000만 명의 인구를 다스리고 있었다. 몽골 고원과 송나라 사이에는 유목민의 국가들이 한 줄로 늘어서서 완충 역할을 하고 있었다. 각각의 완충국에는 농업 지역과 목초지가 혼재해 있었으며, 유목민 부족 출신들이 통치하고 있었다. 이들은 이곳의 원주민을 정복한 뒤 그들을 효율적으로 착취하기 위해 아예 정착을 했다. 그러나 이들이 몇 세대의 안락한 도시 생활로 약해지면 초원지대에서 새로운 부족이 나타나 그들의 자리를 빼앗는 일이 빈번하게 벌어졌다. 유목민의 군대는 초원 지대로부터 쓸고 내려와 남쪽의 농민과 도시들을 정복하면서 새로운 왕조를 창건했다가 몇 년 뒤면 다른 약탈 부족의 공격에 쓰러졌다. 통치하는 부족이야 세기마다 바뀌었지만 이런 순환 체제는 벌써 수천 년째 내려오고 있었다.

주르첸의 서쪽에는 탕구트 왕국,*** 그 다음에는 위구르 왕국, 그리고 마지막으로 톈산〔天山〕 산맥에 '카라 키타이' 왕국(요나라의 후신인

---

* 정확하게 말하자면 남송(南宋)이다.
** 당시에는 임안(臨安)이라고 불렸다.
*** 탕구트족은 자신의 나라를 대하(大夏)라고 불렀고, 송나라에서는 서하(西夏)라고 불렀다.

서요西遼)이 있었다. 위구르는 이미 칭기스 칸과 맹약을 맺었다. 칭기스 칸은 1207년부터 1209년 사이에 전쟁 연습을 하듯이 여러 차례 습격을 하여 탕구트를 정복했다. 이 원정은 고비 사막을 건너는 일까지 포함하여, 훨씬 더 강한 주르첸과 싸우기 위한 철저한 총연습 같았다. 티베트 부족 탕구트는 현대 중국의 간쑤성〔甘肅省〕황허 상류 지역에 농민과 목축민으로 이루어진 제국을 건설했다. 이들은 내륙 사막의 오아시스들을 연결하여 서쪽의 무슬림과 동쪽의 중국 사이를 오가는 교역물자의 흐름을 통제했다. 이 길은 가늘고 약한 띠 같았지만, 내륙의 사막들을 가로지르며 동과 서의 위대한 문명을 연결하는 유일한 통로였다. 칭기스 칸은 탕구트를 공격하는 과정에서 자극을 받아 성벽을 두른 도시, 해자, 요새와 싸우는 새로운 유형의 전쟁을 배우게 되었다. 탕구트는 요새가 튼튼했을 뿐 아니라 병력도 15만 명으로 칭기스 칸이 데려간 군대의 거의 두 배였다. 도시와 함께 자라며 수백 년 된 공성 기술을 익힌 장군들과는 달리 칭기스 칸은 스스로 공성 방법을 개발해야 했다. 그는 곧 몽골의 적을 주위의 식량 공급 기지로부터 차단한다든가 하는 간단한 전술들을 익혔다. 그러나 얼마 지나지 않아 황허의 한 지류의 방향을 틀어 요새화된 탕구트 수도를 물에 잠기게 하는 비정통적인 전술도 시도해보았다. 몽골군은 공학 경험이 부족했기 때문에 지류의 방향을 트는 데는 성공했지만 탕구트족의 성이 아니라 자신의 진지를 물로 쓸어버리고 말았다. 그럼에도 몽골군은 이 위험한 실수에서 살아남았다. 칭기스 칸은 이 경험에서 교훈을 얻었고 결국 도시를 정복했다. 몽골군은 그 뒤에도 이 방법을 다시 사용하는데, 사용할 때마다 솜씨가 늘어 점차 큰 성공을 거두게 되었다.

1211년 칭기스 칸은 고비 사막을 건너 주르첸을 침공하겠다고 결정했다. 이것은 그 전까지 계속 이어져온 중국 국경 전쟁의 되풀이가 아니었다. 칭기스 칸은 이 전쟁을 통해 결국 세계 전체를 태워버릴 불을 피웠다. 그러나 아무도, 심지어 칭기스 칸 자신도 다가올 일을 예상하지 못했을 것이다. 그는 그때그때 전쟁을 했을 뿐 세계를 향한 야망의 표시 같은 것은 드러내지 않았다. 이제 주르첸과 싸울 때가 왔을 뿐이었다. 그러나 엄한 규율과 단단한 조직을 갖춘 몽골군은 주르첸 원정을 시작으로 고원의 고향에서 벗어나 인더스 강에서 도나우 강까지, 태평양에서 지중해까지 모든 것을 짓밟아버리게 된다. 몽골 전사들은 불과 30년이라는 짧은 시간에 만나는 모든 군대를 물리치고, 모든 요새를 점령하고, 모든 도시의 성벽을 허물었다. 기독교도, 이슬람교도, 불교도, 힌두교도가 문명의 젊은 몽골 기병들의 먼지 낀 군화 앞에 무릎을 꿇었다.

[몽골식 전쟁 기술]

광대한 고비 사막을 넘으려면 많은 준비가 필요했다. 본대가 출발하기 전에 선발대들이 나가서 물이 있는 곳을 확인하고 풀의 상태와 날씨를 보고했다. 한 중국인 관찰자의 말에 따르면, 몽골군 전위 부대는 본대가 도착하기 전에 모든 산과 모든 지점을 정찰했다. 그들은 그 지역의 모든 사람, 모든 자원을 파악하려고 노력했으며, 만일의 경우에 대비하여 퇴로를 확보해두었다.

몽골인은 장거리 여행에 이상적인 조건을 갖춘 사람들이었다. 그들은 각기 반드시 필요한 것만 지니고 다녔다. 이들은 발목까지 내려오는 전통적인 양털 겉옷 밑에 바지를 입고, 귀덮개가 달린 모피 모자를 쓰고, 밑창이 두꺼운 승마용 장화를 신었다. 이렇게 각 전사는 악천후에도 몸을 보호할 수 있는 옷을 입었을 뿐 아니라, 불을 피울 수 있는 부싯돌, 물과 젖을 담을 수 있는 가죽 그릇, 화살촉을 날카롭게 갈 수 있는 줄, 짐승이나 포로를 묶을 수 있는 밧줄, 옷을 수선할 수 있는 바늘, 뭔가를 자르는 데 사용하는 칼과 자귀, 무엇이든지 담을 수 있는 가죽 부대 등을 지니고 다녔다. 그리고 십호마다 작은 천막을 하나씩 가지고 다녔다.

몽골군의 이동과 대형은 두 요인에 의해 결정되었는데, 이 점에서 이들은 다른 모든 전통적인 문명의 군대와 분명하게 달랐다. 첫째, 몽골군은 모두 기병으로만 이루어졌다.60) 행군하는 보병 없이 무장한 기병만 있다는 뜻이다. 이와는 대조적으로 다른 나라의 군대는 대개 다수의 전사가 보병이었다. 주르첸 원정에 나선 약 6만 5000명의 몽골 기병은 거의 같은 숫자의 주르첸 기병과 더불어 추가로 8만 5000명의 보병과 맞서야 했다. 따라서 주르첸군은 숫자에서는 2 대 1 정도로 우세를 보였지만, 그들에게는 몽골군과 같은 기동성이 없었다.

몽골군의 두 번째 독특한 특징은 병사들과 함께 다니는 예비의 많은 말들 외에는 따로 병참부나 거추장스러운 보급 대열이 없었다는 것이다. 그들은 이동하면서 가축의 젖을 짜고, 가축을 도살하여 식량을 만들고, 사냥과 약탈을 통해 배를 채웠다. 마르코 폴로는 몽골 전사들이 불을 피우거나 음식을 조리하느라 멈추는 일 없이 열흘 동안 여행을 할 수 있으며, 말의 피를 마시고, 각 사람이 5킬로그램의 마른 젖 덩어리를 가지고 다니다가 매일 그 가운데 500그램 정도를 물이 담긴 가죽 용기에 풀어 식사를 해결한다고 전했다.61) 전사는 가늘게 자른 육포와 마른 응유를 가지고 다니다 말을 탄 채로 먹었다. 새로 고기가 생겼는데 조리할 시간이 없으면 날고기를 안장 밑에 넣었다. 그러면 곧 씹을 수 있을 만큼 부드러워졌다.

중국인은 몽골 전사가 적은 식량과 물만으로도 오래 버틸 수 있다는 사실에 놀라움과 혐오감을 표시했다. 어떤 기록에 따르면 군대 전체가 야영한 곳에서 연기 한 오라기 피어오르지 않았다고 한다. 조리할 불이 필요 없었기 때문이다.62) 주르첸 병사들과 비교할 때 몽골군은 훨씬 더 건강하고 튼튼했다. 몽골족은 고기며 우유며 요구르트 같은 유제품으로 이루어진 식사를 꾸준히 했으며, 적들은 여러 가지 곡물로 이루어진 죽을 먹었다. 농민 전사들은 곡물 식사를 하기 때문에 뼈의 발육이 좋지 않았고, 이도 썩었고, 몸에 힘이 없었고, 병에 잘 걸렸다. 반대로 몽골 병사는 아무리 가난해도 주로 단백질을 먹었으며, 따라서 이와 뼈가 튼튼했다. 탄수화물이 많은 식사를 하는 주르첸 병사들과는 달리 몽골 병사들은 식사를 하지 않아도 하루 이틀은 너끈히 버텼다.

전통적인 군대는 긴 열을 이루어 똑같은 길을 가고, 식량을 잔뜩 운반하는 사람들이 그 뒤를 따랐다. 그러나 몽골군은 광대한 지역에 흩어져서 이동했다. 그래야 가축이 풀을 충분히 뜯을 수 있고, 병사들이 사냥을 할 기회도 최대한 늘어났기 때문이다. 칭기스 칸은 중앙에서 움직였고, 우익은 서쪽에서 좌익은 동쪽에서 움직였다. 소규모 부대가 전위 부대 역할을 맡았으며, 또 다른 소규모 부대가 후위를 맡았다. 몽골군은 뒤쪽에 늘 예비의 동물을 데리고 다녔다. 칭기스 칸 군대는 십진법 체계로 조직되어 있었기 때문에 변화와 이동이 자유자재였다. 만 명으로 이루어진 각 부대는 전체 군대의 축소판처럼 움직였다. 만호의 사령관은 자신이 직접 지휘하는 천호 부대의 중심에서 움직였고, 나머지 9개 천호를 필요에 따라 사방에 배치했다. 칭기스 칸은 부대의 위계를 정하지 않고, 마치 동심원을 여러 개 그려나가듯 병사들을 조직했다.

몽골군은 진지를 자주 옮겼지만 각 부대의 중앙 야영지는 늘 정확하게 똑같은 패턴으로 배치하여 새로 도착하는 병사들이라도 어디에서 보고를 하고 어디에서 필요한 것을 찾을지 알 수 있었다.[63] 몽골군은 천호마다 자체의 의무대를 거느렸으며, 의무대는 보통 중국 의사들로 구성되어 병들거나 부상당한 병사들을 돌보았다. 천막들은 특정한 대형으로 배치되었으며, 각 대형마다 이름과 목적이 있었다. 천막 내부도 똑같은 방식의 배치가 이루어졌다. 하루 동안 여행이나 전투나 사냥을 하고 난 뒤에 부대는 장교들을 야영지 중심에 두고 친위와 다른 병사들이 그 주위를 둘러싸는 방식으로 숙영을 했다. 밤에도 만일에 대비하여 말을 준비시켜 두었으며, 야영지 가장자리에는 방어선을 쳐놓았다.

야영지 중심이 구조가 잘 짜이고 조직이 단정했던 반면, 일반 병사들은 대부분 작은 무리를 이루어 넓은 땅에 흩어져 숙영을 했다. 해가 질 무렵에는 작은 모닥불을 피웠다. 보통 날이 너무 밝아 멀리서는 불이 잘 보이지 않거나, 너무 어두워 아주 먼 곳에서는 연기가 보이지 않을 때를 주로 택했다. 몽골군은 이 불을 이용해 하루에 한 번뿐인 뜨거운 식사를 얼른 준비했다. 식사를 한 뒤에는 불가에서 뭉그적대거나 잠을 자지 않았다. 그들은 셋에서 다섯 명씩 더 작은 집단으로 나뉘어 눈에 띄지 않는 잘 만한 곳을 찾아 사방으로 흩어졌다. 병사들은 다음날 동이 트자마자 사방을 주의 깊게 정찰하는 것으로 하루를 시작했다.

병사들이 이렇게 넓은 지역에 흩어졌기 때문에 통신은 더 중요했고 또 더 어려웠다.[64] 재래식 군대는 대규모로 열을 이루어 움직이고 진을 쳤다. 지휘관들은 문자로 쉽게 의사소통을 할 수 있었다. 그러나 몽골족은 부대가 흩어져 있었으며, 장교들도 글을 몰랐다. 각 수준의 통신은 모두 문자가 아니라 말로 이루어져야 했다. 명령도 말을 통해 전달되었다. 그러나 구두 통신체계는 내용을 정확하게 전달하기가 어려웠다. 그 내용을 매번 각 사람에게 정확하게 되풀이하고, 또 상대방은 들은 대로 기억해야 했다. 장교들은 병사들이 정확하게 기억할 수 있도록 운을 맞추어 명령 내용을 꾸몄는데, 여기에는 모든 병사들이 알고 있는 표준화된 틀이 있었다. 몽골 전사들은 일군의 고정된 선율과 시의 양식을 알고 있었으며, 여기에 명령 내용에 따라 여러 가지 말을 즉흥적으로 집어넣을 수 있었다. 따라서 병사가 명령을 듣는 것은 자신이 이미 알고 있는 노래의 새로운 가사를 배우는 것과 같았다.

병사들은 오늘날 초원지대에서 말을 타고 다니는 무리처럼 작은 무리를 이루어 말을 타고 다니면서 노래를 자주 불렀다. 몽골 병사들은 고향, 여자, 전투 등 병사들이 흔히 소재로 삼는 노래를 불렀을 뿐만 아니라 법이나 행동 규칙도 노래로 만들어 불렀다. 이런 내용들 역시 모두가 암기할 수 있도록 곡조를 붙여놓았기 때문이다. 모든 병사들은 늘 법을 암기하고 전달 내용이 담긴 노래 형식을 연습했기 때문에 언제든지 새로운 명령이 담긴 노래를 쉽게 배울 수 있었다. 물론 새로운 명령은 늘 연습하던 노래의 새로운 가사 형태로 전달되었다. 따라서 병사들이 명령을 이행하는 데는 아무런 문제가 없었다.

[초원 전사들의 도시 공성전]

칭기스 칸은 낯선 땅에서 더 많은 수의 적과 싸워야 하는 불리한 여건 속에 있었지만 그에게는 평생에 걸쳐 경험한 전쟁에서 얻은 많은 교훈이 있었다. 게다가 그는 자신의 부대와 장교들을 세밀하게 파악하고 있었다. 그는 많은 장교와 25년 이상 함께 싸웠으며, 보르추와 젤메 같은 장군들은 그와 함께 거의 40년을 살았다. 그는 그들에게 자신이 감독할 수 없는 원거리 원정도 믿고 맡길 수 있었다. 칭기스 칸은 또 각 장군의 장점과 약점을 알았다. 지휘관 가운데 하나인 제베는 빠르고 격렬한 싸움꾼이었으며, 모험심이 뛰어나 전투에 나선 전사들에게 결단력 있는 용기의 모범을 보여주었다. 또 다른 지휘관인 무칼리는 느리지만 빈틈없이 움직였기 때문에, 시간이 오래 걸리는 다양한 임무를 맡길 수 있었다.

그러나 몽골군이 아무리 엄하게 훈련을 받았다 해도, 아무리 빈틈없는 규율을 갖추었다 해도, 아무리 의지가 굳다 해도, 재래의 전쟁 기술로는 요새화된 도시를 정복할 수 없었다. 칭기스 칸은 주르첸과 맞서면서 이전의 초원 전쟁의 기본 전략을 활용했다. 그는 전장에서 첫 화살이 날아가기 전에 전투에서 이기려 했으며, 먼저 혼란을 일으키고 다음에 두려움을 불러일으키는 기선 제압으로 적을 물리치려 했다. 처음에 몽골군은 육중한 성벽을 무너뜨릴 무기나 지식이 없었기 때문에 도시 주위의 시골을 사정없이 파괴하고 나서 사라졌다. 그러나 도시 주민이 안

심할 만하면 다시 나타났다.

칭기스 칸은 적 내부의 소요나 갈등을 파악하면 그것을 이용하여 적을 무너뜨리려 했다. 주르첸 원정에서는 우선 키타이족을 주르첸 통치자들로부터 떼어내려 했으며, 주르첸이 몽골군을 이기고 자신들을 보호해줄 것이라는 중국인 주민의 믿음을 부수어버리려 했다. 몽골군은 뛰어난 선전(宣傳) 능력을 보여주었다. 그들은 주르첸 영토로 들어가면서 주르첸이 100년 전 그 땅을 점령하기 전에 그곳을 통치하던 키타이 왕조를 복원하러 왔다고 말했다. 이렇게 몽골군이 해방군으로 등장하자, 싸움이 시작되기도 전에 많은 키타이 사람들이 몽골군으로 넘어왔다. 그렇지 않아도 키타이 사람들은 몽골족을 같은 언어를 사용하는 친척이라고 생각하던 참이었다. 제베는 전쟁이 시작되자마자 칭기스 칸의 동생 카사르와 함께 몽골군을 이끌고 곧장 랴오허〔遼河〕 강변 키타이의 고향으로 갔다. 몽골군은 키타이족의 열렬한 지지를 받았으며, 그들은 그곳에서 곧 이전 키타이 왕조인 옐뤼 왕조*의 후손을 찾아냈다. 이듬해인 1212년 칭기스 칸은 공식적으로 키타이 왕국을 복원하고, 이곳을 몽골 제국 내의 속국으로 삼았다. 물론 몽골족은 아직 주르첸 땅 전체를 정복하지 못했지만, 속국이 생기자 주르첸은 더 분열되었고 몽골 편으로 넘어오는 사람은 늘어났다.

칭기스 칸은 주르첸 원정에 나섰을 때 그를 돕고자 하는 과거 키타이 귀족들이 그 땅을 잘 파악하고 있다는 사실을 알게 되었다. 그 가운데 가장 중요한 인물은 옐뤼 추차이(야율초재耶律楚材)로, 그는 키타이 왕가 출신의 20대 젊은이였다. 그는 점성술과 골점(骨占)—제물로 바친 양이나 염소의 불에 달군 어깨뼈의 금을 읽어 미래를 점치는 기술—을 치는 훈련을 받았기 때문에 몽골군의 관심을 끌었다. 그는 키타이 원

---

* 야율(耶律). 요나라 태조인 야율아보기(耶律阿保機)의 성이다.

주민으로 키타이족 언어를 할 수 있었기 때문에 몽골족과 의사소통이 가능했다. 그러나 중국 문화에도 해박했다. 실제로 키타이의 학자들은 몽골어와 중국어를 이해할 뿐 아니라 글을 알고 정주민의 법이나 전통도 알았기 때문에 몽골 제국 행정부에서 매우 유용한 역할을 했다. 칭기스 칸은 그들의 지식을 제국에 이용하기 위해 온갖 종류의 학자들을 끌어오거나 잡아오는 데 관심을 기울이기 시작했다. 칭기스 칸은 가는 곳마다 그 지역 학자들을 불러 그들이 무슨 기술을 가지고 있는지, 그것을 그의 제국에서 어떻게 이용할 수 있는지 파악하려고 노력했다.

몽골의 싸움 방식은 수천 년 동안 몽골에서 발전해온 전통적인 초원 전투 체계를 세련되게 다듬은 것이었다. 결국 몽골족은 우월한 무기 때문에 승리를 거둔 것이 아니었다. 무기를 만드는 기술은 오랫동안 비밀이 유지될 수 없다. 한쪽 편에서 유용하게 써먹은 무기는 전투를 몇 번만 하고 나면 상대편도 사용하게 된다. 몽골의 승리는 작은 무리를 지어 다니던 유목민이 수천 년 동안 다져온 단결과 규율에서 나온 것이며, 지도자에 대한 변함없는 충성심에서 나온 것이었다.

어디서나 전사들은 지도자를 위해 죽어야 한다고 배운다. 그러나 칭기스 칸은 부하들에게 자신을 위해 죽을 것을 요구하지 않았다. 그는 전쟁을 할 때 무엇보다도 몽골군의 생명을 보전하는 것을 중요한 전략적 목적으로 삼았다. 수십만 명의 병사들에게 쉽게 죽으라는 명령을 내렸던 역사 속의 다른 장군이나 황제들과는 달리 단 한 명의 목숨이라도 함부로 희생하려 하지 않았다. 칭기스 칸이 군대를 위해 만든 가장 중요한 규칙들은 인명 손실과 관련된 것이었다. 몽골 전사는 전장의 안팎에서 죽음, 부상, 패배에 대하여 말하는 것이 금지되어 있었다. 생각만 해도 실제로 그런 일이 일어날 수 있다고 믿었기 때문이다. 심지어 죽은 동지나 다른 전사의 이름을 언급하는 것도 중대한 금기였다. 모든 몽골 병사는 자신은 불멸하며, 누구도 자신을 이기거나 해칠 수 없고, 무슨 일이 있어도 자신은 죽지 않는다는 가정 하에서 전사로서 살아갔다. 모든 것이 실패하고 아무런 희망도 남지 않은 생의 마지막 순간에 이르렀을 때, 몽골 전사는 위를 바라보고 '영원한 푸른 하늘'의 이름을 부르며 자신의 운명을 따라가야 했다. 그것이 그가 지상에서 마지막 하는 말이었다. 유목민은 초원지대에서 싸울 때 죽은 병사의 주검과 소유물을 들판에 놓아두어 짐승이 처리하거나 자연스럽게 썩게 했다.

고향에서 멀리 떨어진 농경지에 오자 몽골군은 주검이 자연스럽게 부패하지 못하고 지역 사람들로부터 모독을 당할지도 모른다고 걱정했다. 몽골군은 주르첸 원정을 하면서 전사들의 주검을 고향으로 보내 초원지대에 매장하게 했다. 이것이 초원지대 전투의 정상적인 패턴과 달라진 점이었다. 주검은 전쟁포로들이 운송했다. 아마 가죽 부대에 넣어 낙타에 싣거나 소가 끄는 수레에 실어 운반했을 것이다. 운송이 불가능한 경우에는 주검을 근처 풀이 있는 지역으로 가져가 소지품과 함께 몰래 묻었다. 그런 뒤에 말을 타고 무덤 위를 달려 묻은 자국을 희미하게 만들었다. 지역 농민이 무덤을 발견하고 도굴하는 것을 막기 위한 행동이었다.

몽골군은 전투에서 명예를 찾는 것이 아니라 승리에서 명예를 찾았다. 그들의 모든 원정의 목표는 오직 하나, 완전한 승리였다. 이 목적을 달성하기 위해서라면 어떤 전술을 쓰든 상관없었다. 어떻게 싸우든 또는 어떻게 싸움을 피하든 문제가 되지 않았다. 교묘한 기만책으로 이기든 잔인한 책략으로 이기든 이긴 것은 이긴 것이었으며, 전사들의 용맹에는 아무런 오점이 남지 않았다. 전장에서 무용을 보여줄 기회는 얼마든지 있었기 때문이다. 몽골 전사에게 싸움은 지고 개인적인 명예는 얻었다는 말은 있을 수 없었다. 칭기스 칸이 말했다고 하듯이, 끝장을 보지 않으면 아무런 소용이 없었다.

주르첸의 최대의 자산, 즉 다수의 주민은 오히려 가장 큰 짐이 되고 말았는데, 이 과정에서 몽골군의 교묘한 능력이 아주 분명하게 드러났다. 몽골군은 어떤 도시를 공격하기 전에 보통 주변 마을들을 완전히 정리해버렸다. 지역 노동력은 강제로 징발하여 군대의 십진 조직 체계를 확장했다. 몽골 전사는 모두 지역민 10명을 데려다 일을 시켰다. 그 가운데 하나가 죽으면 다른 사람으로 채워 늘 10명을 유지했다. 이 포로들은 군대의 손발이 되어 짐승과 병사들을 위한 먹을거리와 물을 구하는 일상적인 일을 했을 뿐 아니라, 공성전을 앞두고 있을 때에는 해자를 채울 돌이나 흙 같은 재료를 모으는 일도 했다. 징발된 사람들은 나무나 돌로 만든 투사체로 성벽을 공격하는 공성 무기를 움직이거나 조작하기도 하고, 성벽을 부수기 위해 만든 이동식 탑을 밀기도 했다.

몽골군에게는 농민의 생활방식이 낯설었다. 주르첸의 영토에는 사람은 너무 많고 짐승은 너무 적었다. 몽골과는 정반대인 셈이었다. 몽골에서는 보통 사람 하나마다 짐승이 다섯에서 열 마리가 있었다. 몽골군에게 농부의 논밭은 그저 풀밭일 뿐이었다. 농민은 고기를 먹는 진짜 인간이라기보다는 풀을 뜯는 짐승과 같았다. 몽골군은 풀을 먹는 사람들에게 소나 염소를 가리킬 때 쓰는 말을 사용했다.[65] 농민 무리는 가축 떼일 뿐이었다. 병사들은 밖에 나가 농민을 모으거나 쫓을 때 야크를 몰 때와 똑같은 용어, 정확성, 감정을 보여주었다.

당시의 전통적인 군대들은 마을을 약탈할 자원으로 여기고, 농민은 강간하거나 죽이거나 편한 대로 처리해버릴 귀찮은 존재로 여겼다. 그러나 늘 침공한 지역의 주민보다 숫자가 적었던 몽골군은 이 많은 사람들을 전략적인 용도로 사용했다. 적의 짐승 무리를 몰아 그 주인의 방어선이나 집을 짓밟게 하여 큰 혼란을 일으킨 뒤 병사들이 달려가 공격하는 것은 전통적인 초원지대 전략이었다. 몽골군은 주르첸 원정 때 이 전술을 농민 무리에게 적용했다. 작은 부대로 나뉜 몽골군은 방어력이 없는 마을들을 공격하여 불을 지르고 거주자들을 내쫓았다. 겁에 질린 농민은 사방으로 흩어졌다. 도망치는 농민 때문에 간선도로가 막혀 주르첸 보급물자의 운반이 어려움을 겪었다. 전체적으로 보면 100만 명 이상의 피난민이 농촌을 탈출하여 여러 도시로 쏟아져들어가 비축되어 있던 식량을 바닥내고 가는 곳마다 혼란을 일으켰다.

몽골군은 당시 군대의 전형적인 방식과는 달리 피난민 무리를 뒤에 달고 다닌 것이 아니라 앞세우고 다녔다. 또 몽골군은 방패나 성문을 공격할 때 집을 떠난 농민을 살아 있는 공성 망치로 사용하기도 했다. 몽골군은 자신의 생명을 보존하기 위해서라면 적의 생명을 빼앗는 일을 서슴지 않았다. 포로들의 몸은 해자를 채우거나 적이 만든 방어용 구덩이나 구조물을 덮어 길을 만드는 데 사용되었다. 주르첸족과 백성은 도시 안에 갇힌 채 굶주렸다. 결국 여러 도시에서 사람을 잡아먹는 일이 생길 수밖에 없었다. 원성이 높아지면서 난민을 보호하지도, 먹이지도, 관리하지도 못하는 주르첸의 관헌에 대항하여 도시 폭동이나 농민 반란이 일어났다. 최악의 폭동 사태가 일어났을 때 주르첸군은 자국 농민을 3만 명가량 죽이기도 했다.

천천히 움직이다가 특정한 전선이나 전장에서 싸우는 대규모 보병과는 달리 몽골군은 영토 전체에서 전쟁을 했으며, 그로 인해 발생하는 소요와 혼란을 이용하여 온갖 교묘한 책략을 구사했다. 한번은 포위 공격을 당하던 도시 다딩(大定)을 지원하러 가는 주르첸의 고위 관리 일행을 붙잡은 적이 있었다. 몽골군은 병사에게 사절의 옷을 입혀 공문서를 들고 적의 도시로 가게 했다. 가짜 사절이 도착하자 몽골군은 미리 계획한 대로 포위를 풀고 물러났다. 변장한 몽골인은 도시 안으로 들어가자 막 몽골군을 무찌르고 오는 길이라고 지역 관리들을 속였다. 변장한 사람은 도시의 방어를 풀고 군대를 철수하게 했다. 몇 주가 걸려 무장해제가 끝나자 그는 몽골군에게 전갈을 보냈고, 몽골군은 번개처럼 달려와 도시를 쉽게 차지해버렸다.

몽골군은 이런 계략을 이용했을 뿐 아니라, 적에게 불안과 공포를 일으키는 이야기를 마구 퍼뜨리기도 했다. 적에게 불안을 일으키기 위해 퍼뜨린, 출처가 의심스러운 어떤 이야기에 따르면 몽골군은 어떤 도시를 포위 공격하던 중 새와 고양이를 전리품으로 주면 물러나겠다고 약속했다. 그러자 굶주린 주민은 열심히 짐승을 모아 몽골군에게 갖다 주었다. 몽골군은 짐승들을 받자 꼬리에 불이 붙은 횃불과 깃발을 달아 풀어주었다. 놀란 짐승들은 다시 도시로 돌아가 도시를 불바다로 만들어 버렸다. 이 이야기는 몽골군의 선전전 운용 솜씨를 극적으로 보여준다.

정찰, 조직, 선전이 다 이루어지고 마침내 공격할 때가 왔을 때 몽골군은 가능한 한 큰 혼란을 일으키고 파괴를 하려고 노력했다. '까마귀 떼' 또는 '별똥별' 공격은 덤불 대형 같은 가장 흔한 공격 형태였다. 낮의 북소리나 밤의 불을 신호로 기병들이 사방에서 동시에 달려나왔다. 당시 중국인 관찰자의 말에 따르면, 몽골군은 "하늘이 무너지는 것처럼 나타났다가 번개처럼 사라졌다."[66] 적은 이런 기습과 마찬가지로 갑작스러운 철군, 즉 물결처럼 밀려오던 포효와 그 뒤에 이어지는 더 큰 정적에 충격을 받고 기가 꺾였다. 적이 공격에 제대로 대응을 하기도 전에 몽골군은 혼란에 빠져 피를 흘리는 적을 남겨두고 사라져버렸다.

칭기스 칸은 탕구트 원정 때부터 중국인 기술자들이 멀리서 육중한 돌로 성벽을 부술 수 있는 공성 무기를 만들 줄 안다는 사실을 알아냈다. 중국인은 이미 그런 무기를 여럿 개발했다. 투석기는 돌, 불이 붙은 액체 등 파괴적인 물질을 성벽이나 성벽 너머로 던졌다. 평형추 투석기는 무거운 평형추가 떨어지는 힘을 이용한 사출기로 염력을 이용한 투석기보다 훨씬 더 빠른 속도로 물체를 사출했다. 투사기(投射機)는 건물이나 구조물에 피해를 주고, 중간에 있는 사람이나 짐승을 죽일 수 있는 커다란 화살을 쏘는 기계 장치였다. 이런 무기들은 공성전 역사에서는 아주 오래된 것이었지만, 몽골군에게는 새로운 것이었다. 그러나 이 무기들은 곧 그 효율성과 정밀성을 알아본 칭기스 칸의 무기고에 영구적으로 편입되었다. 칭기스 칸은 이 무기들을 이용했을 뿐 아니라 그것을 만드는 데 필요한 공학적 두뇌를 확보하려고 노력했다. 몽골군은 자기 쪽으로 넘어오는 기술자들에게 상을 주었으며, 전투가 끝날 때마다 포로들 가운데 기술자들을 가려내 몽골군에게 봉사하게 했다. 칭기스 칸은 공병대를 편성했으며, 새로운 전투가 벌어지거나 새로 정복을 할 때마다 그의 전쟁 기계는 그 정밀성이나 능률이 개선되었다.

몽골군은 공성 무기에 특히 매혹되었다. 멀리 떨어져서 도시를 공격할 수 있어 그들이 혐오하는 육박전을 피할 수 있었기 때문이다. 몽골군은 불이 붙은 창을 사용하는 주르첸군과 만나기도 했다. 이것은 화약을 집어넣은 대나무 관으로, 불을 붙이면 천천히 타면서 화염방사기처럼 불꽃, 화염, 연기를 내뿜었다. 폭죽을 발전시킨 이 무기는 불을 붙이는 데 사용되기도 하고, 적과 말을 혼란에 빠뜨리는 데 사용되기도 했다. 몽골군은 나중에 이것을 더 발전시켜 여러 군사적 용도에 이용했다.

칭기스 칸은 적의 요새를 점령할 수 없을 때는 계략을 써서 적을 요새에서 끌어내려 했다. 퇴각하는 척하는 것도 한 방법이었다. 주르첸 원정에서 제베가 랴오양(遼陽)을 포위 공격한 방법을 그 예로 들 수 있다. 제베는 철수하는 척하면서, 마치 크게 겁을 먹고 서둘러 달아나는 것처럼 장비와 물자를 많이 남겨두고 가라고 명령했다. 이른바 '개싸움' 전술이었다. 공격을 당하던 도시의 관리들은 병사들을 내보내 전리품을 거두어들이게 했다. 그러자 물자를 운송하는 수레와 짐승 때문에 곧 성문이 막혀버렸다. 몽골군은 적군이 성 밖의 들판으로 나오고 도시의 성문도 열려 있는 기회를 놓치지 않고 적을 덮치고 이어 열린 문을 통해 도시마저 장악해버렸다.

몽골군은 평생 유목민 생활을 해온 사람들로 일찍부터 이동하며 싸우는 법을 배웠다. 농부 출신의 병사들에게 달아나는 것은 패배였고 추적하는 것은 승리였다. 정주하는 병사들은 공격하는 군대를 어떤 장소로부터 몰아내고자 했다. 반면 유목민은 적을 죽이려고 했다. 공격하다 죽이건 달아나다 죽이건 상관없었다. 몽골군에게는 양쪽 방향이 모두 싸움이었기 때문이다. 달아나면서 이기는 것 역시 제자리에 머물러 이기는 것과 다름없는 어엿한 승리였다. 몽골군은 적을 성벽으로 둘러싸인 도시에서 끌어내면, 동물의 대규모 이동을 관리할 때 사용하던 기술을 이용했다. 몽골군은 추적자들이 그들을 따라오면서 긴 줄로 늘어서게 했다. 그렇게 되면 적의 방어력이 약해졌으며, 몽골군은 그들을 함정으로 끌어들여 쉽게 공격할 수 있었다. 아니면 작은 분대로 나뉘어 달아나면서 추적하는 적 역시 작은 무리로 나누어놓았다. 그렇게 하면 적을 좀더 쉽게 요리할 수 있었기 때문이다.

몽골군은 굳은 결의를 다진 적에게 패주하거나 쫓길 때조차 계략을 써서 목숨을 구하곤 했다. 순찰을 나갔다가 기습을 당해 쫓겨, 달아날 때는 일부러 평소에 지니고 다니던 귀중품을 땅에 뿌렸다. 적은 그 물건을 줍느라 대오가 흐트러지게 마련이었다. 심한 경우에는 그 과정에서 자기들끼리 싸움도 하여, 몽골군은 도망칠 시간을 벌 수 있었다. 어떤 경우에는 모래를 바람 속에 던지거나 말 꼬리에 나뭇가지를 묶어 먼지를 일으켰다. 그렇게 해서 자신들의 움직임을 위장하거나 자신들의 숫자를 실제보다 훨씬 더 많은 것처럼 보이게 했다.

주르첸 원정 첫 해가 지나자 몽골군에게 가장 큰 위험은 전투가 아니라 불쾌한 기후라는 것이 분명해졌다. 위도가 낮은데다가 큰 강들이나 바다도 가까워 공기에는 습기가 많았다. 여름의 무더위는 몽골군과 털이 많은 말들이 견딜 수 없을 정도였다. 그들이 농촌이나 도시에 갔다가 여러 가지 끔찍한 병으로 쓰러졌다는 말이 자주 나온다. 결국 여름이면 원정을 거의 중단하고 군대와 말 대부분이 비교적 가까운 내몽골의 높고 시원한 초지로 물러날 수밖에 없었다.

[주르첸을 손에 넣다]

1214년 칭기스 칸은 마침내 중도(베이징)에서 황금 칸의 왕궁을 포위 공격하게 되었다. 주르첸 조정은 궁내 쿠데타를 겪었다. 새로운 황금 칸은 내부 분쟁을 심하게 겪은 터라 장기간의 포위와 전쟁을 견딜 자신이 없어 철군을 전제로 몽골군과 협상을 하기로 했다. 그는 비단, 금, 은을 대량으로 내주었고, 그 위에 말 3000필과 젊은 남녀 500명도 주었다. 황금 칸은 협상을 마무리하기 위해 자신을 칭기스 칸의 봉신으로 인정하고, 칭기스 칸에게 공주를 아내로 주었다.

칭기스 칸은 그 대가로 중도 포위를 풀고 고비 사막 북부의 머나먼 외몽골로 돌아가기 시작했다. 키타이는 예전 영토의 많은 부분을 돌려받았으며 왕조도 복원했다. 주르첸은 이전보다 작은 규모의 왕국을 유지해도 좋다는 허락을 받았다. 칭기스 칸은 원하는 물자를 얻을 수만 있다면 이 지역을 통치할 생각도 없고 몽골 정부를 세울 생각도 없다는 태도였다. 위구르와 탕구트에게 각자의 땅을 맡겼듯이, 몽골군에게 복종하고 공물을 바치기만 한다면 주르첸과 키타이도 자신들에게 맞는 방식으로 왕국을 관리할 수 있었다.

칭기스 칸은 키타이와 주르첸이 자신을 그들보다 위에 있는 최고의 황제로 인정했기 때문에 그들의 땅에 더 머물 이유가 없었다. 여름은 이제 막 시작되었지만 더위와 건조한 공기 때문에 그의 군대는 고비 사막을 넘어 고향으로 돌아갈 수 없었다. 몽골군은 어쩔 수 없이 고비의 남쪽 돌론 노르(일곱 개의 호수)라고 부르는 곳에 설영했다. 그들은 선선한 가을이 오기를 기다리면서 놀이와 잔치를 즐겼고, 포로로 잡아 고향으로 데려가는 악사와 가수들의 재능도 확인할 수 있었다.

그러나 몽골군이 새로 정복한 땅으로부터 물러나자마자 주르첸 왕궁은 약속을 어기기 시작했다. 칭기스 칸 덕분에 왕위를 지킬 수 있었던 황금 칸은 자신의 백성이 몽골 침략자 편을 든다고 의심하여 수도 중도를 버리고 조정과 함께 남쪽 카이펑〔開封〕으로 옮겨가버렸다. 그들은 몽골군도 이곳까지는 뚫고 들어올 수 없다고 생각했다. 칭기스 칸의 입장에서는 황금 칸의 도주가 새로운 동맹 관계를 배신하는 행동이었기 때문에 반역으로 간주할 수밖에 없었다. 오논 강과 케룰렌 강 사이의 고향 땅을 떠나온 지 3년이 넘었지만 칭기스 칸은 다시 남쪽으로 돌아가 싸울 생각이었다. 그는 군대를 편성하여 내몽골을 떠나 불과 몇 달 전에 그에게 항복했던 수도를 향해 다시 내려갔다. 주르첸 원정은 4년째로 접어들고 있었다.

황금 칸은 옛 수도를 지킬 병사들을 남겨두고 왔지만, 병사나 백성이나 자신들이 버림받았다는 것을 알고 있었다. 칭기스 칸은 그 전 해 원정에서 승리를 거둔 덕분에 적군 내부에서 큰 지지를 얻을 수 있었다. 특히 황금 칸에게서 버림받은 사람들이 그를 지지했다. 중국의 전통적인 관점에서 보자면 전쟁의 승리는 하늘의 사랑을 받는 사람이 얻는 것이었다. 칭기스 칸이 계속 승리를 거두어나가자 중국의 농민이나 주르첸 전사들은 그가 하늘의 명령에 따라 싸우는 것이며, 그에게 대항하는 것은 곧 하늘에 대항하는 것이나 다름없다는 생각을 품게 되었다. 또 황금 칸을 섬기던 주르첸족이나 다른 부족 병사들은 칭기스 칸에게서 진정한 초원 전사의 모습을 보았다. 이것은 도시를 정복하고 그 안에 정착하기 이전 그들 조상의 모습이었다. 그들은 침략자들 앞에서 자신들을 버리고 달아난 지치고 타락한 통치자들보다는 칭기스 칸과 그의 병사들에게서 자신들과 비슷한 면을 더 많이 발견했다. 그래서 장교를 포함한 부대 전체가 모두 몽골군에 투항하여 무기까지 갖다 바쳤다.

칭기스 칸과 새로 편입된 동맹군은 쉽게 중도를 차지했다. 그러나 그는 이번에는 패배한 주르첸이 공물을 바칠 기회를 주지 않았다. 그는 도시를 벌하고 약탈하기로 했다. 모든 것을 가져갈 생각이었다. 도시가 곧 함락될 것이 분명해지자 칭기스 칸은 마지막 공격을 부하들에게 넘겼다. 칭기스 칸은 점점 심해지는 여름의 더위가 짜증나고 정주 생활의 불결이 역겨워 중도를 떠나 더 높고, 더 건조하고, 더 넓은 땅 내몽골로 돌아갔다. 그는 도시의 약탈을 키타이의 지휘관 카다의 부대에게 맡겼다. 그들이 도시를 관리하는 데 익숙하므로 재물을 챙기는 방법도 가장 잘 알 것이라고 판단했기 때문이다. 몽골 관리들은 도시 밖 좀 떨어진 곳에서 전리품을 가져오기를 기다렸다. 칭기스 칸은 자신이 타타르를 물리친 뒤 세워놓은 효율적인 방식에 따라 약탈이 이루어지기를 기대했다. 이 방법에 따르면, 전리품은 집단 사냥에서 잡은 동물처럼 계급에 따라 모든 몽골군에게 분배되었다. 그들은 마지막 남은 황동 단추 하나, 은 조각 하나까지 정확한 공식에 따라 나누었다. 그 공식은 칸에게 가는 10퍼센트에서 고아나 과부에게 가는 일정한 몫까지 빈틈없이 규정하고 있었다.

그러나 새로운 몽골 동맹군은 그 체계를 이해하지 못했거나 아니면 지키기를 거부했다. 그들 가운데 다수, 특히 그 동안 큰 억압을 당해 주르첸에게 불만이 많았던 키타이족이나 중국인은 욕심껏 복수를 하고 파괴를 저질렀다. 그들은 병사마다 손에 넣는 대로 챙겨도 된다고 생각하여, 궁의 벽에서 금을 벗기고, 장식물에서 보석을 떼어내고, 금화와 은화가 든 상자를 약탈했다. 그들은 보석을 소가 끄는 수레에 싣고 비단 꾸러미를 낙타 등에 묶었다.

칭기스 칸은 약탈을 국가의 중대사라고 생각했기 때문에 몽골군의 재판관 시기 쿠투쿠를 중도로 보내 조직적인 약탈을 감독하고 전리품을 꼼꼼하게 기록하게 했다. 그러나 시기 쿠투쿠는 질서정연한 약탈이 아니라 혼돈과 마주쳤다. 칸의 요리사를 포함하여 도시 밖의 몽골 관리들은 금을 수놓은 비단을 받았다. 무질서한 약탈이 계속 진행되도록 허용해달라는 뇌물을 받은 셈이었다. 시기 쿠투쿠가 도착하자 그에게도 역시 전리품 가운데 그의 몫이 제공되었다. 그러나 시기 쿠투쿠는 뇌물을 거부하고 칭기스 칸에게 돌아가 부정행위를 보고했다. 칭기스 칸은 분노하여 키타이족을 책망하고 약탈한 물자를 몰수했다. 그러나 처벌 기록은 남아 있지 않다.

몽골 전사는 주르첸의 여러 도시에서 물러나면서 이미 사람들을 몰아내고 마을을 불태운 땅에 마지막으로 한 가지 벌을 더 내렸다. 칭기스 칸은 그의 군대가 돌아올 경우에 대비하여 목초지가 있는 넓은 땅을 남겨두고 싶었다. 경작된 밭이나 돌담, 깊은 수로는 말의 전진 속도를 늦추었으며, 원하는 방향 어느 곳으로나 이동하는 데 장애가 되었다. 몽골군이 즐겨 사냥하는 영양과 나귀를 비롯한 야생짐승 무리의 자유로운 이동도 마찬가지로 어려웠다. 몽골군은 주르첸 원정을 끝내면서 농지가 다시 개방된 목초지로 돌아가도록 말을 이용해 농토를 짓밟았다. 그들은 농민이 다시 마을이나 밭으로 돌아오지 않기를 바랐다. 이런 식으로 내몽골은 늘 목초지 상태를 유지했으며, 몽골군은 부족의 땅과 정주하는 농민의 경작지 사이에 목초지와 삼림으로 이루어진 넓은 완충지대를 만들어놓았다. 풀이 자라는 곳에는 말의 먹이가 있기 때문에 장차 습격이나 원정을 할 때 이곳을 경유하면 더 쉽게 정주 문명에 접근할 수 있었다. 또 농민과 마을이 사라지고 나면 야생동물의 떼가 돌아왔으며, 동물은 몽골군이 식량으로 쓸 수 있는 고기를 제공했다.

1215년 돼지 해 전반기에 몽골군은 중도의 연기가 피어오르는 폐허로부터 물자를 챙기고 사람과 가축을 데리고 나와 내몽골의 높고 건조한 고원으로 돌아가기 시작했다. 그들은 칭기스 칸이 일 년 전 고향으로 돌아가려고 기다리다 돌아가지 못한 돌론 노르에 다시 모여 여름이 지나가기를 기다렸다가 고비 사막을 건넜다. 칭기스 칸은 이번에도 전쟁에서 이겼다. 그리고 이제 초원의 칸의 역사상 전례 없는 규모의 물자를 고향 사람들에게 실어나르고 있었다.

중국으로부터 화려한 색깔의 비단이 강물처럼 흘러들었다. 칭기스 칸이 비단길의 모든 막힌 곳을 다시 뚫어 거대한 물줄기가 흐르게 한 다음, 그 방향을 북쪽으로 틀어 몽골 초원에 물이 쏟아지게 해놓은 것 같았다. 낙타와 우차들의 캐러밴이 이 귀한 천을 다량으로 가져오는 바람에 몽골인은 비단을 보자기로 쓸 정도였다. 몽골인은 생가죽 밧줄을 버리고 비단을 꼰 줄을 썼다. 이 줄을 이용해 겉옷을 묶고 비단 신을 동였다. 겉옷에는 피어나는 모란이며 날아가는 학이며 부서지는 파도며 신화 속의 짐승을 은실과 금실로 수놓았다. 비단 신에는 아주 작은 진주들을 박았다. 몽골인은 수레에 비단으로 만든 바닥깔개, 벽장식, 베개, 방석, 담요만이 아니라, 역시 비단으로 만든 허리띠, 끈, 장식용 술도 가득 실었다. 수레에 실린 생사, 비단실, 천으로는 상상할 수 있는 모든 형태의 옷이나 장식을 만들었다. 색깔도 몽골 언어로는 이름도 붙일 수 없을 만큼 다채로웠다.

또 짐 보따리에는 비단, 공단, 문직, 사(紗)만이 아니라 옻칠한 가구, 종이부채, 자기, 금속 갑옷, 청동 칼, 나무 인형, 쇠솥, 황동 단지, 말판 놀이 도구, 깎은 안장을 포함하여 몽골인이 상상할 수 있는 물건 가운데 들어서 옮길 수 있는 것은 다 들어 있었다. 몽골인은 향수와 화장품이 든 단지도 싣고 다녔는데, 그 재료는 황토, 산화납, 인디고, 꽃 추출물, 향기가 나는 밀랍, 향유, 사향이었다. 그들은 귀금속, 상아, 거북껍질로 만든 머리 장식품이나 장신구도 가져왔는데, 여기에는 터키석, 진주, 홍옥수, 산호, 청금석, 에메랄드, 다이아몬드가 박혀 있었다. 수레에는 또 와인이 든 가죽 부대, 꿀이 든 통, 검은 차 덩어리가 실렸으며, 그 뒤를 따르는 낙타에서는 향, 약품, 최음제 냄새, 또 진사, 장뇌, 백단향 냄새가 났다.

길게 줄을 지은 사무원들은 낙타나 우차 캐러밴이 싣고 온 물건들을 열심히 분류하고, 확인하고, 다시 확인했다. 악사들은 캐러밴이 움직이는 동안 음악과 노래로 그들을 붙잡아온 사람들을 기쁘게 해주었다. 캐러밴이 멈출 때마다 곡예사나 마술사는 공연을 했다. 어린 소녀들은 마른 똥을 모아 불을 피우고, 짐승 젖을 짜고, 식사를 준비하는 등 뭐든 시키는 일을 했다. 소년들은 짐승을 돌보고 무거운 짐을 들었다. 짐승들 뒤에는 포로들이 수천 명씩 끝이 보이지 않을 정도로 늘어서서 걸어왔다. 왕자와 사제, 재단사와 약사, 통역관과 서기, 점성술사와 보석상, 화가와 예언가, 마법사와 금 세공장이. 기술이 있는 사람은 누구나 데려왔으며, 어떤 이유에서건 몽골인의 관심을 끈 사람도 데려왔다.

수백 년에 걸친 습격과 교역의 역사에서 어떤 지도자도 칭기스 칸처럼 많은 양의 물자를 고향에 가져오지는 못했다. 그러나 그것으로도 채우지 못할 만큼 몽골 민족의 욕심은 끝이 없었다. 칭기스 칸은 원정에서 돌아올 때마다 귀중한 물자를 실은 캐러밴을 끌고 왔지만, 그때마다 몽골인의 새로운 욕구에 불이 붙었다. 몽골인은 게르에 들어가면 옻칠한 가구에 비단을 덮고 그 위에 앉았다. 처녀는 향수를 뿌리고, 화장을 하고, 장신구를 달았다. 말마다 금속 마구를 달았고, 모든 전사가 청동이나 쇠로 만든 무기를 들었다. 그러나 새로운 장인 수천 명이 솜씨를 발휘하려면 나무, 점토, 천에서부터 청동, 금, 은에 이르기까지 온갖 원료가 더 필요했다. 이 일꾼들을 먹이려면 보리, 밀을 비롯한 식량이 북쪽의 목초지와 남쪽의 농경지를 가르는 거대한 사막 너머로 흘러들어야 했다. 칭기스 칸이 고향으로 포로를 데려오면 그들을 위한 식량과 장비도 확보해야 했다. 과거에 진기했던 것들은 이제 필수품이 되었으며, 물자를 싣고 오는 캐러밴마다 더 많은 것을 갖고 싶은 욕구를 자극했다. 정복을 할수록 정복에 대한 요구도 늘어났다.

이제 초원지대도 고립에서 벗어날 수밖에 없었다. 칭기스 칸은 보급로를 조직하고, 생산을 유지하고, 물자와 사람의 이동을 조정해야 했는데, 이 모두가 전례 없는 규모로 이루어졌다. 처음에는 비단과 시시한 물건을 얻고자 고비 사막 남부의 도시들을 기습하는 데서 시작된 일이 이제는 세계 역사상 가장 광범위한 30년간의 전쟁으로 확대되었다. 칭기스 칸은 이후 15년 동안 아시아 전체를 가로지르며 전투를 했고, 그가 죽자 후손들은 그의 전쟁을 물려받아 두 세대 더 새로운 나라에서 새로운 사람들과 싸웠다.

[비단길의 연결고리를 장악하다]

대칸은 주르첸 원정 다음에 곧바로 케룰렌 강과 쳉케르 강 사이의 쿠데에 아랄 초원으로 돌아갔다. 칭기스 칸은 이전의 관행에 따라 그 동안 모은 전리품을 즉시 장군과 장교들에게 나누어주기 시작했고, 이들은 또 이것을 자기 부하들에게 적절하게 나누어주었다. 그러나 칭기스 칸은 평생 처음으로 나누어줄 전리품과 물자가 너무 많아 그 일을 집행하고 물품을 관리할 방도를 마련해야 했다. 풍요에서 생겨난 이런 문제를 해결하기 위해 칭기스 칸은 건물을 짓는 것을 허락했다. 그는 작은 아바르가 냇물 근처에 터를 마련했다. 초원지대 가장자리, 땅에서 샘이 솟는 곳 근처였다. 전승에 따르면 부르테는 어린 아들 우구데이의 병을 치료하려고 이곳에서 솟는 샘물을 먹였다고 한다. 이 건물들은 집합적으로 '노란 궁전'이라고 불렸는데, 주로 원정에서 들어오는 물자의 창고 역할을 했다. 양쪽에 강이 있고 그 중간에 조그만 언덕들이 있었기 때문에 보호하기가 쉬웠고 기습당할 걱정은 할 필요가 없었다.

오랫동안 떠나 있다 돌아왔으니 칭기스 칸에게는 당장 해결해야 할 문제가 많을 수밖에 없었다. 몽골 신민만이 문제가 아니라, 북쪽의 시베리아 부족들과 남쪽의 위구르 농부들도 문제였다. 1207년 주치의 침공으로 몽골의 지배에 복종했던 시베리아 부족 가운데 일부가 칭기스 칸이 주르첸 원정으로 오랫동안 자리를 비운 틈을 타 모피와 숲에서 나는 생산물 등의 공물과 젊은 여자들을 보내지 않게 된 것이다. 진상 조사를 위해 몽골 사절이 가보니 여자들이 대단하다는 소문에 걸맞게 이제 그곳의 우두머리는 여자였다. 그녀의 이름은 대체로 크고 사납다는 뜻으로 해석할 수 있는 보토쿠이 타르쿤이었다. 그녀는 처녀 30명을 내놓기는커녕 몽골 사절을 포로로 잡았다. 사절이 돌아오지 않자 칭기스 칸은 새로 사절을 보냈는데, 보토쿠이 타르쿤은 그마저 포로로 잡고 말았다.

토끼 해인 1219년[67] 칭기스 칸은 신임하는 장군에게 훌륭한 병사들을 딸려 보내 사태를 파악하게 했다. 몽골인은 광활한 초원과 농경지에서 전투를 하는 데는 익숙해도 빽빽한 숲에서 싸우거나 여행을 해본 경험은 거의 없었다. 몽골군은 보통 초원을 가로지르며 흩어져 넓은 전선을 형성하면서 앞으로 나아갔다. 그러나 숲에서는 좁은 길을 따라 앞뒤로 갈 수밖에 없었다. 보토쿠이 타르쿤의 군대는 그들이 도착하기 오래 전에 이미 소식을 듣고 노련한 숲의 사냥꾼답게 덫을 놓았다. 보토쿠이 타르쿤은 우선 병력을 보내 몽골군의 퇴로를 막고, 자신은 앞에서 매복했다가 공격했다. 보토쿠이 타르쿤의 군대는 승리를 거두었을 뿐 아니라 몽골의 장군까지 죽였다.

이런 패배는 매우 드문 일이었기 때문에 칭기스 칸은 격노했다. 처음에는 여왕에게 복수하기 위해 자신이 직접 군대를 이끌고 나설 생각까지 했다. 그러나 자문들의 설득으로 생각을 바꾸었다. 몽골은 대규모 원정을 준비했다. 이번에는 어떤 수단을 쓰더라도 이기겠다고 결심하고 있었다. 우선 소규모 몽골 부대가 변경의 길을 감시하는 척하며 미끼로 나서서 몽골군과 여왕의 영토 사이를 통과했다. 그 동안 몽골군 본대는 몰래 다른 방향에서 숲을 통과하는 새로운 길을 냈다. 몽골군은 도끼, 까뀌, 톱, 끌을 비롯하여 동원할 수 있는 모든 연장과 무기를 이용해 '붉은 황소'[68]—아마 크고 불그스름한 사슴이나 엘크를 가리키는 말일 것이다—가 다니는 산길을 따라 힘겹게 길을 뚫었다고 한다. 몽골군 병사들은 비밀 도로를 완성한 뒤에 삽시간에 여왕의 본거지를 덮쳐, 『몽골 비사』에 따르면 마치 "천막 꼭대기의 연기 구멍을 통해" 내려온 것 같은 느낌을 주었다.

　승리를 거둔 몽골군은 사절들을 구하고, 여왕의 부족을 포로로 잡아 하인과 부인으로 나누어 가졌다. 칭기스 칸은 여왕 보토쿠이 타르쿤을 두 번째 사절과 결혼시켰는데, 여왕이 그 사절을 죽이지 않고 포로로 잡아둔 것을 보면 그를 이미 남편감으로 찍어두고 있었던 것인지도 모른다.

　그 뒤에 사막 오아시스의 위구르인 때문에 생긴 심각한 문제에 비하면 숲의 부족들 문제는 간단한 소일거리에 불과했다고 말할 수도 있다. 사실 위구르는 칭기스 칸의 신민들 가운데 가장 충성심이 강했다. 이들이 칭기스 칸을 워낙 강력하게 지지했기 때문에, 그들이 사는 곳에서 서쪽으로 더 떨어진 톈산 산맥 산기슭, 현대의 키르기스스탄과 카자흐스탄에 살고 있던 다른 무슬림 위구르도 자신들의 불교 통치자들을 타도하고 칭기스 칸 세력에 합류하기를 바랐다. 카쉬가르―현대 중국 서부 신장 지역에 있는 교역 도시―의 무슬림 사람들도 몽골로 사절을 보냈다.[69] 13세기 초에 이곳 사람들은 다른 키타이족 무리의 지배를 받았다. 이 키타이족은 만주 출신이었지만 주르첸에게 쫓겨나 서쪽 톈산 산맥 근처에 정착했다. 몽골인은 이들을 동쪽에 머물던 키타이족과 구별하기 위해 카라 키타이, 즉 '카라 키타이'라고 불렀다. 검은색은 먼 친척을 뜻하는 동시에 특히 서쪽을 상징하는 색깔이었기 때문이다.

　위구르인 다수는 자발적으로 몽골에 가담했지만, 나머지는 여전히 카라 키타이의 지배를 받고 있었다. 카라 키타이는 예전에 칭기스 칸과 싸웠던 나이만의 타양 칸의 아들 쿠출룩이 다스리고 있었다. 쿠출룩은 칭기스 칸에게 패한 뒤 남쪽으로 달아나, 그곳에서 카라 키타이 통치자의 딸과 결혼했고 곧이어 권력을 찬탈했다. 쿠출룩은 원래 기독교인이고 카라 키타이족은 불교도였지만, 둘 다 무슬림인 위구르 백성을 불신하고 있었다. 쿠출룩은 이 왕국의 새로운 통치자 자리에 오르자 무슬림 백성의 종교 관행에 제약을 가하면서 박해를 하기 시작했다. 그는 기도 시간을 알리는 일을 금지하고, 공개적인 예배나 종교 연구도 막았다. 한번은 쿠출룩이 수도 발라사군을 떠나 원정을 나가자, 그의 백성이 성문을 걸어잠그고 그가 돌아오는 것을 막으려 한 일이 있었다. 그러자 쿠출룩은 그 보복으로 수도를 포위 공격하여 정복한 뒤 완전히 파괴해버렸다.

발라사군의 무슬림은 자신들을 보호해주려는 무슬림 통치자를 찾지 못하자 칭기스 칸에게 의지하여 억압적인 왕을 타도하려 했다. 몽골군은 4000킬로미터 떨어진 곳에 주둔하고 있었지만, 칭기스 칸은 키타이 왕조를 복원했던 장군 제베에게 몽골 군사 2만 명을 이끌고 아시아를 가로질러 달려가 무슬림을 보호하라고 명령했다. 칭기스 칸이 직접 전장에 나서지 않은 것은 이 땅이 그에게 그렇게까지 중요하지는 않았다는 것을 보여준다. 그의 세계의 중심은 몽골이었으며, 그는 가능하면 많은 시간을 케룰렌 강변의 아바르가 야영지에 있는 가족과 함께 보내기를 바랐다. 머나먼 사막 오아시스 도시와 산맥은 그에게 아무런 매력이 없었다. 이 공격이 과거의 적 쿠출룩과 마지막 결판을 낼 기회라는 것 외에는 큰 의미가 없었던 것이다.

몽골군은 위구르 무슬림의 요청으로 원정을 한 것이기 때문에 약탈이나 파괴를 하지 않았고, 민간인도 건드리지 않았다. 대신 제베의 군대는 쿠출룩의 군대에 승리를 거둔 뒤 쿠출룩을 현대의 아프가니스탄, 파키스탄, 중국의 접경지대 근처 평원에서 그의 범죄에 걸맞게 참수형에 처했다.[70] 몽골군은 처형 뒤에 카쉬가르로 사절을 보내 종교적 박해는 끝나고 각 공동체에 종교적 자유가 회복되었다고 알렸다. 페르시아의 역사가 주베이니에 따르면 카쉬가르 사람들은 몽골군이 "신의 자비이며 신의 은총"[71]이라고 외쳤다.

페르시아와 다른 무슬림 연대기 기록자들은 이 사건을 아주 자세하게 다루었지만, 『몽골 비사』는 이 원정 전체를 한 문장으로 간단하게 요약했다. "제베는 나이만의 쿠출룩 칸을 쫓아가 노란 절벽에서 잡아 죽이고 고향으로 돌아왔다."[72] 몽골인의 관점에서 보자면 중요한 사실은 그것뿐이었을 것이다. 제베는 자신의 의무를 이행했다. 그는 적을 죽이고 무사히 고향으로 돌아왔다. 이 원정은 고향 근거지와 칭기스 칸으로부터 수천 킬로미터 떨어진 곳에서도 몽골군이 성공적으로 작전을 수행할 수 있다는 사실을 확인해주었다.

칭기스 칸은 카라 키타이에게 승리를 거둠으로써 새로운 백성을 얻고 박해받는 종교의 옹호자라는 평판을 얻었지만, 그보다 더 중요한 것은 그가 이제 중국인과 무슬림 사이의 비단길을 완전히 통제하게 되었다는 점이다. 그는 이제 탕구트, 위구르, 카라 키타이, 북쪽 주르첸의 땅에 속국들을 두게 되었다. 칭기스 칸은 일차적인 생산지역인 송나라나 일차적인 구매지역인 중동을 통제하지는 못했지만, 그 사이의 연결고리들은 통제하게 되었다. 그는 대량의 중국 교역 물자를 통제하게 되자 중앙아시아나 중동의 무슬림 국가들과 교역을 할 수 있는 엄청난 기회가 생겼다는 것을 알게 되었다.

[새로운 적의 출현]

1219년 군사 분야와 상업 분야에서 수많은 업적을 쌓은 칭기스 칸은 예순의 나이를 바라보고 있었다. 주베이니의 묘사에 따르면, "그는 완전한 평화와 고요, 안전과 평정을 가져왔으며, 최고 수준의 번영과 복지를 이룩했다. 도로는 안전했고 소요는 잠잠해졌다."[73] 그는 가족이나 말과 즐거운 시간을 보내고, 그가 자신의 민족에게 가져다준 새로운 번영에 흡족해하며 평화롭게 여생을 보내는 것 같았다.

칭기스 칸은 자신이 다 사용할 수도 없고 자기 민족에게 나누어주어도 남는 물자를 확보하고 있었다. 그는 이 엄청난 양의 새로운 자원을 이용해 교역을 자극하고 싶었다. 아시아의 전통적인 물품이 넘쳐났을 뿐 아니라, 가끔 머나먼 서쪽 중동의 이국적인 땅으로부터 다른 상품이 조금씩 흘러들기도 했다. 그 지역의 무슬림은 빛을 발하는 훌륭한 강철을 생산했다. 이것은 그때까지 인류가 생산해낸 가장 높은 수준의 금속이었다. 그곳에는 면을 비롯한 여러 가지 고운 직물도 있었고, 그곳 사람들은 유리를 만드는 신비한 과정도 알고 있었다. 현대의 아프가니스탄의 산맥으로부터 흑해에 이르는 방대한 지역은 투르크족 술탄 무함마드 2세가 통치하고 있었으며, 그의 제국은 호라즘이라고 불렀다. 칭기스 칸은 이곳에서 나는 이국적인 상품들을 원했으며, 그 목적을 이루기 위해 이 머나먼 땅의 술탄과 교역 상대로서 동반자 관계를 맺을 수 있기를 바랐다.

프랑스 역사가 프티는 당시 칭기스 칸의 상황을 이렇게 설명한다. "…… 이 황제는 이제 동, 서, 아시아 북부에서 두려워할 것이 없었기 때문에 호라즘의 왕과 진지한 우호 관계를 맺으려고 노력했다. 그래서 1217년에 그에게 선물과 함께 세 명의 사절을 보내…… 양쪽 사람들이 서로 안전하게 교역을 하고, 완벽한 화합을 이루어 모든 왕국이 바라는 최고의 축복인 평안과 풍요를 함께 누리게 되기를 바란다고 말했다."[74]

칭기스 칸은 교역 조건을 협상하고 상업적 관계를 공식화하기 위해 호라즘의 술탄에게 사절을 보냈다. "나는 그대와 평화롭게 살고자 하는 크나큰 바람을 가지고 있다. 나는 그대를 내 아들로 여기겠다. 그대는 내가 중국 북부를 정복하고 북쪽의 모든 부족을 복속시켰다는 사실을 알고 있다. 그대는 내 나라가 전사들의 개밋둑이며, 은의 광산이기 때문에 내가 다른 영토를 부러워할 필요가 없음을 알고 있다. 우리는 우리 백성들 사이에 교역을 장려하는 데 똑같은 관심을 가지고 있다."[75]

술탄은 의심을 털어내지 못해 주저하면서 조약에 합의했다. 몽골인은 상인이 아니었기 때문에 칭기스 칸은 그가 새로 얻은 위구르 영토에서 이미 활동을 하고 있던 무슬림과 힌두 상인들에게 의지했다. 칭기스 칸은 그곳에서 450명의 상인과 종자를 모아 하얀 낙타 모피 옷감, 중국 비단, 은괴, 가공하지 않은 비취 등의 사치품을 실은 캐러밴과 함께 몽골에서 호라즘으로 보냈다. 그는 인도인을 대표단 우두머리로 보내면서 다시 술탄에게 우호 관계를 요청하고 교역을 권유하는 전갈을 보냈다. "그렇게 하면 우리 사이의 관계가 개선되어 악한 생각이라는 종기가 사라질 것이고, 난동과 폭동이라는 고름이 제거될 것이다."[76]

그러나 캐러밴이 호라즘의 북서쪽 오트라르 — 현재의 카자흐스탄 남부에 있다 — 에 들어가자 오만하고 욕심 많은 총독이 물자를 몰수하고 상인과 짐승 몰이꾼들을 죽였다. 그때만 해도 그는 얼마나 살벌한 보복을 당하게 될지 짐작도 하지 못했다. 페르시아의 연대기 기록자 주베이니가 설명하듯이, 총독의 폭력은 캐러밴을 쓸어버렸을 뿐 아니라 결국 "전 세계를 초토화시켰다."[77]

칭기스 칸은 이 이야기를 듣자 술탄에게 사절을 보내 폭력을 휘두른 지방관리를 처벌해달라고 요청했다. 그러나 술탄은 자신이 아는 가장 극적이고 도발적인 방법으로 칸을 자극했다. 사절들 몇 명을 죽이고, 나머지 사람들은 얼굴을 망가뜨려 주인에게 돌려보낸 것이다. 이 소식이 초원을 가로질러 몽골 왕궁에 들어가는 데는 불과 몇 주밖에 걸리지 않았다. 주베이니의 말을 빌리면, 몽골 왕궁에서는 "분노의 회오리바람이 불면서 인내와 자비의 눈에 흙이 들어갔고, 진노의 불이 사납게 타오르면서 그 눈에서 물이 말랐으니 그 불을 끌 수 있는 것은 피밖에 없었다."[78] 칭기스 칸은 분노, 수치, 좌절을 느끼며 다시 부르칸 칼둔 꼭대기로 올라가 "모자를 벗고, 얼굴을 땅으로 향하여 사흘 낮밤을 기도하면서 '내가 먼저 문제를 일으키지 않았으니 복수를 할 수 있는 힘을 달라'고 말했다. 그런 뒤에 산에서 내려와 작전을 숙고하며 전쟁 준비에 들어갔다."[79]

술탄과 칸의 대결

유목민에게 전쟁은 일종의 생산이다. 전사에게 전쟁이란 성공과 부를 의미한다.[80]
세첸 자그치드, 『몽골 연구』

칭기스 칸은 1219년 토끼 해에 서쪽으로 출발하여 용 해인 이듬해 봄에 호라즘 샤에 도착했다. 그는 도착하자마자 사막을 가로질러 적의 방어선 뒤편 깊숙한 곳으로 파고들더니 부하라에 갑자기 모습을 드러냈다. 그해가 끝나기 전 몽골군은 호라즘 제국의 모든 주요 도시를 점령했으며, 술탄은 칭기스 칸 전사들의 무자비한 추적을 피해 숨어들었던 카스피 해의 어느 작은 섬에서 쓸쓸히 죽어갔다.

몽골족은 새로운 땅으로 계속 밀고 들어갔으며, 4년에 걸친 원정에서 파리를 잡듯이 중앙아시아의 도시들을 정복했다. 정복한 도시의 이름은 여러 나라 언어에 속해 있어 연달아 듣다 보면 정신이 멍해질 정도다. 부하라, 사마르칸드, 오트라르, 우르겐치, 발흐, 바나카트, 호젠드, 메르브, 니사, 니샤푸르, 티르미드, 헤라트, 바미안, 가즈니, 페샤와르, 카즈빈, 하마단, 아르다빌, 마라게, 타브리즈, 트빌리시, 데르벤드, 아스트라한. 칭기스 칸의 군대는 히말라야 산맥에서부터 카프카스 산맥까지, 인더스 강에서 볼가 강까지 만나는 곳마다 모든 군대를 짓밟았다. 정복하는 과정은 약간씩 달랐지만 결과는 늘 똑같았다. 어떤 도시도 그들의 공격에 버티지 못했다. 어떤 요새도 점령을 피하지 못했다. 어떤 기도도 주민을 살리지 못했다. 어떤 관리도 뇌물이나 감언(甘言)으로 종속을 피하지 못했다. 몽골의 거대한 바퀴는 그 무엇으로도 멈추기는커녕 늦출 수도 없었다.

호라즘은 몽골보다 불과 12년 더 오래된 신생 왕국이었다. 그러나 칭기스 칸은 단지 하나의 제국이 아니라 고대 문명 전체를 공격한 것이었다. 13세기 무슬림의 땅에는 아랍, 투르크, 페르시아 문명이 결합되어 세계에서 가장 부유한 나라들이 모여 살고 있었으며, 이 나라들은 천문학이나 수학에서부터 농학이나 언어학에 이르기까지 학문의 거의 모든 분야에서 가장 높은 수준에 이르러 있었다. 또 일반 주민의 문맹률도 세계에서 가장 낮았다. 사제만 글을 읽을 수 있는 유럽이나 인도, 정부 관료만 글을 읽을 수 있는 중국과 비교할 때 무슬림 세계에는 어느 마을을 가나 쿠란을 읽고 무슬림 법을 해석할 수 있는 사람이 몇 명은 있었다. 유럽, 중국, 인도가 지역 문명 수준에 이르러 있었다면, 무슬림은 상업, 기술, 일반 학문의 높은 수준으로 볼 때 세계 수준의 문명에 가장 근접해 있었다. 그러나 그들은 나머지 세계보다 훨씬 높은 곳에 있었기 때문에 추락할 거리도 그만큼 길었다. 몽골 침략군의 말발굽은 다른 어느 곳보다 이곳을 무자비하게 짓밟았다.

유목민 출신의 키타이, 주르첸, 탕구트가 농민을 지배하던 중국 북부와 마찬가지로 중동에서도 셀주크, 투르코만 같은 유목민 출신의 투르크 부족들이 주로 농민으로 이루어진 여러 왕국을 정복하여 다스리고 있었다. 투르크족 나라들은 현대의 인도, 파키스탄, 아프가니스탄 영토로부터 페르시아를 가로질러 지중해 연안 현대 터키의 아나톨리아 핵심부에 이르기까지 정치적 풍경을 지배해왔다. 이 지역의 문명은 옛 페르시아 문화를 발판으로 아랍 세계와 로마에서 인도에 이르기까지 그 이전 고전 문명들의 영향을 흡수했다. 중동의 문화적 모자이크에는 소수자이지만 그래도 상당한 규모를 과시하는 유대인이나 기독교인 같은 다른 종교나 언어 집단들도 참여하고 있었다. 그러나 전체적으로 학자, 재판관, 종교 지도자들은 아랍어를 사용했고, 쿠란을 인용했다. 병사들은 자신이 속한 전사 부족의 투르크 방언을 사용했다. 농민은 여러 페르시아 방언으로 말을 하고 노래를 불렀다.

칭기스 칸이 갑자기 등장했을 무렵, 이 지역은 부유하기는 하지만 사회적 환경이 복잡하여 내부적으로 정치적 경쟁, 종교적 긴장, 문화적 대립에 시달리는 왕국이 많았다. 호라즘의 술탄은 벼락출세한 투르크인으로, 같은 무슬림이기는 하지만 아랍인이나 페르시아인으로부터 어떤 동맹자도 얻을 수 없었다. 그들이 이 술탄을 야만적인 정복자 정도로 보았기 때문이다. 호라즘과 바그다드의 아랍인 칼리파 사이의 관계는 매우 험악하여 몇몇 연대기에는 칼리파가 칭기스 칸에게 호라즘의 술탄을 공격해달라고 청한 것으로 나와 있을 정도다. 칼리파는 전령의 머리에 문신으로 비밀 편지를 적었기 때문에, 전령은 들키지 않고 호라즘 영토를 통과하여 몽골인에게 이를 수 있었다고 한다. 문신한 전령의 이야기[81]는 비록 출처는 의심스럽지만 무슬림 세계에 광범위하게 유포되어, 무슬림 술탄에 대항하여 이교도인 칭기스 칸 편을 들어야 하는 종교적 이유를 찾던 무슬림에게 그럴듯한 근거가 되어주었다. 이로써 그들은 술탄과 싸우는 칭기스 칸에게 어느 정도 정당성을 부여할 수 있었다. 사실일 가능성이 있는 어떤 이야기에 따르면, 칼리파는 한 발 더 나아가 칭기스 칸에게 성지에서 붙잡은 십자군 연대를 선물로 주어 몽골의 공격을 지원했다고 한다. 그러나 칭기스 칸은 보병이 필요 없었기 때문에 그들을 풀어주었고, 이 십자군 가운데 일부는 훗날 유럽의 고향으로 돌아가 낯선 몽골 정복자들에 대한 첫 소문을 퍼뜨렸다.

호라즘의 술탄은 무슬림 이웃들과 관계가 나빴을 뿐 아니라, 국내에서도 여러 가지 문제 때문에 고생하고 있었다. 술탄은 자신과 거의 대등한 권력을 쥐고 있던 어머니와 늘 싸웠는데, 몽골이 침략하자 제국을 경영하는 방식에서부터 전쟁 준비 방법에 이르기까지 모든 문제에서 불화는 더 심각해졌다. 몽골의 첫 번째 캐러밴을 체포하여 전쟁을 초래한 사람은 그의 형제였지만, 술탄이 그 형제를 처벌하여 전쟁을 피하는 것을 허락하지 않음으로써 사태를 더욱 악화시킨 사람은 어머니였다. 왕실 내의 문제만으로는 모자랐던지, 백성의 다수를 이루는 페르시아인과 타지크인은 통치자들이나 투르크 병사들에게 별 유대감을 느끼지 못했다. 그들의 도시에 주둔하는 투르크족 병사들이 그들을 보호하기보다는 착취했기 때문이다. 또 병사들 역시 자신이 주둔한 땅을 보호해주어도 얻는 것이 별로 없었기 때문에, 주민의 안전을 위하여 목숨을 걸고 싶은 마음이 없었다.

칭기스 칸이 호라즘의 도시들을 공격했을 때 그의 기병의 수는 10만에서 12만 5000명 정도였다. 여기에 위구르와 다른 투르크족 동맹군, 중국인 의무대, 공병대를 합치면 총 병력은 15만에서 20만 명쯤 되었을 것이다. 반면 호라즘의 술탄은 제국에 40만 명의 병력을 거느리고 있었으며, 거기에 자신의 영토에서 싸운다는 이점까지 누리고 있었다.

몽골군은 항복하는 자들에게는 정의를 약속하고, 저항하는 자들에게는 파괴를 맹세했다. 주민이 친족 관계 제안에 화답하여 진짜 친척처럼 식량을 제공하면 몽골군은 그들을 가족 구성원으로 여겨 보호해주고 가족의 기본적인 권리를 부여했다. 물론 거부하면 적으로 상대했다. 칭기스 칸이 포위 공격을 당하는 사람들에게 내놓는 제안은 간단하면서도 무시무시했다. 니샤푸르 주민에게 보낸 전갈이 한 예다. "지휘관과 원로와 평민은 들어라. 신이 나에게 동에서 서까지 지상의 제국을 주었음을 알라. 복종하는 자는 살려줄 것이지만, 저항하는 자는 부인, 자식, 하인들과 함께 죽음을 당할 것이다."[82] 이와 비슷한 분위기는 당대의 많은 문건들에서 찾아볼 수 있다. 아르메니아의 연대기에도 이런 정서가 분명하게 표현되는데, 거기에는 칭기스 칸이 다음과 같이 말한 것으로 나와 있다. "우리가 땅을 차지하고" 몽골의 법과 세금을 부과하여 "질서를 유지하는 것은 신의 뜻이다." 몽골군은 이것을 거부하는 자들을 "죽이고 그들이 사는 곳을 파괴하여, 들을 수 있고 볼 수 있는 다른 사람들이 두려움을 느껴 반항하지 못하게" 할 수밖에 없다.[83]

어떤 도시들은 싸우지 않고 항복했다. 어떤 도시들은 며칠이나 몇 주를 싸웠으며, 오직 가장 강한 도시들만 몇 달 이상 버텼다. 칭기스 칸은 주르첸 도시들을 공격하면서 많은 것을 배웠다. 요새화된 도시를 점령하는 방법만이 아니라, 점령 후에 주민을 다루는 방법, 특히 가장 효율적으로 약탈하는 방법을 배웠다. 그는 중도의 혼란스러운 약탈을 되풀이하고 싶지 않았다. 호라즘에서는 먼저 도시에서 사람과 짐승을 모두 내보낸 다음에 약탈을 시작하는 새롭고 더 능률적인 방법을 시도했다. 이렇게 하면 약탈 과정에서 그의 부하들이 위험에 처할 가능성도 한결 줄어들었다.

몽골 전사들은 적대적인 도시에서 약탈을 시작하기 전에 늘 비슷한 절차를 밟았다. 우선 병사들을 죽였다. 몽골군은 기병에 의존했기 때문에 요새의 성벽을 방어하도록 훈련받은 보병이 필요 없었다. 게다가 과거의 적군이 고향으로 돌아가는 길을 막고 있는 것을 원치 않았다. 그들은 늘 몽골로 가는 길을 안전하게 열어두고 싶어했다. 몽골 장교들은 병사들을 처형한 다음에 사무관들을 보내 민간인을 직업에 따라 나누었다. 지적인 분야에 종사하는 범주에는 사무원, 의사, 천문학자, 재판관, 예언자, 교사, 이맘, 랍비, 사제 등 글을 읽고 쓸 수 있는 사람들이 모두 포함되었다. 몽골인에게는 특히 상인, 낙타 모는 사람, 여러 언어를 할 줄 아는 사람, 장인이 필요했다. 몽골인은 전쟁과 목축, 사냥밖에 할 줄 몰랐기 때문에 그런 일꾼들을 요긴하게 썼다. 커가는 몽골 제국에는 대장장이, 옹기장이, 목수, 가구장이, 직조공, 갖바치, 염색 전문가, 광부,

종이 만드는 사람, 유리 부는 사람, 재단사, 보석상, 악사, 이발사, 가수, 연예인, 약제사, 요리사 등 상상할 수 있는 거의 모든 분야에 숙련된 일꾼들이 필요했다.

직업이 없는 사람들은 따로 모아 다음 도시 공격에 이용했다. 이들은 짐을 나르거나, 요새 공사에서 땅을 파거나, 인간 방패 역할을 하거나, 해자를 메우는 등 몽골군의 전쟁을 위해 자신의 목숨을 내주어야 했다. 몽골 전사들은 이런 일도 할 수 없는 사람들은 죽여서 버리고 갔다.

칭기스 칸의 중앙아시아 정복에서 한 집단, 즉 부유하고 권력 있는 자들은 포로가 된 사람들 가운데 최악의 운명을 겪었다. 몽골군은 그런 사람들을 도륙했다. 십자군 시대에 유럽이나 중동에서 벌어진 전쟁에서는 기사도 규칙이 지배하여, 일반 병사는 마음대로 죽이면서도 귀족끼리는 서로 존중하는 태도—겉으로만 그럴 뿐이고 또 종종 생색을 내는 것에 가까웠지만—를 보여주었다. 그들은 귀족의 경우에는 전장에서 죽이기보다는 인질로 잡아두었다가 그의 가족이나 나라로부터 몸값을 받고 풀어주는 쪽을 택했다. 그러나 몽골군에게는 이런 규칙이 없었다. 오히려 그들은 귀족을 만나면 가능한 한 빨리 죽이려 했다. 미래의 전쟁을 사전에 예방하려는 것이었다. 칭기스 칸은 적의 귀족을 자신의 군대에 받아들인 적이 없으며, 다른 일을 맡기는 경우도 매우 드물었다.

물론 칭기스 칸이 그 전부터 이런 정책을 계속 시행했던 것은 아니다. 주르첸, 탕구트, 카라 키타이의 도시들을 처음 정복할 때는 부자들을 자주 보호해주었고, 적을 물리친 다음에 통치자들을 그 자리에 그대로 놓아두기도 했다. 그러나 주르첸과 탕구트는 그의 군대가 물러나자마자 그를 배반했다. 칭기스 칸은 중앙아시아의 무슬림 나라들에 이르렀을 무렵 부자와 권력자들의 충성심, 신뢰성, 유용성에 대해 알 만큼 알게 되었다. 또한 여론이나 대중의 태도에 예민하게 반응했기 때문에 일반 사람들이 게으른 부자들의 운명에는 별 관심을 가지지 않는다는 것도 알게 되었다.

몽골군은 귀족을 죽임으로써 적의 사회 체제를 무너뜨렸고, 나아가서 미래의 저항 가능성을 최소화했다. 일부 도시는 귀족이 전장에서 죽고 그 가족이 몰살을 당한 뒤에 사회를 재건할 힘을 다시는 회복하지 못했다. 칭기스 칸은 몽골인에게 충성을 하는 관리, 또 몽골인 덕분에 권력을 얻고 높은 자리에 앉게 된 관리만을 원했다. 이런 이유 때문에 자신이 수여한 직책 외에 다른 직책은 인정하지 않았다. 동맹한 제후나 왕이 예전 직책을 그대로 유지하고 싶으면 몽골 당국으로부터 다시 그 직책을 부여받는 형식을 거쳐야 했다. 교황의 사절 조반니 디 플라노 카르피니는 1245~1247년의 몽골 출장 보고서에서 몽골인이 귀족을 존경하지 않는다고 불평했다. 몽골인은 지위가 낮은 사람들도 그들을 방문한 왕이나 왕비 앞을 걸어다니고 무례하게 말을 한다는 것이었다.

호라즘 제국에서 가장 권력이 강한 여자였던 술탄의 어머니의 운명은 몽골인이 귀족 여자를 어떻게 대했는지 잘 보여준다. 몽골군은 그녀를 포로로 잡았고, 그녀의 궁정 구성원 대부분과 가족 20명 정도를 죽였다. 그런 다음 몽골로 보내 노예로 삼아 수치스러운 여생을 살게 했다. 그 순간부터 그녀는 역사에서 사라졌다. 몽골군은 그런 여자의 경우 출생이 고귀하다 해서 존경해주거나 배려해주지 않았다. 다른 남자 포로와 마찬가지로 기술, 일, 봉사를 기준으로 분류해 처리해버렸다.

[불패의 신화]

몽골군은 도시를 통과할 때 귀중한 것을 남겨두지 않았다. 몽골군의 칼을 가까스로 피했던 지리학자 야쿠트 알 하마위는 침략을 당한 직후에 쓴 편지에서 그들의 파괴를 생생하게 묘사했다. 몽골군이 아름답고 화려한 궁들을 "종이에서 글을 지워버리듯이 땅에서 지워버려, 사람이 살던 곳은 부엉이와 까마귀들의 거처가 되었다. 그곳에서는 부엉이들이 서로 화답하듯 악을 쓰고, 복도에서는 바람이 신음을 토한다."[84]

무슬림이 보기에 칭기스 칸은 무자비의 화신이었다. 이 시대의 연대기 기록자들은 칭기스 칸이 다음과 같은 말을 했다고 전하는데, 사실 믿기는 힘들다. "사람이 알 수 있는 가장 큰 기쁨은 적을 정복하여 눈앞에서 몰아내는 것이다. 그들의 말을 타고 그들의 소유를 빼앗는 것이다. 그들에게 귀중한 사람의 얼굴에 흐르는 눈물을 보는 것이고, 그들의 부인과 딸을 품에 안는 것이다."[85] 칭기스 칸은 그의 명예를 훼손하는 이런 출처가 의심스러운 묘사를 막으려 하지 않고 오히려 장려했던 것 같다. 그는 마주치는 모든 것을 유용하게 써먹는 사람답게 무슬림 사람들의 높은 식자율(識字率)을 활용하는 방법을 찾아냈고, 적은 자기도 모르는 새에 칭기스 칸이 여론 형성에 사용하는 강력한 무기가 되고 말았다. 그는 공포가 자신의 전사들의 행동이 아니라 서기나 학자의 펜을 통해 가장 빠르게 퍼져나간다는 사실을 깨달았다. 신문이 나오기 이전 시대에는 지식인의 편지가 여론 형성에서 중요한 역할을 했다. 칭기스 칸의 중앙아시아 정복에서는 이런 편지들이 그에게 큰 도움을 주었다. 몽골군의 선전용 전단이나 다름없는 이 편지들은 늘 전투에서 죽은 사람들의 수를 부풀려, 소식이 닿는 곳마다 공포를 실어 날랐다.

원정 불과 일 년 후인 1221년 8월 몽골 관리들은 고려 신민에게 그곳에서 생산되는 유명한 종이 10만 장을 요구했다. 이 종이의 양은 제국이 커지면서 몽골의 기록 규모가 얼마나 빠르게 늘었는지 보여주지만, 동시에 몽골이 자신의 역사를 쓰는 일을 강조했다는 사실을 상징적으로 보여주기도 한다. 종이는 칭기스 칸의 무기고에서 점점 중요한 자리를 차지하기 시작했다. 그는 자신의 업적을 기록하는 데에는 관심이 없었고 자신의 무용(武勇)을 기리는 찬사에도 관심이 없었다. 외려 그는 사람들이 자신과 몽골인에 대하여 도저히 믿어지지 않는 악의에 찬 이야기들을 마음대로 유포하도록 허용했다.

몽골군은 한 도시를 정복하면 다른 도시들로 대표단을 보냈다. 그러면 이들은 칭기스 칸 전사들이 거의 초자연적인 능력으로 저지른 전례 없는 잔혹행위에 대해 이야기했다. 역사가 이븐 알 아씨르 같은 연대기 기록자가 남긴 목격담을 보면 그런 말이 가지는 위력을 실감할 수 있다. 이븐 알 아씨르는 몽골의 원정길에서 약간 떨어져 있는 도시 모술—지금은 이라크에 있는 도시다—에 살았다. 그는 영어로는 『완벽한 역사(The Perfect History)』 또는 『완전한 역사(The Complete History)』라고 알려진 그의 책(『al-Kamil fi at-tarikh』)에 피난민의 이야기를 기록해놓았다. 처음에 이븐 알 아씨르는 그들의 이야기를 믿으려 하지 않았다. "타타르의 잔혹행위에 대한 이야기를 나한테 해주었지만, 나는 그것을 거의 믿을 수가 없었다."[86] 그러나 그는 곧 흥분하여 그 이야기를 되풀이하게 된다. "타타르의 한 병사가 사람이 많이 사는 마을이나 지구로 들어와 주민을 차례차례 베었는데, 아무도 감히 그 기병을 막으려고 손을 뻗지 못했다." 또 이런 이야기도 있다. "타타르의 한 병사가 어떤 사람을 포로로 잡았지만, 당장 그를 죽일 무기가 없었다. 그러자 그는 포로에게 말했다. '머리를 땅에 대고 움직이지 마라.' 포로가 그렇게 하자 타타르 병사는 가서 검을 가져와 그를 벴다."

칭기스 칸이 승리를 거둘 때마다 새로운 선전물이 홍수처럼 퍼져나갔다. 더불어 칭기스 칸의 불패 신화도 퍼져나갔다. 시간의 거리를 두고 안전한 곳에서 들으면 터무니없게 들릴 이야기들이지만, 당시 중앙아시아는 엄청난 충격을 받았다. 이븐 알 아씨르는 몽골군의 정복이 "이슬람과 무슬림에 대한 치명타"라고 탄식했다. 그는 극적인 말투로 이렇게 덧붙였다. "어머니가 나를 낳지 않으셨거나, 이런 일이 생기기 전에 내가 죽어 잊힌 존재가 되었다면 좋았을 것을!" 그가 유혈이 낭자한 이야기를 적기로 한 것은 "내 많은 친구들이 그것을 글로 남기라고 촉구했기" 때문이었다. 그는 이 침략이 "전능하신 신이 아담을 창조한 이래 지금에 이르기까지…… 모든 인간, 그 가운데도 특히 무슬림에게 일어난…… 최대의 재앙이자 가장 무시무시한 재난"이라고 말했다. 그는 몽골 이전 역사에서 최악의 살육은 유대인을 대상으로 자행되었는데, 몽골의 무슬림 공격은 "한 도시에서 학살당한" 무슬림 수가 "이스라엘 자손 전체보다 많기" 때문에 더 심한 살육이라고 비교해서 말하기도 했다. 이븐 알 아씨르는 독자가 의심하지 않도록 "듣는 사람을 모두 겁에 질리게 하는" 몽골군의 행위를 자세히 기록하겠다고 약속한다. "나는 이제 그 행위들을 적절한 맥락 속에서 세밀하게 묘사할 것이다." 그러나 이런 감정적인 수사는 몽골 군의 정복을 정확하게 기록하기보다는 무슬림들을 자극하려는 의도에서 나왔던 것 같다.

　칭기스 칸의 군대는 전례 없는 비율로 적을 죽였고, 살인을 거의 정책처럼 내세웠다. 또 물론 공포를 자아내는 수단으로 학살을 이용하기도 했다. 그럼에도 그들은 놀랍게도 당대의 표준적인 관행에서 벗어나 있었다. 몽골군은 적을 고문하거나, 신체를 절단하거나, 불구로 만들지 않았다. 당시의 전쟁은 종종 공포의 심리전 양상으로 전개되었기 때문에, 이 시대의 다른 통치자들은 공개적인 고문이나 잔혹한 절단을 통하여 사람들에게 공포를 주입하는 단순하고 야만적인 전술을 사용했다. 1228년 8월 술탄의 아들 잘랄 앗 딘과 싸우던 몽골군 400명이 포로가 되었다. 포로들은 자신들이 죽을 운명임을 잘 알았다. 승리한 무슬림은 몽골 전사들을 근처의 이스파한으로 데려가 말 뒤에 묶고 거리를 돌아다니며 주민을 즐겁게 해주었다. 몽골 포로들은 모두 이런 식으로 공개적인 장난감이 되어 죽음을 당했으며, 그런 다음 개의 먹이가 되었다.[87] 이런 공개적인 고문 때문에 몽골군은 이 도시에 살던 문명인들을 결코 용서하지 않았으며, 결국 보복했다. 다른 전투에서 몽골군이 졌을 때 페르시아 승자들은 포로들의 머리―몽골인은 머리에 영혼이 있다고 믿었다―에 못을 박아 죽였다.[88] 이와 비슷한 사건은 100년 뒤인 1305년에도 되풀이되어, 델리의 술탄은 몽골 포로들의 죽음을 대중의 오락거리로 삼아, 코끼리를 불러 밟아 죽이게 했다. 그는 또 전투에서 죽음을 당하거나 포로가 된 몽골인의 머리를 잘라 탑을 쌓기도 했다.

중국에서 유럽에 이르기까지 문명국의 통치자나 종교 지도자 들은 이런 잔학한 시범을 통하여 공포를 불러일으킴으로써 자신의 백성을 통제하고 잠재적인 적의 기를 꺾으려 했다. 동로마제국의 황제 바실리우스는 1014년 불가리아인을 물리쳤을 때, 1만 5000명의 불가리아인 전쟁포로를 장님으로 만들었다. 그는 100명에 한 명씩은 눈을 하나 남겨주었는데, 이들이 나머지 99명을 고향으로 데려가게 하여 불가리아 땅에 공포를 불러일으키려는 의도였다. 기독교 십자군은 1098년에 안티오크, 1099년에 예루살렘을 점령했을 때 단지 종교가 다르다는 이유로 남녀노소를 가리지 않고 모두 죽였다.

독일의 가장 위대한 역사적, 문화적 영웅의 한 명으로 꼽히는 신성로마제국의 황제 프리드리히 1세는 서양에서 공포를 이용하는 방법을 가장 잘 보여주었다. 그는 1160년 현대 이탈리아 북부 롬바르디아에 있는 크레모나를 정복하는 과정에서 강도를 차츰차츰 높여가며 일련의 폭력적인 행동을 자행했다. 그의 부하들은 포로들의 머리를 잘라 성벽 밖에서 공처럼 차며 놀았다. 그러자 크레모나를 지키던 사람들은 독일인 포로들을 성벽 위로 끌어내더니, 그들의 전우들이 보는 앞에서 팔다리를 떼어냈다. 이번에는 독일군이 포로들을 모아놓고 집단으로 교수형에 처했다. 그러자 크레모나 수비군은 도시의 성벽 꼭대기에서 나머지 포로들을 교수형에 처했다. 양 군은 서로 직접 부딪혀 싸우는 대신 공포의 수위를 계속 높여갔다. 독일군은 포로로 잡은 아이들을 모아 투석기에 묶었다. 이것은 보통 성벽을 부수고 성문을 뚫는 데 사용하는 장치였다. 그들은 이 커다란 공성 무기의 힘을 이용해 살아 있는 아이들을 도시의 성벽에 내던졌다.

이 시대의 문명화된 군대가 공포를 자아내는 행동을 하는 것과 비교할 때 몽골군의 행동은 잔인하다고 말할 수 없었다. 그들이 공포를 자아낸 것은 특별히 잔혹해서가 아니라, 정복이 매우 빠르고 능률적이었으며 부자나 권력자의 목숨을 경멸했기 때문이다. 몽골군은 동쪽으로 말을 달리면서 공포를 불러일으켰지만, 그들의 원정은 그들이 피에 굶주린 행동을 했거나 사람들 앞에서 잔혹성을 과시했기 때문이 아니라 막강한 군대와 난공불락으로 보이는 도시들과 싸워 전례 없는 군사적 승리를 거두었기 때문에 눈길을 끌었다.

몽골군에게 항복한 도시들은 풍문에 듣던 무시무시한 이야기들과 비교할 때 그들의 태도가 온화하고 자비로운 것에 놀랐다.[89] 그래서 그들은 순진하게도 몽골군이 다른 면에서도 무를 것이라고 생각했다. 많은 도시가 일단 항복을 한 뒤 몽골군이 멀리 떠나기를 기다렸다가 태도를 바꾸었다. 몽골군은 소수의 관리에게 책임을 맡기고 도시를 지킬 병력도 주둔시키지 않았기 때문에 주민은 몽골군의 철수를 군사력이 약하기 때문이라고 오해했고, 몽골 군대가 그쪽으로는 다시 돌아오지 않을 것이라고 생각했다. 그러나 몽골군은 이런 도시에는 결코 자비를 보여주지 않았다. 그들은 곧 반역자들에게 돌아와 그들을 완전히 짓밟아버렸다. 파괴된 도시는 다시 반역을 일으킬 힘을 회복할 수 없었다.

오마르 하이얌이 태어난 니샤푸르는 가장 심한 살육을 당한 도시로 꼽힌다. 주민은 몽골군에게 반항했으며, 이어진 전투에서 도시의 성벽으로부터 날아온 화살이 칭기스 칸의 사위 토쿠차르를 죽였다. 칭기스 칸은 반역에 대한 보복과 다른 도시들에 대한 교훈으로 유복자를 낳을 처지가 된 미망인 딸에게 정복한 도시에 마음대로 앙갚음을 해도 좋다고 허락했다. 그녀는 도시의 모든 주민에게 사형을 선고한 것으로 전해지며, 1221년 4월에 병사들은 그녀의 명령을 수행했다. 널리 유포되었지만 확인되지는 않은 이야기에 따르면, 그녀는 병사들에게 죽은 주민의 머리로 세 개의 피라미드를 쌓으라고 명령했다고 한다. 각각 남자, 여자, 아이들의 머리로 이루어진 피라미드였다. 이어 그녀는 개, 고양이를 비롯한 짐승까지 모두 죽여 자기 남편을 죽인 도시에서 생명이 있는 것은 하나도 남겨두지 못하게 했다고 한다.

칭기스 칸에게 개인적으로 가장 고통스러운 사건은 아프가니스탄의 아름다운 바미안 골짜기에서 일어났다. 이곳은 불교도의 순례지이자 세계에서 가장 큰 조각상들이 있는 곳이다. 고대 불교 신자들은 산비탈에 붓다의 거대한 상(像)들을 조각해놓았다. 몽골군이 이런 상들을 어떻게 생각했을지는 궁금할 따름이다. 이곳에서 벌어진 전투에서 칭기스 칸이 가장 사랑하는 손자 무투겐이 화살을 맞고 죽었다. 칭기스 칸은 무투겐이 죽었다는 소식을 아이의 아버지 차가타이보다 먼저 들었다. 칭기스 칸은 아들을 불러 그 소식을 전하기 전에 울거나 애도하지 말라고 명령했다.

그러나 칭기스 칸 자신은 사람들 앞에서 여러 번 울었으며, 그 계기가 그렇게 대단한 것도 아니었다. 그는 두려워 울기도 하고, 화가 나서 울기도 하고, 슬퍼서 울기도 했지만, 자신이 가장 사랑하는 아이가 죽었을 때는 아이의 아버지가 눈물이나 애도로 고통을 드러내는 것을 허락하지 않았다. 칭기스 칸은 큰 어려움이 있거나 개인적인 고통에 직면하면 전투로 힘든 순간을 돌파했다. 슬퍼하지 말고 죽여라. 그는 괴로운 슬픔을 바미안 골짜기 사람들에 대한 큰 분노로 바꾸었다. 부자건 가난하건, 아름답건 추하건, 선하건 악하건, 누구도 살아남을 수 없었다. 이 골짜기에는 훗날 하자라가 들어와 살게 된다. 하자라는 페르시아어로 '천(千)'을 뜻하는 말인데, 이들은 스스로 칭기스 칸의 한 천호의 후손이라고 내세웠다.

몽골군의 손에 많은 도시들이 완전히 파괴되기는 했지만, 역사가들이 오랜 세월에 걸쳐 제시한 수들은 과장을 넘어서서 터무니없다는 느낌이 들기까지 한다.[90)] 페르시아의 연대기들은 니샤푸르의 전투에서 몽골군이 174만 7000명을 살육했다고 아주 구체적으로 제시한다. 이것은 헤라트에서 죽였다고 하는 160만 명을 넘어선다. 존경할 만하지만 몽골족에 대한 반감이 매우 강한 역사가인 주즈자니는 헤라트에서 살육당한 사람들의 총수가 240만 명이라고 더 엄청난 주장을 한다. 나중에 좀더 신중한 학자들은 칭기스 칸의 중앙아시아 침략으로 죽은 사람들 수가 5년간 1500만 명 정도였을 것이라고 추정했다. 그러나 이렇게 조심스럽게 추정해도, 이 정도 숫자를 죽이려면 몽골군 병사 한 명이 100명 이상을 죽였어야 한다는 이야기가 된다. 여러 도시들의 부풀려진 사망자 수대로 하자면 몽골 병사 한 명이 350명을 죽였다는 계산이 나온다. 만일 당시 중앙아시아 여러 도시에 사람들이 그렇게 많이 살았다면 그들은 침략하는 몽골군을 쉽게 압도할 수 있었을 것이다.

　이런 숫자들은 사실로 받아들여져 여러 세대에 걸쳐 되풀이해 언급되었지만 현실적인 근거는 전혀 없다. 수동적으로 자기 차례를 기다리는 소나 돼지를 그만큼 죽이는 것도 물리적으로 어려운 일이었을 것이다. 전체적으로 볼 때 살육을 당했다고 하는 사람들의 수는 몽골군의 수를 많을 때는 50 대 1로 압도하기도 한다. 이 사람들이 그냥 달아나기만 해도 몽골군은 그들을 막을 수 없었을 것이다. 몽골군이 정복한 도시의 유적을 조사해보면 실제 주민의 수가 희생자로 계산된 주민 수의 10분의 1을 넘는 경우가 거의 없었다는 사실을 알 수 있다. 이 지역은 건조한 사막 토양이기 때문에 뼈가 수백 년, 때로는 수천 년씩 보존된다. 그러나 어디를 보아도 몽골군이 살육했다고 하는 수백만 명의 흔적은 찾을 수 없다.

　칭기스 칸은 주민 살육자라기보다는 도시 파괴자라고 묘사하는 것이 더 정확할 것이다. 그는 복수를 하거나 공포심을 자아내는 목적 외에 전략적인 목적에서 도시를 완전히 파괴하는 경우도 많았기 때문이다.

칭기스 칸은 유라시아를 가로지르는 교역의 물길을 다시 그린다는 엄청
난 목적을 달성하기 위해 중요성이 떨어지거나 접근이 어려운 길에 있
는 도시들은 파괴하고 그의 군대가 쉽게 감독하고 통제할 수 있는 길로
물자가 흐르게 했다. 실제로 이 작업은 큰 성공을 거두었다. 그는 한 지
역을 통과하는 교역의 흐름을 바꾸기 위해 도시 몇 개를 기초까지 완전
히 부수어버리곤 했다.

칭기스 칸은 몇몇 도시의 조직적 파괴 외에도 관개체계를 애서 파괴
하여 넓은 땅의 주민이 다 흩어지게 하기도 했다. 관개 시설이 없으면
농부들은 떠나고 밭은 초지로 변한다. 이런 넓은 목초지는 군대를 따라
다니는 짐승 무리 —미래의 원정을 위해 예비로 끌고 다녔다— 가 머물
공간이 된다. 칭기스 칸은 중국 북부를 떠나 몽골로 돌아가면서 농경지
를 짓밟아놓았듯이, 자신의 군대가 드나드는 길목에 말을 비롯한 짐승
들이 풀을 뜯을 수 있는 넓은 목초지를 마련해놓으려 했다. 이 짐승들이
야말로 전쟁의 승패를 결정하는 중요한 자산이었다.

[후계자 선출 회의]

4년간 중앙아시아를 정벌한 칭기스 칸은 60대로 접어들었다. 부족 내의
경쟁자도 없고 외부 적의 위협도 없는 상태에서 권력은 절정에 이르러
있었다. 그러나 전쟁에서는 이렇게 압도적인 승리를 거두고 있었지만,
그의 가족은 그가 죽기도 전에 이미 분열을 일으키고 있었다. 칭기스 칸
은 몽골의 고향을 막내아우 테무게 옷치긴에게 맡겨놓고, 아들 넷을 모
두 중앙아시아 원정에 데려갔다. 자식들이 그곳에서 더 나은 전사가 되
고, 나아가서 함께 살고 일하는 법을 배우기를 바랐기 때문이다. 칭기스
칸은 자신을 신으로 생각하게 된 다른 정복자들과는 달리 자신이 인간
임을 분명하게 인식했으며, 자신이 죽은 뒤 제국이 순조롭게 과도기를
넘어가도록 준비를 해두고 싶어했다. 초원지대의 전통에 따르면 유목민

가족의 가장이 죽을 경우 여러 아들은 각각 가족 소유의 짐승을 종류별로 몇 마리씩 물려받으며, 목초지의 한 부분을 사용할 권리도 물려받게 된다. 칭기스 칸은 이런 전통에 따라 각각의 아들에게 제국의 구성을 어느 정도 반영한 축소판 제국을 물려줄 계획을 세웠다. 따라서 각 아들은 초원지대의 수많은 사람과 짐승의 칸이 될 뿐 아니라, 정주 지대의 도시, 작업장, 농장을 거느린 커다란 영토의 소유주가 될 수 있었다. 그 가운데 한 아들은 대칸이 되어 중앙정부를 관리하게 되는데, 최종 항소심을 열고, 다른 형제들의 조언을 받아 외무, 특히 전쟁 문제를 결정하는 책임을 맡길 예정이었다. 이 체제의 성공은 대칸의 지도 하에 함께 일하고 협동할 형제들의 능력과 의향에 달려 있었다.

그러나 이 계획은 칭기스 칸이 호라즘 원정을 떠나기 전부터 난관에 부딪혔다. 죽음을 이야기하거나 준비하는 것에 대해 강한 금기가 있었음에도 그가 이 문제를 다루기 위해 가족 쿠릴타이를 소집했을 때의 일이었다. 이 모임은 모든 경쟁자들을 한데 모았다는 점에서, 또 제국 분열의 전조를 보여주었다는 점에서 몽골 역사의 중요한 사건으로 꼽힌다.

칭기스 칸은 아들들 외에 자신이 가장 신임하는 부하 몇 사람도 회의에 참석하게 했다. 자신의 죽음 이후 권력을 순조롭게 승계하려면 그들의 동의와 지원 역시 필요했기 때문이다. 회의가 시작되자 가장 나이가 많은 주치와 차가타이가 곧 튕겨오를 강철 용수철처럼 바싹 긴장했다. 셋째아들 우구데이는 이미 술을 몇 잔 걸쳐 얼근하게 취한 상태로 참석했다. 물론 만취한 상태로 아버지 앞에 나타나지는 않았을 것이다. 막내인 톨루이는 시종 조용했다. 형들이 중앙무대를 점령하고 있는 동안 천막의 갈피 속으로 사라져버린 것 같았다.

칭기스 칸은 후계자 선정 문제를 설명했다. 그는 이렇게 말한 것으로 전해진다. "만일 내 아들들이 모두 칸이자 통치자가 되어 서로를 섬기지 않으려 한다면, 머리가 하나인 뱀과 머리가 여럿인 뱀의 이야기처럼 되지 않겠는가?"[91] 이 전래의 이야기에서는 겨울이 왔을 때 뱀의 경쟁하는 머리들이 자기들끼리 싸우는 바람에 어느 구멍으로 들어가 차가운 바람과 눈을 피하는 것이 좋을지 결정을 내리지 못한다. 그러나 꼬리는 여럿이지만 머리는 하나인 뱀은 곧 한 구멍을 찾아 겨울 내내 따뜻하게 지낸다. 물론 머리가 여럿인 뱀은 얼어죽고 말았다.

칭기스 칸은 이 문제의 심각성과 중요성을 설명한 뒤 장남 주치에게 먼저 이야기를 해보라고 했다. 몽골에서는 오늘날에도 앉고, 걷고, 말하고, 마시고, 먹는 순서에 모두 강한 상징적 의미가 있다. 따라서 칭기스 칸은 주치에게 먼저 발언권을 주어 그가 자신의 장남임을 공개적으로 강조한 것이고, 이로써 주치는 가장 유력한 후계자 후보가 된 셈이었다. 만일 다른 아들들이 이 말하는 순서를 받아들인다면, 그것은 곧 주치의 정통성과 형으로서의 위치를 받아들이는 것이나 다름없었다.

둘째아들 차가타이는 검증도 해보지 않은 상태에서 입을 다물고 그런 위치를 받아들일 생각이 없었다. 주치가 아버지의 권유에 따라 입을 열기 전에 차가타이가 먼저 큰 소리로 아버지에게 도전했다. "주치에게 말하라고 하신 것은 그에게 후계 자리를 제안하신다는 뜻입니까?"[92] 이어 그는 40년 전 태어난 주치의 친부 문제에 대하여 의문을 제기했는데, 물론 궁금해서 물은 것은 아니었다. 아무리 칭기스 칸이 부인을 해도, 부르테가 메르키트 납치범들로부터 구출된 뒤 주치를 너무 일찍 낳았다는 이야기였다. "우리가 어떻게 메르키트 사생아의 다스림을 받을 수 있겠습니까?" 차가타이는 아버지와 형제들에게 물었다.

주치는 형제에게서 사생아라는 이야기를 듣자 발끈했다. 그는 소리를 내지르더니 천막 안을 가로질러 달려가 차가타이의 멱살을 잡았다. 두 사람은 서로 주먹질을 했다. 『몽골 비사』에 따르면 한 자문이 차가타이에게 그의 아버지가 그를 얼마나 사랑하고 존경하는지 이야기해주었다. 고통이 느껴질 정도로 감정이 섞인 목소리였다. 이것은 아마 칭기스 칸 자신이 한 이야기일 터인데, 『몽골 비사』는 칸의 위엄을 유지해주고자 다른 사람의 말이라고 이야기했을 것이다. 아버지는 괴로움이 묻어나는 말로 아들들에게 그들이 태어나기 전 옛날 공포가 초원지대를 지배하던 시절에는 지금과 사정이 달라 이웃과 이웃이 싸웠으며 아무도 안전을 장담하지 못했다는 점을 이해해달라고 호소했다. 그들의 어머니가 납치를 당했을 때 벌어진 일은 그녀의 잘못이 아니었다. "네 어머니는 집에서 달아나지 않았다. …… 네 어머니는 다른 남자를 사랑한 것이 아니다. 네 어머니는 죽이러 온 사람들에게 납치를 당했다."[93]

칭기스 칸은 유순하다는 느낌이 들 정도의 말투로 아들들에게 그들이 태어난 정황에도 불구하고 그들이 모두 "하나의 뜨거운 자궁으로부터" 태어났으며, "자신의 심장으로부터 생명을 나누어준 어머니를 모욕한다면, 너희를 사랑하는 어머니의 마음이 얼어붙게 만든다면, 나중에 사과를 한다 해도 아무런 소용이 없을 것"임을 기억하라고 애원했다.[94] 자문은 아들들에게 그들의 부모가 모두 새로운 나라를 창건하기 위해 얼마나 애를 썼는지 이야기했다. 두 사람이 자식들을 위해 더 나은 세상을 만들려고 많은 희생을 했다고 강조하기도 했다.

길고 감정적인 상황이 전개된 끝에 칭기스 칸은 자신의 선택을 자식들에게 강요해보았자 자신이 죽으면 아무런 소용이 없을 것임을 알았다. 자식들 모두 선선히 받아들일 수 있는 타협안을 만들어내야 했다. 그는 부모로서의 대수롭지 않은 권위에 의지하여 자신이 주치를 맏아들로 인정한다는 사실을 다시 강조하고, 다른 아들들에게 이것을 사실로 받아들이고 다시는 그의 친부 문제에 대한 의심을 입밖에 내지 말라고 명령했다.

차가타이는 아버지의 명령에 순종하겠지만, 말을 바꾼다 해서 사실까지 바꾸는 것은 아니라는 점을 분명히 밝혔다. 차가타이는 싱긋 웃으며 말했다. "입으로 잡은 사냥감은 말에 실을 수 없습니다. 말로 죽인 사냥감은 껍질을 벗길 수가 없습니다."[95] 나머지 자식들은 아버지가 살아 있는 동안 겉으로는 주치가 적출이라고 인정했다. 그러나 속으로는 전혀 그렇지 않았다. 그러나 주치가 적출 장남이라고 인정한다 해도 그 것으로 그의 대칸 자리 승계가 보장되는 것은 아니었다. 그런 중요한 자리는 나이가 아니라 능력이나 다른 사람들의 지지를 기준으로 결정해야 했기 때문이다.

차가타이는 아버지의 큰 노여움을 샀기 때문에 자신이 대칸의 자리에 오르는 데는 아버지가 반대할 것임을 알았다. 그래도 주치가 그 자리를 차지하는 일은 막고 싶었다. 차가타이는 가족에게 타협안을 제시했다. 이것은 즉흥적으로 나온 제안일 수도 있고, 아니면 이미 주치를 제외한 형제들 사이에 합의를 본 내용일 수도 있다. 차가타이는 자신도 주치도 칸이 되어서는 안 된다고 말했다. 그는 부드럽고 선량하고 술을 좋아하는 셋째 우구데이가 후계자가 되어야 한다고 말했다.

주치는 전쟁 외에는 다른 대안이 없었기 때문에 그 타협안에 동의하고 우구데이를 후계자로 인정했다. 그러자 칭기스 칸은 자기 개인 소유의 땅과 가축을 아들들에게 분배하면서 부모가 싸우는 자식들에게 늘 하는 일을 했다. 주치와 차가타이를 갈라놓은 것이다. "어머니 대지는 넓고 그 강과 물은 많다. 서로 멀리 떨어진 곳에 설영하고 각자 자신의 왕국을 다스려라. 너희들이 떨어져 있도록 내가 감독할 것이다."[96] 이어 그는 아들들에게 남들로부터 조롱이나 모욕을 당할 일을 하지 말라고 주의를 주었다.

몽골 조정에서 일했던 무슬림 학자들은 이 사건을 기록하는 데 큰 어려움을 겪었다. 그들에게 남자의 명예는 주변 여자들의 성을 통제하는 데 달려 있었기 때문이다. 칭기스 칸처럼 강력한 사람이 친자가 아닌 아들을 두고 있다거나 심지어 그 일로 자기 아들들한테 비난을 받는다는 것은 생각하기도 힘든 일이었다. 몽골인이 쓴 『몽골 비사』에는 가족 싸움 이야기가 자세히 실려 있지만, 페르시아의 첫 연대기 기록자 주베이니는 이 가족 쿠릴타이를 예의바르게 조용히 진행되어 만장일치로 끝난 모임으로 묘사하여 그의 역사책에서 가족 내 갈등을 완전히 삭제해버렸다. 주베이니의 기록에 따르면 칭기스 칸은 우구데이의 감탄할 만한 자질을 칭송하는 아름다운 연설을 하며, 자식들도 모두 동의한다. 자식들은 고분고분 "충성과 복종의 마음으로 예의바르게 무릎을 꿇고 순종하는 목소리로 대답했다. '누구에게 칭기스 칸의 말에 반대할 힘이 있으며, 누구에게 그것을 거부할 능력을 있겠습니까?'…… 우구데이의 모든 형제는 그의 명령에 순종하고 문서로 기록을 남겼다."97)

사건이 일어났던 시기로부터 조금 더 거리를 둔 라시드 앗 딘은 약간 더 정직하게 기술했지만, 그의 원고에는 칭기스 칸이나 그의 부인의 명예를 훼손할 만한 중요한 부분들이 공백으로 남겨져 있다. 그가 기록한 바에 따르면, "＿＿ 때문에 양쪽이 그들 사이의 단결의 길을 짓밟았지만", 가족의 훌륭한 구성원들은 "그 조롱거리를 결코 입밖에 내지 않고 그의 ＿＿를 진짜로 간주했다."98) 이 공백을 라시드 앗 딘 자신이 남긴 것인지 아니면 훗날 서기들이 필사를 하다가 집어넣은 것인지는 몰라도, 주치의 친부 문제가 그 뒤에도 오랫동안 상징적으로 또 정치적으로 중요한 문제였다는 사실은 확인할 수 있다.

칭기스 칸과 아들들이 격렬한 감정을 드러낸 가족 모임이 끝나자, 그 모임의 여파가 어디까지 미칠지 아무도 알 수 없게 되어버렸다. 이 가족 쿠릴타이에서 승자들은 나폴레옹 전쟁 후 빈 회의, 제1차 세계대전 후 베르사유 회의, 제2차 세계대전 때의 얄타와 포츠담 회의의 결과를 예시하는 듯한 방식으로 세계를 분할했다.

부르테는 가족회의에서 되풀이해 언급되기는 했지만 회의에 참석하지는 않았다. 그러나 아마 생존해 있었을 것이다. 그녀가 아들들 사이에 진행된 일을 전해 들었는지는 알 수 없으며, 그녀가 여생을 어떻게 보냈는지에 대해서도 이렇다 할 정보가 없다. 구전 전승에 따르면 그녀는 이 시기에도 케룰렌 강가 아바르가의 아름다운 초원에서 살았다고 한다. 그녀가 남편과 결혼하여 처음 며칠 동안 살았던 곳에서 말로 달리면 며칠밖에 안 걸리는 곳이었다. 그녀는 1219년에서 1224년 사이에 이곳, 또는 그 근처에서 숨을 거두었을 가능성이 높다.

[분열의 징조를 드러내다]

이 불쾌한 사건은 칭기스 칸의 여생, 특히 중앙아시아 원정에 그림자를 드리웠다. 자식들의 싸움을 보면서 칭기스 칸은 자신의 사후에 제국을 유지하려면 엄청난 노력이 필요하다는 사실을 절실하게 깨달았다. 그의 아들들은 제국의 요구에 부응하지 못했다. 칭기스 칸은 초원의 부족들을 통일하고 주변의 모든 위협 세력을 정복한다는 위대한 과제를 수행했지만 자식들에게는 제대로 관심을 기울이지 못했다. 이제 그들은 모두 중년이었으나 아직 한 남자로서 자신을 증명하지는 못했다. 칭기스 칸은 평생 친척을 불신하고 젊은 시절부터 함께 지내온 동료나 친구들에게만 의지했기 때문에 자식들이 사이좋게 지내도록 돕지 못했으며 그들을 자신의 후계자로 훈련시키지도 못했다.

칭기스 칸은 말년에 주치와 차가타이에게 아랄 해 남쪽에 자리잡은 호라즘 샤의 옛 수도 우르겐치를 함께 정벌하는 임무를 맡겨 둘 사이의 관계를 회복시켜보려 했으나 소용이 없었다. 두 형제 사이의 긴장이 얼마나 팽팽했던지, 적을 포위 공격하던 도중 서로를 공격하기 직전까지 가는 상황이 발생하기도 했다. 두 형제 모두 그 도시가 주치의 세습 재산에 속한 곳임을 알고 있었으며, 이 점 때문에 그들은 이 도시를 정복할 전술을 놓고 합의를 보지 못했다. 주치는 우르겐치가 자신의 것이기 때문에 차가타이가 그것을 완전히 파괴하려 한다고 의심했다. 반면 차가타이는 주치가 탐욕 때문에 몽골 병사들의 희생을 무릅쓰고라도 도시의 건물과 구조물들을 보호하려 한다고 의심했다.

대부분의 도시는 며칠이나 몇 주면 함락되었던 반면, 우르겐치 정복에는 6개월이라는 전례 없이 긴 시간이 걸렸다. 도시의 수비군은 격렬하게 저항했다. 몽골군이 성벽을 돌파한 뒤에도 수비군은 집집마다 옮겨다니며 싸움을 계속했다. 몽골군은 거의 파괴된 도시의 비좁은 공간에서 싸우는 것이 몹시 불편했기 때문에 아예 불을 질러 도시를 태워버렸다. 수비군은 초토가 된 도시에서도 계속 싸웠다. 마침내 몽골군은 댐을 건설하여 강의 방향을 틀더니 도시를 수장해버렸다. 이렇게 해서 남아 있던 수비군은 다 죽고 도시 안의 거의 모든 것이 파괴되었다. 우르겐치는 다시 일어서지 못했다. 이곳은 주치에게 맡겨진 곳이었지만, 이제 그나 그의 후손에게는 다스릴 것이 없었다.

칭기스 칸은 두 아들의 싸움에 격노하여 둘을 소환했다. 그러나 둘을 왕궁에 들이지는 않았다. 일시적 추방조치였다. 그러다가 마침내 둘을 따로 불러들여 꾸짖기도 하고 호소하기도 했다. 이때의 대화는 칭기스 칸의 삶의 다른 단계에 비해 많이 남아 있는 편인데, 이것을 보면 그의 걱정은 늘었지만 가족을 통제할 힘은 줄어들고 있다는 사실이 역력히 드러난다. 그는 오랫동안 자식들 교육을 태만히 하다가 한번에 모든 것을 가르치려 한다. 그 과정에서 자신이 배운 교훈들, 또 머릿속에는 있지만 입밖에 낸 적이 없는 생각들을 분명하게 표현하려고 안간힘을 쓴다. 그는 명령을 내리는 데 익숙한 사람이었지 설명을 하는 데 익숙한 사람은 아니었다.

칭기스 칸은 지도력의 첫 번째 열쇠가 자기절제라고 가르친다. 특히 자만심과 분노를 극복하는 것이 중요한데, 자만심을 누르는 것은 들의 사자를 제압하는 것보다도 어려우며 분노를 이기는 것은 가장 힘센 씨름꾼을 이기는 것보다 어렵다고 했다. "자만심을 삼키지 못하면 남을

지도할 수 없다." 절대 자신이 가장 강하거나 가장 똑똑하다고 생각하지 마라. 아무리 높은 산이라도 그 산에 사는 짐승들이 있다. 그 짐승들이 산꼭대기에 올라가면 산보다 더 높아진다.

그는 말 많은 것을 꺼리는 몽골의 전통에 따라 자식들에게 말을 너무 많이 하지 말라고 주의를 주었다. 필요한 말만 해라. 지도자는 말이 아니라 행동을 통해 자신의 생각과 의견을 보여주어야 한다. "지도자는 백성이 행복하기 전에는 결코 행복할 수 없다." 그는 또 자식들에게 전망, 목표, 계획의 중요성을 강조했다. "목표에 대한 전망이 없으면 다른 사람의 삶은 말할 것도 없고 자신의 삶도 경영할 수가 없다."99)

어떤 생각은 다른 생각과 모순되는 것처럼 보인다. 칭기스 칸은 지도자로서 권위를 틀어쥐는 것이 중요하다고 강조하면서도, "지도자의 전망이 절대 원로들의 가르침으로부터 멀리 벗어나서는 안 된다"는 식으로 신중하고 조심스러운 태도를 강조하기도 한다. 그는 이런 식으로 설명한다. "낡은 델이 더 잘 맞으며 늘 더 편안하다. 이 옷은 거친 덤불 속에서 힘겹게 살아도 잘 버텨주지만, 새 델이나 입어보지 않은 델은 금방 찢어져버린다." 칭기스 칸은 자신의 수수하고 소박한 생활방식에 따라 자식들에게도 물질적인 천박함이나 허튼 쾌락을 추구하지 말라고 경고하기도 한다. "좋은 옷을 입고, 빠른 말을 타고, 아름다운 여자들을 거느리면 자신의 전망이나 목표를 잊기 쉽다." 그런 사람은 "노예나 다름없으며, 반드시 모든 것을 잃고 만다."

그는 자식들에게 나라를 정복하는 것은 군대를 정복하는 것과는 다르다고 말한다. 이것은 그의 가장 중요한 교훈으로 꼽힌다. 군대는 전술과 전력만 우월하면 정복할 수 있다. 그러나 나라는 사람들의 마음을 얻어야만 정복할 수 있다. 여기까지는 약간 이상적인 이야기로 들릴지 모르지만, 그 뒤에 훨씬 더 실용적인 조언이 나온다. 몽골 제국은 하나지만 그 신민이 하나로 통일되는 것은 결코 허용하지 말아야 한다. "호수 건너편에서 정복한 사람들은 호수 건너편에서 통치해야 한다."[100] 그러나 그의 아들과 후계자들은 그의 다른 많은 가르침과 마찬가지로 이 가르침도 무시해버렸다.

[칭기스 칸의 죽음]

몽골의 정복은 말의 해인 1222년 여름 현대의 파키스탄 중심부에 있는 도시 물탄에서 멈추었다. 그에 앞서 아프가니스탄의 산맥에서 인더스 강의 평원지대로 내려섰을 때 칭기스 칸은 인도 북부를 모두 점령하고 히말라야 남쪽을 빙 돌아 북쪽으로 중국 송나라 영토를 가로지를 생각을 했다. 이런 계획은 한번 온 길로 다시 돌아가고 싶어하지 않는 몽골인의 정서에 잘 맞는 것이었다. 그러나 지리와 기후 때문에 뜻대로 되지 않았다. 건조하고 추운 산악지대를 벗어나자마자 몽골의 전사와 말은 시름시름 앓기 시작했다. 더욱 놀라운 점은 고향 초원지대의 극단적인 추위와 더위에도 잘 적응하던 몽골의 활이 습기 찬 공기를 만나자 힘을 잃어버렸다는 것이다. 그와 더불어 몽골 전사들에게 무시무시한 명사수라는 명성을 안겨주었던 그 놀라운 정확성도 사라져버렸다. 칭기스 칸은 이런 장애에 부딪히자 2월에 산악지대로 돌아갔다. 눈이 덮인 고갯길을 뚫다가 포로들이 많이 죽었지만 칭기스 칸은 군대를 춥고 편안한 지역으로 데리고 갔다. 두 투멘, 즉 약 2만 병력이 남아 인도 원정을 계속했지만, 여름의 질병과 더위 때문에 병력 손실이 심해지자 생존자들은 지친 몸을 이끌고 건강을 회복하기 위해 기후가 온화한 아프가니스탄으로 철수했다.

몽골군은 인도 정복에는 실패했지만, 원정의 주요 목표는 달성하여 호라즘 제국을 정복함으로써 중앙아시아와 중동의 많은 지역을 손에 넣을 수 있었다. 칭기스 칸은 새로 정복한 땅을 떠나기 전에 축하행사를 열었다. 아마 역사상 가장 큰 사냥대회(몽골어로 아바)였을 것이다. 몽골군은 1222~1223년 겨울 몇 달 동안 사냥을 준비했다. 땅에 기둥을 촘촘히 박고 그 사이를 말총을 꼰 긴 끈으로 연결하여 넓은 지역을 둥그렇게 둘러쌌다.[101] 끈에는 모전 띠를 매달아놓았다. 바람이 불면—거의 언제나 불었지만—가까이 왔던 짐승들이 띠에 놀라 다시 안으로 달아났다. 정해진 시간이 되자 여러 부대가 서로 다른 방향에서 중심을 향해 밀고 올라가기 시작했다. 몇 달에 걸친 사냥에는 수만 명의 병사가 참가했다. 그들은 토끼와 새에서부터 가젤, 영양, 야생나귀에 이르기까지 모든 종류의 짐승을 사냥했다.

이 사냥은 물론 축하행사의 일부였지만, 사냥과 그 뒤에 이어지는 오락의 유쾌한 분위기를 이용하여 자식들 사이의 관계도 원만하게 만들고, 전장의 뜨거운 분노도 가라앉히고, 원정을 협동적인 분위기에서 끝맺으려는 의도도 있었던 것으로 보인다. 그러나 칭기스 칸이 가장 사랑하는 아들 주치는 여전히 형제들로 인한 상처가 아물지 않았고 아버지하고도 서먹서먹해져 칭기스 칸이 직접 명령을 내려 부를 때도 칭병을 하고 나오지 않았다. 그러다가 아프다고 하던 주치가 자신의 부하들을 위해 따로 축하 사냥대회를 열었다는 소식이 들리는 바람에 부자간의 관계는 위기를 맞아 무장 대결로 치달을 뻔했다.

아버지와 아들은 다시 만나지 않았다. 주치는 몽골로 돌아가는 대신 새로 정복한 영토에 그대로 머물렀다. 그는 곧 그곳에서 죽는데, 그의 죽음 역시 출생만큼이나 수수께끼에 싸여 있다. 아버지가 살아 있는 상황에서 죽었기 때문에 칭기스 칸이 아들들 사이의 관계와 몽골 제국의 정치적 평화를 고려하여 주치를 죽였을지도 모른다는 소문이 돌았다. 그러나 몽골 역사의 많은 부분이 그렇듯이 옳은지 그른지 확인할 수 있는 설득력 있는 증거 없이 소문만 남아 있을 뿐이다.

칭기스 칸 가족 내의 긴장에도 불구하고 대부분의 몽골인에게 승리한 군대의 귀환은 그들 인생의 정점을 이루는 사건이었다. 사냥대회의

활기찬 분위기는 몽골까지 먼 길을 가는 동안에도 계속 유지되었으며, 몽골에 도착해서는 나담이라고 부르는 귀향과 승리 축하행사가 열려 자신만만하고 의기양양한 분위기가 절정에 이르렀다. 포로들의 긴 행렬이 칭기스 칸 군의 본대보다 앞서서 들어갔다. 무슬림 땅에서 약탈한 물자를 싣고 가는 낙타 캐러밴은 거의 5년 동안 끊이지 않고 몽골로 들어갔다. 몽골 주민은 이국적인 사치품을 간절히 기다리고 있었다. 군대가 떠날 때만 해도 염소와 야크의 젖을 짜던 몽골 소녀들은 금으로 장식한 비단옷을 입었고 짐승의 젖은 새로 들인 하인들이 대신 짜주었다. 어린 시절에는 금속 구경도 하지 못했던 노인들이 조각을 한 상아 손잡이에 무늬가 새겨진 다마스쿠스 강철을 박은 칼로 고기를 썰었으며, 악사들의 노래를 들으면서 은 그릇에 담긴 아이라크를 마셨다.

칭기스 칸은 사랑하는 고향으로 돌아갔지만 거의 쉬지도 못하고 다시 원정에 나서야 했다. 어쩌면 자신의 삶이 끝나간다는 것을 알았기 때문에 쉴 시간이 없다고 생각했는지도 모른다. 아니면 자신의 제국은 끊임없는 정복에 의존할 수밖에 없다는 사실을 깨달았는지도 모른다. 그가 멈추면 왕실 내의 파벌주의가 제국을 갈가리 찢어버릴지도 몰랐다. 아마 그의 민족이 외부 물자의 꾸준한 유입에 의존하여 살아가게 되었다는 점이 훨씬 더 큰 압박 요인이었을 것이다. 그들은 어린 시절에 쓰던 소박한 물건들을 다시 사용하는 것이 영 내키지 않았을 것이다. 이 물릴 줄 모르는 욕망을 채워주기 위해 칭기스 칸은 계속 새로운 정복에 나설 수밖에 없었다.

그의 긴 생애의 마지막 원정 대상은 몽골 제국 창건 이듬해인 1207년에 공격했던 외적 탕구트였다. 그들은 항복을 했으면서도 호라즘 침공 때 지원군을 보내지 않았기 때문에 칭기스 칸은 탕구트의 칸에게 묵은 원한이 있는 셈이었다. 탕구트 왕은 으스대며 칭기스 칸이 혼자서 호라즘을 물리칠 수 없다면 아예 전쟁을 하지 말라고 충고했다. 칭기스 칸은 화가 났지만 일단 호라즘 원정에 집중했다. 그러나 이제 호라즘 원정이 끝났기 때문에 다시 탕구트에게 눈을 돌리게 된 것이다. 그는 다시 군대를 남쪽으로 몰고 가면서 마음속으로 또 한 번 크고 중요한 원정을 계획하고 있었을 것이다. 사실 탕구트 전쟁은 그 서막에 불과했다. 그는 아마 탕구트 왕국에 기지를 만들고, 거기에서부터 최종 목표인 송나라를 향해 남쪽으로 진군할 생각을 하고 있었을 것이다. 칭기스 칸은 앞서 호라즘을 치러 떠날 때 중국 북부에 군대를 남겨두고 왔지만 송나라는 그들의 손에 들어오지 않았다.

 탕구트와 전쟁을 하기 위해 고비 사막을 가로지르던 1226~1227년 겨울에 칭기스 칸은 잠시 발을 멈추고 야생마를 사냥했다. 그가 탄 불그스름한 빛을 띤 회색 말은 야생마들이 돌진해오자 놀라서 뒷걸음질을 쳤다. 이 겁 많은 말은 결국 대칸을 땅바닥에 내동댕이쳤다. 칭기스 칸은 내상과 심한 열로 고생을 했으나 부인 예수이의 근심 어린 조언에도 불구하고 고향으로 돌아가기를 거부하고 탕구트 원정을 계속 밀어붙였다. 낙마 후에 건강이 회복되지 않았음에도 그는 탕구트 왕과 전투를 계속했다. 탕구트 왕의 이름은 묘한 우연의 일치인지 '신'을 의미하는 부르칸─성산 부르칸 칼둔에도 그 이름이 사용되고 있다─이었다. 이 이름은 칭기스 칸에게 너무 신성한 것이었기 때문에 그는 탕구트를 이기고 나서 왕을 처형하기 전에 이름을 바꾸라고 명령했다.

 칭기스 칸은 여섯 달 뒤 탕구트 원정의 최종 승리를 불과 며칠 남겨놓고 죽었다. 『몽골 비사』는 그가 여름이 끝날 때 죽었다고 분명히 밝혀 놓았다. 그러나 이 텍스트는 칭기스 칸이 탄 말은 하나하나 자세하게 묘사하면서도 그의 죽음의 정황에 대해서는 입을 다물어버린다. 다른 자료들에 따르면, 칭기스 칸이 죽었을 때 타타르 출신의 부인 예수이는 그가 살아온 방식에 어울리는 소박한 매장을 준비했다고 한다.[102] 수행원들은 그의 몸을 씻긴 뒤 평범한 하얀 겉옷을 입히고 모전 장화를 신기고 모자를 씌운 다음, 백단향을 채운 하얀 모전 담요로 몸을 감쌌다. 귀한 백단향은 벌레를 쫓고 향기로운 냄새로 몸을 감쌌다. 수행원들은 모전관을 금 띠 세 줄로 묶었다.

사흘째 되는 날 평범한 수레에 대칸의 주검을 실은 행렬이 몽골을 향해 출발했다. 칭기스 칸의 영기가 조객들의 선두에 섰고, 그 뒤에 여자 샤먼이 섰으며, 그녀 뒤로 굴레를 헐렁하게 묶고 칭기스 칸의 텅 빈 안장을 실은 말이 따라갔다.

[칭기스 칸이 말하는 '칭기스 칸']

칭기스 칸은 자신이 세상에 어떤 이미지를 남기고 간다고 생각했을까? 상상해보기 어려운 일이다. 칭기스 칸이 자신을 어떻게 보았느냐 하는 문제에 대해서는 민하지 알 시라지 주즈자니의 연대기에서 약간의 힌트를 얻을 수 있다. 주즈자니는 칭기스 칸이 저주를 받았다고 하면서, 그가 죽어 지옥으로 내려갔다고 묘사했다. 그러나 주즈자니는 한 이맘이 이 악명 높은 정복자와 나눈 대화로 기록하고 있다. 이 성직자는 칭기스 칸의 조정에서 일을 했으며, 자신의 오만한 주장에 따르면 몽골의 칸의 특별한 총애를 받았다. 어느 날 그와 대화를 나누던 도중 칭기스 칸은 "내가 사라진 뒤에도 세상에는 위대한 이름이 남게 될 것"[103)]이라고 말했다고 한다.

그러자 이맘은 약간 망설이다가 칭기스 칸이 워낙 많은 사람들을 죽였기 때문에 그의 이름을 기억할 사람이 남지 않을지도 모른다고 말했다. 칸은 그의 대꾸가 마음에 들지 않았는지 이렇게 말했다. "내가 보기에 그대는 잘 이해를 못하는 것 같구려. 정말 이해를 못 하는 것 같소. 세상에는 왕들이 많이 있소." 그는 그 학식이 높은 성직자에게 설명했다. 세상의 다른 곳에는 또 많은 사람들이 있고, 많은 군주와 왕국들이 있다는 이야기였다. 칭기스 칸은 자신있게 선언했다. "그 사람들이 내

이야기를 할 거요!"

칭기스 칸이 중국의 한 도교 승려에게 보낸 편지[104]를 보면 그가 말년에 이르러 자신을 어떻게 생각했는지 좀더 잘 알 수 있고, 또 그의 속마음도 어느 정도 들여다볼 수 있다. 이 특별한 편지는 그 노승의 제자 몇 명이 사본으로 남겼다. 주로 행동과 한 말을 기록한 『몽골 비사』와는 달리 이 편지에는 칭기스 칸의 자신에 대한 분석이 담겨 있다. 이 편지는 어떤 서기―몽골 왕궁과 동행하던 키타이 사람 가운데 하나일 것이다―가 기록한 고전 한문의 형태로만 남아 있지만, 칭기스 칸 자신의 감정과 인식을 매우 분명하게 드러내준다.

칭기스 칸의 목소리는 소박하고, 분명하고, 상식적이다. 그는 자신의 적들이 쓰러진 것을 자신의 우월한 힘이 아니라 그들 자신의 능력 부족 때문이라고 보고 있다. "나 자신에게는 특별한 자질이 없소." 그는 '영원한 푸른 하늘'이 "오만과 지나친 사치" 때문에 주변의 문명을 벌했다고 말했다. 칭기스 칸은 엄청난 부와 권력을 모았지만 계속 소박한 생활을 했다. "나는 소 치는 목동이나 말을 모는 사람들과 똑같은 옷을 입고 똑같은 음식을 먹고 있소. 우리는 똑같이 희생을 하고 똑같이 부를 나누어 갖소." 그는 자신의 이상들을 간단하게 요약했다. "나는 사치를 싫어하오." 또 "나는 절제를 하고 있소." 그는 백성을 자식처럼 대접하려고 노력했으며, 재능 있는 사람들은 출신에 관계없이 형제처럼 대했다. 그는 자신과 관리들의 관계가 매우 긴밀하고 또 존경에 바탕을 두고 있다고 말했다. "우리는 늘 원칙에서 일치를 보며, 서로에 대한 애정으로 결합되어 있소."

이 편지는 무슬림 세계 침공 전야에 보낸 것이고 한자로 씌어 있지만, 그가 자신을 그 두 지역의 왕국이나 문화적 전통의 상속자로 보지 않았던 것은 분명하다. 그는 이전의 제국들 가운데 개인적으로 영향을 받은 제국을 딱 하나 꼽고 있는데, 그것은 그의 조상인 훈족의 제국이었다. 그가 무슬림이나 중국의 방식으로 통치를 하고 싶어하지 않았던 것은 분명하다. 그는 훈족으로부터 내려오는 방식, 초원의 제국에 어울리는 자기 나름의 통치 방식을 찾고자 했다.

칭기스 칸은 자신의 승리가 '영원한 푸른 하늘'의 도움이 없었다면 불가능했겠지만, "나의 소명이 중요했기 때문에 나에게 주어진 의무도 무거웠다"고 말한다. 그러나 그는 자신이 평화 시에도 전시만큼 성공을 거두었다고는 생각하지 않았다. "나의 통치에 부족한 점이 있었을 것 같아 걱정이오." 그는 나라를 다스리는 좋은 관리들이 배의 좋은 키만큼이나 중요하다고 말했다. 그는 장군으로 일할 재능이 있는 사람들은 만날 수 있었지만, 안타깝게도 행정부에서 유능하게 실력을 발휘할 수 있는 사람들은 찾지 못했다고 고백했다.

가장 중요한 것은 이 편지에서 칭기스 칸의 정치적 사고의 변화를 엿볼 수 있다는 점이다. 칭기스 칸은 자신의 약점들을 인정한 뒤에 지상에서 자신과 자신의 사명에 대한 인식이 높아졌음을 보여준다. 칭기스 칸의 주르첸 원정 —초원지대를 벗어난 첫 번째 주요한 원정이었다— 은 약탈을 위한 일련의 습격에 불과했다. 그러나 그 원정이 끝난 뒤에는 속국을 세웠다. 그의 말을 듣다 보면 단순한 습격이나 교역망 통제보다 더 깊고 넓은 계획이 드러난다. 그는 자신이 역사상 다른 누구도 하지 못했던 일을 하러 남쪽으로 갔다는 점을 인정했다. 그는 "큰 일"을 추진하고 있었다. "전 세계를 하나의 제국으로 통일"시키는 일이었다. 그는 이제 부족의 족장이 아니었다. 그는 해가 뜨는 곳에서부터 해가 지는 곳까지 모든 사람과 모든 땅의 통치자가 되려 했다.

칭기스 칸의 죽음을 가장 훌륭하게 묘사한 사람으로는 로마인을 연구하면서 제국과 정복의 역사를 파헤쳤던 18세기 영국의 위대한 역사가 에드워드 기번을 꼽을 수 있을 것이다. 그는 이렇게 간결하게 말했다. 칭기스 칸은 "천수를 누리고 영광이 최고에 이른 상태에서 죽었으며, 마지막 숨을 내쉬면서 자식들에게 중국 제국 정복을 완수하라는 지침을 내렸다."[105] 몽골인이 칭기스 칸의 바람과 명령을 이루려면 할 일이 아직 많았다.

유럽 원정대

우리의 죄 때문에 미지의 부족들이 몰려온다.[106]
『노브고로드 연대기』(1224)

대칸 취임을 축하하는 자리에서 술에 취한 우구데이는 인심을 써 아버지의 보물창고를 열고 그곳에 쟁여둔 재물을 마구 나누어주었다. 몽골인이 가장 아끼는 보석 진주는 상자에 담아 나누어주었다. 비단은 몇 필씩 던져주었다. 말과 낙타에는 아름다운 장신구를 달았다. 모든 몽골인이 금실로 수를 놓은 새 비단 델을 입었다. 아름다운 색깔들이 너무 많아, 왕궁에 드나드는 사람들은 하루는 한 가지 색을 똑같이 입었다가 다음날은 지시대로 다른 색 옷을 입었다. 그들은 1229년 여름 내내 아바르가에서 마시고, 잔치를 벌이고, 놀이를 했다. 아바르가에는 창고들이 세워져 칭기스 칸의 원정으로부터 들어오는 엄청난 양의 전리품 가운데 일부를 쟁여놓을 수 있었다. 세계에서 가장 큰 권력을 쥔 가족이 자축을 하는 동안 파란색, 녹색, 흰색, 노란색 비단의 나날이 꼬리를 물고 이어졌다. 행사의 분위기를 돋우기 위한 알코올도 흘러넘쳤다. 남자 여자 할 것 없이 정신을 잃도록 마셔댔다. 정신을 잃으면 잠시 눈을 붙였다가 깨어나면 다시 마셨다.

이 무렵 이 가족은 '황금 가족' 또는 '황금 가문'이라는 이름을 사용하기 시작했다. 황금은 초원지대 사람들에게 왕족을 상징했다. 그러나 이 가족이 손에 쥐었다가 빠르게 소비해버리는 엄청난 부를 나타내는 것 같기도 했다. 잔치의 분위기를 조절할 칭기스 칸은 없었다. 그의 상속자들은 이제 제국을 통치하게 되었으며, 자신의 손으로 얻지 않은 부에 취했고, 어느새 몹시 탐하게 된 알코올에 취했다. 우구데이 칸 취임식의 술이 흘러넘치는 환락은 그의 통치의 기준이자 모범이 되었다. 그리고 적어도 일시적으로는 제국의 분위기를 지배했다. 아타 말리크 주베이니가 그 직후에 썼듯이 우구데이는 "늘 술을 즐기고 아름다운 여자들을 가까이 함으로써 환락의 양탄자를 펼치고 무절제의 길을 걸어갔다."107)

칭기스 칸이 죽고 나서 몽골이 우구데이 취임을 축하하는 일에 한눈을 파는 동안 새로 정복한 신민들 가운데 일부가 떨어져 나가고 공물을 보내지 않았다. 우구데이는 몽골의 지배를 재확인하기 위해 중국 북부와 중앙아시아에 다시 대군을 보내야 했다. 그는 1230년에 즉위하자마자 세 투멘의 병력 —3만에 가깝다— 을 보내 중앙아시아 통제를 강화했지만, 더 챙겨올 부는 많지 않았다. 그는 정복을 위한 군대가 아니라 점령을 위한 군대를 보냈으며, 이들은 가족도 데려갔다. 그러나 중국 북부와 중앙아시아에서 몽골로 보내는 조공은 첫 약탈 때에 비하면 상당히 적은 수준이었다.

우구데이는 군대를 따라가지 않았다. 정복은 그에게 제일 중요한 일이 아니었다. 우구데이는 자신의 제국을 향유하는 방법의 일환으로 모든 위대한 군주들처럼 영원한 수도를 갖기로 했다. 단지 게르들을 모아놓은 야영지가 아니라 벽과 지붕, 창문과 문이 있는 진짜 건물을 세우기로 한 것이다. 우구데이는 그의 아버지가 생각하던 것과는 달리 말을 타고 정복을 할 수는 있지만 말을 타고 다스릴 수는 없다고 확신하게 된 것이다. 그러나 말을 타고 통치하는 것, 즉 권력의 중심이 옮겨다니는 것이야말로 몽골 성공의 제1요인으로 꼽을 만한 것이었다. 우구데이가 짧은 치세에 저지른 몇 가지 실수 가운데 첫 번째가 이 정책을 버리고 권력 중심과 제국의 행정부를 고정시키려 했다는 점이었다.

오논 강과 케룰렌 강 근방의 옛 고향은 이제 몽골의 관습에 따라 막내아들인 톨루이의 영토가 되었으므로 우구데이는 고향의 서쪽에 있는 자신의 영토에 수도를 건설하기로 했다. 그는 이전에 옹 칸의 케레이트 부족 소유였던 오르콘 강변의 땅 한가운데를 선택했다. 이곳은 옛날 투르크 왕국들의 수도가 있던 자리이기도 했다. 그는 좋은 야영지를 고르는 유목민의 기준에 따라 자리를 골랐다. 넓은 초원이어야 하고, 모기가 끌지 않게 바람이 잘 불어야 하고, 도시에 사는 사람들에 의해 오염되지 않을 만큼 거리가 떨어진 곳에 풍부한 물이 있어야 하고, 근처에 가축이 겨울에 피신할 만한 산이 있어야 했다. 나중에 카라코룸이라고 알려지게 된 장소는 이런 모든 면에서 완벽했다. 유일한 문제라면 영구적으로 거주하는 주민이 사는 도시에는, 아무리 좋아도 일시적일 수밖에 없는 야영지와는 다른 것들이 필요하다는 점이었다. 도시 주민에게는 일 년 내내 항상 먹을 것을 공급해주어야 했다. 그러나 식량을 생산할 방법이 없었기 때문에 수백 킬로미터 떨어진 고비 사막 남쪽에서 큰 대가를 치르고 들여오는 물자에 의존할 수밖에 없었다. 카라코룸은 넓은 초원지대에 있었으므로 매서운 겨울바람을 피할 수가 없었다. 가축은 산이 있는 곳으로 피할 수 있었지만, 도시는 철마다 자리를 옮길 수가 없었다. 몽골의 수도 카라코룸은 이런 문제들에 시달리다 결국 사라지고 만다.

우구데이는 아마 전형적인 몽골 방식으로 궁을 짓기 시작했을 것이다. 즉 초원을 가로질러 활을 쏘고, 화살이 날아간 곳을 쫓아 건물의 첫 날개를 짓는 방식이다. 이 날개는 몽골의 공간 측정 방식에 맞추어 활 한 바탕 거리로 지었을 것이다. 다른 날개도 똑같은 방법으로 지었고, 그 중간에 두 날개를 잇는 높은 건물을 세웠다. 우구데이는 궁을 둘러싸는 튼튼한 담을 세웠으며, 이 담 때문에 이 건물은 '검은 돌' 또는 '검은 담'이라는 뜻의 카라코룸이라는 이름을 얻게 되었다. 라시드 앗 딘은 우구데이의 새로운 궁을 이렇게 묘사했다. "구조물이 매우 높았고, 이에 따라 기둥도 우뚝했다. 마치 왕의 높은 결의를 따르려는 것 같았다. 장인들은 화려한 무늬와 그림을 그려 건축을 마무리했다."[108]

몽골인은 넓은 초원에 살던 때와 마찬가지로 계속 카라코룸 주위의 게르에서 살았다. 왕궁은 철에 따라 지역을 옮겨다녔다. 수도에서 며칠 또는 몇 달 거리에 떨어져 있는 경우도 많았다. 중국의 건축가와 장인들이 카라코룸의 건물들을 설계하고 건설했지만, 우구데이가 카라코룸에서 하루 거리인 케르차간에 가족을 위해 지은 개인 궁전은 무슬림 양식이었다. 지배자 가족의 권력, 위풍, 권위를 전시하는 다른 세계의 수도들과는 달리 카라코룸은 기본적으로 창고와 작업장 구실을 하였으며, 우구데이를 포함한 몽골인 대부분이 일 년 내내 사실상 이곳을 외면한 채 살아갔다. 그들은 이곳을 물자 보관 기지로 삼았는데, 이 물자에는 그들을 위해 일하는 장인들도 포함되었다. 이 도시에서 생산되는 것은 거의 없었지만, 제국 전역으로부터 조공을 받아 모아들였다. 도시의 3분의 1은 제국을 운영하기 위해 새로 뽑은 사무관들[109]의 숙소였다. 여기에는 제국 모든 나라에서 온 서기와 통역이 포함되었는데, 이들은 자기 나라와 연락하는 일을 맡았다.

주베이니는 이 도시를 방문해보고 기록을 남겼는데, 이것이 현존하는 가장 오래된 기록이다. 주베이니는 단지 안에 자리잡은, 사방에 문이 달린 정원을 묘사한다. 중국의 장인들은 정원 안에 "정원의 문들과 마찬가지로 네 개의 문이 달린 성"[110]을 세워놓았다. "성 안에는 왕좌가 있는데, 그곳에 이르는 층계는 셋이다. 하나는 우구데이만 이용하는 것이고, 또 하나는 그의 여인들을 위한 것이고, 또 하나는 술잔을 따라 올리는 사람이나 상을 차리는 사람이 오르내리는 것이다." 우구데이는 궁

앞에 호수를 여러 개 팠는데 "그곳에 물새가 많이 모여들었다." 우구데이는 이 새들을 사냥하는 광경을 구경하면서 술에 취하곤 했다. 우구데이는 술을 무척 좋아하던 사람답게 단지 중앙에 금과 은으로 만든 큰 통을 여러 개 갖다 놓고 낙타와 코끼리를 가까운 곳에 두었다고 한다. "사람들이 많이 모이는 잔치가 열렸을 때 여러 가지 술을 금방 실어나를 수 있게 하려는 것"이었다.

우구데이는 자신과 황금 가족의 다른 구성원을 위한 궁만이 아니라 불교, 이슬람교, 도교, 기독교를 믿는 부하들을 위한 집도 몇 채 지었다. 이들 가운데 몽골 조정을 지배했던 세력은 기독교도였던 것 같다. 우구데이도 세 형제들과 마찬가지로 케레이트와 나이만을 정복했을 때 기독교를 믿는 부인을 얻었으며, 그의 후손 가운데 일부도 기독교인이었기 때문이다. 특히 그가 가장 아끼는 손자 시레문(성경에 나오는 솔로몬의 몽골식 이름)이 기독교인이었다. 몽골인이 기독교에 끌린 데는 예수라는 이름도 하나의 이유가 되었던 것 같다. 예수라는 말은 몽골의 신성한 숫자인 9를 가리키는 말과 비슷하게 들리며, 왕조의 창건자라고 할 수 있는 칭기스 칸의 아버지 예수게이의 이름과 비슷하게 들리기도 한다. 기독교인이 높은 지위를 차지하기는 했지만 카라코룸이라는 작은 도시는 아마 당시 세계에서 종교적으로 가장 개방되고 관용적인 곳이었을 것이다. 그렇게 많은 종교인들이 평화롭게 공존하며 자기 신앙을 지키는 곳은 달리 찾아볼 수 없었다.

우구데이는 교역을 하는 캐러밴들이 그의 새로운 도시를 찾아오게 하기 위해 필요한 물건이든 아니든, 품질이 좋든 나쁘든 모든 물건을 아주 높은 값에 사주었다. 라시드 앗 딘의 말에 따르면 우구데이는 "매일 식사를 한 뒤에 궁정 바깥의 의자에 앉아 있곤 했다. 그곳에는 세상에 있는 모든 종류의 상품이 잔뜩 쌓여 있었다. 그는 이 물건들을 모든 계층의 몽골인과 무슬림에게 나누어주곤 했다. 덩치가 큰 사람에게 지고 갈 수 있는 만큼 지고 가라고 명령하는 경우도 많았다."111) 상인들은 짐승과 다양한 먹을거리만이 아니라 직물, 상아 엄니, 진주, 사냥용 매, 금잔, 보석이 박힌 허리띠, 버드나무로 만든 채찍 손잡이, 치타, 활과 화살, 의류, 모자, 이국적인 동물 뿔 등도 들고 왔다. 또 중국의 배우나 악사, 페르시아의 씨름꾼, 비잔틴 제국의 어릿광대 등 연예인들도 많이 찾아왔다.

우구데이 칸은 수입품에 대하여 부르는 값의 두 배를 주곤 했다. 이것은 자신의 영토를 찾아와준 상인의 노고에 감사한다는 뜻이기도 했고, 다른 상인들도 찾아오게 하려는 미끼이기도 했다. 우구데이는 또 상인이 가격을 얼마를 요구하든 거기에 10퍼센트를 추가로 얹어주겠다는 포고를 발표하기도 했다.112) 몽골은 또한 필요한 경우에는 캐러밴에게 자본을 대주기도 했다. 우구데이는 교역을 개선하려고113) 여러 나라와 도시에서 사용하는 무게와 측량 단위를 표준화했다.114) 금은괴나 동전은 운반하기가 부담스러웠기 때문에 지폐를 만들었으며, 덕분에 교역은 한결 간편하고 안전해졌다.

우구데이의 군대는 중앙아시아에서 몽골의 통치권을 재확인했으며, 유능한 노장군 수베데이의 지도 하에 송나라와 동맹을 맺고 주르첸의 남은 부와 땅을 조각조각 나누어 가졌다. 칭기스 칸은 늘 전쟁터에 살면서 전리품을 고향으로 실어 보냈기 때문에 물자를 꾸준하게 공급할 수 있었다. 그러나 우구데이는 점차 군대의 힘을 이용하여 안전한 통로를 확보함으로써 상인들이 더 많은 물자를 가져오게 했다. 그는 도로와 상인을 보호할 목적으로 주둔군을 배치했으며, 교역 비용과 부담을 증가시키던 복잡한 지방 세금 제도를 없애버렸다. 몽골은 도로에 가로수를 심어 여름에 여행자에게 그늘을 드리우고 겨울에 눈이 오면 도로의 표지 노릇을 하게 했다. 나무가 자라지 않는 곳에는 돌기둥을 세워 길 표시를 했다. 주베이니는 "서쪽 끝이든 동쪽 끝이든 이윤이나 이득이 있는 곳이면 발을 옮기는 상인들"[115]을 끌어들이기 위해 몽골이 도로를 닦았다고 말했다.

우구데이는 카라코룸에서 말을 내림으로써, 그의 아버지가 그렇게 싫어하던 돌담을 쌓음으로써 칭기스 칸의 정책으로부터 상당히 멀어졌다. 이로써 새로운 적응의 과정이 시작되었고, 몽골은 이후 40년에 걸쳐 말을 탄 전사들의 나라로부터 정주(定住)한 조정이 다스리는 나라로 바뀌었다. 물론 여기에는 칭기스 칸의 유산과는 대조를 이루는 문명화된 퇴폐의 온갖 장식품이 따라붙었다.

1235년 우구데이는 아버지의 부를 거의 모두 탕진해버렸다. 우구데이의 도시는 건설과 운영에 큰 비용이 들어갔으며, 그의 생활습관도 유지비가 많이 들어갔다. 제국 전역에서 여전히 공물이 들어왔지만, 그의 아버지 시절의 양을 따라가지는 못했다. 우구데이가 수도를 건설하고 행정부를 개혁하기 위해 어떤 일을 했건, 결국 몽골 제국은 정복에 의존하고 있었다. 우구데이 자신을 포함한 몽골인에게 익숙해진 생활방식을 유지하기 위해서는 부의 유입이 절실하게 필요했다. 몽골 민족은 농사를 짓지도 물건을 생산하지도 않았다. 말은 많이 길렀지만 거래하는 것은 싫어했다. 몽골 제국이 살아남으려면 우구데이는 새로운 목표, 이제까지 약탈하지 않은 목표를 정하고 전쟁을 해야 했다. 하지만 어디에 있는 누구를 약탈해야 할까?

우구데이는 미래의 정복 대상을 정하기 위해 새로 건설한 수도 카라코룸 근처 초원에서 쿠릴타이를 소집했다. 참가자들마다 각기 다른 방향을 제시하는 것 같았다. 일각에서는 남으로 진군하여 거대한 인도 아대륙으로 들어가기를 바랐다. 칭기스 칸이 북쪽의 산맥에서 바라보기만 했을 뿐, 혹심한 더위 때문에 침공하지 못했던 땅이었다. 또 일각에서는 페르시아로 더 밀고 들어가 유명한 아랍 도시 바그다드와 다마스쿠스까지 가자고 했다. 또 일각에서는 그 무렵 몽골이 편의상 동맹을 맺고 있던 송나라를 상대로 전면전을 펼치자고 주장했다.

그러나 한 사람은 다른 제안을 내놓았다. 주르첸을 물리치고 막 돌아온 수베데이는 칭기스 칸의 군대에서 가장 위대한 장군이었으며, 공성전에 대한 빈틈없는 지식과 대형 공격 기계의 운용 능력으로 몽골이 그 동안 벌였던 모든 중요한 원정에서 핵심적인 역할을 담당해왔다. 그는 이제 예순이었다. 아마 한쪽 눈은 멀었을 것이다. 어떤 이야기에 따르면 너무 뚱뚱해서 말을 타지 못하여 쇠로 만든 전차를 타고 다녔다고도 한다. 이런 신체적 약점에도 불구하고 그의 예리한 정신은 힘차게 움직이고 있었다. 그는 전쟁터로 돌아가고 싶어했다. 수베데이는 여러 번 승리를 거둔 무슬림이나 중국 군대와 다시 싸우기보다는 대규모 원정군을 조직하여 서쪽으로, 유럽으로 나아가자고 주장함으로써 칭기스 칸의 정책과 결별하는 쪽을 택했다. 유럽은 그가 그 무렵 아주 우연하게 발견한 미지의 문명이었다. 수베데이는 중국, 인도, 무슬림 나라들과 마찬가지로 유럽 역시 큰 부를 약속한다고 주장했다. 수베데이는 유럽 군대를 시험해보았기 때문에 그들의 전투 방식을 알고 있었으며, 그들을 쉽게 물리칠 수 있다고 자신했다.

[1000년 만의 침입]

쿠릴타이에 참석한 거의 모든 사람들에게 유럽은 거대한 미지의 덩어리였다. 살아 있는 지휘관 가운데 그곳에 가본 사람은 수베데이뿐이었다. 그도 처음에는 소규모 군대를 이끌고 그곳을 탐사해보았을 뿐이다. 그가 유럽을 발견한 것은 10년 전인 1221년, 칭기스 칸이 중앙아시아를 침공했을 때였다. 그때 수베데이와 제베는 카스피 해를 에둘러 호라즘의 술탄을 추적했다. 술탄이 죽은 뒤 그들은 계속 전진하여 북쪽에 무엇이 있는지 알아보겠다고 요청하여 허락을 받았다. 그들은 그곳에서 총명왕 조르지 3세가 통치하는 조그만 기독교 왕국 그루지야를 발견했다.

제베는 그들의 방어 수준을 시험해보았다. 그루지야는 주위의 무슬림들과 수백 년 동안 싸워온 덕분에 매우 숙련되고 전문적인 군대를 자랑하고 있었다. 수비군은 자신의 땅에서 작전을 하는 것이었기 때문에 이전에 수많은 투르크와 무슬림 군대를 맞이하러 나왔듯이 공격하는 몽골군을 맞이하러 나왔다. 제베의 몽골군은 그루지야군을 향해 몇 차례 돌진하고, 몇 번 일제 사격을 하더니 방향을 틀어 달아나버렸다. 그루지야군은 몽골군이 겁에 질려 패주한다고 생각했다. 그러나 이것은 물론 퇴각을 가장한 '개싸움' 전략이었다. 자신감이 지나쳤던 그루지야군은 대오마저 무너뜨리며 열심히 몽골군을 쫓기 시작했다. 몽골군은 추적자들을 간신히 앞서 가는 것처럼 보였다. 그루지야군의 말은 점차 무거운 짐과 오랜 추적 때문에 지치기 시작했다. 약한 말들이 뒤로 처지면서 그루지야군의 숫자도 줄어들었다.

그루지야군이 넓게 퍼지면서 지치기 시작하자 갑자기 퇴각하던 제베의 전사들이 사라지고 수베데이가 지휘하는 다른 부대가 나타났다. 수베데이의 부하들이 그루지야군을 한 사람씩 겨누어 활을 쏘는 동안 제베의 병사들은 새 말로 갈아타고 다시 싸움에 참여했다. 몇 시간이 안 되어 몽골군은 그루지야군과 이 작은 나라의 귀족 계급을 궤멸시켰다. 수베데이는 그루지야를 유럽 최초의 속국으로 만들었으며, 이후 그루지야는 가장 충성스럽게 몽골을 지원했다.

수베데이와 제베는 그루지야를 시험해본 뒤 산맥을 따라 내려가 동유럽 평원을 살피며 이 미지의 땅에 사는 사람들이 전장에서 어느 정도 능력을 발휘하는지 확인해보았다. 몽골군은 체계적으로 끈질기게 이 지역을 탐사했다. 그들은 평소와 마찬가지로 정찰과 정보 수집을 중시하여 사람 숫자, 도시의 위치, 정치적 분열, 집단 간 경쟁을 살펴보았다. 몽골군은 또 흑해의 북쪽 해안과 카스피 해 사이의 평원에 살고 있는 킵착이라고 알려진 투르크 부족을 발견했다. 킵착은 몽골인에게 아주 익숙한 유목 생활을 하고 있었다. 몽골군은 그들이 모전 벽 안에서 살면서 유사한 언어를 사용하는 비슷한 사람들이라는 점을 이용하여 그들로부터 많은 것을 배우고 일부를 동맹군으로 끌어들이기도 했다. 그러나 수베데이가 진짜로 관심을 가졌던 것은 북쪽과 서쪽으로 더 나아간 곳에 자리잡은 농경지였다. 이 지역에는 도시가 많았으며, 모두 동방 정교를 믿고 러시아어를 사용했음에도 야심 많은 영주들 간에 반목이 심했다. 수베데이는 군대를 그쪽으로 몰고 가 반응을 살폈다. 그는 1223년 4월 말 흑해 북쪽 드네프르 강변에 이르렀다.

이 평원의 기독교 도시들은 이교도 침략자에 대항할 만큼은 단결이 되어 있었기 때문에 곧 군대들을 파견했다. 스몰렌스크, 갈리치, 체르니고프, 키예프, 볼리니아, 쿠르스크, 수즈달, 킵착의 일부 등 이 지역의 작은 왕국과 도시국가들로부터 온 병력들로 급히 부대가 편성되었다. 이들 가운데 갈리치, 체르니코프, 키예프에서 온 군대는 므스틸라프라는 이름을 가진 제후들의 지휘를 받고 있었다. 세 므스틸라프 가운데 가장 두각을 나타낸 사람은 이 지역에서 가장 크고 부유한 키예프의 므스틸라프 로마노비치 공이었다. 그는 자신의 사위 둘이 포함된 가장 당당한 군대를 이끌고 왔다. 러시아 군대가 속속 모여들자 몽골군은 10명으로 이루어진 사절단을 보내 항복이나 동맹 문제를 협상하게 했다. 러시아군은 오만하게도 이들을 모두 처형해버렸다. 자신들이 몽골의 외교 예절을 짓밟았다는 사실, 그리고 이 때문에 거기에 모인 제후들만이 아니라 러시아인 모두가 곧 큰 대가를 치러야 한다는 사실은 알 턱이 없었다.

몽골군은 작은 접전을 시작했으나 곧 그런 크고 막강한 적과 싸우는 것이 두렵다는 듯 그들이 왔던 동쪽으로 돌아가기 시작했다. 러시아군과 킵착 동맹군 일부가 기분 좋게 그들을 추격했지만, 며칠이 지나도 몽골군은 그들보다 약간씩 앞선 상태를 유지하면서 거리를 좁히는 것을 허락하지 않았다. 러시아군 가운데 일부는 아예 추적에 참여하지 못했고, 일부는 느려서 뒤처졌으며, 일부는 속도가 빨라 달아나는 몽골군의 발꿈치를 물어뜯을 듯 바짝 다가가고 있었다. 러시아인은 몽골군이 무사히 달아날까봐 걱정했다. 몽골군이 그 전에 페르시아, 그루지야, 아제르바이잔 침략에서 노획한 말과 전리품을 빼앗을 기회까지 달아나는 셈이었기 때문이다. 그러나 조직적인 퇴각, 재집결, 철수 계획을 세워놓지 않은 것은 러시아군의 중요한 실수였다. 거의 2주에 걸친 추적 끝에 러시아군 전위는 아조프 해로 흘러드는 칼카 강에서 몽골군을 따라잡게 되었다. 러시아군과 몽골군의 싸움이 벌어진 것이다. 사실 이곳은 제베와 수베데이가 몽골군에게 가장 유리한 싸움터로 점찍어둔 곳이었다. 그러나 자신만만한 러시아의 공후(公侯)들은 몽골군이 다시 달아날까 걱정이 되어 긴 행군에 지친 부하들에게 쉴 틈도 주지 않고 공격을 위해 전열을 정비했다.

연대기들마다 다르게 기록되어 있기는 하지만, 이곳에 있었던 러시아 병사들의 숫자는 4만에서 8만 사이로 추정된다. 따라서 러시아 병력이 몽골 병력의 두 배는 되었을 것이다. 그러나 러시아 병사들은 주로 시골의 농토와 작은 마을 출신이었다. 이들 농민은 제대로 영양을 공급받은 건강한 상태에서는 아주 힘이 셌으며, 짧은 전쟁 경험도 많았다. 그러나 직업군인으로 이루어진 군대라고는 할 수 없었다. 게다가 겨울 끝자락이라 영양 상태도 좋지 않았다. 그들 가운데 다수는 전쟁 무기를 사용하는 것보다는 낫으로 건초를 베고 황소에 채찍질을 하는 데 더 익숙했다. 그러나 귀족 장교들이 손쉬운 승리를 장담했기 때문에 농민은 의무적으로 방패를 앞세우고 대오를 형성했다. 병사마다 임시변통의 검이나 창이나 철퇴나 곤봉 등 손에 잡히는 무기나 농기구를 개조한 무기를 들고 있었다. 훈련이 잘된 소규모의 궁수들은 근처에 서 있었다. 엘리트 장교들은 보병 뒤편의 말 위에 당당하게 앉아 있었다.

러시아 병사들은 적이 어떤 식으로 공격할지 몰랐지만 어깨를 맞대고 단단히 버티며 대오를 무너뜨리지 않겠다고 결심하고 있었다. 그러나 아무리 기다려도 적은 공격하지 않았다. 몽골군은 공격하는 대신 노래를 부르고 북을 두드리기 시작했다. 그러다가 어느 순간 갑자기 몽골 진영에 괴괴한 정적이 흘렀다. 이날은 먼지가 별로 없는 맑은 봄날이었기 때문에 몽골군은 깃발로 작전을 통제하고 조율하는 '소리없는 공격'을 택했다. 깃발 신호에 따라 말을 탄 몽골 궁수들이 소리없이 러시아 보병의 전열을 향해 질주했다. 말발굽 소리가 땅을 울리자 적의 공격을 초조하게 기다리는 러시아 병사들의 다리에도 그 울림이 전해져 왔다. 그러나 양편은 부딪지 않았다. 몽골 기병들은 슬라브인이 손에 쥔 무기가 닿을 만한 곳에 이르기 직전 말을 멈추었으며, 그곳에서 러시아 보병 대오를 향해 화살을 쏘았다. 러시아 병사들은 주위에서 전우들이 피를 흘리며 쓰러지는 것을 지켜보면서도 공격 범위에 들어온 사람들이 없어 반격을 할 수가 없었다. 눈앞에는 검을 휘두르며 싸워볼 적이 없었다. 창을 던지거나 곤봉을 들고 쫓을 상대도 없었다. 적이 쏜 화살은 잔뜩 있었지만, 몽골군의 화살은 러시아군의 시위에는 메워지지 않았다. 러시아 병사들은 분통이 터졌지만 그들이 할 수 있는 일이라고는 몽골군이 그 화살을 다시 이용할 수 없게 분질러버리는 것뿐이었다.

보병이 박살나자 러시아 궁수들은 몽골군을 겨냥하고 일제히 화살을 날리기 시작했다. 그러나 몽골의 활보다 약한 유럽 활은 사격 거리가 짧았기 때문에 목표물을 맞히는 경우가 거의 없었다. 몽골군은 흉내를 내듯 러시아군 화살을 거두어들였으나 분지르는 대신 원래 임자를 향해 되쏘았다. 러시아 화살의 오늬*는 몽골군의 활시위에 잘 맞았기 때문이다. 놀란 러시아군은 공황 상태에 빠져 서둘러 물러나기 시작했다. 몽골

---

* 오늬: 화살의 머리를 활시위에 끼도록 에어 낸 부분.

은 그들을 쫓아가며 달아나는 영양이나 두려움에 빠진 사슴 떼를 추격하듯 하나씩 골라서 활로 쓰러뜨렸다. 물러나는 러시아군이 전장을 향해 행군해 오던 새 병력과 부딪히자 두 부대는 서로 걸려 넘어지면서 퇴로가 막혀버렸다. 그 바람에 혼란은 더 심해지고 사상자는 늘어만 갔다.

말을 탄 러시아의 공후들은 반짝거리는 창과 검, 화려한 기를 들고 문장이 박힌 옷을 자랑하며 육중한 군마 위에 앉아 있었다. 이 유럽의 군마들은 힘의 과시를 위해 키웠기 때문에 연병장에서 고귀한 승마자의 갑옷 무게는 어렵지 않게 감당했지만 전장에서 속력이나 민첩성을 보여주지는 못했다. 러시아 귀족은 육중한 금속 갑옷을 입어도 전장에서 다른 유럽 귀족을 만났을 때는 걱정할 것이 없었다. 상대방 역시 비슷한 과시용 말을 타고 있었기 때문이다. 그러나 지금은 사방에서 보병이 패주하는 상황이라 그들 역시 달아나야 했다. 그들의 말은 아름답기는 했지만 무거운 짐을 싣고 오래 달릴 수는 없었다. 몽골군은 철갑을 두른 전사들을 따라잡았고 러시아의 도시국가를 다스리는 공후들은 하나씩 죽음을 당했다. 몽골군은 전투가 시작되었던 흑해로 돌아가는 길 내내 러시아군을 추적하여 도륙했다. 1224년의 노브고로드 연대기에 따르면 몽골군과 싸우러 나간 대군 가운데 오직 "10분의 1만 고향에 돌아왔다."[116] 거의 1000년 전 훈족이 유럽을 공격한 이래 처음으로 아시아 군대가 유럽을 침공하여 대군을 완파한 것이다.

원정 말미에 수베데이와 제베는 병사들을 이끌고 흑해의 크림 반도로 가서 편안한 봄을 보냈다. 그들은 승리를 축하하는 잔치를 열어 며칠간 술에 취해 살았다. 주빈은 패배한 므스틸라프 공과 두 사위였다. 그러나 그들을 대접한 방식을 보면 몽골군이 칭기스 칸 시대 이후로 얼마나 많이 변했는지 알 수 있다. 몽골군은 지체 높은 귀족이라는 지위에 어울리게 그들 셋을 모전 바닥 깔개로 둘둘 말아 게르의 바닥판 밑에 쑤셔넣었다. 몽골군은 밤새도록 그 위에서 술을 마시고 노래를 부르면서 천천히 피 한 방울 흘리지 않고 그들을 짓눌러 죽였다. 몽골 지도자들은 러시아인에게 사절을 죽이면 엄벌을 받는다는 점을 이해시키려 했다. 또 부하들에게는 적이 몽골인을 부당하게 죽이면 언제든지 잔인하게 복수해줄 수 있다는 것을 보여주려 했다.

아르메니아, 그루지야나 옛 러시아 무역도시들의 연대기 기록자들은 몽골인의 외모는 기록해놓았지만, 이 사람들이 누구고 그곳을 떠나 어디로 갔는지는 전혀 알지 못했다. 그들은 이 낯선 사람들에게 패한 것을 신이 내린 벌로 해석했다. 몽골군은 머물러 영토를 점령하지 않고 곧바로 길을 되짚어 몽골로 돌아갔기 때문에 유럽인들은 곧 몽골에게 패배한 일을 잊고 자기들끼리 싸우기 시작했다. 기독교도의 해석에 따르면 몽골군은 이들을 혼내주려는 신의 뜻을 이루었기 때문에 다시 신의 뜻에 따라 고향으로 돌아간 것이었다. 노브고로드 연대기는 이렇게 설명하고 있다. "타타르인은 드네프르 강에서 발길을 되돌렸다. 우리는 그들이 어디에서 왔는지, 어디로 다시 모습을 감추었는지 모른다. 우리 죄를 벌하시려고 그들을 데려오신 신만이 아실 것이다."117)

[유럽과 송나라를 동시에 겨누다]

수베데이가 러시아인에게 첫 승리를 거두고 나서 12년 뒤, 우구데이의 쿠릴타이에 모인 사람들은 유럽에서 몽골의 승리와 관련된 정보를 검토해보았다. 우구데이의 일차적 관심은 전술이 아니라 유럽 원정에서 얻을 수 있는 부였다. 유럽의 경우 전장에서는 눈부신 승리를 거두었지만 중국이나 무슬림 원정과 비교할 때 전리품은 거의 없었다. 수베데이의 군대는 성벽을 두른 도시들의 원정을 조직할 시간이나 병력이 없었기 때문에 전리품을 거의 가져오지 못했지만 정찰을 통해 그 지역에 도시가 많다는 사실은 확인해놓았다. 더 중요한 사실은 크림 반도에서 말이 살찌기를 기다리며 쉬는 동안 제노바 상인들이 관리하는 교역 중심지들을 발견했고, 일부는 습격을 하기도 했다는 점이었다.

우구데이는 수베데이를 싫어했던 것 같다. 어쩌면 불신했는지도 모른다. 수베데이도 우구데이에 대해서 같은 감정을 가졌던 것으로 보인다. 수베데이의 입장을 가장 강력하게 지지한 사람들은 주치 집안이었다. 그들은 서쪽 끝 초원지대에 살면서 볼가 강 주변, 수베데이가 정복한 땅들을 상속받았기 때문이다. 주치가 죽은 뒤에는 아들 바투가 그의 혈통의 칸 자리를 계승했다. 바투 칸은 주치의 둘째아들로서 칭기스 칸의 손자들 가운데 가장 유능하다는 평판을 얻고 있었기 때문에 우구데이 사후에 대칸으로 선출될 가능성이 높았다. 여기에 유럽 원정에서도 성공을 거두면 부와 명예가 크게 늘어 대칸의 제1후보 자리를 확실하게 굳힐 수 있었다.

바투가 유럽 원정에 찬성하는 바로 그 이유 때문에 우구데이 칸은 반대를 했다. 우구데이 자신은 송나라 원정에서 얻을 것이 훨씬 더 많았다. 우구데이는 몽골 제국의 중심에 자리잡고 있었기 때문에 유럽으로 가는 길목은 두 형제의 땅이 가로막고 있었다. 반면 송나라로 가는 길목에는 막내 톨루이의 땅밖에 없었다. 게다가 3년 전 가을—발효가 가장 잘된 마유주를 마실 수 있는 철이었다—에 톨루이가 어느 날 아침 술잔치 끝에 대취한 채 천막에서 비틀거리며 나오다가 쓰러져 죽어 우구데이의 앞길을 편하게 해주었다. 톨루이의 나이 40세였다. 우구데이는 즉시 자신의 아들 구육과 톨루이의 미망인 소르칵타니—케레이트의 옹 칸의 조카딸이었다—의 결혼을 추진하여 죽은 동생의 소유를 합병하려 했다. 여기에는 조상의 고향과 성산 부르칸 칼둔도 포함되어 있었다. 그러나 소르칵타니는 어린 네 아들을 고루 보살펴야 한다는 이유로 결혼을 거부했다. 이것은 결국 몽골 제국의 역사에서 가장 중요한 결정 가운데 하나로 꼽히게 된다. 그러나 당장은 그녀의 검증되지 않은 아들들에게 숙부인 대칸과 경쟁할 힘이 있을 리 없었다.

우구데이는 송을 친다는 명분으로 남하할 경우 소르칵타니의 소유지와 그 주변에 대한 영향력을 확대할 수 있었다. 이 침공을 구실로 그녀의 남편에게 할당되었던 전사들 가운데 일부에 대한 지휘권을 확보할 수도 있었다. 따라서 우구데이에게는 송나라 원정이 중국으로부터 더 많은 부를 가져오는 동시에 죽은 동생의 미망인으로부터 땅과 군사를 뺏어낸다는 두 가지 목표를 동시에 달성할 수 있는 호기였다.

유럽 침공을 원하는 쪽과 송나라 공격을 선호하는 쪽으로 가족의 의견이 갈리자 그들은 전례 없는 주목할 만한 결론에 이르렀다. 사방으로 몽골군을 밀어낸다는 결정이었다. 즉 몽골군을 나누어 송나라와 유럽을 동시에 공격하자는 뜻이었다. 이에 따라 몽골군은 거리로는 8000킬로미터, 위도로는 100도가 넘는 땅으로 펼쳐지며 전투를 하게 된다. 이것은 제2차 세계대전 때 미국과 연합국들이 유럽과 아시아에서 동시에 전투를 벌이기 이전에는 어떤 군대도 이루어낸 적이 없는 위업이었다. 우구데이 칸은 각기 다른 방향에서 세 부대를 보내 송나라를 공격하게 했고, 부대의 지휘는 주로 그가 아끼는 아들들이 맡았다. 유럽 원정의 지휘관은 바투 칸이었고, 수베데이가 참모 역할을 해주기로 했다. 그러나 가족의 네 지파의 손자들이 하나씩 파견되어 여러 가지 일을 담당하기로 했는데, 아마 이것은 바투의 권력을 제어하려는 조치였을 것이다.

이 결정은 과감하기는 했지만 몽골 제국의 역사에서 최악의 결정으로 꼽을 만한 것이었다. 몽골군은 송나라와 전투를 하여 여러 차례 승리를 거두기는 했지만 결국 본토를 정복하는 데는 실패했다. 그 과정에서 우구데이는 가장 아끼는 아들을 잃기도 했다. 송나라 원정 실패의 원인은 집중력의 분산과 수베데이의 부재에서 찾아야 할 것이다. 이 어정쩡한 공격 때문에 송나라는 비틀거리면서도 40년을 더 버티고 나서야 몽골군에게 항복했다. 반면 유럽 원정은 가족의 여러 왕자들 사이의 오랜 다툼에도 불구하고 군사적으로 큰 성공을 거두었다. 그러나 이전에 칭기스 칸이 정복한 도시들에서 거두어들였던 부와 비교하면 이번에도 전리품은 보잘것없었다.

[유럽 원정의 서막]

유럽 원정 준비에는 2년이 걸렸다. 전령들이 사방으로 뛰며 결정을 전달하고 임무를 할당했다. 1235년 쿠릴타이 결정에 따라 칭기스 칸이 세운 역전체계가 갱신되고 확장되었다. 방대한 전선을 형성하는 전쟁이었기 때문에 신속하고 믿을 만한 통신이 그 어느 때보다 중요했던 것이다. 몽골군은 본격 침입 이전에 소규모 기병대를 보내 적의 방어망을 살피고 몽골의 가축을 위한 적당한 목초지와 수원지를 찾게 했다. 그들은 양이나 염소를 놓아먹이기에 좋은, 또 소나 말을 기르기에 좋은 골짜기나 평원을 찾아냈다. 자연적인 풀밭이 마땅치 않을 때는 병사들을 몇 명 파견해 갈 길을 막고 있는 마을이나 농장을 태워 농경지를 목초지로 바꾸었다. 땅을 갈고 작물을 심을 농부들이 사라졌기 때문에 짓밟힌 농토는 몽골 본대가 도착할 때쯤 풀밭으로 바뀌었다.

5년의 유럽 원정은 절정에 이른 몽골의 군사적 능력을 보여주었다. 전장의 거의 모든 일이 계획대로 이루어졌다. 유럽 침공군은 몽골군 약 5만과 동맹군 10만으로 이루어졌다. 수베데이는 칭기스 칸 옆에서 따라다니며 그가 생각하고 싸우는 방식을 지켜본 초원의 늙은 사냥꾼이자 전사로서 그 동안 쌓인 지식을 펼쳐놓았다. 나아가 칭기스 칸의 가장 똑똑하고 유능한 두 손자 뭉케와 바투는 서로 협력하여 유럽 원정을 지휘했다. 그 동안 중국과 무슬림의 과학기술과 군사지식의 알맹이를 흡수해들인 몽골군은 원정 출발 무렵부터 가공할 전투력을 과시했다. 아마 칭기스 칸 자신이 지휘하던 군대의 수준도 뛰어넘었을 것이다.

수베데이는 불가리아인이 차지하고 있던 볼가 강 정복을 첫 번째 목표로 제시했다. 원숭이 해인 1236년에 본대가 출발했다. 본대의 앞에는 척후가 200명 있었으며, 다른 200명의 전사가 뒤를 받쳤다. 몽골군이 볼가 강에 이르자 본격적인 침공이 시작되었다. 이곳에서 몽골군은 예외적이지만 그들에게는 유효성이 증명된 전략을 구사했다. 군대를 나누어 둘 이상의 전선에서 동시에 적을 공격하는 전략이었다. 이렇게 하면 적은 어떤 도시나 공후가 몽골군의 진짜 목표인지 알 수 없었다. 만일 어떤 공후가 군대를 이끌고 자기 도시를 떠나 다른 공후를 도우러 가면 다른 몽골군이 무방비 도시를 공격할 수도 있었다. 이런 불확실성 때문에 모든 공후는 자기 도시에 머물며 자신의 영토만 지킬 뿐 다른 공후를 도우러 나서지 않았다.

수베데이는 군대를 이끌고 볼가 강을 따라 북쪽으로 불가리아인의 고향으로 치고 올라갔다. 죽은 톨루이의 장남 뭉케는 다른 부대를 이끌고 남쪽으로 킵착 투르크를 치러 갔다. 킵착인 가운데 일부는 뭉케를 피해 달아났지만, 일부는 몽골군에 합류하여 러시아 공격에 나섰다. 몽골군은 볼가 강의 불가리아군을 금세 물리치고 나서 그들의 영토를 전진 기지로 이용했다. 동쪽으로 수백 킬로미터 펼쳐진 초원지대에 방목하는 가축 수백만 마리는 예비 자원이 되었다. 동유럽 평원에 살고 있던 유목 부족들 가운데 일부는 몽골군에 합세했으며, 일부는 그들을 피해 달아나면서 침략자들보다 앞서 공황 분위기를 확산시켰다.

몽골군은 볼가 강에서 시작하여 장차 러시아와 우크라이나가 될 땅을 가로지르며 3년간 전쟁을 했다. 미리 정탐을 했기 때문에 도시국가와 공국들이 20년 전에 처음 침공했을 때와 다름없이 분열되어 서로 적대한다는 것을 알고 있었다. 몽골은 늘 똑같은 방식을 따랐다. 어떤 영토를 원정할 때면 먼저 공식 사절을 보내, 항복하여 몽골 가족에 합류하고 대칸의 봉신이 될 것을 요구한다. 상대가 동의를 하면 사절은 새로운 봉신을 적으로부터 보호해주겠다고 약속할 뿐 아니라, 권력과 신앙을 유지하는 것도 허용했다. 다만 속국은 이런 보호의 대가로 모든 재산과 물자의 10퍼센트를 몽골에 조공으로 바쳐야 했다. 그러나 항복 제안을 받아들이는 도시는 거의 없었다.

몽골군은 도시 리아잔을 첫 번째 표적으로 삼았다. 노브고로드 연대기의 1238년 항목에 따르면 "타타르가 메뚜기 떼처럼 수도 없이 몰려왔다."[118] 몽골군은 먼저 작은 부대로 나뉘어 시골을 쓸어버렸다. 몽골 전사는 각각 민간인 몇 명씩을 포로로 잡았다. 요새 밑을 판다든가, 나무를 벤다든가, 물자를 나르는 일을 시키려는 것이었다. 그런 다음 마을을 불태웠다. 그러자 남은 농민은 황급히 도시의 나무 성벽 안으로 피신했다. 마침내 도시에 이른 몽골군은 여자 사절을 보내 항복 요구와 조건을 전달했다. 안에 모여 있던 사람들은 당황하고 경악했다. 도시의 관리들은 이 여자가 마녀일지도 모른다고 걱정하여 어떠한 협상도 거부했고, 몽골군은 공격 준비에 들어갔다.

러시아인에게는 침공하는 몽골군의 모든 것이 두려움의 대상이었을 것이다. 한 목격자는 이렇게 기록했다. "그들의 가슴은 단단하고 강건하다. 얼굴은 홀쭉하고 창백하다. 높은 어깨는 뻣뻣하다. 짧은 코는 일그러졌다. 턱은 뾰족하게 튀어나왔다. 위턱은 툭 튀어나와 아래를 덮었다. 이는 성기고 길다. 눈썹은 머리카락에서부터 코까지 뻗어 있다. 눈은 검고 불안해 보인다. 얼굴은 딱딱하게 굳어 있다. 앙상한 손은 자꾸 움직인다. 다리는 굵지만 무릎 아래는 짧다." 공격을 할 때 몽골 전사들은 가벼운 가죽 갑옷을 입었다. 이 옷은 "도망치고 싶은 유혹을 느끼지 못하도록" 앞은 두껍지만 뒤는 얇았다. 전투에서 "그들은 창, 곤봉, 도끼, 검을 사용했으며…… 굽힘 없이 용감하게 싸웠다. 그러나 그들의 주된 무기는 활이었다." 만일 붙잡힐 경우 "그들은 결코 자비를 구하지 않았으며, 그들 자신도 정복당한 자들을 봐주지 않았다." "세계를 그들의 지배 하에 두는 것이 그들의 의도이자 확고한 목적이었다."[119]

몽골군은 리아잔의 성벽을 공격하는 대신 엄청나게 모아온 징발 일꾼들을 이용하여 성 안의 시민을 더 큰 혼란과 공포에 빠뜨렸다. 일꾼들은 나무를 베어 성 밖의 몽골 진영으로 나르더니, 빠른 속도로 이미 성벽으로 둘러싸인 도시 주위를 완전히 감싸는 담을 쌓기 시작했다. 몽골군의 담은 도시를 완전히 둘러싸고 성문들을 봉쇄하는 단단한 방책이었다. 도시를 지키는 사람들은 몽골군을 공격하거나 그들의 공성 무기를 부술 부대를 내보낼 수 없었다. 이 담은 전통적인 집단사냥에서 동물들을 가두는 줄 '네르게'를 나무로 바꾸어놓은 것이었다. 몽골의 담은 도시로 지원병이나 식량이나 물자가 들어가는 것도 차단했다. 아마 이 담의 가장 큰 심리적 효과는 안에 있는 사람들이 탈출할 가망 없이 자신의 도시에 갇혀버렸다고 느끼면서 생겨난 공포 분위기였을 것이다. 몽골군은 도시의 성벽에서 날아오는 화살도 닿지 않는 담 뒤에서 들킬 걱정 없이 공성 장비를 비롯한 다른 시설을 세울 수 있었다.

　몽골군 전사들은 새로 건설한 담 뒤의 안전한 통로에서 리아잔을 굽어보았다. 오랫동안 몽골의 사냥꾼들이 나무들 사이를 잇는 줄—그 위에 모전 담요를 걸어놓았다—뒤의 안전한 곳에서 궁지에 몰린 사냥감들을 굽어보던 것과 마찬가지였다. 도시의 거주자들은 적이 투석기와 공성 망치를 사용하여 공격하는 것에는 익숙했지만, 몽골군이 새로 도입한 혁신적인 포격전은 경험해본 적이 없었다. 몽골군의 투석기는 바위, 나무토막, 불이 붙은 나프타 단지, 화약을 비롯하여 무엇인지 알 수도 없는 물질들을 비처럼 퍼부었다. 몽골군은 이런 물질을 불을 퍼뜨리는 소이탄으로 이용했을 뿐 아니라, 악취를 풍기는 연막탄으로도 이용했다. 당시 유럽에서는 몽골군이 악한 마법을 사용한다고 생각했으며 그런 물질들이 병을 일으킨다고 믿었다. 불을 뿜는 창은 불을 쏠 뿐 아니라 작은 소이탄을 발사하거나 적의 성벽 너머로 폭탄을 쏘아 넣기도 했다. 이 신비한 장치들은 엄청난 공포를 불러일으켜, 이 공격을 맛본 사람들은 몽골군이 말만이 아니라 용도 훈련시켜 데리고 다닌다는 소문을 퍼뜨렸다.

  보이지 않는 침략자들이 도시를 포격하면서 날려보낸 미지의 물질들이 일으킨 불, 연기, 혼란은 도시의 방어력을 약화시켰을 뿐 아니라 주민의 사기도 꺾었다. 몽골군은 닷새 동안 무시무시하고 파괴적인 포격전을 벌이더니, 마침내 방책 뒤에서 나와 사다리와 공성 망치를 이용해 손상된 성벽을 공략하기 시작했다. 그들은 하루가 지나지 않아 도시를 점령했다. 민간인은 교회로 피신했지만 몽골군의 공격으로 일어난 화재 때문에 많은 사람이 죽었다. 승리자들은 귀족 지배계급을 몰아오더니 모두 처형해버렸다. 당시의 러시아 연대기 기록자는 이 살육을 기록하면서, 몽골군이 지나간 뒤에는 "죽은 자를 위해 눈물을 흘려줄 눈을 뜨고 있는 사람이 하나도 남지 않았다"[120]고 말했다. 몽골군은 일을 시킬 포로들을 잡았고, 나머지 많은 수는 그냥 밀어내 다음 도시로 달아나게 했다. 피난민이 몽골군 공격 과정에서 벌어진 무시무시한 이야기를 자세하게 퍼뜨리자 다음 도시의 주민은 공포에 사로잡혔다. 뿐만 아니라 피난민 숫자가 불어나면서 다음 도시의 주민 수용력은 몽골군이 도착하기도 전에 바닥이 나기 시작했다.

  새로운 포로들이 방책을 해체하여 통나무를 다음 목표로 삼은 도시로 운반하는 동안 몽골 통계조사 요원들은 군대를 따라가며 점령한 도시의 사람, 가축, 물자의 숫자를 기록했다. 그들은 물자와 포로를 법에 따라 고아와 과부에서부터 황금 가족에 이르기까지 모두에게 나누어주었다. 이어 포로 수천 명에게 짐을 지워 카라코룸으로 보냈다.

[사탄의 종족]

피난민은 유럽 전역에 몽골군에 대한 정보를 퍼뜨렸다. 이것은 영국 하트퍼드셔 세인트올번스에 자리잡은 베네딕투스 수도원의 수사 매슈 패리스가 기록한 연대기에서도 확인할 수 있다. 1240년에 패리스는 몽골군에 대해 언급하면서 ―서유럽에 남아 있는 가장 오래된 기록이다―
그들을 "엄청난 떼를 이루어 밀려오는 혐오스러운 사탄의 종족"이며
"타르타로스에서 풀려난 악마들 같다"고 묘사했다. 이어 그는 부정확하
게, "그들은 고향의 산들 사이를 흐르는 타타르 강 출신이기 때문에 타
타르라고 부른다"121)고 기록했다. 타르타로스는 지옥을 가리키는 그리
스 말로, 하데스 밑의 가장 낮은 동굴이다. 이곳은 티탄(그리스 신화의
신족神族)이 신들 사이에 전쟁을 일으킨 뒤 저주를 받아 내려간 곳이기
도 하다.

패리스는 몽골군이 "동쪽 나라들을 파괴하여 황폐하게 만들었으며,
가는 곳마다 불을 지르고 살육을 한다"고 썼다. 이어 그는 이 침략자들
의 잔혹행위를 구체적으로 자세하게 기록했다. 그들은 "도시를 완전히
파괴하고, 숲에 불을 지르고, 성을 무너뜨리고, 포도밭을 파헤치고, 밭
을 짓밟고, 시민과 농부를 죽였다. 혹시나 목숨을 애걸하는 사람을 살려
줄 경우에는 가장 비천한 노예 취급을 하여 맨 앞에 나가 자신의 동족과
싸우게 했다. 그들이 싸우는 척만 하거나 동족에게 달아나라고 주의를
주면, 타타르는 그들 뒤로 가서 베어버렸다. 그러나 용감하게 싸워서 이
겨도 아무런 감사의 말을 듣지 못했다. 이렇게 이 야만인들은 포로를 말
처럼 학대했다."122)

매슈 패리스는 처음에는 몽골 침략자들에게 경악하는 것 같더니, 차
츰 병적 흥분 상태에 가까운 혐오감을 드러낸다. "이들은 비인간적이며
본성이 짐승 같다. 인간이라기보다는 괴물이라고 불러야 할 것이다. 이
들은 피를 찾아 마른 목을 적시고, 개와 사람의 살을 찢어 먹는다." 패리
스는 경멸감에 가득한 목소리로 신랄한 말을 쏟아놓다가, 드디어 중요
하고 정확한 정보를 내놓는다. "이들은 황소 가죽으로 옷을 해 입었고
쇠창으로 무장했다. 키는 작고 땅딸막하지만 힘은 세다. 싸움에서는 무
적이며 일을 할 때는 피로를 모른다. 등에는 갑옷을 두르지 않았지만 앞

은 보호한다. 가축의 몸에서 흐르는 피를 마시며 이것을 맛있다고 생각한다. 이들의 크고 힘센 말은 잎, 심지어 나무까지 먹는다. 이들은 키가 작아 등자 대신 세 단짜리 층계를 이용해 말에 오른다."[123] 그의 묘사의 다른 부분에는 진실한 알맹이와 묘한 오해가 섞여 있다. "이들은 인간의 법을 모르고, 자비를 모른다. 사자나 곰보다 더 잔인하다. 이들은 열에서 열두 명마다 황소 가죽으로 만든 작은 배를 하나씩 가지고 있다. 이들은 배를 타거나 헤엄을 치는 데도 능숙하여 아무리 크고 빠른 강이라 해도 문제없이 금방 건너버린다. 이들은 피가 없으면 흙탕물이라도 게걸스럽게 마신다."[124]

[러시아를 정복하다]

매슈 패리스가 이런 기록을 남긴 1240년에 몽골군은 러시아의 지방 도시들을 대부분 장악하고 슬라브 세계에서 가장 크고 가장 중요한 정치와 종교 중심지 키예프를 점령할 준비를 하고 있었다. 일찍 언 얼음을 이용해 강을 건넌 몽골 사절들은 쥐의 해인 1240년 11월에 키예프 성문에 도착했다. 예상 못한 바는 아니지만 키예프 사람들은 그들을 살해했을 뿐 아니라, 오만하게도 그들의 주검을 성문 위에 묶어놓았다.

몽골군은 뭉케의 지도 하에 초겨울에 도시를 둘러쌌다. 러시아 사제들은 이들을 "타타르의 구름 떼"[125]라고 불렀다. 몽골군이 떠드는 소리가 하도 시끄러워 도시 안에 있던 사람들은 서로 이야기를 하기도 힘들 정도였다고 한다. 도시의 병사들은 성벽을 지키려고 싸웠고 민간인들은 웅장한 성모 교회에 피신했다. 사람들이 꽉 들어차자 교회는 문을 닫았다. 미처 들어가지 못한 많은 피난민은 겁에 질려, 그래도 성모의 성소에 가까운 곳에서 보호를 받고 싶은 마음에 교회 벽을 기어올라 지붕 위로 피신했다. 그러나 지붕 위에 올라간 사람들 숫자가 너무 많아 교회는 그 무게를 이기지 못하고 안에 있는 수많은 사람들의 머리 위로 무너져

내리고 말았다.

　몽골군은 1240년 12월 6일에 키예프를 점령하자마자 약탈을 하고 도시를 불태워버렸다. 키예프 사령관 드미트리는 도시의 귀족 대부분이 달아난 뒤에도 열심히 싸웠다. 바투는 그의 군사적 재능과 감투정신을 높이 사 석방해주었다. 몽골의 러시아 침공은 성공적으로 마무리되고 있었다. 일 년여 뒤인 1242년의 노브고로드 연대기는 새로운 통치자인 몽골의 칸 바투를 차르 바투라고 부르기 시작했다. 문자 그대로 풀면 카이사르 바투라는 뜻으로, 바투가 서로 다투던 러시아의 많은 공후 집안들을 새로 통일하였음을 보여주고 있다. 미하일 공은 바투 칸을 알현했을 때 이렇게 말했다. "하느님께서 그대에게 이 세계의 주권을 주셨으니 저는 그대 차르에게 고개를 숙입니다."126)

　키예프의 함락으로 몽골의 유럽 동부 정복은 완결되었다. 몽골군은 더 많은 피난민이 서쪽으로 달아나도록 내몰았다. 그 결과 중부 유럽은 몽골군이 오기도 전에 그들의 이야기를 듣고 겁에 질렸다. 피난민들이 달아나자마자 수베데이는 1241년 2월 새로 기병대 척후를 파견했다. 강이 아직 얼어 있어 기병대는 편하고 빠르게 헝가리 평원에 이를 수 있었다. 유럽의 전장에서는 몽골 제국, 나아가 세계의 지배를 둘러싼 싸움이 벌어지고 있었다. 전투 자체는 큰 문제가 아니었다. 몽골군은 전투에서는 비교적 수월하게 승리를 거두었다. 배후에서 벌어지는 칭기스 칸의 손자들 사이의 정치적 다툼이 문제였다. 칭기스 칸이 죽은 뒤 타협을 하여 우구데이를 대칸으로 선출했지만 그것으로 후계 문제가 말끔하게 정리된 것은 아니었다. 단지 문제를 한 세대 뒤로 미루어두었을 뿐이다. 이제 그 세대가 유럽에서 몽골군을 지휘하며 지도자 자리를 놓고 경쟁을 벌이고 있었다.

　수베데이는 칭기스 칸의 네 아들 각각의 집안에서 온 대표자와 동행하고 있었다. 우구데이가 총애하던 아들이 죽었으므로 이제 이 젊은 이들 가운데 하나가 다음 대칸이 될 터였다. 그러나 그것이 누구일까? 몽골 법에 따르면 후계자는 쿠릴타이에서 선출해야 했다. 유럽 원정은 후보자 각각이 자신의 능력을 내보이며 선거운동을 하는 자리인 셈이었다. 손자들은 서서히 눈에 드러나는 위계에서 높은 자리를 선점하여 지도자 자리에 빨리 다가가려고 책략을 썼다. 전공(戰功)을 가로채는 것도 그런 책략의 하나였다. 몽골의 정치과정에서 자주 나타나듯이 그들 역시 누가 상석을 차지할 것인가 하는 문제를 놓고 신경전을 펼쳤다. 어느 승리 연회에서 바투가 일어서서 잔치의 시작을 알리는 건배를 제안했다. 그는 먼저 술을 마심으로써 자신이 손자들 가운데 연장자이자 최고의 지위에 있다는 것을 과시했다. 자신이 다음 대칸이 될 것으로 예상하고 있다는 사실을 공개적으로 선포한 것이나 다름없었다. 그러자 구육이 격하게 이의를 제기했다. 자신의 아버지가 대칸이므로 자신이 바투보다 먼저 술을 받아야 한다는 것이었다. "고집스럽고 용감하지만…… 술이 취하면 거친 말을 내뱉는"[127] 부리라는 이름의 다른 손자는 해묵은 문제, 그러나 여전히 가장 괴로운 문제를 다시 들추어, 바투는 아버지가 메르키트의 사생아이므로 진정한 가족으로 여길 수 없다고 공격했다.

　나중에 대칸의 손에도 들어간 한 보고서에 따르면 세 왕자는 오랫동안 서로 소리를 지르고 악을 썼다. "너는 턱수염을 기른 노파에 지나지 않아." 부리가 바투에게 소리쳤다. "바투는 화살통을 멘 노파에 불과해." 구육이 소리쳤다. 구육과 바투는 나머지 가족의 대접에 격분하여 잔치 자리를 뛰쳐나와 말에 오르더니 욕을 내뱉으며 떠나버렸다. 우구데이 칸은 이 소식을 듣고 격노했다. 우구데이는 칭기스 칸의 손자들을 왕궁으로 불러들였다. 그러나 처음에는 이들을 보지 않으려 했으며, 아들 구육을 처형하겠다고 협박했다. "달걀처럼 썩을 놈!" 우구데이는 자신의 무례한 아들을 두고 그렇게 내뱉었다.

우구데이는 마침내 마음을 진정시키고 구육을 자신의 게르로 받아들인 뒤 가족끼리 싸우고 병사들을 홀대한 것을 심하게 책망했다. "너는 네 군대의 모든 병사의 사기를 꺾어놓았다."[128] 우구데이 칸은 아들에게 부대를 통솔하는 올바른 방법에 대하여 통찰력 있는 질문을 던졌다. "너는 러시아군이 네가 병사들에게 비열하게 구는 것을 보고 항복했다 생각하느냐? 그들이 너를 두려워하여 항복했다고 생각하느냐?" 우구데이는 조롱하는 말투로 덧붙였다. "너는 네가 전사를 한두 명 붙잡아서 전쟁에서 승리했다고 생각하겠지. 하지만 네가 잡은 것은 새끼 염소 한 마리도 못 된다고 할 수 있다."

우구데이는 아들을 향해 계속 퍼부었다. "게르 밖으로 처음 나가보더니 네가 어른이 되었음을 과시하려고 애를 쓰는구나. 너는 마치 모든 것을 이룬 사람처럼 행동해. 사람을 보고 짐승에게 하듯이 소리를 지르고 악을 쓰다니." 조카들이 달래자 우구데이는 마침내 마음을 가라앉혔다. 그는 아버지 칭기스 칸의 말을 인용하여 군대에서 일어난 문제는 초원에서 해결되어야 한다고 말하고, 아들과 조카들을 모두 유럽의 전장으로 돌려보냈다.

[게르만 전사를 격파하다]

유럽은 칭기스 칸의 아시아 정복 소식을 거의 듣지 못했다. 그가 호라즘 제국을 쳐부순 사건에 대해서도 거의 정보를 얻지 못했다. 그러나 키예프가 무너지면서 갑자기 대규모 난민과 더불어 수많은 이야기가 동유럽으로부터 쏟아져 들어왔다. 뒤이어 무시무시한 몽골의 기병이 따라왔다. 사방에서 동시에 몰려오는 것 같았다. 매슈 패리스는 서유럽을 침공한 몽골군이 "번개의 힘으로 기독교도의 영토에 진입하여 나라를 황폐하게 만들고 학살을 자행하고 모든 사람에게 말로 표현할 수 없는 공포를 느끼게 했다"고 기록했다. 여기에 나온 "번개" 같다는 묘사는 훗날 독일식으로 블리츠크리크(Blitzkrieg, 전격전電擊戰)라는 이름이 붙게 된 전투 방식에 대한 최초의 언급일지도 모른다.

수베데이는 5만으로 이루어진 세 갈래의 군대를 남쪽 헝가리로 보내고, 그보다 적은 2만 규모의 병력을 폴란드를 가로질러 독일 북부로 보냈다. 두 번째 군대는 주의를 분산시키려는 것으로, 이를테면 양동작전을 편 것이다. 몽골군은 몽골의 본거지로부터 약 6500킬로미터 떨어진 곳까지 쓸고 와 동유럽 평원을 가로질러 폴란드와 헝가리로 진격했다. 헝가리를 넘으면 바로 빈의 성벽이었고, 폴란드를 넘으면 바로 독일의 도시들이었다. 당시 독일의 도시들은 한자동맹으로 연결되어 게르만 기사들의 보호를 받고 있었다. 북쪽으로 간 몽골군은 꽝꽝 언 연못을 미끄러지는 자갈처럼 폴란드를 가볍게 뛰어넘었다. 몽골군은 도시들을 차례차례 쓰러뜨리며 폴란드를 휘저어놓았다. 슐레지엔의 헨리크 2세는 독일, 프랑스, 폴란드 전역의 기사들을 포함하여 3만 명의 군사를 모았다. 그는 공황에 사로잡힌 듯 싸울 수 있는 사람은 모두 징집했다. 심지어 금광의 광부들까지 데려다 침략자들과 싸우게 했다. 1241년 4월 9일 두 군대는 지금의 독일과 폴란드 국경 근처 레그니차에서 만났다.[129] 몽골군은 도시에서 10킬로미터 정도 떨어진 넓은 지역을 싸움터로 선택했다. 이 전장은 그 후 독일에서 '선택한 곳'이라는 의미의 발슈타트(Wahlstatt)로 알려지게 된다.

헨리크 2세는 기병대에게 몽골군 대오를 향해 진격하라고 명령했다. 몽골군은 첫 번째 돌격은 막아냈지만, 두 번째 돌격에는 무너지는 듯하더니 갑자기 달아나기 시작했다. 유럽 기사들은 승리의 함성을 내지르며 대열을 무너뜨리고 몽골군을 추격하기 시작했다. 몽골군은 천천히 퇴각했다. 기사들의 무기가 닿을 듯 말 듯한 거리였다. 이윽고 유럽의 말들이 기사의 무거운 갑옷 때문에 지치기 시작하자마자 주위에서 천둥 같은 폭발음이 들리면서 뽀얀 연기가 그들을 집어삼켰다. 유럽의 기사들은 혼란에 빠졌다. 연대기 기록자 얀 들루고시가 묘사한 바에 따르면, 몽골군은 전장에서 "큰 머리"를 닮은 장치를 사용했다. "여기에서 갑자기 악취와 함께 구름이 터져나와 폴란드군을 감싸는 바람에 이들은 기절할 뻔했다. 폴란드군은 싸울 수가 없었다."130) 유럽의 기사들은 연기와 소음 때문에 뒤에 멀리 떨어져 있는 궁수나 보병들과 차단되었다. 이번에도 몽골군은 적을 자만에 빠뜨려 치명적인 덫으로 끌어들인 것이다. 짜임새 없이 넓게 퍼져 금방 지쳐가는 기사와 말은 몽골군의 손쉬운 표적이 되었다. 몽골군은 방향을 틀더니 화살로 기사를 쓰러뜨리기 시작했다.

몽골군은 게르만군을 완전히 격파했다. 유럽의 기록에 따르면 헨리크 2세의 3만 병력 가운데 2만 5000명이 죽었다. 몽골군은 포로도 많이 잡았다. 특히 광부가 중요했다. 몽골인은 이 직업을 잘 이해하지 못했지만 곧 높이 평가하게 되었다. 그렇지 않아도 몽골군은 늘 새로운 기술과 재능을 지닌 사람을 찾고 있었다. 승리한 몽골군은 광부 수천 명을 동쪽으로 데려가 준가르 분지의 광물을 캐게 했다. 몽골 서부에 자리잡은 준가르 분지는 우구데이의 개인 소유지였다.

키예프에서 독일에 이르는 원정은 사실 유럽이 몽골의 진짜 목표를 방해할 군대를 보내지 못하게 하려는 양동작전의 일환이었다. 몽골군의 목표는 헝가리의 초원 침공이었다. 몽골군은 유럽 북부 군대 대부분을 도륙하고 나머지는 분산시켜 무력하게 만들자 폴란드와 독일의 도시들로부터 철수했다. 시간이 지나면서 이 지역 사람들은 그들이 전투에서 이겨 침략자들을 물리친 것이라고 확신하게 되었다. 전사한 헨리크 2세는 순교자가 되어 경건왕 헨리크라는 이름을 얻었으며, 그의 주검이 발견된 바로 그 자리 ─기독교 신화에 따르면 그의 어머니인 성 헤드비히는 머리 없는 벌거벗은 주검의 왼쪽 발가락이 여섯 개인 것을 보고 아들인 줄 알았다고 한다─ 에 베네딕투스 수도원이 세워졌다. 오랜 세월이 지난 뒤인 19세기에 프로이센 정부는 이 수도원을 군사학교로 만들었다. 이곳에서는 미래의 독일 장교들을 훈련하면서 먼 옛날 그곳에서 몽골군이 구사했던 전술을 특별히 강조했다.

며칠이 지나지 않아 독일의 기사들을 물리치고 학살하는 데 사용되었던 전술이 헝가리에서 되풀이되었다. 차이가 있다면 더 넓은 전장에서 몇 배의 사상자가 났다는 점뿐이었다. 수베데이의 5만 대군은 헝가리의 많은 지역을 약탈한 뒤 벨라 왕의 군대가 추격하자 퇴각하기 시작했다. 수베데이는 며칠 동안 퇴각을 하다가 모히 평원에서 몽골군이 승리를 거두기에 이상적인 지형을 만났다. 헝가리군은 이곳에서 빽빽하게 설영을 했다. 진지 주위에는 수레와 묵직한 쇠사슬을 둘러 요새처럼 만들었다. 왕은 병사들을 이곳에 며칠 머물게 했다. 병사들을 산개시켜 몇 명씩 잠을 자게 하는 데 익숙해 있던 바투는 주위에 사슬을 둘러 조밀한 대형을 만들고 빽빽하게 모여 있는 헝가리군을 보자 집단사냥에서 사냥감들을 가두어 두는 줄과 모전 담요를 보는 듯한 느낌이 들었다. 몽골군은 투석기를 꺼내 나프타, 화약, 불이 붙은 기름 등이 섞인 수수께끼의 덩어리를 쏟아붓기 시작했다.

헝가리군은 연기와 불을 견딜 수가 없어 진지에서 뛰쳐나왔다. 그러나 몽골군이 그들을 거의 완벽하게 둘러싸고 있었다. 그러나 한쪽만은 몽골군이 기마병 배치를 잊은 것 같았다. 기독교도인 헝가리군은 그 틈이 정확하게 수도 페스트를 향하고 있다―사흘이면 닿을 수 있는 거리였다―는 사실을 알고 기적이 일어난 것이라고 생각했다. 헝가리군은 고향을 향해 나아갔다. 달아나는 헝가리군은 공황에 빠져 있었다. 그들은 걸어가기도 하고 말을 타고 가기도 했지만, 대오가 흐트러져 뿔뿔이 흩어지고 있었다. 빨리 움직이려고 장비도 버리고 갔다. 물론 몽골군이 실수로 틈을 열어준 것은 아니었다. 겁에 질려 달아나는 헝가리군을 맞이할 기병들을 이미 앞에 배치해두고 있었다. 기다리던 몽골군은 많은 헝가리 병사를 습지로 내몰아 물에 빠져 죽게 만들었다. 스팔라토 ─현재 크로아티아의 도시 스플리트─ 의 부주교인 연대기 기록자 토마스는 몽골을 "타타르의 역병(de Peste Tartorum)"이라고 부르면서 이들의 헝가리인 살육을 생생하게 기록해놓았다. "사람들은 오른쪽 왼쪽으로 쓰러져 죽었다. 비참한 주검들이 겨울 낙엽처럼 길 전체에 흩어져 있었다. 퍼붓는 비처럼 피가 흘러내렸다."131)

기사들이 전장에서 몽골군을 물리치지 못하자 성직자들은 초자연적인 힘으로 그들을 제압하려 했다. 기독교 사제들은 성자의 유골과 유물을 진열하여 다가오는 몽골군을 저지하려 했다. 어쩌면 몽골군 가운데 다수가 기독교도라는 것을 알았기 때문인지도 모른다. 그러나 그들은 몽골인이 유해를 드러내는 것을 얼마나 싫어하고 두려워하는지는 몰랐다. 몽골군은 격분했다. 유골을 드러내는 것은 역겨울 뿐 아니라 산 자를 더럽히는 의식이기도 했다. 공포와 분노에 사로잡힌 몽골군은 성직자들을 죽였을 뿐 아니라 오염을 씻어내기 위해 유물과 교회를 태워버렸다. 유럽은 몽골군과 싸워 군사적으로 패배했을 뿐 아니라 종교적으로도 타격을 입었다. 헝가리는 병사와 왕만이 아니라 주교 한 사람, 대주교 두 사람을 비롯하여 성전기사단 소속 기사까지 많이 잃었기 때문이다.

몽골군은 헝가리의 기사단을 궤멸시켰을 뿐 아니라 왕 벨라 4세를 남쪽 아드리아 해까지 추적했다. 지금까지 남아 있는 몇 개의 텍스트는 몽골 침략의 엄청난 심리적, 감정적 충격을 생생하게 묘사하고 있다. 토레 마조레의 로제르가 쓴 『타타르인의 헝가리 파괴에 대한 슬픈 노래(Carmen Miserabile super Destructione Regni Hungariae per Tartaros)』도 그 가운데 하나다. 유럽 기사단은 헝가리와 폴란드에서 거의 10만 명이 전사한 충격에서 결국 헤어나오지 못했다. 유럽인은 그들의 기사와 귀족의 "꽃"이 졌다고 애도했다. 성벽을 두른 도시와 중무장한 기사의 시대는 갔다. 몽골군이 1241년 부활절 기간에 연기와 화약 속에서 거둔 승리는 곧 다가올 유럽 봉건제와 중세의 완전한 붕괴의 전조였다.

1241년에 몽골군이 승리를 거두고 나서 몇 달 뒤인 10월 6일 일요일에 일식이 일어나 해가 사라지자 유럽의 불안은 공황으로 바뀌었다. 유럽인은 성스러운 주일에 일어난 일식을 앞으로 몽골군의 손에 더 많은 고통을 당하게 된다는 예언으로 받아들였다. 공격자의 정체를 몰랐기 때문에 공황은 더 심각해졌다. 널리 유포되었지만 사실은 그릇된 정보로 가득한 한 편지에서 어떤 성직자는 보르도의 대주교에게 몽골군이 "지옥에서 온 식인종으로 전투가 끝난 뒤에는 시체를 먹고 뼈만 남기는데, 콘도르조차 그 뼈는 천하다고 쪼지 않는다"[132]고 보고했다. 선동적인 목적을 가진 이 자세한 이야기에 따르면, 몽골군은 노파를 먹는 것을 즐겼으며 기독교인 처녀를 발견하면 지쳐 죽을 때까지 윤간하며 승리를 축하했다. 그런 다음 "처녀들의 젖가슴을 잘라 보관했다가 두목에게 진미로 주었으며, 몸통은 야만인의 유쾌한 잔치의 먹을거리가 되었다."

몽골군이 불가리아인, 러시아인, 헝가리인, 독일인, 폴란드인에 잇따라 승리를 거두자 극심한 불안이 유럽인을 사로잡았다. 이들은 누구이며 무엇을 원하는가? 매슈 패리스가 탄식했듯이 유럽인들은 이들의 언어를 몰랐다. "지금까지 그들에게 접근할 방도가 없었으며, 그들 역시 우리와 접촉하려 하지 않았다. 양쪽을 다 아는 다른 사람들을 통하여 그들의 관습이나 성격을 알 수도 없었다."

도움이 될 만한 다른 정보가 없었기 때문에 기독교 성직자들은 성경에서 답을 찾으려 했다.[133] 타타르라는 말은 그들의 귀에 다시스(Tarshish)와 비슷하게 들렸는데 성경에서 그 왕은 "바다에서부터 바다까지, 강에서부터 땅 끝까지 다스릴" 것이라고 나와 있었다. 「시편」에서는 또 이렇게 말한다. "광야에 거하는 자는 저의 앞에 굽히며, 그 원수

들은 티끌을 핥을 것이며, 다시스와 섬의 왕들이 공세(貢稅)를 바칠 것이다."*

성직자들은 공세를 바친다는 말을 보고 다시스의 왕을 아기 그리스도에게 예물을 가져온 동방의 세 왕들(흔히 동방박사라고 부른다)과 연결시켰다. 그러자 갑자기 이 성경 구절을 몽골인과 연결시킬 수 있는 고리가 손에 잡히는 듯했다. 1164년 외국 원정에서 돌아온 독일 십자군은 세 왕의 뼈라며 유물을 가져왔다. 1181년 독일인은 이 유해를 담을 정교한 황금 에나멜 성골함을 만들기 시작했다. 이 성골함은 쾰른에 새로 지은 웅장한 성당에 안치할 예정이었다. 사람들은 이 일을 되짚어보다가 결국 십자군이 성스러운 유물을 훔쳐온 셈이라는 것을 깨달았다. 이 깨달음은 타타르인이 조상의 뼈를 되찾으러 유럽을 침공했다는 생각으로 이어졌다. 그럴 경우 몽골군은 목적지인 쾰른으로 가기 위해 유럽의 심장부를 가로지를 가능성이 높았다.

그러나 몽골군은 헝가리에서 남쪽으로 방향을 틀어 발칸 제국을 향해 내려갔기 때문에 쾰른과는 멀어졌다. 그것을 본 성직자들은 이제 침략군이 바빌론 유수 때 고향에 돌아가지 못한 유대인 무리라고 생각했다. 이들은 페르시아 위를 흐르는 강 때문에 그대로 갇혀 있었다는 것이다. 기독교 연대기 기록자들은 1241년이라는 해가 유대교 달력의 5000년과 일치한다고 하면서, 많은 유대인이 이때 메시아가 오거나 다윗 왕이 다시 나타난다는 기대를 품고 있다고 말했다.

매슈 패리스는 처음에는 이런 주장에 회의적이었던 것으로 보인다. 몽골인이 헤브루어를 사용하지도 않았고 율법을 내세우지도 않았기 때문이다. 이것은 신이 모세에게 율법을 주었다는 성경의 이야기와 명백하게 모순이 되는 대목이었다. 그러나 달리 더 나은 설명 방법이 없었기

---

* 성경의 번역은 『개역성서(改譯聖書)』에 주로 의존했다.

때문에 패리스는 곧 몽골인과 유대인 사이의 연결을 정당화할 수 있는 길을 찾아냈고, 여기서 더 나아가 모세의 시대와 자신의 시대 사이의 유사성까지 찾으려 했다. 그는 이 새로운 사람들이 사라진 헤브루 부족들일 수도 있는 이유를 다음과 같이 설명했다. "모세가 다스리던 시절에 이 유대인 무리는 반항심 때문에 사악한 생각에 빠져 이상한 잡신들과 미지의 관습을 따랐다. 그래서 하느님이 복수를 하는 바람에 이들은 놀랍게도 다른 나라에는 전혀 알려지지 않은 존재가 되었으며, 그들의 마음과 언어는 혼란을 겪었고, 결국 잔인하고 비합리적인 야생짐승처럼 생활하게 되었다."[134]

기독교인들은 "유대인의 극도의 사악함"[135] 때문에 죄 없는 자신들이 몽골인의 진노의 피해를 입고 있다고 비난했다. 패리스의 믿기 힘든 이야기에 따르면 유럽의 유대인 지도자들은 "비밀 장소에서 총회를 열었다." "이들 가운데 가장 지혜롭고 영향력이 큰 사람들"은 다음과 같이 말했다. "전에 갇혀 있던 이스라엘 민족의 형제들이 우리 민족 앞에 온 세상의 무릎을 꿇리려고 밖으로 나왔다. 우리가 전에 당한 고통이 심할수록 또 그 기간이 길수록, 우리가 얻을 명예도 크다." 이 말을 한 사람은 유대인이 "귀중한 선물을 들고 나가" 몽골군을 환영하고 "성대한 기념식을 열어 그들을 맞이해야 한다"고 말했다. "그들에게는 옥수수, 포도주, 무기가 필요하다." 그 말을 듣고 유대인은 "검, 단검, 갑옷을 파는 곳들을 찾아다니며 모두 사들인 뒤 자신들의 반역이 드러나지 않도록 상자에 넣어 안전하게 보관해두었다." 기독교인들은 더 나은 설명이 없었기 때문에 이 이야기를 "유대인의 은밀한 배반과 놀라운 기만"의 증거로 받아들였다. 유대인들은 즉시 사형집행관의 손에 넘겨져 영원히 수감되거나 그들 자신의 검으로 죽임을 당했다.

세부적인 내용으로 들어가면 터무니없기 짝이 없고 증거도 전혀 없었지만, 이런 이야기들로 인해 유럽 전역에서 끔찍하고 비참한 일들이 일어났다. 유럽인은 자신들의 문명의 경계를 위협하는 몽골군을 물리칠 수는 없었지만, 국내의 적이라고 상상하는 유대인은 제압할 수 있었다. 요크에서 로마에 이르기까지 도시마다 성난 기독교인 군중이 유대인 거주 구역을 공격했다. 기독교인은 몽골인이 원정에서 사용했다고 하는 방법으로 유대인을 벌주려 했다. 그들은 유대인의 집에 불을 지르고 그 안에 사는 사람들을 학살했다. 간신히 도시를 빠져나온 유대인은 피난처를 찾아 떠돌았지만, 어디를 가나 더 심한 박해가 기다리고 있을 뿐이었다. 피난민 가운데 유대인이 기독교 공동체에 들어오는 것을 막기 위해 교회는 유대인에게 누구나 금방 알아볼 수 있도록 남들과 구별되는 옷을 입고 상징물을 달라고 명령했다.

[우구데이의 죽음]

헝가리군이 궤멸당하면서 빈으로 통하는 길이 뚫렸고, 몇 주 안 지나 도시 외곽을 배회하는 몽골 척후들이 지역 주민의 눈에 띄기 시작했다. 합스부르크 군대는 이런 전위 한 부대와 작은 전투를 벌인 끝에 몽골군 장교를 한 명 사로잡았다. 기독교인은 소스라치게 놀랐다. 이 장교는 글도 읽을 줄 아는 30세의 잉글랜드인[136])이었기 때문이다. 그는 성지까지 갔던 사람인데, 그곳에서 자신에게 언어를 배우고 번역하는 재주가 있다는 사실을 확인했던 것 같다. 교육 수준이 높다는 점, 또 잉글랜드에서 탈출했다는 점 때문에 그가 1215년 존 왕이 마그나 카르타에 서명하도록 강요한 일에 관여한 사람일지 모른다는 추측도 있다. 잉글랜드에서 피신한 뒤 로마 가톨릭 교회로부터 파문을 당할 위기에 처하자 좀더 관대한 몽골군에 합류했을지도 모른다는 것이다. 유럽인, 그것도 기독교인이었던 사람이 몽골군에 있다는 사실 때문에 몽골군이 악마의 무리가 아니라 인간들이라는 점이 분명하게 밝혀졌다. 그러나 겁에 질린 기독교인들은 몽골군이 빈 외곽까지 온 이유를 캐묻지도 않고 이 잉글랜드인 배교자를 죽여버리고 말았다.

성명 미상의 잉글랜드인을 체포한 시기는 몽골군의 유럽 침입이 끝난 시기와 일치한다. 그들은 중앙아시아, 러시아, 우크라이나, 폴란드, 헝가리의 초원지대를 따라 이동했다. 초원이 끝나자 몽골군도 발을 멈추었다. 전사 한 명당 말이 다섯 마리였기 때문에 그들에게는 쓸 만한 목초지가 필요했다. 숲, 강, 작물과 도랑, 산울타리와 나무 방책이 있는 경작지에서 장애물을 헤치며 느릿느릿 나아가야 하는 경우에는 속도, 기동성, 기습 능력이라는 그들의 장점이 모두 사라졌다. 부드러운 밭고랑은 말에게는 불안정한 바닥이었다. 밭이 시작되는 곳에서 초원지대의 건조한 기후는 해안지대의 습한 기후로 바뀌었다. 이곳에서는 습기 때문에 몽골 활의 힘과 정확성이 사라졌다.

몽골군은 도나우 강 너머를 정찰하기는 했지만 서유럽 전면 침공은 현실로 나타나지 않았다. 1241년 12월 11일, 우구데이는 술에 취해 정신을 잃은 상태에서 죽었다고 한다. 그가 죽었다는 소식은 카라코룸으로부터 6500킬로미터 떨어진 유럽의 몽골군에게 4주에서 6주 내에 전해졌다. 차가타이도 비슷한 시기에 죽었다. 칭기스 칸이 죽고 나서 불과 14년이 지난 시점에 아들 넷이 모두 죽은 것이다. 그러자 칭기스 칸의 손자들은 다음 대칸이 되기 위한 경쟁을 계속하기 위해 고향으로 달려갔다. 가문들 간의 투쟁은 이후 10년간 계속된다. 적어도 이 10년 동안은 세계가 몽골의 침략을 걱정하지 않을 수 있었다.

범의 해인 1242년 초 몇 달 동안 몽골군은 서유럽으로부터 러시아의 근거지로 물러났다. 유럽의 도시에서는 전리품이 거의 나오지 않았다. 몽골군이 무찌른 군대의 보급품은 형편없었다. 몽골군이 약탈해 간 가장 귀중한 자산은 헝가리 왕 야영지의 천막과 가구였다. 바투는 볼가 강변의 전진기지에서 이것들을 사용했다. 물자는 부족했지만 몽골군은 작센의 광부, 서기와 통역 등 다양한 기술자들을 발견했다. 베오그라드와 발칸 제국 주변을 침략했을 때는 프랑스인들을 포로로 잡기도 했는데, 이 가운데도 파리의 금 세공장이가 있었다.

몽골 장교들은 유럽 침공의 물질적 성과에 실망하여 원정에 약간이라도 이익이 있음을 보여주려는 마음에 크림 반도에 자리잡은 이탈리아 상인들과 거래를 했다. 몽골군은 물자를 가져가는 대신 유럽에서 잡은 포로를 다수 넘겨주었다. 이탈리아 상인들은 특히 젊은 포로들을 데려가 지중해 근방에서 노예로 팔았다. 이렇게 해서 몽골인과 베네치아나 제노바의 상인들 사이의 거래가 시작되었고, 이 관계는 오랫동안 이어지면서 많은 이익을 남겼다. 이탈리아 상인들은 이 새로운 시장을 활용하기 위해 흑해에 교역 거점들을 세웠다. 이탈리아인은 몽골인에게 제품을 공급하고 그 대가로 슬라브인을 지중해 시장에 팔 권리를 얻었다.

이렇게 젊은 사람들을 노예로 팔게 되면서 훗날 몽골인은 그 결과로 인해 곤경에 처하게 된다. 이탈리아인은 노예 대부분을 이집트 술탄에게 팔았고, 술탄은 그들을 모아 노예부대를 만들었다. 20년 뒤 몽골군은 주로 슬라브인과 킵착인 노예로 이루어진 이 부대와 만나게 될 운명이었다. 이들은 몽골군과 싸워본 경험이 풍부했으며, 심지어 노예로 팔려오기 전에 몽골어를 배운 사람도 많았다. 몽골군은 현대 이스라엘의 갈릴리 해 부근에서 이들을 만나 싸우게 되었는데, 그 결과는 처음 러시아 평원에서 그들을 만났을 때와 매우 달랐다.

왕비들의 싸움

신은 손에 여러 손가락을 주셨듯이 사람들에게도 여러 길을 주셨다.[137]
몽 케 칸

몽골의 남자들이 전장에 머물며 다른 나라들을 정복하느라 바쁠 때 여자들은 제국을 운영했다. 유목 부족의 여자는 전통적으로 집안일을 관리했으며, 남자는 가축을 돌보고, 사냥을 하고, 싸우러 나갔다. 이제 전쟁은 몇 달이 아니라 몇 년씩 걸리고 가정은 게르의 집합체가 아니라 방대한 제국이 되었지만, 여자들은 계속 제국을 통치했다. 우구데이 치세에 싸움이 가장 심하게 벌어졌던 러시아와 동유럽을 제외한 나머지 몽골 제국의 관리는 여자들의 손에 맡겨졌다. 칭기스 칸의 막내아들 톨루이의 미망인 소르카타니는 우구데이 칸과 경쟁하는 관계였지만 중국 북부와 몽골 동부—칭기스 칸이 자란, 가족 전체의 고향이 포함되어 있었다—를 통치했다. 칭기스 칸의 둘째아들 차가타이의 미망인 에부스쿤은 중앙아시아, 즉 투르키스탄을 통치했다.

우구데이는 대칸으로 재위하는 동안 술에 취하는 일이 너무 잦아 제국을 제대로 이끌 수 없었다. 그는 제1부인은 아니었지만 가장 유능했던 투레게네에게 행정권을 점차 넘겨주었다. 1241년에 우구데이가 죽자 투레게네는 공식 섭정이 되었다. 1251년까지 이후 10년간 그녀는 다른 여자들 몇 명과 더불어 세계 역사상 가장 큰 제국을 관리했다. 이 여자들 가운데 몽골족 출신은 없었다. 모두 정복당한 초원지대 부족 출신으로 칭기스 칸 집안에 시집을 왔다. 또 이 여자들 대부분이 기독교인이었다. 그러나 성도 종교도 권력투쟁의 장애가 되지는 않았다. 이들은 자신의 아들의 손에 제국 전체를 넘겨주려고 싸웠다.

그러나 권력투쟁이 아무리 격렬하다 해도, 여자들 자신의 궁극적 처우가 문제가 될 때 벌어지는 투쟁에 비하면 상대적으로 잠잠한 편이었다. 여자들은 싸움에서 지면 무시무시한 운명을 겪어야 했다. 암투가 벌어지던 궁정 바깥에서는 제국 전체에 간절히 필요하던 10년간의 평화기가 찾아왔다. 일부 지역에 대한 통제를 강화할 기회였고, 1212~1241년의 제1차 몽골 세계대전 40년의 피해를 복구하고 다음 전쟁을 준비할 수 있는 시기였다.

투레게네가 몽골 왕실에서 어느 정도의 권력과 지위를 누렸는지 보여주는 가장 오래된 기록은 도교 문헌을 인쇄하라는 명령서다.[138] 그녀는 1240년 4월 10일에 예케 카툰, 즉 큰 황후로서 우구데이의 옥쇄를 찍은 다음에 자신의 이름을 명기하여 이 명령을 내리고 있다. 이 명령서는 그녀가 제국을 경영했을 뿐 아니라, 남자들이 나가서 싸우는 동안 완전히 다른 활동, 즉 종교와 교육을 지원하고, 건물을 짓고, 제국의 규모에 걸맞은 중요한 사회적 제도를 확립하는 일을 했다는 사실을 분명하게 보여준다.

우구데이는 간신히 성공을 거두었다고 말할 수 있는 중국 원정에서 가장 아끼는 아들과 가까운 친척들을 잃은 뒤 대체로 정치에는 관심을 잃었지만, 그래도 자신의 손자들 가운데 하나를 후계자로 지명해놓았다. 그러나 투레게네는 자신의 오만하고 싸우기 좋아하는 아들 구육을 후보로 밀고 싶었다. 반면 아버지 우구데이는 구육을 심하게 책망한 뒤로 그를 싫어하는 것 같았다. 우구데이가 죽은 직후 투레게네는 우구데이가 지명한 손자가 아니라 구육을 칸으로 선출하려고 쿠릴타이를 소집했다. 그러나 그녀는 황금 가족의 정족수를 모을 수가 없었다. 이것은 구육의 선출에 찬성하는 사람들이 충분하지 않다는 뜻이었다. 투레게네는 계속 섭정으로 일하면서 구육의 선출에 필요한 지지를 얻기 위해 5년 동안 꼼꼼하게 정지작업을 했다. 그녀는 자신의 목적을 달성하기 위해 죽은 남편의 장관들을 해임하고 그 자리에 자신을 따르는 사람들을 앉혔다. 그 가운데 가장 중요한 인물은 호라즘 원정 때 잡혀와 카라코룸에서 일을 하게 된 타지크인인가 페르시아인인가 하는 포로 파티마였다. 그녀를 싫어했을 뿐만 아니라 정치에 관여하는 여자들을 모두 싫어했던 것으로 보이는 연대기 기록자 아타 말리크 주베이니는 파티마가 투레게네의 천막을 계속 찾아가 "내밀한 사실을 듣고 감추어진 비밀을 알게 되었다"139)고 기록했다. 파티마는 나이든 "장관들이 일을 하지 못하면서 자유롭게 명령과 금지조치를 내릴 수 있게 되자" 정치적 역할을 담당하게 되었다.

1246년이 되자 투레게네는 제국을 좀더 확실하게 장악하게 되었으며, 아들의 선출을 조율할 수 있다는 자신감도 얻었다. 구육의 선출을 둘러싼 회의는 황금 가족과 중요한 관리들만 참석한 가운데 은밀하게 진행되었다. 그러나 즉위식은 몽골인만이 아니라 외국의 저명인사들도 초청하여 성대하게 거행했다. 8월에 즉위식이 열릴 때까지 여름 내내 외국 대표단이 제국 구석구석에서 모여들었다. 아미르, 총독, 대공들이 군주나 왕과 나란히 돌아다녔다. 터키에서는 셀주크 술탄이 왔다. 바그다드의 칼리파가 보낸 대표도 왔다. 그루지야의 왕권 요구자 둘도 왔다. 둘 다 이름이 다비드였지만 하나는 선왕의 적자고 또 하나는 서자였다. 유럽에서 가장 지위가 높은 방문객은 알렉산드르 네프스키의 아버지인 블라디미르와 수즈달의 대공 야로슬라프 2세였다. 그러나 그는 투레게네 카툰과 식사를 한 직후 의문의 죽음을 맞이했다.

뜻밖에도 1246년 7월 22일 대규모 집회가 열리는 와중에 서유럽 최초의 사절이 몽골에 도착했다. 플라노 카르피니의 수사 조반니는 65세의 성직자이자 아시시의 성 프란체스코의 제자로, 유럽을 위협했던 이 낯선 사람들에 대해 가능한 한 많은 정보를 캐 오라는 교황 인노켄티우스 4세의 밀명을 받고 대리인 겸 첩자로 몽골에 도착한 것이다. 카르피니는 1245년 부활절에 프랑스 리옹을 떠난 뒤 거의 1년 만에 유럽을 건너 러시아의 바투 본영(本營)에서 몽골의 군대와 만났다. 그러나 일단 몽골의 수송체계 안으로 들어가자 불과 106일에 약 5000킬로미터를 주파할 수 있었다. 거의 3개월 반 동안 말로 하루 평균 40킬로미터를 달린 셈이다.

몽골인은 유럽 원정에서 성공을 거두었기 때문에 카르피니가 교황을 비롯한 서유럽인의 항복 문서를 가져온다고 착각하여 그를 환영했다. 그러나 그의 편지에는 완전히 다른 내용이 적혀 있었다. 교황 인노켄티우스 4세는 칸에게 예수의 생애와 기독교의 주요 교리를 현학적으로 설명했다. 그러나 칸은 어머니가 기독교인이어서 그녀와 함께 예배에 자주 참석했기 때문에 따로 설명을 들을 필요가 없었을 것이다. 사실 구육 자신이 기독교인이었을 가능성도 높다. 그렇지 않다 해도 기독교에 호의적이었던 것은 틀림없으며, 행정부 내의 몽골 기독교도에게 많이 의존하고 있었다. 교황은 또 편지에서 몽골의 유럽 침략을 꾸짖으면서, 칸에게 "이런 공격을 완전히 단념하고, 특히 기독교도 박해를 중단하라"고 명령했다. 그는 칸에게 "무엇 때문에 다른 나라들을 파괴하는 것이며, 앞으로 어떤 목적을 가지고 있는지…… 우리에게 상세히 알려 줄 것"[140]을 요구했다. 이어서 교황은 하느님이 모든 지상의 권력을 로마의 교황에게 위임했으며, 세상에 하느님을 대신해 말을 할 권한이 있는 사람은 자신밖에 없다고 밝혔다.

몽골 관리들은 카르피니가 공물을 가져오지도 않았고 항복 문서를 제시하지도 않았기 때문에 대체로 그를 무시해버렸다. 그러나 지금도 남아 있는 1246년 11월의 편지를 보면, 구육이 인노켄티우스 4세를 향해 분명한 질문을 던진 것을 알 수 있다. 신이 누구를 용서하고 누구에게 자비를 보일지 당신이 어떻게 아는가? 당신이 하는 말을 신이 승인한다고 어떻게 자신하는가? 구육은 신이 교황이 아니라 몽골인에게 해가 뜨는 곳에서부터 해가 지는 곳까지 세계를 다스릴 힘을 주었다고 주장했다. 신은 칭기스 칸의 대법령을 통하여 자신의 명령과 법을 세상에 퍼뜨릴 생각이라는 것이었다. 구육은 이어 교황에게 모든 군주들과 더불어 카라코룸에 와서 몽골 칸에게 경의를 표하라고 권했다.

유럽과 극동 사이의 첫 번째 직접적인 외교적 접촉은 결국 각자의 신학을 무기로 공방을 주고받다가 종교적 모욕으로 끝나고 말았다. 몽골과 유럽인들은 영적인 믿음의 많은 부분을 공유했음에도, 처음에 관계를 맺을 때 방향이 부정적으로 잘못 잡히는 바람에 그 뒤로 공통의 종교라는 기반 자체도 무너지고 말았다. 몽골은 기독교 유럽과 친밀한 관계를 맺을 방법을 한 세대 더 모색해보지만, 결국 그런 희망을 모두 버리게 된다. 그와 더불어 기독교 자체를 완전히 버리고 불교와 이슬람으로 방향을 튼다.

1246년 가을 카르피니를 비롯한 외국 사절들은 칸의 본영을 떠나 고향으로 돌아갔다. 구육은 성대한 의식을 통해 공적으로 지위를 과시하는 단계에서 벗어나 권력을 강화하고 명실상부한 칸으로 자리를 잡아가는 중요한 정치적 과제에 착수했다. 그는 새로 부여받은 권력을 강화하기 위해 먼저 어머니가 신뢰하는 조언자인 파티마를 공격했다. 그는 파티마가 마녀라고 비난하면서 그녀를 어머니의 궁에서 자신의 궁으로 불렀다. 어머니는 파티마를 보내려 하지 않았다. "구육은 여러 번 파티마를 소환했으나 그때마다 그의 어머니는 이런저런 핑계로 거절했다. 그 결과 구육과 어머니의 관계는 몹시 나빠졌으며, 결국 구육은 사람을 보내…… 어머니가 거부하더라도 강제로 파티마를 데려오게 했다."[141]

그 다음에 일어난 일은 모호하게 기록되어 있어 의문을 자아낸다. 구육은 파티마 카툰을 제어하게 되었고 그의 어머니는 죽었다. 그의 어머니가 아팠을까? 분노나 슬픔 때문에 죽었을까? 대부분의 기록이 이 대목에서 침묵하고 있다. 페르시아의 역사가 주즈자니는 투레게네가 남편 우구데이와 합쳐졌다고 기록했다. 그녀의 남편은 죽은 지 6년이 지났으므로 이 말은 그녀의 죽음을 완곡하게 표현한 것으로 보인다. 그러나 주즈자니는 이 점에 대해 확신이 없었던지, "그러나 진실은 신만이 아신다"[142]고 덧붙여놓았다. 우리가 아는 것은 구육이 파티마 카툰을 체포하고 투레게네 카툰은 죽었다는 사실뿐이다.

구육은 파티마 문제를 조용하게 처리한 것이 아니라 그녀에게 무시무시한 공개적 시련을 안겨주었다. 몽골 왕실은 두 대륙에 걸친 제국을 다스렸을 뿐 아니라 더 넓게 팽창할 수 있는 기회까지 손에 쥐고 있었지만, 제국이 아니라 한 여자에게 집착하고 있었던 것 같다—이 여자가 무슨 짓을 했는지, 이 여자를 어떻게 처리해야 하는지. 구육은 친위대에게 파티마를 데려오게 했다. 그녀는 발가벗겨 밧줄로 꽁꽁 묶인 채 왕궁에 모인 사람들 앞에 끌려나왔다. 그녀는 계속 그 자리에 있어야 했다. "몇날 몇밤 동안 굶주리고 목마른 상태에서 온갖 폭력과 가혹행위와 위협에 시달려야 했다."[143] 그들은 그녀를 뜨거운 쇠막대기로 때리기도 했다. 이런 공개 고문은 유럽 사회에서 마녀를 처리할 때, 또는 기독교 교회에서 이단자를 처리할 때는 어울릴지 몰라도, 칭기스 칸의 관행에는 어긋나는 일이었다. 칭기스 칸은 적을 죽이고 매우 엄하게 다스렸지만, 고문을 하거나 불필요한 고통을 주는 일은 없었다. 게다가 여자를 고문한다는 것은 몽골 전통에서는 상상하기 힘들었다. 몽골 역사에서 이와 비교할 만한 전례는 찾아볼 수가 없었다.

파티마의 고문은 법으로만 따지자면 합법적인 행동이었을지도 모른다. 그녀는 몽골인도 아니고 몽골인과 결혼한 적도 없으며, 결국 보호받을 수 없는 불확실한 지위에 있는 전쟁포로였기 때문이다. 마침내 고문을 이기지 못한 파티마가 마법으로 투레게네 카툰을 비롯한 황금 가족의 구성원들을 미혹했다는 등 악한 행동들을 자백하자 구육은 그녀에게 매우 잔인하면서도 상징적인 벌을 내렸다. 그는 그녀의 몸의 모든 구멍을 꿰매라고 명령했다. 그녀의 영혼의 정수가 조금도 몸 밖으로 나가지 못하도록 막은 것이다. 그런 다음 모전 담요에 둘둘 말아 강에 던지라고 지시했다. 이렇게 해서 구육의 어머니의 조언자이자 13세기에 가장 큰 권력을 휘둘렀던 여자 하나가 생을 마감했다.

파티마의 공개 고문과 처형이 출발점 역할이라도 한 것처럼 구육의 짧은 치세는 무시무시한 복수로 점철되었다. 그는 서툰 방법으로 권력을 강화하고 경쟁자들을 제거했다. 구육은 병사들에게 파티마와 연결된 모든 사람을 추적하여 죽이라고 명령했다. 동시에 칭기스 칸의 친형제 가운데 마지막 생존자로서 왕위를 요구할 합법적 자격을 갖춘 종조부 테무게 옷치긴을 재판에 넘겼다. 테무게 옷치긴은 구육의 선출 직전 왕위를 요구하며 군사를 일으켜 투레게네 카툰의 땅을 침공했다가 실패하고 말았다. 그는 젊은 시절 샤먼 텝 텡그리와 맞붙었을 때도 살아남았지만 형의 손자와 맞붙었을 때는 살아남지 못했다. 폐쇄된 게르에서 열린 비공개 재판에서 가족의 남자 구성원들은 선거가 아니라 군사력으로 대칸의 자리를 차지하려 한 죄로 테무게 옷치긴에게 사형을 선고했다. 물론 재판의 진행은 구육이 꼼꼼하게 감독했다.

구육은 몽골 제국의 땅을 손에 쥐고 있는 다른 여자들에게 주의를 돌렸다. 그는 차가타이 가족의 땅을 다스리는 미망인 섭정을 제거했고, 남편이 죽은 뒤 구육과 결혼하기를 거부했던 소르칵타니의 섭정 하에 있던 톨루이의 땅 문제도 조사하라고 명령했다. 조사를 하는 과정에서 구육은 소르칵타니와 그녀의 아들들에게 할당되었던 모든 전사의 항복을 받아내라고 명령했다. 이렇게 해서 동부전선을 손에 넣어 단단히 틀어쥐게 되자 큰 사냥을 한다고 군대를 모아 서쪽으로 갔다. 사실 사냥은 러시아의 바투 칸을 기습하기 위한 구실이었다. 물론 이전에 러시아 승전 잔치에서 사촌으로부터 받았던 모욕을 앙갚음하려는 것이었다. 그러나 구육은 모든 칸들 가운데 유럽을 가장 중시했던 인물이기도 했다. 그는 유럽 정복을 완수하여 그곳을 자신의 영토에 편입하려 했다.

소르칵타니는 어떤 식으로든 구육에게 공개적으로 도전하고 싶지 않았기 때문에 신중하게 그가 기습이 실패하도록 손을 썼다. 은밀히 전령을 보내 바투에게 구육의 계획을 알린 것이다. 그러나 거기서 멈추지 않고 구육 자신을 노린 직접적인 행동에 나섰을 가능성도 있다. 건강해 보이던 43세의 구육이 몽골 중앙의 초원에 있는 가족의 요새를 떠난 지 얼마 안 되어 급사했기 때문이다. 사인은 불분명하다. 대칸에 즉위한 지 불과 18개월 만의 일이었다. 살인일 가능성이 높지만 용의자가 너무 많아 추측이 쉽지 않을 정도다. 현존하는 몽골 기록들은 그의 죽음을 자세히 묘사하고 있지 않으며, 갑자기 말수가 적어진 페르시아의 연대기들은 단순히 구육이 "미리 정해진 시간에 이르렀다"[144]고만 언급할 뿐이다.

[톨루이 가문, 제국을 손에 넣다]

제국 중심에서 정치투쟁이 계속되자 가장자리가 통제에서 벗어나기 시작했다. 비유를 매우 좋아하던 주베이니는 "세상일이 정직의 길로부터 벗어났고, 상업과 거래는 의로움의 대로에서 벗어났다"고 기록했다. 그는 이 땅이 어둠 속에 있으며, "세계의 컵에는 부정의 술이 가득 차 넘칠 지경"이라고 덧붙였다. 몽골인과 그 신민들은 "이쪽저쪽으로 끌려다니다 보니 이제 어찌할 줄을 모른다. 그대로 버틸 인내력도 없고 달아날 곳도 알지 못하기 때문이다."[145]

과부 왕비들의 전투는 구육의 치세에 잠간 중단되었다가 다시 시작되었다. 싸움은 훨씬 더 강렬해졌다. 우구데이가 죽었을 때 투레게네가 제국을 통제하기 위해 나섰던 것처럼 이번에는 그녀의 며느리이자 구육의 미망인인 오굴 카이미시가 나섰다. 그러나 오굴 카이미시에게는 시어머니 같은 솜씨가 없었다. 시간도 그녀의 편이 아니었다. 무엇보다도 그녀의 아들들이 그녀의 섭정 통치권에 도전하여 각기 왕궁을 따로 세웠기 때문이다. 그러자 평생을 기다리며 준비해온 소르칵타니가 마침내 유능한 네 아들의 전폭적 지지를 받아 움직이기 시작했다. 바투 칸은 그녀의 은밀한 동맹자 소르칵타니의 부추김을 받아 구육의 미망인이 수도 카라코룸에서 쿠릴타이를 소집하기를 기다리지 않고 1250년 텐산 산맥의 이식쿨 호수 근처에서 먼저 쿠릴타이를 소집해버렸다. 이곳은 몽골의 바깥으로, 바투가 가기 편한 곳이었다. 쿠릴타이에서는 소르칵타니의 장남 뭉케가 대칸으로 선출되었지만 우구데이 가족은 선거 참여를 거부했다. 적법한 선거는 몽골 본토, 특히 그들의 가족이 장악한 수도 카라코룸에서 치러야 한다는 것이 그 이유였다.

그러나 소르칵타니는 기가 죽지 않고 기지가 번뜩이는 계획을 세웠다. 그녀는 제국의 수도에는 갈 수 없었지만, 칭기스 칸의 막내아들의 미망인으로서 칭기스 칸이 태어나고, 칸으로 선출되고, 죽어서 묻힌 고향 땅을 장악하고 있었다. 이 성지에서 열리는 쿠릴타이에는 아무도 참석을 거부할 수 없었다. 그녀의 동맹자 바투 칸은 러시아로부터 먼 여행을 할 수 없었지만 대신 선거와 즉위식 과정에서 그녀와 그녀의 가족을 보호할 친위대 3만 명을 보내면서 동생 베르케에게 지휘를 맡겼다. 소르칵타니는 이 성스러운 장소에서 두 번째 쿠릴타이를 소집했으며, 1251년 7월 1일 이 자리에 모인 사람들은 43세의 뭉케를 몽골 제국의 대칸으로 선출했다. 이번에는 아무도 장소 문제로 이의를 제기하지 않았다.

뭉케는 대칸 선출을 축하하여 이날 하루 모든 사람이 일을 쉬고 짐승도 일을 시키거나 짐을 지우지 말라고 명령했다. 땅에는 천막을 칠 말뚝을 박지 말고, 물은 더럽히지 말아야 했다. 야생짐승을 잡아도 안 되고, 잔치를 위해 짐승을 잡을 때도 성스러운 땅에 피를 떨어뜨리지 말아야 했다. 성스러운 날이 지나자 일주일 동안 잔치가 열렸다. 매일 모인 손님들은 말이나 소 300마리, 양 3000마리, 수레 2000대를 채울 만한 아이라크―암말 젖을 발효시켜 만든, 몽골인이 좋아하는 알코올 음료(마유주馬乳酒)―를 먹어치웠다.

이 행사는 소르칵타니의 필생의 사업의 절정으로, 어떤 의미에서는 뭉케보다 그녀를 위한 것이었다. 칭기스 칸 자신은 비교적 약하고, 술을 좋아하고, 자기중심적인 아들들만 낳았지만, 소르칵타니가 낳아서 훈련시킨 네 아들은 모두 역사에 뚜렷한 자취를 남기게 된다. 그녀의 아들들은 모두 칸이었다. 또 뭉케에 이어 아릭 부케, 쿠빌라이가 대칸 자리에 오르며, 나머지 아들 훌레구는 페르시아의 일칸이 되어 그곳에서 독자적인 왕조를 창건한다. 그녀의 아들들은 페르시아, 바그다드, 시리아, 터키를 모두 정복하여 제국의 규모를 최대로 키운다. 그들은 남쪽으로는 송나라를 정복하고 베트남, 라오스, 미얀마까지 밀고 들어간다. 또 두려움을 불러일으키던 아사신(Assassins)* 일파를 없애고 무슬림의 칼리파를 처형한다.

[소르칵타니의 최후]

우구데이와 구육의 가족은 쿠릴타이에 늦게 도착했다. 선거는 끝이 났고 이미 기념행사가 열리고 있었다. 우구데이 가족의 세 왕자는 갑자기 천막으로 성큼성큼 걸어 들어오더니 새로운 칸에게 인사를 하겠다고 말

---

* 아사신(Assassins)이라는 말은 이들의 명성 때문에 훗날 유럽으로 건너와 암살자를 가리키는 말이 되었다.

했다. 새로운 칸은 그들을 모두 체포하여 사슬로 묶게 했다. 세 왕자가 온 것은 왕궁의 시선을 그쪽으로 돌리려는 책략이며, 다른 가족이 근처에 모여 있다가 사람들이 술에 취했을 때 몰래 공격할 준비를 하고 있다고 그의 첩자들이 이미 보고했기 때문이다. 뭉케는 공격하려던 자들을 쉽게 체포했으며, 다시 일련의 재판이 시작되었다. 뭉케는 칭기스 칸의 후손에게는 고문을 하지도 않았고 피를 흘리게 하지도 않았다. 대신 그들의 조언자들―주로 무슬림이나 중국인이었다―을 불러들여 주인에게 불리한 자백을 할 때까지 매질을 했다. 재판이 끝나자 새 칸은 사촌들이 여러 가지 죄를 지었다는 것을 알게 되었다. 그는 두 왕자의 입에 돌과 흙을 가득 채워 죽였다. 조언자 몇 명은 자살했다. 뭉케는 우구데이의 혈통 또는 그와 가까운 사람들을 모두 77명 죽였다.

뭉케가 남자들의 재판을 감독하는 동안 그의 어머니는 자신의 궁에서 여자들을 재판했다. 소르칵타니는 불운한 섭정 오굴 카이미시 카툰의 체포를 명령했고 그 결과 파티마 재판에 버금가는 잔인한 광경이 벌어졌다. 그녀를 체포한 사람들은 그녀의 두 손을 생가죽으로 묶고 꿰맸으며, 옷을 벗겨 사람들의 조롱거리로 만든 뒤 모전에 싸서 그 가문의 다른 나이든 여자와 함께 물에 던졌다. 또 한 여자는 담요로 싸서 발로 차 죽였다.

뭉케 칸은 재판을 확대하여 대숙청을 진행했다.[146] 그는 심문관들을 제국 각지에 파견하여 자신의 지파에 충성을 하지 않는다는 의심이 가는 사람은 누구나 잡아다 심문하고, 재판하고, 처벌했다. 이 재판은 동쪽 중국과 몽골에서 남쪽 아프가니스탄, 서쪽 페르시아와 이라크까지 세계적 규모로 이루어졌다. 위구르의 통치자처럼 높은 자리에 있던 사람도 죽음을 당했다. 그러나 가장 큰 피해를 입은 사람들은 바로 황금 가족 자신이었다. 뭉케는 이제 세상에 없는 두 숙부 차가타이와 우구데이의 가족을 지지하던 사람들을 완전히 뿌리 뽑으려고 결심한 것 같았다. 그는 우구데이의 후손으로부터 카라코룸과 주변 영토를 빼앗았다. 제국 전역에서 특별재판소의 처벌을 모면한 운 좋은 통치자나 고관은 카라코룸으로 가서 새로운 칸을 알현하고 충성을 확인받아야 했다. 이 과정에서 처벌을 당할 수도 있었다. 시험을 통과한 관리들은 새로운 칸으로부터 원래 자리에 다시 임명을 받았다. 뭉케 칸은 우구데이 가에 대한 광범위한 유혈 숙청 뒤에 다른 종류의 비정치범과 포로에 대해서는 일반 사면을 명령했다.

권력은 확실하게 톨루이 가로 옮겨갔다. 소르칵타니는 그 동안 아들의 권력 장악을 막는 장애물들을 남김없이 부수어버렸다. 그녀는 네 아들이 이제 황금 가족의 어느 지파한테서도 위협을 느끼지 않을 것이라고 믿으며 편안하게 눈을 감을 수 있었다. 그녀의 업적에 대한 가장 뛰어난 찬사는 이븐 알 이브리의 글에서 찾아볼 수 있다. "만일 내가 여자들 가운데 이런 여자를 한 명만 더 볼 수 있다면, 여자가 남자보다 훨씬 더 우월하다는 것을 인정하겠다."[147] 소르칵타니는 자식들에게 세계 역사상 가장 크고 부유한 제국을 주었다. 그러나 그녀가 죽은 지 몇 년 지나지 않아 네 아들은 이 제국을 조각내기 시작한다.

소르칵타니는 1252년 2월 몽골의 설 무렵—돼지 해의 마지막 날일 수도 있고, 쥐 해의 첫 날일 수도 있다—세상을 떠났다. 그녀의 죽음과 더불어 1241년에 시작된 여자들의 통치기 10년도 끝이 났다. 여자들은 서로 경쟁하면서도 몽골에 절실하게 필요하던 외부의 재능을 통치세력 내부로 끌어들였으며, 수도원과 학교, 책의 인쇄, 사상과 지식의 교류를 지원하여 제국의 새로운 기초를 닦았다. 남자들이 몽골 세계전쟁을 속개한 뒤 몽골 제국 내외의 세계에 가장 큰 영향을 준 것은 결국 이 여자들의 손에서 시작된 새로운 제도들이었다. 그러나 이 제도들의 만개(滿開)는 또 한 차례의 전쟁이 끝날 때까지 기다려야 했다.

[초원 위의 종교 논쟁]

뭉케는 1227년 할아버지 칭기스 칸이 죽고 나서 거의 4반세기가 흐른 뒤인 1251년에 몽골 제국의 대칸 지위에 올랐다. "나는 조상들의 법을 따르며, 다른 나라들의 길을 흉내내지 않는다"[148)]는 그의 말은 그의 통치의 성격을 잘 요약해주는 동시에 어머니 소르칵타니가 육성한 건실한 인격을 드러내고 있다. 뭉케는 진지한 사람으로 우구데이처럼 경박하지도 않았고 구육처럼 무모하지도 않았다. 그는 황금 가족의 구성원들 가운데는 거의 유일하게 알코올의 파괴적인 힘에 굴복하지 않았던 사람이기도 하다.

뭉케는 몽골 제국의 대칸으로서 자신의 정통성을 강화하고 역사를 자신의 필요에 맞게 고쳐 쓰기 위해 1252년 아버지 톨루이에게 대칸 칭호*를 추서했다. 칭기스 칸의 막내로서 옷치긴, 즉 '화로의 왕자'인 톨루이가 아버지의 고향만이 아니라 칭호까지 물려받을 자격이 있다는 법적인 주장에 근거하여 벌인 일이었다.

뭉케는 자신의 영토의 경계를 정하면서 새로 얻은 수도 카라코룸으로 시선을 돌렸다. 카라코룸은 20년간 우구데이 가의 권력의 중심이자 상징 역할을 해왔다. 그러나 뭉케는 이 수수한 도시를 우구데이 가의 본거지에서 몽골 제국에 어울리는 수도로 바꾸고자 했다. 우구데이가 카라코룸을 건설하기 전 이 지역은 케레이트, 그 가운데도 옹 칸과 그 가문—여기에는 뭉케의 어머니이자 옹 칸의 조카딸인 소르칵타니도 포함된다—의 소유였다.

뭉케는 수도에 자신의 흔적을 남기고자 했다. 중국과 페르시아의 건축가는 우구데이가 이미 활용했기 때문에 뭉케는 유럽 원정에서 잡아온 기독교인 장인들을 동원했다. 뭉케는 유럽의 건축을 높이 평가하지는

---

* 카간(大汗). 대칸이라고도 부른다. 대칸이라는 칭호를 처음 쓴 칸은 우구데이라고 한다.

않았지만, 금속 세공장이의 솜씨에는 감탄했다. 그의 부대는 베오그라드를 점령했을 때 파리의 금 세공장이 기욤 부셰[149]를 붙잡았다. 부셰는 기독교 성물을 만드는 재주 때문에 소르칵타니에게 가게 되었으며, 그녀가 죽자 뭉케의 동생 아릭 부케에게 갔다. 뭉케는 부셰와 50명의 조수들에게 일을 맡겨, 몽골 수도에 유럽의 이국적인 멋을 보탰다. 그 결과 궁을 방문하는 사람들은 부셰의 압도적이면서도 특이한 양식에 놀라곤 했다.

뭉케의 카라코룸 왕궁을 방문했던 사절들은 그곳에 독특한 기계장치가 있다고 언급했다. 뜰 한가운데 우뚝 서 사방을 굽어보는 커다란 나무였다. 이 나무는 은을 비롯한 귀금속을 조각해서 만들었다. 그 가지들은 건물 안으로 들어가 서까래를 따라 늘어졌다. 가지에는 은 열매가 달렸고, 줄기는 황금 뱀 네 마리가 둘둘 감고 있었다. 우듬지에는 역시 은으로 만든 승리의 천사가 나팔을 들고 서 있었다. 나무 안에는 공기가 통하는 복잡한 관이 있어 눈에 보이지 않는 하인들이 거기에 숨을 불어넣고 조작을 하면 마치 마법을 부린 것 같은 결과가 나타났다. 칸이 손님들에게 줄 술을 가져오라 하면 기계 천사가 나팔을 입에 대고 불었다. 그러면 뱀의 입에서 나무 밑동에 놓인 커다란 은 사발로 술이 샘물처럼 쏟아져 나왔다. 관마다 포도주, 검은 아이라크, 곡주, 꿀술 등 각기 다른 술이 나왔다.

카라코룸의 은 나무의 뱀 네 마리는 몽골 제국이 뻗어나가는 네 방향을 상징했다. 머나먼 이국적인 문명의 산물―포도, 젖, 쌀, 꿀―로 빚은 술 네 가지도 마찬가지였다. 초원지대에는 나무가 드물었다. 그러나 칭기스 칸의 몽골 가족의 고향에서는 나무가 중요한 역할을 했다. 그들의 구전에 따르면 몽골 부족들을 통일하려 한 첫 번째 조상은 코르코낙 초원의 나무 밑에서 칸이 되었다. 테무진과 자무카가 메르키트 전투 뒤에 안다의 맹세를 한 곳도 이 지역이었다. 따라서 이 기계장치는 몽골의 기원(起源)과 더불어 사방의 온 세계를 정복한다는 임무를 상기시켜 주는 적확하고 멋진 상징물이었던 셈이다. 뭉케는 우주의 중심에 육중한 나무처럼 서 있는 몽골의 통치 하에 온 세상을 복속시키는 일을 자신의 임무로 받아들였다. 그는 이 명령을 자기 나라의 운명이자 자신이 이루어내야 하는 일로 받아들인 것이다.

일시적이지만 뭉케의 왕궁에서 기독교가 계속 우세한 자리를 차지한 것도 뭉케의 서방 지향성을 보여주는 한 예였다. 이런 경향은 황금 가족 내의 많은 기독교인 부인들 때문에, 또 그루지야와 아르메니아 등 기독교 국가들이 보여준 꾸준한 충성심 때문에 더욱 강화되었다. 소의 해인 1253년 프란체스코회의 수사 루브룩의 기욤이 프랑스 왕의 사절로 몽골 왕궁에 도착했다. 그의 기록에서는 몽골 왕궁에서 막 나타나기 시작한 기독교와 다른 종교 사이의 경쟁에 대한 흥미진진한—그렇게 자세한 것은 아니지만—묘사를 엿볼 수 있다. 루브룩은 몽골 조정의 크리스마스 축하 행사를 구경할 기회가 있었다. 그 자신은 그들을 위해 "임하소서 성령이여(Veni Sancte Spiritus)"를 노래하는 작은 역할만 맡았다. 뭉케 칸과 부인은 교회에서 미사를 드렸다. 그들은 제단 맞은편의 황금 의자에 앉아 있었다. 아시리아 기독교 전통에 따라 교회 내부에는 지나친 장식이나 상이 없었지만 서까래에는 비단이 걸려 있어 몽골의 게르 같은 느낌을 주었다. 미사 뒤에 칸은 사제들과 종교에 대해 잠시 이야기했다. 부인은 칸이 떠난 뒤에도 남아 사람들에게 크리스마스 선물을 나누어주었다. 루브룩에게는 옷감을 선물로 주었지만 그는 사양했다. 그러나 카툰은 모욕을 주려는 루브룩의 의도를 눈치채지 못한 것 같다. 루브룩의 통역이 그 옷감을 대신 받아 나중에 키프로스에서 팔아먹었기 때문이다.

선물을 나누어주고 나자 붉은 포도주, 쌀로 만든 에일, 어디에나 빠지지 않는 몽골의 아이라크를 차려놓고 크리스마스 잔치가 시작되었다.

프랑스의 사절은 다시 카툰을 위해 노래를 불러야 했다. 술이 몇 순배 돈 후에 마지막으로 크리스마스 만찬이 들어왔다. 큰 접시에 놓인 양고기와 잉어였다. 그러나 소금이나 빵이 함께 나오지 않은 것을 보고 루브룩은 속으로 경멸했다. "나는 조금만 먹었다. 그들은 이런 식으로 저녁이 될 때까지 시간을 보냈다. …… 그러다가 그 귀부인은 술에 취해 수레에 탔다. 사제들이 노래하고 악을 쓰는 가운데 그녀가 떠나자"150) 크리스마스 미사와 잔치는 끝이 났다.

몽골의 기독교도는 하느님이 빛, 특히 그들의 신화에 신성하게 나타나는 '황금 빛'과 연관이 있다고 강조했다. 또 예수는 죽음을 이긴 생명의 승리와 치유의 측면을 강조했다. 루브룩은 종교가 같았음에도 몽골 조정의 아시리아인, 아르메니아인, 정교 신자들을 몹시 불쾌하게 생각했다. 그는 가톨릭교도가 아니면 모두 이단으로 간주했기 때문에 아시리아 교회의 몽골인 신도를 네스토리우스파*라고 경멸했다. 네스토리우스는 431년에 에페소스 공의회에서 이단으로 선고받았던 콘스탄티노플의 주교 네스토리우스와 관련된 교파였다. 루브룩이 이단으로 여기던 아시리아 교회의 교리 가운데는 동정녀 마리아가 그리스도의 어머니이기는 하지만 하느님의 어머니는 아니라는 것도 있었다. 이들은 또 십자가 위의 그리스도가 죽음이나 피 묘사에 대한 몽골의 금기를 침해하는 것이라고 거부한다는 점에서도 가톨릭교도와 달랐다. 나아가서 몽골인은 스스로 기독교인이라고 인정할 때도 종교를 자신의 정체성을 규정하는 일차적 요소로 간주하지 않았다. 기독교를 믿었던 한 몽골 장군의 말대로 그는 기독교인이기 이전에 몽골인이었다.

뭉케는 프랑스 사절을 몇 달 동안 기다리게 한 뒤 마침내 1254년 5

---

* 5세기 시리아의 성직자 네스토리우스의 교리를 따르는 교파로, 그는 예수에게 신성(神性)과 인성(人性)이 공존한다고 주장했다.

월 24일에 공식적으로 알현을 허락했다. 루브룩은 관리들에게 자신이 하느님의 말씀을 알고 있으며 그것을 전파하기 위해 찾아왔다고 알렸다. 칸은 여러 종교의 대표자들이 모인 자리에서 루브룩에게 하느님의 말씀을 한번 설명해보라고 권했다. 루브룩은 더듬더듬 몇 마디 한 뒤에 기독교인에게는 하느님을 사랑하라는 계명이 중요하다고 강조했다. 그러자 무슬림 성직자 한 사람이 믿을 수 없다는 표정으로 물었다. "아니, 세상에 하느님을 사랑하지 않는 사람도 있소?"[151]

루브룩이 답했다. "하느님의 계명을 지키지 않는 사람은 하느님을 사랑하지 않는 것이오."

그러자 다른 성직자가 루브룩에게 물었다. "하느님의 명령을 안다니, 그럼 당신이 천국에 가보았소?" 이어 그는 루브룩의 말에 감추어진 의도를 드러내면서 대놓고 따졌다. "그러니까 뭉케 칸이 하느님의 계명을 따르지 않는다는 거요?"

이런 토론이 잠시 계속되었다. 루브룩 자신의 말에 따르면 가끔 살벌한 분위기가 감돌기도 했던 이 토론에서 그는 제대로 실력을 발휘하지 못한 것이 분명하다. 그는 가톨릭 기독교의 기본 전제를 공유하지 않는 사람들과 토론을 하는 데 익숙하지 않았다. 뭉케 칸은 무엇이 문제인지 알았던 것이 분명하다. 그는 참석한 모든 학자에게 시간을 갖고 자신의 생각을 더 분명하게 적어 와서 쟁점들을 꼼꼼하게 토론해보자고 제안했다.

몽골인은 모든 종류의 시합을 즐겼다. 그들은 씨름시합을 열듯이 경쟁하는 종교들이 참여하는 토론시합을 열었다. 보통 이런 토론대회는 날짜를 잡아 열렸고, 감독할 심판들도 참석했다. 루브룩이 참여한 대회에서 뭉케 칸은 기독교, 이슬람교, 불교에 속하는 세 심판을 앉혀놓고 토론을 진행하라고 명령했다. 이 행사를 관람하기 위해 많은 청중이 참석했다. 행사는 격식을 갖추어 매우 진지하게 시작되었다. 한 관리가 뭉케의 엄격한 진행 지침을 전달했다. 죽을 각오가 아니면 "말다툼은 하지 말라"[152)]는 것이었다.

루브룩을 비롯한 기독교인들은 무슬림과 하나가 되어 불교의 교리를 논박하려 했다. 이 사람들은 몽골의 흙먼지가 피어오르는 평원에 세운 천막에서 각각의 예복을 입고 함께 모여 토론을 했다. 역사상 학자나 신학자들이 모여서 이런 토론을 벌였다는 기록은 없었다. 이런 다양한 유형의 기독교 대표자들이 한 자리에 모인 일이 있는지도 의심스럽다. 하물며 다양한 무슬림이나 불교도들과 동등한 조건에서 토론을 해본 일은 없을 것이다. 종교 학자들은 자신의 신앙과 사상으로 경쟁을 해야 했다. 그들 뒤에 있는 통치자나 군대의 무기나 권위를 빌릴 수 없었다. 오로지 말과 논리만으로 자신의 사상의 설득력을 시험해야 했던 것이다.

1회전에서 루브룩은 중국 북부 출신의 불교도와 맞섰다. 불교도는 세상이 어떻게 만들어졌는가, 죽은 뒤에 영혼은 어떻게 되는가 하는 질문부터 던졌다. 루브룩은 불교 승려가 질문을 잘못했다고 반박했다. 첫 번째 문제는 만물의 근원인 하느님에 대한 것이어야 한다는 주장이었다. 심판들은 루브룩의 승리를 선언했다.

그들의 토론은 선과 악, 신의 본성, 동물의 영혼, 환생, 악의 유래 등을 오갔다. 논쟁이 진행되면서 여러 종교의 성직자들은 주제에 따라 흩어졌다가 다시 뭉치곤 했다. 몽골에서는 씨름시합이 열리면 한 회가 끝날 때마다 선수들이 마유주를 마시곤 했다. 토론자들 역시 이 전통을 따라 한 회가 끝날 때마다 쉬면서 마유주를 잔뜩 들이켰다.

쟁점이 무엇이든 어느 편도 상대를 납득시키지 못하는 것 같았다. 마침내 알코올의 효과가 발휘되기 시작하자 기독교도는 논리적인 주장으로 사람들을 설득하는 것을 포기하고 노래를 부르기 시작했다. 노래를 부르지 않는 무슬림은 기독교인의 노래를 누르기 위해 쿠란을 큰 소리로 암송하기 시작했다. 불교도는 말없이 명상에 들어갔다. 서로를 개종시키거나 죽이지 못하고 토론대회의 막이 내리고 있었다. 결국 그들은 몽골인이 잔치를 마무리짓는 방식으로 끝을 맺었다. 모두 너무 취해 토론을 더 이상 계속할 수 없는 지경에 이른 것이다.

카라코룸에서 여러 성직자들이 토론을 벌이는 동안 그들과 같은 종교를 가진 형제들은 몽골 제국 바깥에서 서로를 베거나 산 채로 불태우고 있었다. 루브룩이 몽골에서 토론을 하던 여름에 그의 후원자였던 루이 9세는 탈무드를 비롯한 유대인의 책을 거두어들이느라 바빴다. 이 독실한 왕은 헤브루어 문건들을 잔뜩 쌓아놓고 불을 질렀다. 루브룩이 프랑스에 없는 동안 그의 동포는 손으로 쓰고 그림으로 장식한 유대교 서적 약 1만 2000권을 태워버렸다. 루브룩의 교회는 이와 비슷한 여러 만행을 예수 그리스도의 복음을 전파하기 위한 노력으로 간주하여 루이 9세를 성 루이로 시성(諡聖)했다. 루이 9세는 선량한 기독교인이 모범으로 삼고 또 기도할 때 인간과 신 사이의 중재자로 의지할 숭배의 대상이 된 것이다.

같은 시기에 이슬람과 기독교 국가에서 통치자들은 종교적 탄압을 국가의 공식 정책으로 내세웠다. 가톨릭 교회는 성지를 정복하지도 못하고 동유럽으로 세력을 확장하지도 못하자 자신의 세력권 내에서 종교적 변종을 탄압하기 시작했다. 1255년에 교회는 이단으로 의심되는 사람들을 고문해도 좋다고 허락했으며, 사제들—주로 도미니크회 소속이었다—은 여러 도시를 돌아다니며 용의자를 찾아내 고문했다. 이 시기 이전에는 민간 권력이 범죄 용의자, 반역자, 전쟁포로를 심문하면서 고문한 일은 있어도 사제들이 종교적인 목적으로 고문을 한 적은 없었다.

카라코룸의 토론 이후 며칠 뒤 뭉케 칸은 루브룩을 불러 고향으로 돌아가도 좋다고 말했다. 그는 이 자리를 빌려 루브룩에게, 나아가서 그를 통해 유럽의 통치자들에게 자신은 어떤 하나의 종교에 속한 사람이 아니라고 설명하면서 몽골인의 관용과 호의에 대해 이야기했다. "우리 몽골인은 하나의 신을 믿소. 우리는 그 신에 의해 살기도 하고 죽기도 하오. 우리는 그 신에게 정직하게 다가가오." 뭉케 칸은 또 덧붙였다. "신이 손에 여러 손가락을 주셨듯이 사람들에게도 여러 가지 길을 주셨소. 신은 당신들에게 경전을 주셨지만 당신네 기독교인들은 그 경전을 따르지 않고 있소." 뭉케 칸은 그 증거로 기독교인이 정의보다 돈을 앞세운다는 점을 들었다. 이어 신이 몽골인에게는 경전 대신 거룩한 사람, 즉 샤먼을 주셨다고 말했다. 일상생활에서 "우리는 그들이 시키는 대로 하면서" 서로 "평화롭게 살고 있소."[153]

뭉케 칸은 프랑스의 루이 9세에게도 서한을 보냈다. 내용은 간단했다. 하늘에는 '영생의 신' 한 분이 계시고, 땅의 주인은 '신의 아들' 칭기스 칸과 몽골 제국을 다스리는 그의 후손들뿐이라는 이야기였다. 칭기스 칸이 죽은 뒤에 첨가된, 메시아를 연상시키는 수사(修辭)를 제외하면 기본적인 내용은 몽골 제국의 창건자가 말년에 밝힌 내용과 다를 바 없었다. 모든 사람들이 몽골인의 관대한 통치 밑으로 들어오기만 하면, "영생의 신의 힘으로 해가 뜨는 곳부터 지는 곳까지 온 세상이 하나가 되어 기쁨과 평화를 누릴 것이다." 그러나 뭉케는 프랑스인을 포함한 모든 기독교도에게 경고를 하는 것도 잊지 않았다. "영생의 신의 선언을 듣고 이해하고 나서도 '우리나라는 멀리 떨어져 있고 우리 산은 높고 우리 바다는 넓다'고 하면서 그 선언에 귀를 기울이지 않고 믿지 않으려 한다면, 또 그런 태도로 군대를 모아 우리와 싸우려 한다면, 우리 손에 혼이 날 것이다."

[제국의 기틀을 다지다]

뭉케는 루브룩에게 신학적인 질문을 던지기는 했지만, 일차적인 관심은 종교가 아니라 외교와 상업이었다. 뭉케의 치세에 국가와 황금 가족의 모든 에너지는 칭기스 칸이 미완으로 남겨두고 떠났던 사업 쪽으로 다시 방향을 틀었다. 송나라와 중동 아랍 국가들의 정복이었다. 뭉케는 제국을 본래의 궤도에 올려놓는 작업의 일환으로 사람과 동물뿐 아니라 과수원, 농장 등 제국의 자산 규모를 파악하기 위한 일련의 통계조사를 명령했다. 지역 관리들은 많은 양의 정보를 카라코룸에 제출했으며, 덕분에 뭉케는 자신의 방대한 영토를 인구와 경제라는 각도에서 바라본 풍경화를 얻을 수 있었다. 그는 이 정보를 이용하여 정책을 수립하고, 조세체계를 확립하고, 병사와 일꾼을 징발했다. 뭉케는 정보의 중앙 통제를 통해 지방에 대한 권력을 강화했으며 지방 관리들을 더 효율적으로 관리할 수 있었다.

원정을 재개하려면 먼저 경제를 안정시키고, 정부 지출을 통제하고, 지난 10년간 구육을 비롯한 행정관들이 쌓아놓은 엄청난 부채를 처리해야 했다. 구육은 그 짧고 비참한 치세에 방대한 양의 물자를 사들이면서 종이 어음을 발행했다. 상인이 요구할 때 금이나 은으로 바꾸어주겠다고 약속하는 서류였다. 그러나 구육이 죽고 나자 죽은 칸이 발행한 어음을 갚아주려 하지 않는 지방 관리들이 많았다. 그러나 뭉케는 만일 자신이 구육의 경제적 의무를 떠맡지 않으면 상인이나 다른 외국인이 몽골과 사업을 계속하지 않을지도 모른다는 점을 분명하게 인식하고 있었다. 뭉케 칸이 빚을 갚겠다고 결정하자 주베이니는 이렇게 썼다. "역사의 어느 책에서든…… 한 왕이 다른 왕의 빚을 갚았다는 이야기를 읽거나 들어본 적이 있는가?"[154]

상업의 세계에서조차 아직 지폐 거래에 익숙하지 않은 상황에서 뭉케는 화폐체계의 신뢰성과 무결성을 유지하는 것이 중요하다는 사실을 파악했다.[155] 칭기스 칸은 1227년에 사망하기 직전 귀금속이나 비단을 바탕으로 한 지폐의 사용을 인가했다. 이후 지폐 사용 관행은 불규칙하게 확대되어왔다. 그러나 뭉케 칸의 치세에 이르자 금이나 은으로 만든 화폐가 아닌 지폐 공급은 제한할 필요가 생겼다. 뭉케는 이전 행정부들이 그때그때 필요에 따라 지폐를 발행하는 바람에 부채가 늘어나는 상황의 위험을 인식하여, 1253년에 지폐의 발행을 통제하고 표준화할 교초제거사(交鈔提擧司)를 만들었다. 이 중앙 부서는 지폐의 과잉 발행과 인플레이션을 통한 가치 하락을 예방하는 업무를 관장했다.

몽골은 각 나라가 전통적으로 사용해오던 명칭과 무게대로 경화를 계속 주조하도록 허용하는 한편 수케(Süke)에 기초한 보편적 가치체계를 확립했다. 수케란 500조각으로 나눈 은괴로 여기에 각 지방 화폐들이 연동되어 있었다. 수케를 통해 다양한 화폐를 표준화하자 상인이나 정부 행정관들 모두 회계나 환전이 편리해졌다. 뭉케 칸은 화폐 표준화 덕분에 세금을 지방의 물자가 아니라 화폐로 받을 수 있었고, 이렇게 되자 제국 정부는 예산 수립 과정을 표준화할 수 있었다. 이제 정부 관리가 곡물, 화살, 비단, 모피, 기름 등으로 공물을 거두어들였다가 재분배하는 일은 줄어들었다. 정부는 점차 현물이 아니라 화폐를 사용하게 되었다. 이에 따라 최초로 중국에서부터 페르시아에 이르기까지 표준화된 계산 단위가 사용될 수 있었다. 몽골이 돈을 통제하는 한 상인들에게 물자의 이동 책임을 맡겨도 정부의 권력은 줄지 않았다.

제국의 재정이 굳건한 발판 위에 올라서자 뭉케는 1253년 봄 카라코룸에서 형제들과 가까운 친척들을 소집하여 새로운 정책과 사업을 구상하기 위한 쿠릴타이를 열었다. 이제 몽골 제국의 핵심을 단단히 움켜쥐고 통제하게 되었는데 그 힘으로 무엇을 해야 할까? 칭기스 칸의 두 아들 우구데이와 차가타이의 후손은 탄압을 당하면서 재산을 대부분 빼앗긴 상태였다. 소르칵타니가 동맹을 맺었던 세 번째 지파 주치의 후손은 자신들의 뜻대로 러시아와 유럽 영토를 통치할 독립적 권한을 부여받았다. 뭉케 칸은 몽골 제국 확대 사업을 재개할 준비가 되어 있었지만 사촌들, 즉 칭기스 칸의 다른 손자들보다는 자신과 형제들에게 우선 이익이 되는 방향으로 계획을 세우고자 했다.

뭉케는 유럽의 신기한 기계나 설계를 좋아했지만 그쪽 방향으로 다시 원정을 시작하는 데에는 아무런 관심을 보이지 않았다. 그는 칭기스칸의 양 방향 원정, 즉 중국 남부 송나라와 아랍이나 페르시아 등 무슬림 문명 양쪽에 대한 원정으로 복귀했다. 뭉케는 가장 군사적 자질이 뛰어난 형제 훌레구에게 우익을 맡겨 바그다드, 다마스쿠스, 카이로 등 아랍 도시들을 공격하게 했다. 뭉케는 군사적 경험은 부족했지만 중국 문화를 깊이 알고 있는 쿠빌라이에게 좌익을 맡겨 송나라를 정복하게 했다. 뭉케는 대칸으로서 몽골의 중심에 남았다. 막내아우로서 그들 가족의 '화로의 왕자'인 아릭 부케도 뒤에 남아 제국의 경영을 돕게 했다. 1253년 5월 훌레구와 쿠빌라이는 그들의 할아버지가 명령했고 이제 맏형이 이어받은 양쪽 영토의 정복을 완수하러 떠났다.

[아 랍 침 공 을 재 개 하 다]

훌레구는 몽골의 관례적인 침공 방식에 따라 중앙아시아로 선발대를 파견하여 가축이 지나갈 길을 뚫게 했다. 본대가 그 지역을 통과할 때 목초의 공급이 원활해야 했기 때문이다. 전위는 적군의 동태를 파악하고, 훌레구의 막강한 본대가 나타나기 전에 잠재적 동맹자들과 외교적 협상을 시작하게 했다. 본대는 말을 살찌우기 위해 여름에 모였지만 전통적인 몽골 원정 방식에 따라 겨울에 출정할 예정이었다. 번개 같은 속도로 움직이다가 몇 개 방향에서 동시에 무슬림 도시에 접근하던 칭기스 칸의 전사들과는 달리 훌레구는 의도적으로 느릿느릿 과시하듯이 움직였다. 훌레구는 유목민 군대가 아니라 유목민 제국을 이끌고 가는 듯이 보였다. 훌레구의 부대에는 전보다 훨씬 큰 규모의 중국 공병대가 딸려 있었다. 그는 여기에 교량, 투석기, 전투용 기계를 만들 수 있는 유럽 장인까지 보탰다. 군대의 의료와 행정을 담당할 의무병이나 서기나 사무원의 숫자도 늘어났다. 땅을 가로지르며 식사를 해결했던 할아버지의 전사들과는 달리 훌레구의 캐러밴에는 휘하의 다양한 군인에게 먹일 밀, 쌀, 술을 실은 수레도 포함되어 있었다.

훌레구에게 궁극적인 목표는 아랍의 문화적, 경제적 수도 바그다드를 정복하는 것이었지만, 그곳에 이르기 위해서는 가는 길에 몇 개 반란지역에서 몽골의 권위를 다시 확립해야 했다. 이 가운데 가장 어려운 일은 서구에는 보통 아사신으로 알려진 시아파의 이단적 무슬림 분파 니자리 이스마일파의 요새를 정복하는 일이었다. 그들은 아프가니스탄에서 시리아까지 뻗어 있는 100여 개의 정복되지 않은 산악요새에 숨어 있었다. 그 가운데 가장 중요한 요새는 '독수리의 둥지'라고 부르는 페르시아 북부의 알라무트였다. 이 분파의 구성원들은 세습적 지도자의 명령에 무조건 복종했다. 이 지도자는 이맘, 단장(團長), '산상의 노인' 등 여러 가지 호칭으로 알려져 있었다. 그들은 신이 이맘을 선택했으므로 이맘에게는 오류가 있을 수 없다고 믿었다. 이맘은 교육을 받을 필요도 없었다. 그가 하는 모든 일은 인간의 눈에는 아무리 이상해 보여도 신으로부터 받은 영감에 따라 이루어지는 것으로 간주되었다. 그의 추종자들은 겉으로 보기에 비합리적으로 보이는 이맘의 행동이나 율법을 자주 바꾸는 것, 심지어 가장 신성한 가르침을 뒤집는 것조차 인류를 위한 신의 계획의 증거로 받아들였다.

이스마일 분파는 재래식 군대가 없었음에도 매우 높은 수준의 테러와 암살체계를 통하여 엄청난 정치적 영향력을 행사했다. 이들이 맡은 일을 여러 번 비밀리에 성공적으로 처리하자 많은 신화들이 생겨났으며, 그 결과 오늘날에도 어디까지가 사실이고 어디까지가 신화인지 구별하기가 쉽지 않다. 이 교단은 한 가지 아주 단순하면서도 효과적인 정치적 전략에 따라 운영되었던 것 같다. 그것은 누구든—특히 지도자이거나 권력자면 더 좋았다—어떤 식으로든 그들에게 반대하는 사람은 죽인다는 것이었다. 이 교단은 공격을 하다가 죽는 것을 두려워하지 않는 젊은이들을 모아, 이들에게 죽으면 이슬람의 순교자로서 바로 천국으로 들어간다는 약속을 해주었다. 중국, 페르시아, 아랍의 자료에 따르면 성과 요새 안의 특별한 정원에서 하시시(대마초)를 대량으로 피우며 세속적 쾌락을 즐길 수 있었기 때문에 젊은이들이 이 교단의 유혹에 넘어갔다고 한다. 그러나 이것은 그들이 단장을 섬기다가 죽을 경우 낙원에서 맛볼 수 있는 쾌락에 비하면 맛보기에 불과했다. 단장은 꾸준하게 하시시를 공급하여 두려움을 없애고 복종심을 유지하면서 부하들을 훈련하고 통제했다. 아마 이스마일파가 대마초를 중시했기 때문에 주위 사람들이 그들을 핫샤신, 즉 "하시시를 사용하는 사람들"이라고 불렀을 것이다. 시간이 지나면서 이 이름은 아사신이라는 말[56]로 바뀌었다. 살인자들이 실제로 하시시에 취해서 행동했는지는 분명치 않지만, 이 이름은 고관을 암살하는 사람들을 가리키는 말로 여러 언어에 스며들었다.

전에 칭기스 칸이 이 지역을 처음 침공했을 때는 이들의 단장이 선선히 몽골에 복종을 맹세했다. 칭기스 칸이 호라즘의 투르크족 술탄을 격퇴한 뒤 몽골군이 대부분 물러나자 아사신은 이후 수십 년 동안 권력의 진공 상태를 이용하여 번창해왔다. 그러다가 뭉케 칸이 제위에 오르자 아사신은 몽골 대군의 복귀로 새로 얻은 권력이 위축될지도 모른다고 걱정했다. 훌레구가 만들어낸 공격 구실에 불과한 것이었는지도 모르지만, 어쨌든 일부 연대기 기록자들은 아사신 단장이 대표단을 카라코룸에 보냈다고 전한다. 이들은 겉으로는 뭉케 칸에게 복종하는 뜻을 전하는 척했지만, 사실은 그를 암살하도록 훈련된 자들이었다. 몽골은 그들을 돌려보냄으로써 암살을 예방했다. 이 일을 계기로 뭉케 칸은 이 분파를 완전히 말살하고 그들의 요새를 모조리 부수기로 결심했다.

훌레구의 군대가 아사신의 요새들에 이르기 전에 방탕한 단장은 불만을 품은 부하들에게 살해되고 그 자리에는 아버지 못지않게 무능한 아들이 앉아 있었다. 훌레구는 요새화된 성을 하나씩 점령하는 것은 어렵다고 보고, 간단하면서도 더 직접적인 계획을 짰다. 훌레구는 단장의 신성한 역할을 파악하고, 막강한 군사적 힘을 과시하는 한편 단장이 항복을 하면 관용을 베풀겠다고 선전하면서 단장을 잡는 데 주력했다. 몽골군은 이스마일파의 요새를 포격했다. 게다가 몽골 전사들은 아무리 가파른 경사면도 기어올라 요새의 수비군을 놀라게 했다. 힘과 화력과 자비의 제안은 효과를 발휘했다. 이맘은 1256년 11월 19일 자신의 즉위 1주년 기념일에 몽골군에게 항복했다.

훌레구는 이맘을 손에 넣자 그를 앞세우고 이스마일파의 성들을 돌아다니며 부하들에게 항복을 명령했다. 원정이 끝날 때까지 이맘의 협조를 얻으려면 어느 정도 그의 비위를 맞추어주어야 했기 때문에 훌레구는 이맘이 원하는 대로 낙타의 싸움과 짝짓기 구경 — 이맘은 비정상으로 보일 정도로 이 구경을 좋아했다 — 을 하게 해주었고 여자도 공급해주었다. 1257년 봄 아사신의 성들을 다 점령하자 이맘은 자신이 몽골군에게 이제 쓸모가 없다는 것을 알고 대칸 뭉케를 직접 만날 테니 카라코룸으로 보내달라고 요청했다. 아마 생존할 방도를 찾으려는 의도였을 것이다. 훌레구는 그가 몽골까지 먼 길을 떠나는 것을 허락했지만, 뭉케는 몽골까지 온 이맘을 만나주지 않았다. 대신 몽골 친위대가 이맘 일행을 카라코룸 근처의 산으로 데려가 밟아 죽였다.

[천일야화의 도시를 점령하다]

아사신을 전멸시킨 훌레구의 군대는 무슬림 세계에서 가장 크고 부유한 바그다드까지 거침없이 나아갔다. 이스마일파는 테러리스트로서 무슬림 세계의 변두리를 차지하고 있었을 뿐이며, 티그리스 강변의 웅장한 대도시 바그다드야말로 '도시들의 어머니'로서 그 세계의 중심이었다. 아라비아의 중앙에 자리잡은 메카는 물론 여전히 이슬람의 성도(聖都)

였지만, 정치적 또는 상업적 중심 역할을 하기에는 다수의 주민이 사는 곳으로부터 너무 고립되어 있었다. 이슬람이 생기고 나서 100년 정도 뒤인 762년에 바그다드가 세워지자 아랍 세계는 비로소 그 중심이 되는 대도시를 갖추게 되었다. 그 무렵 아랍 세계는 압바스 왕조의 칼리파들이 다스리고 있었고 이들은 명목상이기는 했지만 무슬림 세계 전체의 수장 노릇을 하고 있었다. 당시 압바스 왕조의 칼리파는 예언자 무함마드의 37번째 후계자였다. 따라서 그는 무슬림 세계에서 가장 강력한 세속적 통치자일 뿐 아니라 모든 무슬림의 상징적 지도자라는 지위도 겸하고 있었다. 칼리파는 기실 황제와 교황을 합쳐놓은 것이나 다름없는 존재였다.

바그다드는 『천일야화(Thousand and One Nights)』를 들려준 전설적인 이야기꾼 셰헤라자데의 도시였다. 500년 동안 무슬림 세계의 부가 이 도시로 쏟아져 들어와 칼리파들은 궁, 모스크, 학교, 개인 정원, 공용 분수를 아름답게 꾸며놓았다. 바그다드는 화려한 목욕탕과 물건이 흘러 넘치는 바자르(중동의 시장)의 도시였다. 이 도시는 다수를 이루는 무슬림의 요구를 충족시켰을 뿐 아니라, 이곳에 교회를 세운 많은 기독교인의 종교적 중심 역할도 했고, 많은 회당과 학교를 지은 유대인의 문화적 중심 역할도 했다. 대도시는 티그리스 강의 양쪽으로 번져나갔다. 강 위에는 다리가 놓였으며 육중한 성벽이 도시의 중심을 보호했다.

훌레구는 몽골의 고전적 외교 방식에 따라 칼리파를 공격하기 전에 사절을 보내 명분 있는 불만을 나열했다. 훌레구는 칼리파가 칭기스 칸에게 충성을 맹세했음에도 이스마일의 아사신 분파를 진압하는 데 군대를 보내 지원하지 않았다고 비난했다. 몽골의 눈으로 볼 때 칼리파 역시 이맘과 다를 바 없는 반역적인 봉신이었기 때문에, 그의 운명 역시 이맘의 운명과 똑같아질 수 있었다. 훌레구는 만일 칼리파가 즉시 몽골에 항복하여 잘못을 속죄하지 않으면 그의 도시를 정복하여 그를 체포하겠다고 협박했다. 칼리파는 아사신의 이맘과 마찬가지로 몽골의 위협을 이해하지 못하는 것 같았다. 그는 몽골인의 요구가 터무니없다며 코웃음 쳤다. 그는 무슬림 세계 전체가 칼리파의 독립을 지키기 위해 일어설 것이며, 이교도 민족이 아랍의 수도 바그다드를 점령하는 것을 허락하지 않을 것이라고 당당하게 선언했다. 만일 몽골 침략자들이 계속 치고 들어오면 저 멀리 대서양 해안 모로코의 마그리브* 사람들까지 달려와 그들을 죽일 것이라는 이야기였다. 칼리파는 알라도 무슬림도 바그다드가 불신자들의 손에 떨어지는 것을 용납하지 않을 것이라고 강조했다.

1257년 11월 칼리파가 신이나 전체 무슬림을 대변할 능력이 없다고 생각한 훌레구는 바그다드를 향해 진군하기 시작했다. 그는 할아버지보다 조심스럽게 다가갔지만, 이미 실전에서 입증된 몽골의 전략과 전술은 예전과 다를 바 없었다. 훌레구는 아르메니아와 그루지야 등의 속국 부대만이 아니라 투르크 여러 부족의 부대들도 불러들여 자신의 군대를 보강했다. 이렇게 해서 본대는 북쪽과 동쪽으로부터 넓은 호를 그리며 접근한 반면, 다른 부대들은 북서쪽으로부터 다가갔다. 메소포타미아에서는 전통적으로 티그리스 강과 유프라테스 강이 외침을 막아주는 자연적인 장애물 역할을 해왔다. 그러나 몽골군은 배다리를 설치하여 강들을 쉽게 건너다녔다. 침략군이 진군해 들어가자 지역 주민들은 요새화된 안전한 도시로 달아나기 시작했다. 1258년 1월 마지막 주에 침략군은 도시를 둘러싸면서 도시 성벽 바깥의 넓은 교외를 점령했다. 도시는 피난민으로 가득 차게 되었다.

훌레구는 공격을 시작하기 전에 도시 내의 기독교도와 은밀한 유대 관계를 맺었다. 바그다드의 정치적, 종교적, 인종적 분열을 이용하려는 의도였다. 훌레구는 어머니와 두 부인을 비롯해 많은 부하들이 기독교

---

* 북아프리카 북서부 곧 모로코·알제리·튀니지, 때로는 리비아를 포함하는 지방.

인이었기 때문에 중동 전역의 기독교 공동체와 접촉을 확대하면서 존경을 받기 시작했다. 게다가 그는 기독교 속국인 그루지야, 아르메니아와 계속 우호적인 관계를 유지해왔다. 이런 관계 덕분에 기독교인 사절이 비밀리에 성과 몽골 진지 사이를 오가며 훌레구에게 중요한 정보를 제공했고, 도시 안의 기독교도를 비롯한 다른 소수파들에게 특별한 대우를 약속했다. 훌레구는 자신의 통치 하에서 기독교인들이 누리게 될 특별한 혜택의 한 가지로 기독교 사제들에게 왕궁에서 고두(叩頭)를 면제해주겠다고 했다. 그들은 신에게만 고개를 숙이는 사람들이었기 때문이다. 바그다드의 기독교도는 언제든지 적대적으로 변할 수 있는 무슬림의 바다 속에 있는 소수파로서 두려움을 느끼고 있었으며, 훌레구는 그 두려움을 이용한 것이다. 나아가서 그는 기독교도와 유대인이 마침내 무슬림의 지배로부터 해방될 수 있다는 꿈도 부추겼다.

칼리파 역시 몽골인과 기독교도 사이의 밀접한 유대를 자신에게 유리한 쪽으로 이용하려 했다. 칼리파는 기독교 교회의 주교 카톨리코스 마키카를 부르더니, 무슬림 장관과 짝을 지워 몽골과 협상을 하는 자리에 내보냈다. 칼리파는 형식적으로 항복을 하고, 대규모의 공물을 바치면서, 모스크에서 대칸의 이름으로 금요 기도문을 읽어 자신이 몽골 통치에 따른다는 것을 공식적으로 인정하겠다고 제안했다. 훌레구는 이 제안에 코웃음을 쳤다. 승리를 눈앞에 두고 있었던 훌레구는 세상에서 가장 부유한 도시의 모든 부를 손에 넣을 수 있는 판에 그런 변변치 못한 조건에 합의를 해줄 생각이 없었다.

몽골은 눈앞에 있는 재료를 즉석에서 무기로 활용하는 전통적인 능력을 보여주었다. 주변에서 가장 큰 물체는 아랍인들이 수백 년에 걸쳐 길러온 키가 큰 야자나무들이었다. 몽골군은 이 나무를 베어 그 줄기로 치명적인 발사 무기를 만들었다. 러시아의 도시를 공격할 때와는 달리 바그다드에서는 큰 도시를 둘러쌀 나무가 충분하지 않았기 때문에 훌레구는 깊은 도랑과 누벽으로 도시를 둘러싼 뒤 무시무시하게 포격을 가하기 시작했다. 아랍인도 전투에서 불을 뿜는 무기가 사용된다는 것은 알고 있었지만, 이때까지만 해도 화약의 힘을 경험해본 적이 없었다.

몽골군은 화약의 제조법을 바꾸어 산소를 충분히 공급함으로써 불창이나 불 화살처럼 천천히 타오르는 것이 아니라 한번에 빠르게 타오르게 만들었다. 이렇게 순간적으로 발화하면 불이 붙기보다는 폭발이 일어났다. 몽골군은 이 폭발을 이용하여 다양한 발사체를 날렸다. 장인들은 관을 이용하여 화살촉을 비롯한 금속 발사체들을 날릴 수 있는 무기를 만들었다. 이 관은 크기가 작아 병사 혼자서 조작을 할 수 있었다. 이런 관에서 폭발이 일어날 경우 대나무보다 더 강한 재료가 필요했기 때문에 주로 쇠로 만들었다. 몽골군은 다루기 편하게 하려고 작은 관에는 나무 손잡이를 붙였으며, 큰 관은 이동의 편의를 위해 밑에 바퀴를 달았다. 큰 관들은 도기나 금속으로 만든 상자를 발사했다. 안에는 파편들이 들어 있었다. 때로는 화약이 더 들어 있어 다른 물체에 부딪히면서 2차 폭발을 했다. 몽골군은 이런 형태의 포격 장치를 이용해 공격을 하면서 연막탄, 원시적인 수류탄, 단순한 형태의 박격포, 소이탄 등도 사용했다. 또 강한 힘으로 발사체를 날릴 수 있는 폭발 장치들도 개발하여, 진짜 대포를 사용했다고 해도 좋을 정도였다. 그들은 화력을 집중하여 도시 방어망 가운데 한 지역을 두들겨댔다.

이런 원거리 포격 때문에 바그다드 주민은 혼란과 공포에 빠져들었으며 수비군은 좌절감을 느꼈다. 그들은 이제까지 자신들의 무기가 닿을 수 없는 먼 거리에 있는 적으로부터 공격을 당한 적이 없었다. 몽골 공병들은 화약 무기만이 아니라 성벽을 무너뜨릴 수 있는, 땅에 묻는 폭탄도 거의 완벽하게 운용했다. 이런 혁신적인 무기들 덕분에 몽골군은 원하던 대로 실제 전투와 살인의 현장으로부터 멀리 떨어져서 공격을 할 수 있었다. 훌레구는 댐을 여러 개 파괴하여 티그리스 강의 물줄기로 칼리파 진영을 물바다로 만들었으며, 이곳에 있던 병사들 역시 도시 안으로 피신할 수밖에 없었다. 도시를 둘러싼 물의 벽 역시 바그다드 주민을 공포에 젖게 했을 것이다. 예전에 나무 장벽이 러시아 도시 안의 주민에게 겁을 주었던 것과 마찬가지다. 1258년 2월 5일 몽골군은 바그다드의 성벽을 돌파했으며, 5일 뒤 칼리파는 항복했다. 훌레구는 도시 약탈을 준비하기 위해 바그다드 주민에게 무기를 다 내놓고 모든 물자를 버리고 도시 밖으로 나가라고 명령했다. 수비군이 그 명령에 따르지 않고 달아나려 하자 몽골군은 추적하여 베어버렸다.

훌레구는 기독교인 부대를 도시 안으로 들여보내 전리품을 걷어오게 했다. 이 부대는 많은 사람들이 소개 명령을 거부하고 자기 집에 숨어 있다는 것을 알았다. 침략군은 명령 불복종을 죽음으로 다스렸다. 몽골군의 명령에 따라 도시의 교회와 기독교인 소유지는 약탈을 면했다. 훌레구는 카톨리코스 마키카에게 칼리파의 궁 하나를 주기도 했다. 바그다드 내부의 기독교도는 밖에서 들어온 기독교도와 합세하여 도시를 약탈하고 무슬림을 학살했다. 기독교인들은 마침내 무슬림으로부터 구원을 얻었다고 생각했다. 수백 년에 걸친 증오와 분노가 터져나오면서 기독교도는 모스크를 더럽히고 파괴했으며, 많은 모스크를 교회로 바꾸었다. 기독교인들은 압바스의 땅 전역, 그리고 그 너머에서도 승리를 축하했다. 아르메니아의 연대기 기록자는 그 기쁨을 이렇게 묘사했다. "이 도시가 세워진 지 515년이 지났다. 이 도시는 그 우월한 지위를 이용하여 늘 배가 고픈 거머리처럼 온 세상을 삼켰다. 그러나 이제 이 도시는 가져간 것을 모두 내놓았다." 바그다드는 "그 동안 뿌린 피와 그 동안 저지른 악에 대한 벌을 받았다. 그 죄악은 이미 바그다드를 가득 채우고 흘러넘칠 정도였다."[157] 약탈은 17일 동안 계속되었다. 침략자들이 저지른 짓인지 아니면 우연인지 도시에는 불이 붙었다.

훌레구는 기독교도가 길게 늘어선 압바스 왕조 칼리파들의 무덤을 파괴하는 것을 허락했다. 이어 포로로 잡은 칼리파를 도시 바깥 자신의 진지로 불러들였다. 아르메니아의 연대기 기록자 아칸츠의 그리고르[158]에 따르면 훌레구는 칼리파를 사흘간 가두고 물도 먹을 것도 주지 않은 뒤에 데리고 나와 그의 앞에 금과 보물을 잔뜩 쌓았다고 한다. 훌레구는 도시에서 약탈한 엄청난 보물 더미를 가리키며 칼리파에게 금을 먹으라고 했다. 칼리파가 금을 먹지 못하자 훌레구는 그가 자신을 방어할 군대를 단련시키는 대신 탐욕스럽게 부만 쌓은 것을 꾸짖었다. 훌레구는 이어 칼리파와 남성 상속자들에게 사형을 선고했지만, 그들의 높은 지위를 감안하여 몽골식으로 처형하는 명예를 베풀어주었다. 즉 피를 흘리지 않고 죽게 해준 것이다. 전해져 오는 이야기는 세부 사항만 다를 뿐 모두 비슷하다. 몽골군은 그들을 양탄자에 둘둘 말거나 자루에 넣은 다음 입구를 꿰맸다. 그런 뒤에 몽골 전사들이 발로 차거나 말을 이용해 짓밟았다.

몽골군은 불과 2년 만에 서쪽의 유럽 십자군과 동쪽의 셀주크 투르크가 200년 동안 지속적인 노력을 기울였어도 하지 못한 일을 해냈다. 그들은 아랍 세계의 심장부를 정복했다.[159] 그 이후 2003년 미군과 영국군이 들어올 때까지 무슬림이 아닌 부대가 바그다드나 이라크를 정복한 일은 없었다.

이 무렵 지중해 연안의 몇 개 성과 작은 도시들을 점령하고 있던 십자군은 몽골의 진군을 주의 깊게 지켜보고 있었다. 갑자기 바그다드가 함락되자 그들은 몽골군과 동맹을 맺고 그들의 승리를 공유할 수 있다고 판단했다. 몽골군이 바그다드를 떠나 서쪽으로 멀리 다마스쿠스로 향하자 십자군 기사 안티오크의 보에문드는 자신의 군대를 끌고 나와 지중해 쪽에서 다마스쿠스를 공격했다. 그는 몽골군을 지원하기 위해 물자와 식량도 가져갔다. 마찬가지로 셀주크의 술탄은 아나톨리아 출신의 부대를 보내 몽골의 공격을 지원하게 했다.

다마스쿠스는 항복함으로써 바그다드와 같은 운명을 피했다. 곧 몽골 전사들은 역사상 두 번째로 지중해 해변에 이르게 되었다. 18년 전인 1241년 바투가 지휘하는 몽골군이 유럽을 통하여 지중해에 다다른 적이 있었지만, 이번에는 아시아를 통해 지중해에 이르렀다. 훌레구는 카라코룸에서 형제들과 헤어진 뒤 7년 만에 약 6000킬로미터 거리를 주파하면서 그 안에 있는 모든 땅을 정복하거나 재정복했으며, 그 과정에서 계속 팽창하는 제국 신민에 아랍인, 투르크인, 쿠르드인, 페르시아인 수백만 명을 보탰다.

탄생 후 600년이 지난 이 시점에 이슬람교는 퍼질 만큼 퍼져 변경지대 몇 군데에서는 통제력을 잃기도 했다. 그렇다 해도 무슬림 세계에서 이렇게 많은 부분이 이교도의 지배 밑으로 들어간 적은 없었다. 칭기스 칸의 부하라 공격에서부터 바그다드와 다마스쿠스 함락에 이르는 40년은 무슬림 역사의 최저점이었다. 십자군은 몇 개 항구에 발끝만 간신히 디뎠던 반면 몽골군은 인더스 강으로부터 지중해에 이르기까지 모든 무슬림 왕국과 도시를 정복했다. 아시아의 무슬림 영토 거의 전부를 정복한 셈이었다. 아라비아 반도와 북아프리카만 그들의 손아귀에서 벗어났다.

기독교도는 기뻐서 어쩔 줄 몰랐다. 아르메니아의 연대기에는 몽골군이 아랍에서 실제로 했던 일보다는 기독교인의 무슬림에 대한 경멸과 조롱을 보여주려는 의도가 깔린 이야기가 실려 있다. 출처가 의심스러운 이 이야기에 따르면 훌레구는 아랍에서 승리를 거둔 뒤 아르메니아에서 새끼돼지 10만 마리를 주문하여 아랍의 각 도시에 2000마리씩 나누어주었다고 한다.160) 무슬림은 도시 한가운데서 이 돼지를 치면서, 매일 편도와 대추야자를 먹이고 토요일마다 비누로 깨끗하게 씻어주어야 했다.* 연대기 기록자는 몽골군이 모든 아랍인에게 돼지고기를 먹으라는 명령을 내리고 거부하는 자는 목을 베었다고 덧붙여놓았는데, 이 역시 터무니없게 들리기는 마찬가지다.

당시에는 몽골 제국이 무슬림 세계를 모두 삼켜버릴 것 같았지만, 사실 몽골군은 서쪽 한계에 이르러 있었다. 제국은 그 방향으로는 더 뻗어나가지 못했다. 맘루크 노예 군대 — 이탈리아 상인들이 이집트 술탄에게 판 러시아의 킵착과 슬라브 사람들이었다 — 가 이집트에서 나와 현재 이스라엘의 갈릴리 바다 근처 아인 알 잘루트, 즉 '골리앗의 샘'에서 몽골 지대(支隊)와 만났다. 뭉케 칸이 죽은 지 일 년 뒤인 1260년 9월 3일 아침, 맘루크들은 몽골군을 물리쳤고, 그곳이 몽골 제국의 서쪽 경계선이 되었다.

[쿠빌라이의 등극]

훌레구가 군사적인 승리를 거두고 중동의 땅과 사람들을 광범위하게 정복한 것과 비교할 때 송나라를 무너뜨리고 중국 남부를 합병하겠다는 그의 동생 쿠빌라이의 계획은 임박한 현실이라기보다는 여전히 요원한 꿈처럼 보였다. 쿠빌라이는 군사 경험이 없어서 이 과제를 완수하지 못하는 것 같았다. 유럽과 중동에서 싸운 형제들과는 달리 쿠빌라이는 고비 사막 남쪽의 몽골 영토에서 거의 평생을 보냈다. 이곳에 있는 그의 개인 왕궁은 몽골 심장부 카라코룸에 있는 제국의 궁보다 크고 화려했다. 그는 싸움보다 잔치를 즐겼다. 몸은 뚱뚱해지고 통풍마저 생겼다. 그 바람에 말을 달리며 병사들을 이끄는 군사 지도자로서 능력을 발휘하기가 더 어려워졌다. 쿠빌라이군은 형제 뭉케 칸으로부터 남쪽 중국으로 진군하라는 명령을 받은 뒤 송나라 서쪽 변경의 왕국들과 일련의 소규모 접전을 벌여 약간의 승리를 거두었다. 쿠빌라이는 송나라를 칠 준비를 공개적으로 치밀하게 진행했다. 그러나 속도는 매우 느렸

---

* 무슬림에게 돼지는 기피하는 짐승이다.

다. 그는 몽골의 세력 범위를 확장하는 과정에서 장애에 부딪혔을 뿐 아니라, 그가 다스리는 영토 내에서도 도교와 불교 승려들 사이의 지배권을 둘러싼 다툼에 시달렸다. 이 때문에 쿠빌라이의 통제력은 더욱 약해졌다.

쿠빌라이는 카라코룸으로 승리의 소식을 전하고 공물을 실은 캐러밴을 보내는 대신 이런저런 예기치 않은 일로 계획 실행이 지체되었다고 사과를 하곤 했다. 쿠빌라이에게 공감하는 학자들은 그가 충동이 아니라 꼼꼼하고 치밀한 계획에 따라 움직이고 싶어하는 성숙하고 사려 깊은 지도자로서 중국과 몽골의 군사전략과 군대의 장점을 결합했다고 관대하게 평가한다. 그러나 다른 학자들은 그렇게 관대하지 않아, 그에게는 몽골인 특유의 전쟁 능력이 없었으며 정복을 해나가던 기세와 장군들의 뛰어난 군사적 능력 덕분에 그나마 실패를 피할 수 있었다고 평가하기도 한다.

뭉케 칸이 여러 차례 조사관을 보내 쿠빌라이의 문제를 파악하려 했다는 것은 그가 불만이 많았다는 분명한 증거다. 조사 결과 쿠빌라이의 행정부에서 사기와 부패의 증거가 잔뜩 나오자 중요한 행정가들을 여러 명 처형하고 쿠빌라이에게서는 경제적 특권과 의무를 박탈하기도 했다. 조사관들은 우구데이의 가족을 숙청할 때와 마찬가지로 살벌하게 일을 처리했기 때문에 쿠빌라이의 권력만이 아니라 목숨까지도 위기에 처한 것으로 보였다.

뭉케는 쿠빌라이를 카라코룸으로 불렀다. 겉으로는 재정 문제에 대한 책임을 묻겠다는 것이었지만 아마 다른 문제들도 따지려 했을 것이다. 가장 중요한 것은 송나라에게 군사적 승리를 거두지 못한다는 점이었다. 쿠빌라이는 몇몇 조언자의 권유대로 형에게 저항하는 대신 명령받은 대로 카라코룸으로 가서 형의 자비에 의지했다. 쿠빌라이가 체면을 돌보지 않고 회개를 하고 아첨에 가깝게 충성 서약을 하자 뭉케 칸은 공식적으로 용서하고 동생과 화해했다. 그랬다고 해서 두 사람이 갈등하게 된 근본적인 원인이 해소된 것은 아니었다. 송나라에 승리를 거둔다는 궁극적 목표에 더 가까이 나아가지도 못했다. 몹시 실망한 뭉케 칸은 새로운 계획을 짤 수밖에 없었다.

1257년 가을 훌레구의 부대가 바그다드를 향해 진격하는 동안 뭉케 칸은 그들 가족의 고향인 오논 강변의 코르코낙 숲에서 소규모 쿠릴타이를 열었다. 성산 부르칸 칼둔에서도 멀지 않은 곳이었다. 이 자리에서 뭉케 칸은 자신이 직접 송나라 원정에 나서야 한다는 것을 깨달았다. 그는 조정을 향해 그 점을 분명히 밝혔다. 뭉케 칸은 유럽 원정에 참여했고 몽골의 장군들 가운데 가장 큰 업적을 세운 수베데이 밑에서 훈련을 받았다. 스승이 세상을 떠난 지 2년이 지난 지금 송나라 원정을 이끌 가장 훌륭한 장군은 뭉케 자신이라고 할 수 있었다. 뭉케는 자신이 원정을 떠나고 없는 동안 카라코룸에서 제국의 행정을 관장하는 일, 나아가서 자신의 아들이자 상속자를 돌보는 일을 막내아우 아릭 부케에게 맡겼다. 뭉케 칸은 쿠빌라이에게 자신이 중요한 군사원정을 책임질 테니 동생은 자기 영토로 돌아가 도교와 불교 성직자들 사이의 분쟁이나 중단시키라고 명령했다.

뭉케는 작고 약한 지역들을 공략한 뒤에 더 큰 목표물을 향해 움직여가는 할아버지의 기본 전략을 흉내내기로 했다. 뭉케는 우선 송나라의 서쪽 쓰촨〔四川〕과 남서쪽 윈난〔雲南〕부터 토벌하고 난 뒤 천천히 더 큰 목표물을 그물에 집어넣으려 했다. 몽골이 이 지역들을 통제하면 사방에서 동시에 송나라를 공격할 수 있었다. 훌레구가 바그다드를 점령하고 나서 불과 석 달 뒤인 1258년 5월 뭉케 칸은 군대를 이끌고 황허를 건넜다. 일 년이 안 되어 몽골군은 시베리아 접경의 추운 오논 강으로부터 습하고 따뜻한 남부에 이르는 땅을 장악하게 되었다.

뭉케는 외곽의 왕국들을 재빨리 제압한 뒤 원정 2차년도에 송나라를 향해 움직이기 시작했다. 그러나 날씨가 몹시 더웠다. 뭉케나 그의 전사들 대부분이 몽골이나 유럽 원정에서 전혀 경험해보지 못한 기후였다. 많은 몽골 전사들이 피가 섞인 설사를 했다. 아마 이질이었을 것이다. 다른 전염병도 돌았다. 뭉케 칸도 앓아누웠지만 서서히 회복이 되어갔다. 그러다가 1259년 8월 11일에 갑자기 죽었다. 사망 원인은 연대기마다 다르다. 중국인은 콜레라로 죽었다 하고, 페르시아인은 이질로 죽었다 하고, 다른 쪽에서는 전투에서 화살을 맞고 죽었다 한다. 어쨌든 뭉케 칸이 죽자 전진은 중단되고 제국은 그 상태에서 응결되었다.

이전의 세 대칸이 죽었을 때에는 몽골 지도자들이 서둘러 고향으로 달려가 새로운 대칸을 선출하는 일에 참여했다. 그러나 이번에는 각 파벌이 이미 소유한 땅을 보호하러 나섰다. 그 무렵에는 중동에서 승리를 거둔 훌레구가 제국에서 가장 풍요로운 땅과 도시를 차지하고 있었다. 그가 장악한 부는 몽골 제국의 나머지 땅의 부를 다 합친 것보다 많았다. 그는 이미 러시아를 다스리던 사촌들이 귀하게 여기던 아제르바이잔의 목초지 일부를 차지했다. 사촌들은 더 많은 땅을 잃을까 두려워 선거를 위해 몽골로 돌아가기는커녕 자신들의 영토를 꽉 움켜쥔 채 꼼짝도 하지 않으려 했다. 중동의 훌레구나 '황금 오르도'*—러시아에 사는 주치의 후손은 그런 이름으로 알려지게 되었다— 는 그들이 이미 통제하고 있는 영토를 놓칠 위험을 무릅쓰면서까지 몽골에서 대칸이라는 최고의 칭호를 놓고 실랑이를 벌이고 싶어하지 않았다.

몽골 제국은 뭉케 칸 치세에 가장 넓은 땅을 차지했다. 뭉케는 칭기스 칸의 후손 가운데 몽골 제국 전체로부터 대칸으로 인정받은 마지막 칸이었다. 뭉케 이후에도 많은 칸들이 제국의 여러 지역을 다스렸고 그들 가운데 다수가 칭기스 칸의 상속자로서 대칸 칭호를 차지하겠다고

---

* 오르도는 '왕궁'이라는 뜻. 그래서 이 영토에 세워진 킵착 칸국을 금장 칸국(金帳汗國)이라고 부르기도 한다.

나섰다. 그러나 다른 분파나 가문 전체가 인정한 대칸은 한 사람도 없었다. 뭉케 칸은 제2차 몽골 세계대전을 시작했지만 마무리하지는 못했다. 이 전쟁은 승자도 패자도 남기지 않고 그냥 제풀에 사그라졌다.

뭉케의 형제들은 가끔 원정에 나서기는 했지만 외부의 적과 싸우기보다는 서로 싸우는 데 힘을 기울였다. 쿠빌라이는 갑자기 송나라에서 관심을 돌려 카라코룸에서 몽골을 통치하던 막내동생 아릭 부케에게 도전했다. 두 형제는 각각 자신의 영토에서 별도의 쿠릴타이를 열었다. 두 경쟁자, 나아가서 그들 각각의 지지자들은 선명한 차이를 보였다. 쿠빌라이는 교육을 잘 받았고 중국 문화가 지배하는 농경지역을 물려받았다. 그러나 황금 가족의 다른 구성원들로부터 전적인 신임이나 인정을 받은 적이 없었다. 쿠빌라이는 건물이나 도시를 더 좋아했다. 궁에 있을 때도 천막에 있을 때처럼 편해 보였다. 심지어 중국어도 조금 할 줄 알았다. 이렇게 몽골의 전통적 생활로부터 벗어나 있었기 때문에 늘 이질적인 분위기를 풍겼다.

아릭 부케는 세계주의자인 쿠빌라이[161]와는 달리 초원지대 사람으로 살았다. 자신의 말에서 멀리 떠나가본 적이 없는 골수 몽골인이라고 할 수 있었다. 그는 막내아들로서 자신의 아버지와 마찬가지로 가족의 옷치긴, 즉 화로의 왕자였다. 뭉케가 그들의 아버지에게 대칸의 자리를 추서했으므로 아릭 부케도 뭉케와 마찬가지로 대칸 자리에 대한 권리를 주장할 수 있었다. 나아가서 아릭 부케는 황금 가족의 다른 구성원들이 각자의 땅을 다스리는 데 큰 위협이 되지 않았기 때문에 그들로부터 신뢰를 받고 있었다. 반면 쿠빌라이는 오만한 태도 때문에 의심을 불러일으켰다. 아릭 부케는 몽골 법을 따라 몽골인의 고향에서 쿠릴타이를 열었다. 뭉케 칸의 미망인과 아들들은 그를 적법한 최선의 상속자로 밀었다. 가족의 다른 구성원들도 마찬가지였다. 다만 두 친형제 훌레구와 쿠빌라이만 예외였다. 1260년 6월, 가족 모든 지파의 대표자들은 카라코룸의 쿠릴타이에서 아릭 부케를 대칸으로 선포했다.

그러나 쿠빌라이가 쿠데타를 일으켰다. 쿠빌라이는 중국인 대신들의 조언에 따라 자신의 영토에서 쿠릴타이를 소집했다. 그의 추종자들 외에는 아무도 참석하지 않았지만, 이들은 쿠빌라이를 대칸으로 선포했다. 쿠빌라이는 중국인 신하들의 충성을 얻기 위해 같은 해인 1260년 대칸에 덧붙여 황제 자리에도 올라, "중앙의 통치"[162]라는 뜻으로 연호를 중통(中統)이라고 정했다. 이 연호는 대칸을 '중앙' 진영으로 부르고 그의 군대를 '좌익'과 '우익'으로 부르던 몽골식 명명법을 중국식으로 바꾼 것이었다.

쿠빌라이의 선출이 몽골 기준에서는 전통에 어긋났지만, 그는 자신에게 할당된 몽골 부대만이 아니라 중국 군대도 휘어잡고 있었다. 더 중요한 사실은 그가 카라코룸이 생존하는 데 필요한 식량 공급을 통제하고 있었다는 점이다. 몽골의 초원도시 카라코룸의 주민은 수가 너무 불어나 그 지역의 가축만으로는 먹고 살 수가 없었다. 게다가 외지의 농부들을 불러들이려고 꾸준히 노력했음에도 카라코룸 주위의 땅은 농업에는 적당치 않다는 것이 확인되었을 뿐이다. 따라서 카라코룸은 쿠빌라이가 장악한 농지로부터 상당량의 식량이 계속 공급되지 않으면 주민을 소개(疏開)하거나 굶겨죽일 수밖에 없었다.

쿠빌라이는 식량 공급을 차단하고 군대를 보내 카라코룸을 점령했다. 아릭 부케는 거세게 저항했지만 형이 보낸 중국군의 엄청난 규모에 계속 밀렸다. 카라코룸은 곧 쿠빌라이의 손에 들어갔지만, 1261년 아릭 부케는 잠시 카라코룸을 탈환했다. 경쟁하는 두 칸의 군대는 두 번 더 교전을 하지만 아릭 부케의 군대가 점차 힘을 잃기 시작했다. 게다가 군사력도 낫고 더 똑똑해 보이기도 하는 형과 비교할 때 어린 칸에게 승산이 별로 없다고 본 동맹자들이 하나둘 떠나자 세력이 급격히 위축되었다. 아릭 부케는 몽골인이 가장 두려워하는 상황과 직면했다. 주드, 즉 동물 기근이었다. 1250년부터 1270년까지 몽골에는 이상저온 현상[163]이 나타났다. 몽골처럼 생태학적으로 취약한 지대에서는 기온이 평년과 몇 도만 달라져도 그나마 얼마 안 되는 강우량이 심하게 줄어 풀의 생장이 제한되고, 그 결과 동물이 약해지거나 죽는다. 말이나 식량을 넉넉하게 갖추지 못하자 이미 쿠빌라이 칸의 영토에서 나오는 농산물을 공급받지 못하던 아릭 부케의 지지자들은 전쟁을 지속적으로 수행할 힘이 없었다. 1263년 겨울은 특히 가혹했다. 이듬해 봄이 되자 아릭 부케에게는 이렇다 할 권력기반이 남아 있지 않았다. 추종자들에게 식량을 제공할 수 없었던 아릭 부케는 상도(上都)로 갔다가 1264년에 쿠빌라이에게 항복했다.

기나긴 싸움 끝에 형제가 만났을 때 쿠빌라이는 아릭 부케에게 공식적인 복종의 예를 갖출 것을 강요했다. 쿠빌라이는 조정의 신하들이 모인 자리에서 동생을 심문하며 대칸의 자리를 둘러싼 투쟁에서 두 편 가운데 누가 옳으냐고 물었다. 아릭 부케의 답은 그가 패배했을망정 자존심을 지키는 사람임을 보여준다. "그때는 우리가 옳았고, 지금은 형이 옳소."[164] 멀리 있는 형제 훌레구를 포함한 다른 가족은 쿠빌라이가 동생을 사람들 앞에서 욕보인 것에 화가 나 쿠빌라이에게 항의했다. 쿠빌라이는 몽골 영토에서 다시 쿠릴타이를 소집했다. 아릭 부케의 운명을 결정하고, 자신도 새로 적법하게 승인을 받아 중국 땅에서 선출되었다는 오점을 씻어버리려는 것이었다. 쿠빌라이군의 군사력이 압도적이었음에도 황금 가족은 참석을 거부했다. 쿠빌라이가 통치할 수밖에 없다는 현실은 인정했지만 자신들이 대칸으로 지지했던 아릭 부케를 재판하는 범죄행위에는 가담하지 않으려 했던 것이다. 게다가 고향을 떠났다가 무사히 돌아올 수 있을 것이라는 보장도 없었다. 그만큼 쿠빌라이를 신뢰하지 않았다. 쿠빌라이는 쿠릴타이를 열 수 있는 정족수를 채우지 못하자 동생을 용서했다. 그는 동생의 지지자들은 여러 명 재판에 회부하고 처형했지만, 아릭 부케에 대한 공적인 처벌은 왕궁 출입을 금하는 것으로 끝냈다. 그 직후인 1266년 묘하게, 그러나 쿠빌라이에게는 매우 편리하게, 아직 한창때이던 아릭 부케가 갑자기 병이 들어 죽어버렸다. 독살이 거의 틀림없었다.

쿠빌라이는 이제 대칸의 자리를 확실하게 차지했다. 그는 세계 최대의 군대를 거느리고 있었다. 지상에서 가장 인구가 많은 나라를 다스렸다. 그러나 그 대가는 만만치 않았다. 몽골의 왕가 일부와 그 추종자들은 그의 정통성을 인정하지 않았다. 기껏해야 상징적인 위치 정도만 인정하고 무시해버리면서 자신의 국경에서 간헐적인 전쟁을 한 세대 더 계속했다.

'은 나무'의 네 개의 샘과 마찬가지로 몽골 제국은 이제 별도의 정부를 갖춘 네 개의 주요 지역으로 나뉘어 있었다. 쿠빌라이는 중국, 티베트, 만주, 고려, 몽골 동부를 다스렸지만, 몽골과 만주에서는 늘 문제가 발생했다. 킵착 칸국(황금 오르도에 세운 나라)은 동유럽의 슬라브 국가들을 다스렸으며, 이들은 처음부터 끝까지 쿠빌라이를 대칸으로 인정하지 않았다. 아프가니스탄에서 터키에 이르기까지 훌레구와 그의 후손이 다스리는 땅은 '봉신의 제국'을 뜻하는 일 칸국으로 알려지게 되었다. 이곳에서는 수백 년간 아랍의 지배를 통해 페르시아 문화가 다시 나타나면서 근대 이란의 기초가 놓이게 되었다. 가장 전통적인 몽골인은 중앙의 초원지대를 차지했다. 이곳은 모굴리스탄이라는 이름으로 알려졌으며, 지금으로 치자면 북쪽의 카자흐스탄과 시베리아로부터 중앙아시아의 투르키스탄을 가로질러 남쪽의 아프가니스탄에 이르는 지역을 포괄했다. 이 지역은 한동안 우구데이와 투레게네의 손자 카이두 밑에서 통일을 이루고 있었다. 그는 부하라에서 통치하면서 쿠빌라이 칸의 권력과 대등하게 맞섰다. 그러나 이 지역은 이후 수백 년 동안 여러 차례 분할되었다.

카라코룸은 불과 30년 동안 몽골 제국의 수도 역할을 한 뒤, 몽골인 자신의 손에 의해 약탈을 당하고 파괴되어버렸다. 쿠빌라이의 명령이었다. 그러나 짧은 기간이기는 했지만 카라코룸은 세계의 중심이고 축이었다. 그 한가운데 서 있던 '은나무'는 카라코룸이 약탈당할 때 해체되어 수레에 실려가버렸다.

3부

세계 인식의 대전환
1262~1962

아시아가 우리를 삼키고 있다. 어디를 보든 타타르와 마주친다.[165]

토마스 만, 『마의 산』

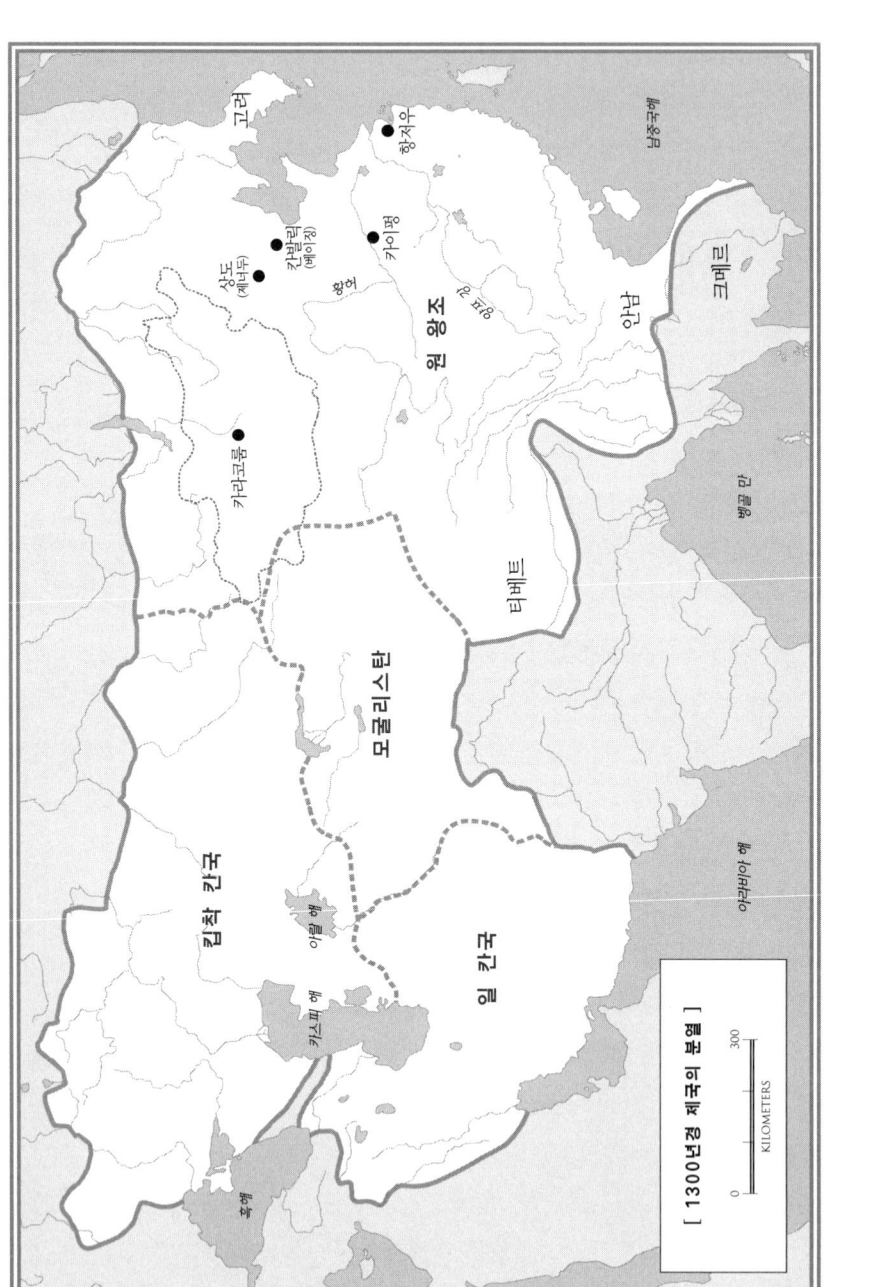

쿠빌라이 칸의 새로운 몽골 제국

이 대칸은 백성이라는 면에서나 영토라는 면에서나 재화라는 면에서나
가장 강한 사람이다.[66]
마 르 코 폴 로

쿠빌라이 칸의 천재성은 그의 군대가 아무리 크고 그의 무기가 아무리 세련되었다 해도 단지 힘만으로는 중국 전체를 정복할 수 없다는 사실을 인식한 데서 엿볼 수 있다. 그는 할아버지와 같은 수준의 군사적 기술을 갖추지 못했지만, 그의 집안 누구보다도 머리가 좋았던 것은 분명하다. 쿠빌라이는 예리한 전략적 재능을 갖추었으며, 쓸 만한 구상을 제시했을 뿐 아니라 그것을 실행에 옮기는 능력도 보여주었다. 그는 이런 능력을 이용하여 자신의 영토를 관리했으며 남쪽으로 영토를 확장했다. 결국 쿠빌라이는 할아버지가 야만적인 힘으로 이루지 못했던 과업, 즉 지상에서 가장 인구가 많은 중국 전체를 정복하고 통일하는 과업을 대중정치를 통해 이룰 수 있었다. 쿠빌라이는 대중여론을 능란하게 조작하여 주민을 자기 편으로 끌어들였는데, 이때 군사적 위용도 중요하기는 했지만 유일한 요인은 아니었다. 그는 중국식 수도를 건설하고, 중국식 이름을 채택하고, 중국식 왕조를 창건하고, 중국식 행정부를 수립했다. 그는 중국인보다, 적어도 송나라 사람보다는 더 중국인처럼 보임으로써 중국을 통제할 수 있었다.

중국은 역사상 대부분의 기간 동안 위대한 문명을 과시하기는 했지만 통일된 나라는 아니었다. 교육받은 엘리트는 문자, 고전 문헌, 예술 양식을 비롯한 여러 유형의 고급문화를 공유했지만, 보통사람들은 끊임없이 변하는 모자이크처럼 국경이 움직이고 왕조와 통치 가문들이 짧은 기간 나타났다 사라지는 가운데 서로 통하지 않는 여러 언어를 사용하고 있었다. 교육받은 엘리트는 모든 사람을 단일 정부 밑으로 묶어들인 통일된 나라라는, 이루지 못한 꿈에 집착했다. 이따금씩 뛰어난 지도자나 한 집안이 일시적으로 몇 개 국가를 엮어서 통일 중국의 꿈이 실현될지도 모른다는 희망을 감질나게 보여주곤 했다. 그러나 이 짧은 통일 기간이 아니면 중국이라는 관념은 중국 인텔리겐치아의 시, 서예, 산문에 이상이나 낭만적인 이미지로 떠돌 뿐이었다.

쿠빌라이 칸은 이전의 지도자들과는 달리 중국의 교육받은 사람들에게 그들의 민족주의적 욕망을 실현할 수 있는 매혹적인 기회를 제공했다. 그는 초원지대 야만인 출신이라는 미천한 신분이었지만 그 오랜 꿈을 실현하는 데 송나라 통치자들보다 뛰어난 능력을 보여주었다. 그가 한 모든 일은 중국 사람들에게 하늘이 오직 쿠빌라이 칸 한 사람에게만 통치를 위임하였으며, 어차피 활력을 잃은 낡은 송 왕조는 시간이 지나면 망할 수밖에 없다는 믿음을 심어주기 위해 계획된 것처럼 보인다.

쿠빌라이 칸은 할아버지가 초원지대 부족들을 최초로 통일할 때 자신과 비슷한 문제들을 많이 겪었다는 사실을 인식했던 것으로 보인다. 서로 공통점이 없는 수많은 사람들을 어떻게 하나의 응집력 있는 정치적 통일체로 조직해낼 것인가 하는 문제였다. 칭기스 칸은 각각 10만 명이 되지 않는 부족들을 놓고 고민했던 반면, 쿠빌라이 칸은 각각 수백만 명을 거느린 나라들을 놓고 고민했다는 것이 차이일 뿐이었다. 쿠빌라이 칸은 두 세대 전의 칭기스 칸과 마찬가지로 핵심을 이루는 인종적 정체성을 중심으로 끈기 있게 국가 건설 사업을 진행했지만, 쿠빌라이에게 그 핵심적인 문화적 정체성은 몽골족이 아니라 중국인에서 나왔다. 그는 중국 백성의 충성스러운 지지를 얻어야 했다. 서로 다른 사람들이 통일되어 하나의 튼튼한 전체를 이루어 살아갈 수 있도록 제도들을 재건해야 했고, 많은 경우 새로 만들기도 해야 했다.

쿠빌라이는 1260년에 동생 아릭 부케와 최고의 자리를 놓고 싸우면서 이미 몽골의 연호를 중국식으로 번역한 연호를 채택했지만, 1264년에는 연호를 '완전한 시작'을 뜻하는 지원(至元)으로 바꾸었으며, 1271년에는 이것을 기초로 왕조의 이름을 '위대한 기원' 또는 '위대한 시작' 정도의 의미를 가진 대원(大元)*으로 정했다. 이것이 중국 역사에서 몽골 왕조의 공식 명칭이 되었다. 이 새로운 이름은 중국 신민에게 새로운 시작이라는 뜻일 뿐 아니라 몽골 신민에게도 새로운 시작이라는 의미였다. 쿠빌라이는 물론 칭기스 칸이 아니었지만 할아버지 못지않게 대담한 모험을 시작한 셈이었다.

쿠빌라이는 새로운 왕조의 황제이자 창건자로서 자신의 이미지를 중국화하려 했다. 중국 백성이 자신을 받아들일 만한 사람, 나아가서 매혹적인 사람으로 여기게 하려는 것이었다. 1263년 쿠빌라이는 자신의 가족을 위한 태묘(太廟)의 건립을 명령했다. 그러나 가족의 조상을 기념하는 중국의 전통 예식을 거행하는 일은 대신들에게 위임하고, 본인은 죽음과 관련된 일은 피하는 몽골인의 전통적인 태도 때문인지 거리를 두었다. 이듬해에는 중국식으로 조상들의 위패(位牌)를 세웠다. 1277년 새로운 몽골 왕조를 선포한 뒤에는 조상들에게 중국식 이름을 추서하고 방이 8개 딸린 더 큰 태묘를 건설했다. 그의 가문의 중심 인물인 예수게이 바타르와 후엘룬, 칭기스 칸, 칭기스 칸의 네 형제, 구육 칸과 뭉케

---

* 대원이라는 국호는 『역경(易經)』의 건원(乾元)이라는 말에서 유래했다는 이야기도 있다. 건원은 하늘을 뜻하므로, 대원은 몽골어로 예케 텡그리, 즉 몽골의 최고신인 '영원한 푸른 하늘'과 이어진다는 것이다.

칸이 각각 방을 하나씩 차지했다. 새로운 공식 가족사에서는 쿠빌라이가와 가장 가까운 동맹자 집안의 우두머리 주치가 적법한 가족 구성원으로 완전히 인정을 받았다. 뭉케가 아버지 툴루이에게 대칸의 자리를 추서했듯이 쿠빌라이는 그에게 중국 황제 자리를 추서했다.* 쿠빌라이는 또 그들의 중국식 초상화를 그리라고 명령했는데, 그 결과 그들의 모습은 몽골의 전사라기보다는 중국의 현자를 닮게 되었다.

쿠빌라이는 강한 군대와 훌륭한 선전(宣傳)이 중요하다고 인정했지만, 그의 전략의 세 번째 요소를 꼽으라면 좋은 행정과 정책이었다. 그는 중국 상층 계급에게는 호소력이 크지만 보통사람들에게는 그다지 중요하지 않은 유교의 원칙들을 반드시 따르지는 않았지만, 대중의 지지를 얻고 통치자의 외래적 성격을 탈색시킬 수 있는 체계적이고 능률적인 정부를 세우려고 노력했다. 쿠빌라이는 이런 목적을 달성하기 위해 새로 정복한 영토의 한족과 우호 관계를 회복하는 데 도움을 줄 수 있는 선무사(宣撫司)를 설치했다. 선무사는 우선 전란이나 관리 소홀로 폐허가 된 사원이나 사당 같은 공공건물, 또는 주민에게 감정적 또는 상징적 가치가 높은 구조물을 복원하는 일부터 시작했다.

쿠빌라이는 강력한 중국 지도자로 보이기 위해서는 돌아다니는 천막 왕궁이나 현대 내몽골의 상도(上都)**에 세운 임시 구조물이 아니라 진짜 도시에 자리잡은 당당한 왕궁이 필요하다고 생각했다. 상도는 쿠빌라이에게 특별한 의미가 있는 곳이었다. 그곳에서 열린 쿠릴타이에서 처음 대칸으로 선포되었기 때문이다. 그러나 그 외에는 이렇다 할 이점이 보이지 않았다. 상도는 중국인들이 매우 이질적이고 야만적으로 여기는 유목지대에 자리잡고 있을 뿐 아니라, 그의 할아버지가 중국의 도

---

* 툴루이는 예종(睿宗)이 되었다. 참고로 칭기스 칸은 태조(太祖), 우구데이는 태종(太宗), 구육은 정종(定宗), 뭉케는 헌종(憲宗)이며, 쿠빌라이는 세조(世祖)가 되었다.
** 서양에서는 재너두(Xanadu)라고 불렸으며, 도원경과 동일시되었다. 이전 이름은 개평부(開平府).

시들을 침략하고 약탈할 때부터 이용하던 전통적인 부대 집결지였다. 쿠빌라이는 역사의 이런 바람직하지 않은 측면들로부터 자신을 떼어내려고 노력했다.

쿠빌라이는 상도를 여름에 가서 사냥을 하며 지내는 곳으로 유지하면서, 황허 강변의 풍요로운 농경지를 활용할 수 있는 먼 남쪽에 진짜 중국식 황도를 건설하라고 명령했다. 그는 이전 주르첸의 수도로 쿠빌라이가 태어나던 해인 1215년에 칭기스 칸이 정복한 중도(中都)를 선택했다. 1272년 쿠빌라이는 새 수도의 건설을 명령하면서 운하를 이용해 이 도시를 황허와 연결시켰다. 몽골인은 이곳을 '칸의 도시'라는 뜻으로 칸발릭이라고 불렀고, 중국인 백성은 '큰 수도'라는 뜻으로 대도(大都)라고 불렀다. 이 도시는 점차 근대의 수도 베이징으로 성장해갔다. 쿠빌라이는 무슬림 건축가들과 중앙아시아 장인들을 데려와 새로운 양식으로 도시를 설계하는 일을 맡겼고, 그 결과 초원지대의 유목민 취향과 정주 문명인 취향 사이의 타협물이 태어났다.

당시 대부분의 중국 도시에는 골목길이 미로처럼 얽혀 있었지만, 쿠빌라이의 수도에는 남북으로 넓고 곧은 대로가 달리며 축을 이루었고 거기에 동서로 달리는 거리들이 직각을 이루며 가지를 쳤다. 그래서 한쪽 문의 경비병은 도시 너머 반대편 문의 경비병을 볼 수 있었다. 황궁에서부터 대로들이 뻗어나갔는데, 이것은 중국 노동자들의 외바퀴 손수레나 두바퀴 손수레보다는 몽골 기병의 군사작전에 편리했다. 대로는 중국 원주민이 외국 통치자에 대항하여 일어설 경우 반란을 진압할 기병 9명이 나란히 달릴 수 있을 정도로 넓었다.

쿠빌라이 칸은 몽골이 국제 교역에서 이익을 더 많이 얻을 수 있도록 대도 내에 현재의 중국 전역에 살고 있는 사람들만이 아니라 중동과 몽골에서 온 사람들도 머물 수 있도록 구역을 정해주었다. 이 도시는 멀리 이탈리아, 인도, 북아프리카 등지에서 오는 상인들이 머무는 곳이었다. 이렇게 많은 사람들이 머무는 까닭에, 마르코 폴로가 자세히 이야기한 대로 수많은 매춘부들이 해당 지구에 모여 그들을 상대로 장사를 했다. 중동에서는 학자와 의사들이 와서 솜씨를 발휘했다. 중국에서는 이미 도교와 유교 사제들이 활동하고 있었지만, 여기에 로마 가톨릭, 네스토리우스파, 불교의 사제들까지 합세했다. 무슬림 성직자, 인도의 신비주의자, 또 중국의 어떤 지역에는 유대교 랍비까지 들어와 사람과 사상이 더욱 다양하게 뒤섞였다. 카라코룸과 똑같은 국제주의적 원칙을 견지하면서도 카라코룸보다 훨씬 컸던 이 도시는 진정한 세계 수도라고 부르기에 손색 없는 자격을 갖추고 있었다.

그러나 쿠빌라이는 결국 대도의 심장부에 중국인을 포함한 외국인은 거의 들어갈 수 없는 몽골인만의 안식처를 만들었다. 몽골의 가족과 고관들은 몽골 전사들이 지켜주는 높은 담 뒤에서 계속 몽골인으로 살았다. 도시 한가운데 짐승을 풀어놓은 넓은 공간을 조성하는 것은 중국 문화에는 전례가 없는 일이었다. 쿠빌라이의 '금단의 도시'*는 몽골 수도 한가운데 만들어진 소형 초원지대였다. 몽골 시대에는 내성의 단지 전체가 게르로 채워졌으며, 고관들은 자주 이곳에 들어와 살고, 먹고, 잠을 잤다. 칸의 자식을 잉태한 부인들은 반드시 게르에서 몸을 풀었으며, 이렇게 태어난 아이들은 자라면서 게르에서 교육을 받았다. 쿠빌라이와 그 후계자들은 중국 황제로서 공적인 생활을 했지만, 내성의 높은 담 뒤로 들어오면 계속 초원지대의 몽골인으로 살았다.

프란체스코 수도회의 수사 포르데노네의 오도릭은 1320년대에 몽골 영토를 찾아갔을 때 칸발릭의 내성을 이렇게 묘사했다. "앞에 말한 제국의 성 경내에는 매우 아름다운 산이 있다. 이곳에는 나무들이 빽빽하

---

* 저자는 보통 영어에서 자금성(紫禁城)을 가리키는 'Forbidden City'라는 용어를 사용하고 있지만, 자금성이라는 이름이 붙은 성은 명대(明代)에 대도 옆에 건축되었다.

게 자라며, 이 때문에 '녹색 산'이라고 부른다. 이 산 위에 화려한 황궁이 세워져 있는데 대칸은 주로 이곳에 산다." 이어 그는 이전의 카라코룸과 매우 흡사한 느낌을 주는 묘사를 한다. "앞서 말한 산의 한쪽 면에는 큰 호수가 있다. 호수 위에는 매우 당당한 다리가 놓여 있고, 호수 안에는 거위, 오리를 비롯한 온갖 종류의 물새들이 많다. 산의 숲에는 온갖 새와 야생짐승이 많이 산다."167)

쿠빌라이 칸이 세운 목조 궁전은 카라코룸과 기본 구조가 똑같았던 것 같다. 쿠빌라이 칸은 궁에 기계 공작(孔雀)들을 갖다 놓았다. 이들은 꼬리를 펼칠 수 있었고 소리를 내 울 수도 있었다. 카라코룸 궁의 '은 나무' 위에 살던 기욤 부셰의 천사를 연상시키는 모습이다. 쿠빌라이는 카라코룸 궁에서 웅장한 '은 나무'를 가져왔을 것이고 그 가운데 최소한 일부는 칸발릭에 설치해놓았을 것이다. 마르코 폴로의 묘사에는 이런 내용이 나온다. "대칸의 식탁 근처 홀의 한구석에는 매우 크고 아름다운 제작품이 놓여 있다. 궤 같기도 하고 찬장 같기도 한 그 물건은 크기가 각 방향으로 세 걸음쯤 되며 동물 장식으로 예쁘게 꾸며져 있을 뿐 아니라 금박에 아름다운 조각까지 새겨져 있다." 내부의 작동 방식 역시 '은 나무'를 닮았다. "가운데는 텅 비었고, 그 안에는 커다란 순금 그릇이 들어 있다. …… 그릇의 네 귀퉁이에는 같은 크기의 그릇이 하나씩 놓여 있어, 위의 그릇에서 포도주나 값비싼 고급 향료를 섞은 음료가 네 개의 그릇으로 떨어진다."168)

쿠빌라이 가족은 내성 안에서는 옷, 말, 음식, 운동, 오락 등 모든 면에서 계속 몽골인으로 행동했다. 즉 알코올을 대량으로 섭취하고, 큰 소리로 쩝쩝거리며 국물을 마시고, 식탁에서 칼로 고기를 썰었다 — 칼질을 부엌에서만 해야 한다고 생각하는 중국인들에게는 매우 역겨운 행동이었다. 몽골인은 술과 술을 마시는 의식과 술 취한 상태를 중시했으며, 개인주의적 성향이 강해 자유롭게 돌아다녔다. 이들이 중국 궁정의 복잡하고 고도로 조직화된 의식과 행사를 모방하려 했으니 그 광경은 약간 혼란스러운 느낌을 주었을 것이다. 게다가 조신들이 계급에 따라 줄지어 서는 중국의 황궁 전통과는 달리 몽골인은 혼란스럽게 떼를 지어 다니는 경향이 있었다. 그러나 중국인들이 가장 곤혹스러워한 몽골 관습은 뭐니뭐니해도 몽골 여자들이 중요한 행사에서까지 자유롭게 남자들과 섞이며 어울린다는 점이었을 것이다. 실제로 몽골 조정의 행사는 질서가 흐트러지곤 했기 때문에 가끔 칸의 친위들이 몽둥이를 휘둘러 관리나 손님 무리를 뒤로 내몰곤 했다.

[온건한 법으로 민심을 수습하다]

쿠빌라이는 할아버지와 마찬가지로 분명하고 강력한 법전을 중심으로 민간 행정을 짜나갔다. 새로운 법을 만들고 시행하는 것은 초원의 족장에게나 중국인 통치자에게나 신민이 눈으로 볼 수 있는 정통성을 확립해나가는 전통적인 방법이었다. 쿠빌라이는 법전을 만들면서 중국 법을 몽골 법으로 교체한 것이 아니라, 칭기스 칸의 법과 양립할 수 있도록 중국 법을 개혁했다. 몽골인과 중국인의 지지를 모두 얻으려는 심산이었다. 법은 백성으로부터 충성과 지지를 얻어내, 궁극적으로 경쟁자인 송 왕조보다 우위에 서기 위한 투쟁에서 또 하나의 중요한 무기였다.

쿠빌라이 칸의 행정부는 지주에게 소유권을 보장하고, 세금을 낮추고, 도로와 통신을 개선했다. 몽골은 대중의 지지를 얻기 위해 송나라의 가혹한 형법을 완화했다. 중범죄의 숫자는 233개에서 135개로 거의 반으로 줄였다. 쿠빌라이는 남아 있는 범죄에 대해서도 사형은 어지간해서는 허락하지 않으려 했다. 그의 치세 34년 가운데 30년은 처형 기록이 남아 있다. 사형이 가장 많이 이루어진 해는 1283년으로 278건이었다. 가장 적게 이루어진 해는 1263년의 7건이다. 그러나 4년의 기록이 없는 것은 그해에 처형이 전혀 이루어지지 않았기 때문일 수도 있다. 전체적으로 쿠빌라이의 치세 30여 년 동안 처형된 범죄자는 2500명 이하였다. 평균 사형 건수로 보자면 현대의 중국이나 미국 같은 나라의 사형 건수보다 훨씬 적다.

전체적으로 쿠빌라이의 법과 처벌 체계는 송나라의 체계보다 일관성이 있을 뿐만 아니라 상당히 온건하고 온정적이었다. 그는 가능한 곳에서는 신체적 처벌 대신 벌금을 도입했으며, 잘못을 뉘우치는 범죄자들은 사면해주는 절차를 만들었다. 비슷한 맥락에서 몽골 행정부는 고문을 없애거나 대폭 줄이려고 노력했다. 몽골 법은 자백을 얻어낼 목적으로 고문을 하려면 그 전에 용의자가 특정한 범죄를 저질렀다는 단순한 의심 이상의 실체적 증거를 쥐고 있어야 한다고 구체적으로 규정했다. 나아가서 1291년의 몽골 법전은 관헌이 "먼저 이성적으로 분석하고 추측해야 하며, 무턱대고 고문을 해서는 안 된다"[169]고 규정했다. 몽골이 고문의 사용을 제한하는 방향으로 나아가고 있던 시기에 유럽의 교회와 국가는 이전보다 훨씬 더 다양한 범죄에 증거를 불문하고 고문을 시행하는 법을 통과시켰다. 또 이런 곳에서는 고문대에 걸어놓고 팔다리를 잡아 늘인다든가, 커다란 바퀴로 깔아뭉갠다든가, 말뚝에 꿰찌른다든가, 여러 가지 형태로 불에 태운다든가 하는 다양한 고문 방법을 이용했다. 반면 몽골인은 매로 때리는 방법 하나로 한정했다.

몽골 법과 초원지대 문화 관습의 온화함은 몇 가지 묘한 방식으로 나타났다. 중국 행정부는 범죄자의 이마에 그의 죄명을 자자(刺字)*하여 영원히 범죄자 낙인을 찍는 일이 많았다. 그러나 몽골인에게 이마는 영혼이 사는 곳이었기 때문에 범죄자의 머리라 하더라도 함부로 다룰 수가 없었다. 몽골 행정부는 이미 관행이 되어 있던 터라 자자를 계속 허용하기는 했지만, 처음 두 번의 범죄에 대해서는 팔 윗부분에, 세 번째일 경우

---

* 자자(刺字): 얼굴이나 팔뚝의 살을 따고 홈을 내어 먹물로 죄명을 찍어 넣던 벌.

에는 목에 하도록 규정하고 이마에는 절대 허용하지 않았다. 몽골은 새로운 영토나 자자 관행이 없는 인종적 소수자에게까지 이 벌을 확대하지 않았다. 몽골 행정부는 죄명을 몸에 쓰는 것보다는 범죄자의 집 앞에 세운 판에 적어 동네 사람들이 범죄자를 감시하게 하는 쪽을 선호했다. 몽골 행정부는 또 가석방 제도도 만들어 자유를 얻은 죄수가 한 달에 두 번씩 지역 관헌에게 신고를 하고 행동을 평가받게 했다. 집단이 함께 책임을 지고 죄를 인정한다는 몽골의 원칙에 따라 죄수가 보조적인 법집행기구에 들어가 자신의 지식이나 범죄를 이용해 다른 범죄자를 잡는 데 협조하는 것도 죄수의 석방을 결정하는 한 가지 요소가 되었다. 범죄자는 형을 달갑게 받겠다고 인정하는 문서에 서명을 하거나 아니면 절차에 이의나 불만을 제기해야 했다. 가족 전체가 함께 서명을 하는 경우도 많았다. 사건의 기록을 보존할 때는 지문을 찍어 문건에 첨부했다. 몽골 관헌은 가능하면 관권의 개입 없이 가장 낮은 수준에서 문제가 해결되는 쪽을 선호했다. 가족 내의 범죄는 가족끼리 해결할 수 있었고, 종교가 같은 승려 집단 내의 분쟁은 승려끼리 해결할 수 있었으며, 직업 집단 내의 범죄는 같은 직업을 가진 사람끼리 회의체에서 해결할 수 있었다.

몽골 당국은 분쟁 해결을 위해 범죄를 처리하는 방법을 다룬 책의 인쇄를 장려했다. 시민이나 소규모 회의체에 적절한 지침을 주려는 의도였다. 형법의 영역에서 몽골은 관헌이 범죄 현장을 방문하여 증거를 수집하고, 분석하고, 보고하는 최소한의 절차를 세워놓았다. 여기에는 범죄에 관한 정보를 얻기 위해 주검을 처리하고 조사하는 방법, 상처의 위치를 묘사하는 그림을 포함하여 세 통으로 보고서를 작성하는 방법 등에 대한 지침이 포함되었다. 몽골의 절차는 물론 법 집행의 수준을 높였지만, 교육받은 사람만이 아니라 모든 사람이 법을 알고 법에 따라 행동해야 한다는 몽골의 최우선적 정책과도 일치하는 것이었다. 몽골인에게 법은 유죄를 결정하거나 처벌을 하는 수단이라기보다는 문제를 해결하고, 단결을 이루고, 평화를 보존하는 방법이었다.

몽골은 관리에게 시와 서예 등 고전예술을 교육하는 대신 다양한 방법으로 실용적인 훈련을 시켰다. 그들은 결혼 중매인이나 상인에서부터 의사와 변호사에 이르기까지 여러 직업에서 갖추어야 할 최소한의 기준을 설정했다. 몽골의 정책은 모든 분야에서 똑같아 보였다. 직업의 기준을 표준화하고 수준을 높이는 것이었다. 이렇게 하면 그 어떤 직업의 종사자도 늘어나고 혜택을 보는 사람도 늘어났다.

소수의 몽골인이 중국에 사는 많은 사람들을 다스려야 하는 상황이었기 때문에 쿠빌라이 칸은 오랜 공부와 시험 과정을 거쳐 선발된 전통적인 관료에게 행정을 맡길 수밖에 없었겠지만, 그는 그렇게 하지 않았다. 쿠빌라이는 낡은 체제를 지속시키는 대신 과거제도를 폐지하고 다양한 외국인, 특히 무슬림의 행정 지원을 받았다. 가능할 때는 마르코 폴로 같은 유럽인의 도움을 받기도 했다. 교육받은 무슬림 행정가들이 "도시의 법과 관습"[170)]에 쓸모가 있다는 것을 알았던 할아버지와 마찬가지로 쿠빌라이는 형제의 영토 페르시아에서 그런 사람들을 대량 수입했다. 그뿐만 아니라 교황이나 유럽의 왕들에게도 학자나 학식 있는 사람들을 보내달라고 여러 차례 요청했다. 물론 답은 얻지 못했다.

그러나 쿠빌라이는 하나의 민족이나 인종 집단에 지나치게 의존하는 것을 경계하여 서로 이간질을 시키는 경향이 있었으며, 늘 중국인과 외국인을 다양하게 섞어놓았다. 외국인은 티베트, 아르메니아, 키타이, 아랍, 타지크, 위구르, 탕구트, 투르크, 페르시아, 유럽 등지 출신이었다. 몽골은 각 관청에 중국 북부, 중국 남부, 외국인 등 3대 집단*의 인종 비율을 유지하였기 때문에 관리는 누구나 다른 문화나 종교 출신 사람들과 함께 일할 수밖에 없었다. 칭기스 칸이 출신보다는 기술과 업적

---

* 각각 한인(漢人), 남인(南人), 색목인(色目人)이라고 불렸다. 몽골인은 국족(國族)이라고 불렸다.

을 기초로 사회 최하층 출신을 가장 높은 지도자 자리에 앉히기도 했듯이, 쿠빌라이의 행정부[171] 역시 늘 요리사, 문지기, 서기, 통역 등 밑바닥 직업에 종사하는 사람들을 승진시키는 일이 많았다. 하층에 속한 사람이 승진하여 새로운 영역에 진출하게 되면 몽골 지배자에 대한 의존과 충성이 강해지면서 피지배자들과 연결된 끈은 희미해졌다.

쿠빌라이 칸은 지역을 관리하는 관료들 사이에 엄격한 위계를 두지 않고, 대규모 회의와 일상적인 토론을 통해 결정을 내리는 칭기스 칸의 방식을 도입했다. 몽골인은 가능할 때마다 어떤 수준에서든 초원지대의 소규모 쿠릴타이를 모델로 삼은 회의로 관료제를 대체했다. 지방 회의체는 매일 모여야 했으며, 새로운 조치는 두 명 이상의 관리가 승인을 해야 했다. 회의는 쟁점들을 토의하여 합의에 이르러야 했다. 결정은 관리 한 사람이 아니라 집단이 내려야 했다. 관리 한 사람이 결정을 내리고 백성은 따르던 중국식 기준에서 보자면 이것은 시간과 힘을 너무 많이 잡아먹는 비능률적이고 비실용적인 제도였다. 그러나 몽골은 다양한 작은 회의체를 장려했다. 의료 서비스에 불만이 있는 환자들은 의사와 비전문가 대표자들로 이루어진 회의체에 배상을 요구할 수 있었다. 병사에서 악사에 이르기까지 다양한 직업을 가진 사람들이 분쟁을 해결하기 위해 비슷한 회의체를 만들었다.

과거의 행정제도는 보수를 받지 않는 학자 겸 관리들에 의존했다. 이들은 일을 해주거나 승인 도장을 찍어주는 대신 사람들한테서 돈을 강탈하여 생계를 유지했다. 그러나 몽골인은 일상적인 행정을 담당하는 하급직에는 보수를 주는 직원을 고용했다. 이들의 보수는 몽골 영토 전역에서 표준화되었으며, 다만 생활비 차이를 고려하여 지역마다 약간 다르게 지급했다.

합의를 전제로 한 회의체와 보수를 지급하는 공무원 제도를 만들려는 노력은 중국에서는 깊이 뿌리를 내리지 못하여 몽골 시대와 함께 막을 내렸다. 명나라는 위에서 아래로 다스리는 방식을 선호하여 권력을 잡자마자 회의제를 버리고 전통적인 관료제로 돌아갔다. 그 이후 중국 역사에서는 이러한 참여 행정 실험의 길이 막혀 있다가, 20세기에 이르러 공화국 창건자와 공산주의자들이 지방 회의체, 토론, 보수를 받는 행정가, 시민 참여 정부 등의 제도를 다시 도입하려고 노력했다.

[쿠빌라이의 실용주의 노선]

쿠빌라이는 제국 전역의 교역 속도를 높이고 안전을 보장하기 위해 지폐의 사용을 급격하게 확대했다. 마르코 폴로가 도착했을 때는 이미 지폐가 널리 통용되고 있었다. 마르코 폴로는 뽕나무 껍질로 지폐를 만든다고 묘사하는데, 오늘날 우리는 그것이 종이임을 알 수 있지만 당시 유럽에서는 몰랐다. 지폐는 다양한 크기의 사각형으로 잘라 그 가치를 기록하고 주홍색 도장을 찍었다. 지폐의 첫 번째 장점은 당시 사용되던 주화에 비해 다루거나 운반하기가 훨씬 쉽다는 것이었다. 마르코 폴로는 제국 전역에서 지폐가 통용되었다고 기록했다. "지폐를 거부하려면 사형을 당할 각오를 해야 했다." 그러나 대부분의 사람들은 "지폐를 무척 반겼다. 그것으로 진주, 보석, 금, 은을 포함하여 무엇이든지 살 수 있었기 때문이다."[172] 그러나 페르시아의 몽골 당국은 지폐 제도를 도입하려다 실패했다. 지역 상인들이 지폐라는 개념에 익숙하지 않았기 때문이다. 상인들의 불만은 폭동으로 터져나올 것 같은 분위기였는데, 그럴 경우 성공적인 진압을 장담할 수 없었다. 결국 페르시아의 몽골 당국은 수치스러운 패배를 당할 모험을 무릅쓰는 대신 지폐 제도 도입을 철회하고 말았다.

지폐가 사용되는 곳에서는 신용이 확대되면서 재정적인 재난이 닥칠 위험도 늘어났다. 몽골 법에는 파산 신고 조항이 있었는데, 이것은 특히 신용의 확대와 관련하여 시장에 일관성을 부여하기 위해 계획된 중요한 혁신적 조치였다. 그러나 상인이나 거래처가 부채를 고의로 지불하지 않는 일을 막기 위해 두 번까지만 허용했다. 세 번째부터는 처형을 당할 수도 있었다.

몽골인은 유교나 전족(纏足) 같은 일부 중국 문화는 일관되게 거부했다.[173] 그러나 화폐제도를 세련되게 다듬은 것을 보면 중국 문화의 다른 측면들은 높이 평가했다는 것을 알 수 있다. 쿠빌라이는 실용적 가치가 있는 사상이나 제도를 찾아 오래 전 중국 역사까지 뒤지는 사람이었다. 쿠빌라이는 전통적인 중국의 학문과 문화 가운데 몇 가지 유형을 장려하기 위해 학교를 세우고 전국에서 가장 뛰어난 학자들로 이루어진 한림원(翰林院)을 재건했다. 그는 1269년에 몽골 언어 학교를 세웠으며, 1271년에는 칸발릭에 몽골 국립대학을 건립했다. 또 당대의 사건들을 기록하고, 과거의 문헌을 편찬하여 재발행하고, 서고를 돌보게 하려고 새로운 부서를 만들고 학자들을 불러모았다.

몽골 조정은 몽골어만이 아니라, 아랍어, 페르시아어, 위구르어, 탕구트어, 주르첸어, 티베트어, 중국어를 비롯하여 덜 알려진 언어들을 위한 서기도 두었다. 그럼에도 다양한 언어 때문에 어려움을 겪곤 했다. 몽골-위구르 알파벳만으로는 방대한 제국에서 요구하는 모든 행정 정보를 기록하기가 힘들었다. 사무직원이 일상적인 행정 업무를 볼 때도 중국의 도시, 러시아의 군주, 페르시아의 산, 힌두의 현자, 베트남의 장군, 무슬림 성직자, 헝가리의 강 등 다양한 언어로 이루어진 이름을 적어야 했다. 몽골 제국 신민들이 워낙 다양한 언어를 사용했기 때문에 쿠빌라이 칸은 지성사와 행정사에서 가장 혁신적인 실험을 해보았다. 세계의 모든 언어를 적을 수 있는 단일한 알파벳을 만들려고 한 것이다. 쿠빌라이는 티베트 불교의 라마승 팍파에게 이 과제를 맡겼다. 팍파는 1269년에 칸에게 티베트 알파벳을 바탕으로 한 41개 글자를 제시했다. 쿠빌라이 칸은 팍파 문자*를 제국의 공식 문자로 채택했지만, 그것을 강요하지는 않고 중국인을 포함한 모든 신민이 독자적인 문자를 사용하도록 허용했다. 새로운 문자가 그 우월성을 드러내 과거의 문자를 교체할 것이라는 희망을 품었기 때문이다. 중국 학자들은 자신들의 오랜 언어에 애착을 가지고 있었기 때문에 그 언어와 단절하고 야만인이 만든 새 문자를 받아들이려 하지 않았다. 대부분의 신민은 몽골의 권력이 시들자마자 몽골의 문자체계를 버리고 말았다.

[새로운 사회제도의 건설]

농민은 전통적으로 정부 관리들의 위계질서 밑바닥에 엎드려 있었으며, 관리들은 농민의 삶의 아주 깊숙한 곳까지 지배했다. 그러나 몽골은 농민 약 50가구를 사(社)라고 부르는 하나의 단위로 조직하여 고래의 위계를 뒤집었다. 이 지방 단위는 농민의 생활에 폭넓은 책임을 지면서 권한을 행사했다. 지역의 농사일을 감독하고, 토질을 개선하고 물과 다른 자연자원을 관리하는 책임을 졌으며, 기근 때는 비축한 곡식을 풀었다. 전체적으로 사(社)는 일종의 지방정부 기능을 했으며, 칭기스 칸의 십진제 조직과 중국 농민 전통의 요소들을 결합하고 있었다.

사(社)는 또 농민의 자식들을 교육하는 일도 떠맡았다. 몽골은 모든 사람의 삶의 질을 개선하는 한 방법으로 문맹 퇴치를 장려했기 때문이다.[174] 쿠빌라이 칸은 농민의 자식을 포함한 모든 아이들을 교육할 수 있는 공립학교를 만들었다. 그 이전에는 부자만이 자식을 교육시킬 시간과 돈이 있었으며, 이를 통해 문맹의 농민을 지배하는 권력을 대물림할 수 있었다. 몽골은 겨울에는 농민의 자식들도 배울 시간이 있다는 것을 알았으며, 교사들은 그들에게 고전 중국어 교육을 시키지 않고 구어를 사용하여 실용적인 교육을 했다. 몽골 왕조 기록에 따르면 쿠빌라이

* 파스파 문자라고 부른다.

칸의 치세에 공립학교가 2만 166개 세워졌다. 관리들에게는 자신의 성과를 돋보이게 하려고 과장을 하는 경향이 있다는 점을 감안하더라도, 다른 나라에서는 보통교육을 시도조차 하지 않았던 때에 이루어진 일이라는 점을 생각하면 몽골의 업적은 놀랍기만 하다. 서구에서는 100년이 더 지난 뒤에야 작가들이 구어로 글을 쓰기 시작했다. 정부가 보통사람들의 자녀에 대한 공교육 책임을 떠맡은 것은 거의 500년이나 지난 뒤의 일이다.

[대중문화의 전성기]

전통 유교 사회에서 문학은 국가고시 제도에 사용되는 특정한 종류의 글쓰기를 지향하고 있었다. 문학이 늘 관료제와 그 이해관계의 테두리 내에 머물렀다는 뜻이다. 그러나 몽골은 그보다 넓은 범위의 문학적 노력을 허용했으며, 작가들이 학자 출신의 관료가 선호하는 고전적인 양식보다는 민중이 쓰는 구어로 글을 쓰도록 장려했다. 몽골의 취향은 세련된 엘리트보다는 대중의 취향에 더 가까웠다. 그들은 민중 문화와 궁정 문화를 결합하여 새롭고 흥미진진한 형태의 오락을 만들었다.

몽골은 1206년 칭기스 칸의 취임식 때 거행된 대규모 행사들의 전통을 살려 수천 명이 참여하고 한 번에 몇 주 동안 계속되는 화려한 행사용 연극을 후원했다. 1275년에는 군대가 공연한 행사용 연극에서 몽골 군대의 역사를 요약해서 보여주기도 했다. 이 드라마는 6부로 이루어졌으며, 각 부는 케레이트와 옹 칸의 정복, 탕구트 정복, 금나라 정복, 서부와 허난〔河南〕(황허 남부) 정복, 쓰촨〔四川〕과 남조(南詔)의 타이 국가 정복, 고려와 베트남 정복 등을 기념하고 재연한다.[175] 칭기스 칸에서부터 뭉케 칸에 이르기까지 몽골 제국 창건의 중요한 단계들을 상징적으로 보여준 것이었다.

쿠빌라이는 대중적인 볼거리를 만들어 사람들의 상상력을 사로잡는

흥행사의 능력을 발휘하여 중국 전통 문화에서는 경시되어온 연극을 열렬하게 지지했으며 왕궁에서도 연극을 자주 무대에 올렸다. 몽골 조신들은 곡예, 감동적인 음악, 화려한 분장, 다채로운 의상이 흘러넘치는 연극을 즐겼다. 유럽의 윌리엄 셰익스피어처럼 몽골 시대 극작가들은 즐거움을 주면서도 권력과 덕의 관계 같은 진지한 문제를 제기하려 했다. 쿠빌라이 치세에는 연극에 검열이 없었다는 말이 있지만 증거는 없다. 이 시대에 나온 연극 몇 편은 중국 문학에서 가장 생명이 긴 작품이 되었으며 몽골 시대가 중국 연극의 황금기라는 평가도 있다. 원 왕조에 공연된 새 연극의 숫자는 모두 500편 정도로 추정되는데 그 가운데 현재까지 남아 있는 것은 160편 정도다.

중국에서는 전통적으로 배우와 가수 같은 공연 예술가들이 매춘부나 첩처럼 존경도 받지 못하고 지위도 낮았다. 그러나 몽골 통치자들은 그들의 지위를 전문 직업인으로 격상하고 공연장이 장터, 매음굴, 선술집에 한정되지 않도록 극장 지구를 조성했다. 중국의 연극과 몽골의 음악 후원이 결합되면서 훗날 경극(京劇)이 발전할 수 있는 기반이 마련되었다.[176]

몽골인은 자신과 서민의 오락을 위해 대중문화를 후원하면서도 유혈을 혐오하는 문화는 고수했다. 이들은 씨름과 궁술을 즐겼지만, 로마인을 홀렸던 검투사 시합이나 공개 학살 비슷한 오락은 만들어내지 않았다. 또 곰 놀리기*나 개싸움처럼 동물과 동물이 싸우게 하거나 투우처럼 동물과 인간이 싸우게 하는 유럽 전통의 오락도 찾아볼 수 없었다. 참수나 교수형이 흔했던 유럽 도시와는 달리 몽골 제국에서는 범죄자 처형을 공중의 오락거리로 만들지 않았다. 서유럽에서는 기독교 교회의 권력이 강해질 때마다 사람을 산 채로 불에 태우는 일이 자주 일어났지

---

* 개를 부추겨 매어 놓은 곰을 집적거리게 하던 영국의 옛 놀이.

만 몽골에서는 이것 역시 오락거리가 되지 않았다.

[두 차례의 일본 원정]

쿠빌라이는 덧없는 대중적 인기를 얻으려는 단기적 전략을 추구하지 않았다. 그는 대륙문명의 충성을 얻어내기 위해 거의 20년에 걸쳐 장기적인 전략을 일관되게 체계적으로 추진해나갔다. 몽골은 퇴폐적인 사치에 빠져 흥청거리며 군사력보다는 부의 과시를 중시했던 유약하고 비현실적인 송나라 지도자들과는 대조적으로 자신들이 하늘의 뜻을 받들어 중국을 통일한 강력한 지도자들이라고 선전했다. 중국 대중의 입장에서 볼 때 몽골인은 자신들과 여러 가지 면에서 다르기는 했지만, 취향이나 감수성 면에서는 중국 조정의 관리들보다 오히려 몽골인에게서 더 많은 공통점을 발견할 수 있었다.

해가 갈수록 송나라를 버리고 몽골 치하의 땅에 가서 살거나 몽골이 자신의 지역을 점령할 때 도움을 주는 병사나 관리나 농민의 숫자가 늘어갔다. 상인들도 몽골인이 있는 곳으로 일터를 옮겼고, 사제나 학자도 몽골인에게로 가서 보호도 받고 활동의 자유도 얻었다. 결국 장군을 포함하여 육군이나 해군 부대 전체가 몽골 진영으로 넘어가는 일이 생겼다. 송 왕조는 갑자기 무너지거나 정복을 당한 것이 아니라 서서히 침식 당하면서 해체되었다.

몽골은 계속 송나라를 군사적으로 압박했다. 몽골이 작은 승리를 거둘 때마다 하늘이 송나라를 버리고 몽골에게 미래를 맡긴다는 생각이 퍼져나갔다. 쿠빌라이 칸은 선전전을 지휘했지 군사작전은 지휘하지 않았다. 군사작전은 아주 유능한 장군들에게 맡겨두었다. 이 장군들 가운데 러시아에서 헝가리까지 유럽 군대를 파괴한 수베데이를 연상시키는 바얀은 중국인들과 싸우는 데 뛰어난 솜씨를 발휘했다. 1276년 몽골군은 마침내 송나라 수도 항저우[杭州]를 점령했고 이후 몇 년 동안 지방에서 산발적으로 발생하던 소부대의 저항마저 쓸어버렸다. 쿠빌라이 칸은 끈질긴 선전과 빈틈없는 정책을 통해 칭기스 칸이 막강한 군대로도 하지 못했던 일을 해냈다. 쿠빌라이는 중국식 미덕의 화신이라는 이미지를 유지하기 위해 송의 황태후를 극진히 모셨고 왕족 대부분이 좋은 궁에서 전과 다름없이 호화롭게 살 수 있게 해주었다. 다만 폐위된 송나라 황제의 어린 후계자는 반역의 중심이 될 위험이 있었기 때문에 티베트로 보내 공부를 시켰다. 그는 1296년에 티베트에서 승려가 되었다.

중국의 학자와 문인들에게 망한 송나라는 향수 어린 황금시대의 추억이 되었다. 시인 셰포〔謝翱〕는 「항저우의 옛 황궁을 지나다(過杭州故宮)」라는 제목의 시에서 이런 향수를 표현했다.

> 옛 폐허에 잡초만 무성하고 문지기는 간 곳이 없어
> 쓰러진 탑과 무너진 궁에 마음만 허전해라
> 조원각 처마 밑으로 제비 들락거려도
> 안은 정적뿐 앵무새 지저귀는 소리는 들리지 않네.*[177]

쿠빌라이 칸은 송나라 수도와 관리들을 정복하면서 자신이 굉장한 보석을 얻었다는 사실을 깨달았다. 최고 수준에 이른 중국 문명의 대표들을 만날 수 있었기 때문이다. 이후 오랫동안 쿠빌라이는 그들의 업적을 보존하는 동시에 제국을 개혁하고 확장하려고 노력했다. 일본 학자 오카다 히데히로가 썼듯이, "몽골 제국이 중국인들에게 물려준 가장 위대한 유산은 중국이라는 나라 자체다."[178] 몽골은 다양한 중국어 방언을 사용하는 모든 지역을 통일했을 뿐 아니라, 거기에 티베트, 만주, 위

---

* 禾黍何人爲守閽 活活臺殿暗趙魂 朝元閣下歸來燕 不見前頭鸚鵡言
(위의 시는 영어 번역문을 존중해 번역했지만, 이목 선생의 한시 원문 설명에 큰 도움을 받았다)

구르 등 인접한 왕국들, 나아가 더 작은 왕국이나 부족국가 수십 개까지 덧붙였다. 몽골이 관장하는 새 나라는 중국어를 사용하는 사람들이 사는 문명의 약 5배 크기였다. 중국의 공식적인 국가 문화는 물론 몽골 문화가 아니었다. 그렇다고 중국 문화도 아니었다. 쿠빌라이 칸은 잡종을 만들어냈다. 쿠빌라이의 노력 덕분에 이 문화는 전 세계에 누구도 예상치 못한 심대한 영향을 주었다.

쿠빌라이는 육지로 닿을 수 있는 거의 모든 곳을 장악하게 되자 새로 정복할 땅을 찾아 바다로 눈을 돌렸다. 정크선에 올라탄 그의 교역사절단은 먼 향료 군도, 자바, 실론, 근처 일본의 북쪽 섬들에 대한 자세한 정보를 챙겨서 돌아왔다. 쿠빌라이는 이런 땅들을 팽창하는 몽골 제국에 통합하고 싶었다. 1268년 쿠빌라이는 일본에 사절을 보내 항복을 요구했으나 일본은 거절했다. 쿠빌라이는 여전히 송나라 정복을 마무리하는 일에 몰두하고 있어 일본 공격을 시도할 수 없었다. 쿠빌라이는 사절을 다시 보내 항복을 계속 설득했다.

쿠빌라이는 패배한 송나라 해군을 흡수하면서 자신에게 도전하는 섬들을 침공하는 데 필요한 인력과 기술을 얻게 되었다. 그는 송나라 해군을 재건하고 확대했다.[179] 해군을 단순히 해안이나 강 지역의 감시인이 아니라 큰 바다에서 상업과 군사작전 양쪽 일을 원활하게 수행할 수 있는 진정한 대양의 함대로 바꾸어놓으려고 노력했다. 쿠빌라이는 한반도를 거대한 조선소 겸 군사기지로 바꾸어 그곳을 발판으로 일본을 정복하려 했다. 그의 배들은 당시 세계에서 가장 크다고 할 수 있었지만, 서둘러 건조하느라 품질은 아무래도 떨어질 수밖에 없었다. 고고학적 증거들을 보면 닻을 만들 때도 큰 돌을 두 개 붙여서 만드는 등 손쉬운 방법을 택했다는 것을 알 수 있다. 그렇게 하면 하나를 깎아서 만들었을 경우보다 안정성이 떨어질 수밖에 없었다. 몽골군은 배에 식량, 갑주, 병기를 실었다. 병기에는 멜론 크기의 도기 수류탄도 있었다. 일본 수비대를 공격할 이 수류탄 안에는 화약과 파편이 가득 들어 있었다.

쿠빌라이는 사절을 몇 번 더 보내 섬나라 일본에게 몽골의 통치에 굴복하라고 설득했지만 일본군 지도부는 매번 거부했다. 1274년 쿠빌라이는 약 900척의 함대를 모아 2만 3000명에 이르는 고려와 중국 보병을 태웠다. 몽골 기병의 수는 알려지지 않았다. 함대는 11월에 고려와 일본을 가르는 176킬로미터 길이의 방심할 수 없는 바다로 나섰다. 몽골군은 해협 중간에 자리잡은 쓰시마 섬, 이어 큐슈 근처의 이카 섬을 쉽게 점령했다. 함대는 하카타 만으로 들어가 군대와 짐승을 상륙시켰다.

사무라이 전사들은 몽골군을 향해 달려나가 일대일 전투를 벌이려 했다. 그러나 몽골군은 대오를 유지했다. 몽골군은 평소처럼 개인이 아니라 단합된 부대로서 싸웠다. 그들은 앞으로 나서서 결투를 하는 것이 아니라 폭탄을 발사하고 화살을 퍼부었다. 몽골군은 유명한 일본 전사들을 도륙했으며, 살아남은 일본 전사들은 해안지대를 떠나 내륙의 요새로 물러났다. 몽골군은 달아나는 일본군을 쫓지 않았다. 그 지역에 대해서 믿을 만한 정보를 확보하지 못했기 때문이다. 몽골군은 피해는 입었지만 승리를 거두었다고 자위하며 전장을 떠나 병사와 말과 물자를 다시 배에 실었다. 몽골군의 계획은 지금도 수수께끼다. 그들은 다음날 다시 돌아와 일본군을 추격할 생각이었을까? 이 전투에서 승리를 거두었으니 해안을 따라 더 올라가 다른 지점을 공격할 생각이었을까? 이들은 본대가 아니라 일본의 반응과 전술을 시험해보러 나온 부대였을까? 이 전투에서 보기보다 큰 피해를 입어 퇴각을 하려 했던 것일까?

그날 밤 침공군이 모두 배에 타고 있을 때 무시무시한 가을 태풍이 바다를 가로질렀다. 일본인이 나중에 가미카제, 즉 신풍(神風)이라고 이름붙인 이 바람은 바다를 휘젓더니 급조한 배 여러 척을 암초와 해안에 내던져 부수어버렸다. 탈출하려 애를 쓰던 침공군 1만 3000명이 죽음을 당했다. 대부분 고려의 안전한 항구에서 멀리 떨어진 위험한 해협에서 익사했다. 역사상 최대의 함대가 적과 변변히 싸워보지도 못하고 해전사상 최대의 전사자를 낸 것이다.

통치자들은 가끔 다른 사람을 설득하려고 이야기를 지어내다가 스스로 그 이야기를 믿어버리기도 한다. 쿠빌라이와 조신들은 일본 침공이 성공했다고 주장했다. 몽골군이 짧은 지상전에서 일본군을 물리쳤다는 이유였다. 그 이후의 인명 손실과 해군 전체의 궤멸은 그 승리보다 중요하지 않은 것 같았다. 그래서인지 쿠빌라이는 이듬해에 다시 일본으로 사절을 파견해 이번에는 황제가 직접 몽골 수도에 와서 복종의 예를 갖출 것을 요구했다. 그렇게 하면 쿠빌라이가 그를 다시 일본 통치자로 임명해주겠다는 뜻이었다. 일본 역시 지상전에서 피해를 입었음에도 자신들이 이겼다고 확신하여 몽골의 요구를 거부했다. 일본은 자신에게 또는 자신을 보호해주는 신에게 새로운 믿음을 가지게 되었는지 몽골이 가장 싫어하는 행동까지 했다. 사절을 참수하고 잘린 머리를 전시하여 사람들의 조롱거리로 만든 것이다.

쿠빌라이는 다시 원정을 준비했다. 일본은 침공군과 물에서 싸우기 위해 소규모 함대를 만들었고, 해안에는 몽골의 병사와 말의 상륙을 막기 위해 돌담을 쌓았다. 1279년 쿠빌라이가 다시 사절을 보내자 일본은 그들마저 처형했다. 양편은 임박한 전쟁을 준비하고 있었다. 이번에 몽골은 두 방향으로 침입할 계획이었다. 고려군은 1차 원정 때와 비슷한 규모의 함대를 이끌고 참가했다. 중국의 함대는 6만 명의 해군이 3500척의 배에 10만 명의 병사를 태웠다. 이번에는 가을이 아니라 여름에 출항하기로 했다.

1281년 5월 말 고려 함대가 출항했다. 일본군이 심하게 저항을 했지만 며칠이 안 되어 고려 함대는 다시 해협의 섬을 정복했다. 그러나 몽골의 계획은 바다에서는 육지만큼 정확하게 이행되지 않았다. 중국 함대는 수많은 어려움에 부딪히면서 일정을 맞추지 못했다. 고려 함대는 하카타 만에 들어가 남쪽에서 중국 지원군이 오기를 기다렸지만 소식이 감감이었다. 일본의 방벽 때문에 상륙도 쉽지 않았다. 침공군은 6월의 찌는 듯한 더위를 견디며 비좁은 배 안에 머물렀고, 곧 알 수 없는 병이 돌면서 환자들이 속출했다. 밤이면 작은 일본 배들이 야음을 틈타 큰 배를 공격했다. 그러나 일본군의 목적은 결정적인 군사적 피해를 주기보다는 공포와 혼란을 퍼뜨리는 것이었다. 고려 함대는 상륙도 못 하는 상태에서 야간 공격에 시달리자 6월 30일에 다카시마〔鷹島〕섬으로 되돌아가 남쪽의 함대를 기다렸다. 두 주 늦게 중국 함대가 마침내 도착했다. 병들고 무질서한 상태에서, 예정이 어긋나 물자마저 부족한 상태에서 침공군은 8월 중순 일본으로 항해해 갔다. 그러나 이번에도 태풍이 바다를 휘저으면서 배를 뒤집고 부수어 10만 명 이상이 죽은 것으로 추정된다. 살아남은 배가 거의 없어 이 참담한 재난의 이야기를 자세히 듣기도 어려웠다.

쿠빌라이의 일본 침공은 실패했다. 그러나 일본의 사회적, 정치적 삶에는 엄청난 영향을 주었다. 몽골군의 압박 때문에 어쩔 수 없이 문화적 통일을 이루고 군국주의적 정부를 세워야 했기 때문이다. 한편 몽골은 언제 그런 실패가 있었냐는 듯이 고개를 돌려 더 손쉬워 보이는 목표물을 찾았다.

몽골의 지상 정복은 계속되었다. 몽골군은 열대의 더위와 낯선 지형 때문에 큰 고초를 겪으면서도 미얀마, 베트남 북부의 안남,* 라오스에서 승리를 거두었다. 베트남 남부의 참파나 인도 해안의 말라바르를 포함한 동남아시아 몇 개 왕국은 스스로 몽골 지배에 복종했다. 어떤 면에서 보자면 이런 복종은 현실적인 행동이라기보다는 하나의 의식이었다. 몽골에는 그들을 다스릴 인력이 없었기 때문이다. 그러나 새로운 신민들은 몽골 조정으로 코끼리, 코뿔소, 붓다의 진신에서 나온 치아 등 공물을 보냈다. 그러나 공물과 선물은 겉치레일 뿐, 중요한 것은 쌍방 교역이 양과 가치 양쪽에서 점차 늘어나고 있다는 사실이었다.

몽골은 중국을 통일하는 데 성공했을 뿐 아니라 주위의 작은 나라들에게도 영향을 주었다. 문화적으로는 서로 비슷하지만 늘 전쟁을 벌이던 한반도 국가들에 일찍부터 영향력을 행사하여 이곳에서 통일된 나라가 태어났다.** 마찬가지로 몽골의 직접적인 행정권 너머에 있던 동남아시아에서도 몽골의 힘에 의해 장차 베트남과 타이의 기초가 되는 새로운 나라들이 만들어졌다. 몽골 시대 이전에 오늘날 타이, 라오스, 베트남, 캄보디아를 이루는 지역에서는 단연 인도의 문화적 영향이 지배적이었다. 이곳에 사는 사람들은 힌두 사람들의 건축양식, 종교적 관행, 신화를 따랐다. 그러나 몽골인과 그들이 데려온 중국 이민자들은 새로운 잡종 문화를 빚어냈고, 이 때문에 이 지역은 나중에 인도차이나로 알려지게 되었다.

몽골은 현재 인도차이나를 구성하는 섬들에서는 큰 성공을 거두지 못했다. 1289년 쿠빌라이는 자바로 사절을 보내 근처 왕국 통치자들로부터 받아냈던 복종의 예(禮)를 똑같이 요구했다. 그러나 자바 왕은 몽골이 몰루카 제도의 향료 교역권을 빼앗아갈지도 모른다고 걱정했다. 자바 왕은 도전적인 태도로 사절의 얼굴에 낙인을 찍어 쿠빌라이에게 돌려보냈다. 쿠빌라이는 자바를 점령하고 그 왕에게 복수할 함대를 준비하라고 명령했다. 일본 원정과 비슷한 경로를 밟아나가는 느낌이었다. 1292년 새로 건조된 1000척의 함대는 2만 명의 병사와 일 년 치 식량을 싣고 돛을 올렸다. 1293년에 자바에 도착한 몽골군은 쉽게 승리를 거두었다. 몽골을 모욕한 왕을 죽이고 섬도 수월하게 손에 넣었다. 그러

---

* 안남은 보통 프랑스 지배 하의 베트남, 또는 베트남 중부를 가리키는 말이다.
** 저자는 몽골이 신라의 삼국 통일이나 고려의 후삼국 통일에 관여한 것으로 오해하고 있다. 이는 시기와 내용면에서 사실과 다르다.

다가 그들은 함정에 빠졌다. 새로운 왕이 복종의 예를 갖추는 자리에 나갔다가 기습을 당해 몽골 지도자 여러 명이 죽음을 당한 것이다. 남은 군대는 굴욕을 견디며 섬에서 물러났다.

쿠빌라이는 몽골의 승리 전략을 바다에 적용하는 데는 실패했다. 할아버지가 지상 원정의 기초로 삼았던 말 탄 사냥꾼의 오랜 전술은 해상 원정에서는 먹혀들지 않았다. 그러나 지중해라는 작고 폐쇄된 공간에서 활약했던 로마나 아테네 같은 해상 강국과는 달리, 몽골의 중국은 대양의 강국이 되었다. 이런 점에서 몽골은 미래의 스페인, 영국, 네덜란드 같은, 해군 함대에 기초한 새로운 유형의 제국주의적 강국의 원형이 되는 셈이었다.

그럼에도 일본과 자바에서 패하는 바람에 몽골 제국의 동쪽 한계는 일단 물을 건너지 못하고 그 자리에 머물고 말았다. 타이완이나 필리핀 제도 같은 가까운 섬까지도 뻗어나가지 못했다. 마찬가지로 쿠빌라이의 통치 초기인 1260년에 이집트의 맘루크 군대에게 패하는 바람에 그곳에서 남서쪽 경계가 확정되고 말았다. 북서쪽 경계는 그로부터 20년 전 몽골이 스스로 폴란드와 헝가리를 포기하면서 확정되었다. 따라서 몽골 제국은 1242년에서 1293년 사이에 그 최대의 크기에 이르렀으며, 네 번의 전투—폴란드, 이집트, 자바, 일본이 상대였다—가 몽골 세계의 바깥 경계를 확정지었다. 이 네 경계 안의 영역은 파괴적인 원정과 정복에 시달리며 그때까지와는 매우 다른 종류의 통치체제에 급하게 적응해야 했다. 그러나 그 단계를 지나자 100년간 전례 없는 정치적 안정을 누릴 수 있었고, 이를 바탕으로 상업, 기술, 지성이 그 전의 역사에서 유례를 찾아볼 수 없는 수준으로 화려하게 꽃을 피웠다.

[미궁에 빠진 제국]

매년 봄 두루미 떼가 몽골의 얕은 호수와 강 주변에서 알을 낳기 위해 중국 북부를 넘어 북쪽으로 날아갈 때면 쿠빌라이 칸은 시골에서 새떼를 기다렸다. 쿠빌라이는 금박을 입힌 아름다운 천막 안에서 호랑이 가죽을 덮은 긴 비단 의자에 몸을 뻗고 앉아 있었다. 천막은 미얀마의 전리품 가운데 그에게 진상된 코끼리 네 마리의 등에 세워져 있었다. 쿠빌라이는 너무 살이 쪄서 말을 탈 수도 없는데다가 통풍에 시달리고 있었기 때문에 코끼리 위에 정교하게 얹어놓은 이 특별한 방에서 안락하게 사냥을 즐겼다. 사냥을 할 준비가 되면 방의 천장이 뒤로 말리면서 하늘을 덮은 잿빛 두루미들의 모습이 드러났다. 새파란 하늘을 덮은 구름 같았다. 쿠빌라이가 신호를 보내면 코끼리 양옆에 줄지어 있던 수백 명의 매부리들이 새의 머리에 씌웠던 가죽 두건을 벗겼다. 그러면 송골매나 수리들이 하늘로 날아올랐다. 이 새들은 쏜살같이 하늘을 가로질러 두루미를 한 마리씩 잡아채 매부리에게 돌아왔다.

쿠빌라이의 할아버지는 몽골인이 겨울에만 사냥을 하고 봄에는 하지 않는다는 점을 고려하여 법을 만들었지만, 추운 겨울에 사냥하는 것을 즐기지 않았던 쿠빌라이는 법을 바꾸었다. 하얀담비 외투, 검은담비 모포, 바닥과 주위의 벽에는 호랑이 가죽 깔개까지 있었음에도 쿠빌라이는 추위를 탔고 바람을 싫어했다. 그래서 날씨가 약간 따뜻해지는 이른 봄으로 사냥철을 바꾸어버렸다.

사냥 행렬에 참여한 병사는 말을 탔다.[180] 낙타는 물자를 날랐다. 코끼리는 작은 천막을 하나씩 싣고 갔다. 칸이 천막 궁전을 실은 코끼리 네 마리가 들어갈 수 없는 좁은 곳으로 사냥감을 쫓아가고 싶어할 때에 대비한 것이었다. 쿠빌라이의 황제의 깃발을 따르는 캐러밴은 화려한 색깔의 비단으로 만든 꽃 줄 장식을 늘어뜨렸다. 행렬에는 사냥용 호랑이도 있었다. 호랑이는 운반용 우리에 넣어 힘센 황소들이 끌었다. 표범과 스라소니는 말의 엉덩이에 실려 갔다. 가끔 조련사가 앞에 앉기도 했다. 사냥감이 나타나면 쿠빌라이는 길들인 맹수를 한 마리 보내 잡아오게 했다. 곰이나 그보다 작은 사냥감일 경우에는 개로 족했고, 사슴에는 표범, 커다란 들당나귀나 들소가 나타나면 호랑이를 보냈다. 사냥용 맹수가 갈 수 없는 거리에 있는 사냥감에게는 주군이 명령만 내리면 활을 쏠 궁수들이 준비되어 있었다.

시골을 가로지르는 쿠빌라이의 행렬에는 점성술사, 점쟁이, 몽골 샤먼, 티베트 승려들도 여러 명 포함되어 있었다. 이들이 하는 일은 막강한 사냥꾼이 가는 길을 방해할지도 모르는 구름, 비를 비롯한 궂은 날씨를 없애는 것으로 칭기스 칸 시절 샤먼의 역할과 비슷한 데가 있었다. 그러나 이런 대규모의 캐러밴이 소리를 내고 냄새를 풍겼을 터이니 짐승들은 대개 미리 알아채고 달아났을 것이다. 따라서 기습은 생각하기 힘들었다. 쿠빌라이의 캐러밴은 오히려 전통적인 몽골군처럼 움직였다. 즉 황제의 왕궁과 사냥용 맹수들은 캐러밴의 중심 또는 축을 이루어 움직이고, 투멘(이름으로는 만 명을 가리키지만, 이 경우에는 아마 그보다 적었을 것이다) 하나는 전방 왼쪽에, 또 하나는 오른쪽에 배치한 것이다. 양 투멘은 각기 다른 날개를 맡고 있다는 사실을 보여주려는 듯 한쪽은 주홍색을 입고 다른 쪽은 파란색을 입었다. 마르코 폴로에 따르면 두 투멘은 양 방향으로 하루 거리까지 뻗어 있었다. 종자들은 맹견이나 맹금들과 함께 동물들을 몰고 중심을 잡으며 앞장서 나아갔다. 그들은 쿠빌라이가 들어가 있는 이동식 궁전을 실은 코끼리들이 도착했을 때 정확한 위치에 자리를 잡을 수 있도록 주의했다.

하인들은 코끼리 등에 올라타 힘든 하루를 보낸 사냥꾼들의 피로를 풀어주기 위해 먼저 앞서 나가 이동식 도시라고 할 수 있는 숙영지를 세웠다. 가장 큰 천막에는 손님이 1000명이나 들어가 떠들썩한 몽골식 잔치를 벌일 수 있었다. 옆의 천막들은 잠을 자는 곳이었다. 조정을 따라다니는 악사들이 연주를 하면, 왕실의 사랑을 받는 가수, 곡예사, 요술사도 공연을 했다.

저녁 잔치 때마다 모두 똑같은 양식의 델을 입었다. 델의 색깔은 그 날 그날 정해졌다. 그러나 너무 평등해 보이지 않도록 옷에 다는 장신구나 진주의 개수와 값어치로 지위와 권력을 표시했다. 황금 허리띠를 두르거나 은으로 장식한 장화를 신기도 했다. 잔치가 한창일 때 길들인 호랑이 한 마리가 천막 안으로 들어와 천천히 손님들 사이를 지나 칸에게로 갔다. 호랑이는 칸에게 절을 한 다음 옥좌 옆의 자리를 차지하고 저녁을 보냈다. 음식은 금이나 은으로 만든 접시에 담겨 있었다. 하인은 가장자리에 금테를 두른 비단 수건으로 베일을 쓰듯이 코와 입을 가렸다. 하인의 숨이나 몸에서 나오는 다른 것이 음식을 더럽히지 못하게 하려는 의도였다. 쿠빌라이 칸이 먹던 음식의 조리법은 지금도 남아 있다. 음식의 종류는 다양했지만 몽골의 전통을 따라 고기와 유제품이 강조되었다.[181] 몽골 조정에 속한 사람들은 밀가루를 뿌려 파와 함께 구운 뒤 가늘게 찢은 양 꼬리의 지방이며, 뜨거운 기름에 튀기고 사프란 풀을 바르고 고수풀을 뿌린 황소 고환이며, 생강과 계피를 넣고 끓여 밥과 병아리콩을 곁들여 내놓는 양고기며, 썬 양고기, 지방, 요구르트, 오렌지 껍질, 향신료 등으로 속을 넣은 어린 가지 같은 진미를 먹었다.

그들은 진짜 몽골인답게 발효시킨 암말 젖을 들이켰다. 그러나 이 젖은 순종의 하얀 종마의 새끼를 밴 황제 전용의 순종 하얀 암말에게서 짠 것으로 오직 쿠빌라이와 그의 왕실에 속한 사람들만 마실 수 있었다. 잠자리에 들 시간이 오면 칸은 고르고 고른 아름다운 젊은 여자들을 데리고 들어갔다. 물론 이 여자들은 모두 코를 골지 않는지, 입에서 냄새가 나지 않는지, 몸에서 다른 악취가 나지 않는지 사전에 검사를 받았다. 다음날 아침에는 칸과 함께 움직이는 의사와 약제사들이 오렌지 껍질, 칡꽃, 인삼, 백단향, 생강 등으로 만든 차를 바쳐 과음과 과식과 다른 욕구 충족으로 인한 피로를 풀어주었다. 빈속에 이 차를 마시면 숙취가 풀려 칸은 다시 사냥과 식사와 음주로 하루를 보낼 수 있었다.

몇 세대 전만 해도 쿠빌라이의 조상에게 사냥은 식량을 조달하는 주요 수단이었다. 그의 증조부 예수게이는 송골매와 함께 사냥에 나섰다가 신부 후엘룬을 보고 그녀를 붙잡아 자기 아내로 삼았다. 쿠빌라이의 할아버지 칭기스 칸은 아버지가 죽은 뒤 사냥을 하여 가족을 먹여살렸고, 새와 물고기를 놓고 사냥 싸움을 한 뒤에 말다툼을 하다가 ― 어쨌든 표면적으로는 그렇게 보인다 ― 배다른 형제 벡테르를 죽였다. 훗날 칭기스 칸은 수베데이를 비롯한 훌륭한 사냥꾼들의 도움을 얻어 다양한 사냥 전략, 기술, 무기를 전투에 적용함으로써 적을 사냥감처럼 추적하고 함정에 빠뜨려 거대한 제국을 만들어나갔다.

사냥은 쿠빌라이 개인이 즐기던 오락이었을 뿐 아니라, 성대한 의식과 사치스러운 구경거리를 찾는 제국의 요구도 충족시키는 행사였다. 쿠빌라이는 여전히 몽골의 사냥과 생활방식의 전통적 특징 몇 가지를 버리지 않았다. 궁술을 강조하고, 맹금을 길들이고, 암말의 젖을 마시고, 천막에서 자고, 군대를 좌우익에 배치하는 것이 그런 예였다. 그러나 쿠빌라이는 사냥을 몽골 엘리트의 퇴폐적이고 사치스러운 오락으로 바꾸어놓았다. 비용은 많이 들었지만 왠지 김빠진 느낌을 주는 오락이었다. 그의 거대한 행렬은 내용보다는 과시를 중시했다. 따라서 신민과 외국 손님들에게 강한 인상을 주는 대중적인 구경거리라는 데서 의미를 찾을 수 있는 셈이었다.

쿠빌라이의 캐러밴은 몽골 초원에서 야영지를 옮길 때처럼 영기를 든 기수를 앞세웠다. 그러나 쿠빌라이가 영기 뒤를 따라 돌아다닌 것은 경박한 놀이일 뿐, 궁극적으로는 아무런 의미도 목적도 없었다. 몽골 제국은 그 후로 100년 더 지속되지만, 건립 후 불과 세 세대가 지난 이 시점에서 이미 길을 잃어버렸다. 이제 칭기스 칸의 영기가 그의 후손이나 추종자를 자처하는 사람들을 어디로도 이끌지 못한다는 것은 누가 보아도 분명했다.

팍스 몽골리카

중국과 파리의 예술가들은 대칸을 섬기려고 서로 경쟁했다.[182]
에드워드 기번

1287~1288년 겨울 어느 날 미사를 드리던 잉글랜드의 에드워드 1세는 몽골 황제 쿠빌라이 칸이 보낸 사절 랍반 바르 사우마를 맞이하기 위해 옥좌에서 일어났다. 랍반 바르 사우마는 몽골의 수도로부터 육로로 약 1만 1000킬로미터를 여행하여 잉글랜드 왕의 궁정에 이르렀을 것이다. 역사상 어느 공식 사절보다 먼 거리를 여행했을 랍반 바르 사우마는 중동의 여러 주요 도시를 거치면서 에움길로 유럽에 이르러 그 대륙의 여러 수도를 방문했다. 에드워드 왕이 사절 앞에서 일어선 것은 몽골의 칸에게 복종의 예를 갖추려는 것이 아니라, 몽골 사절의 손에서 기독교의 성체(聖體)인 빵을 받아들려는 것이었다. 몽골에 간 유럽의 초기 사절들이 사제였기 때문에 쿠빌라이 칸은 일부러 랍반 바르 사우마를 골랐다.* 그는 충성스러운 몽골인이면서도 기독교 사제—아시리아파이기는 했지만—였기 때문이다.

랍반 바르 사우마의 임무는 순례자로서 쿠빌라이 칸의 수도를 떠나

---

* 랍반 바르 사우마는 쿠빌라이 칸이 아니라 일 칸국의 군주가 유럽에 파견한 사신이었다.

예루살렘을 찾아가는 데서 시작되었다. 그러나 1287년에 바그다드에 이르자 상급자들이 그를 유럽으로 보냈다. 랍반 바르 사우마는 페르시아에서 몽골의 일칸, 콘스탄티노플에서 비잔틴 제국의 안드로니쿠스 2세, 로마에서 추기경단, 파리에서 프랑스의 필리프 4세를 만난 뒤 그의 여행의 가장 먼 지점에 이르러 에드워드의 궁정을 찾아왔다. 그는 오는 길에 군주를 만날 때마다 서한과 선물을 주었으며, 각 궁정에서 몇 주 또는 몇 달 간 머문 뒤 다음 목적지로 걸음을 옮겼다. 궁정에 머물 때는 관광도 하고 학자, 정치가, 교회 성직자들을 만나 몽골의 대칸, 그의 밑에 있는 페르시아의 일칸 이야기도 해주고, 세계와 평화로운 관계를 맺고 싶어한다는 그들의 뜨거운 염원도 전해주었다. 랍반 바르 사우마가 돌아가는 길에 로마에 들르자 교황 니콜라우스 4세는 그를 초대하여 그의 언어로 미사를 드려주었다. 이어 1288년 종려주일(그리스도교에서 부활주일 바로 전 주일) 미사에서는 몽골 사절단에게 직접 성체를 배령했다.

유럽의 수뇌들은 랍반 바르 사우마를 궁정에서 공개적으로 영접했다. 이전에 왔던 수많은 사절들이 교회나 국가로부터 공식적으로 무시를 당했던 것에 비하면 많이 달라진 모습이었다. 일찍이 구육 칸 치세이던 1247년 매슈 패리스는 몽골의 사절이 프랑스 궁정에 도착했다고 기록했다. 이듬해 여름에는 다시 "타타르의 사절 두 명이 그들 군주의 명을 받아 교황을 만나러 왔다."[183] 이전에 몽골 사절이 왔을 때 유럽 관리들은 몽골인이 왔다는 정보 공개를 두려워했던 것 같다. 패리스는 이렇게 기록했다. "그들의 방문 이유는 교황청의 모든 사람들에게 비밀로 붙여져, 심지어 교황과 가까운 서기들조차 모르고 있었다." 1269년에 폴로 형제인 마페오와 니콜로는 첫 번째 아시아 여행에서 돌아와 교황에게 쿠빌라이 칸의 요청을 전했다. 사제 100명을 몽골로 보내 몽골 조정에 지식을 나누어달라는 내용이었다.

랍반 바르 사우마는 종교의 자유가 강조되던 몽골 제국에서 왔기 때문에 유럽에서 단 하나의 종교만 용인한다는 사실을 알고 놀랐다. 게다가 종교 지도자들이 국사에 정치적 영향력을 행사할 뿐 아니라, 보통 사람들의 일상적인 생활에도 세속적인 권력을 휘두른다는 사실을 알고 더 놀랐다. 그는 기독교인으로서 자신의 종교가 독점적 지위를 차지한다는 사실은 기뻤지만, 많은 종교들이 번창하면서도 자신의 요구보다는 제국의 요구를 우선시해야 할 의무를 지닌 몽골 제국과는 매우 다른 상황이라는 사실 또한 분명히 인식했다.

랍반 바르 사우마는 방문 사실이 공개되고 유럽 전역에서 따뜻한 환영을 받기도 했지만, 임무를 달성한다는 면에서는 이전에 무시를 당했던 사절들보다 나을 것이 없었다. 그는 유럽의 군주나 교회 성직자 단한 사람과도 조약을 맺지 못했다. 유일한 성공이라고 한다면 쿠빌라이가 이전에 몇 번 요청한 대로 몽골 조정에 교사를 파견하겠다는 교황의 약속을 얻어낸 것뿐이었다. 랍반 바르 사우마는 외교 임무에서 실패한 뒤 페르시아의 일칸의 조정으로 돌아가 자신의 여행을 보고했으며, 이것은 시리아어로 기록되어 『몽골 칸들이 유럽의 왕들에게 보낸 사절이자 전권대사인 랍반 사우마의 삶과 여행 이야기(The History of the Life and Travels of Rabban Sawma, Envoy and Plenipotentiary of the Mongol Khans to the Kings of Europe)』라는 제목으로 남게 되었다. 랍반 바르 사우마의 여행, 특히 잉글랜드 왕에게 영성체를 주고 교황에게서 직접 영성체를 받은 사건은 처음 유럽을 침공한 이후 50년 동안 몽골이 세상을 얼마나 바꾸어놓았는지 잘 보여준다. 서로 잘 모르는 상태에서 세계의 각 부분을 차지하던 문명들은 이제 통신, 상업, 기술, 정치가 서로 연결되는 하나의 대륙간 체제의 일부가 되었다.

몽골은 말을 탄 전사와 무시무시한 공성 무기를 보내는 대신 이제 겸손한 사제, 학자, 사절을 보냈다. 몽골 정복의 시대는 끝이 났지만 '몽골 평화'의 시대는 이제 막 시작되었다. 훗날 서구 학자들은 국제적으로 평화와 번영이 확대되어가는 엄청난 변화를 인정하여 14세기를 '팍스 몽골리카' 또는 '팍스 타타리카'라고 명명했다. 이제 몽골 칸들은 평화로운 교역과 외교를 통하여 이전에 무기의 힘으로 얻지 못했던 상업적, 외교적 연결통로를 얻으려 했다. 수단만 달라졌다 뿐이지, 몽골인은 '영원한 푸른 하늘' 아래 만민을 통일하는 목표를 강박감에 사로잡힌 듯 계속 추구하고 있었던 것이다.

[주식회사 몽골의 국제 무역 활동]

몽골인의 상업적 영향은 그들의 군대보다 훨씬 멀리까지 퍼져갔으며, 쿠빌라이 칸 치세에는 몽골 제국이 '몽골 회사'로 바뀌었다. 13세기 내내, 그리고 14세기 초에 몽골인은 제국 전체의 교역로를 유지했고 30 내지 50킬로미터마다 자리잡고 있는 대피소에 물자를 쟁여두었다. 역참은 운송용 동물만이 아니라 상인이 험한 지형을 헤쳐나가도록 도와주는 안내인까지 제공했다. 바르 사우마가 유럽에 사절로 나가 있던 시기에 몽골 궁정에 있던 마르코 폴로는 여행을 하면서 몽골의 중계역을 자주 이용했다. 정확함보다는 의욕이 더 앞선 기록이라고 느껴지기는 하지만 폴로는 이런 역참들이 "아름답고", "으리으리할" 뿐 아니라, "왕에게 어울리는 비단이나 다른 모든 사치품"[184]까지 갖추고 있다고 묘사했다. 몽골 당국은 이 교역로를 통한 무역을 장려하여 여권과 신용카드의 기능을 합친 초보적인 유형의 신분증을 나누어주었다. 몽골의 파이자〔牌子〕는 손바닥보다 약간 큰 명판으로, 금이나 은이나 나무로 만들었다. 이것은 사슬에 달아 목에 걸 수도 있고 옷에 부착할 수도 있었다. 무슨 금속을 사용했는지, 명패에 어떤 상징—예를 들어 호랑이나 송골매—을 새겼는지 보면 문맹인 사람도 여행자의 신분을 확인하고 그에 맞추어 대접을 할 수 있었다. 파이자를 가진 사람은 제국 전역을 여행하면서 보호를 받고, 편의시설과 교통수단을 이용할 수 있었으며, 지방세나 관세도 면제받았다.

몽골이 교역로를 확장하고 유지했던 것은 그들이 상업이나 교통을 이데올로기적으로 중시했기 때문이 아니었다. 오히려 그 기원은 칭기스 칸이 공식적으로 정리해놓은 몽골 부족 조직의 분배, 즉 쿠비(khubi) 체계에 뿌리를 두고 있었다. 병사만이 아니라 고아와 과부까지 전리품의 적당한 몫을 챙길 권리가 있었듯이, 황금 가족의 모든 구성원은 제국의 각 지역의 부에서 자기 몫을 차지할 권리가 있었다. 몽골인이 아닌 행정관들이 보수를 받았던 반면 몽골의 고위직 관리는 자기 몫의 물자를 받았다. 그러면 그것을 시장에서 팔거나 바꾸어 돈이나 다른 상품을 구했다. 훌레구는 페르시아의 일칸 통치자로서 형제 쿠빌라이가 지배하는 중국에 비단 노동자 2만 5000가구를 거느리고 있었다. 훌레구는 또 티베트에 골짜기도 몇 개 소유하고 있었으며, 초원지대 북부의 모피와 매에서도 자기 몫을 챙겼다. 물론 고향 몽골에도 그에게 할당된 목초지, 말, 사람이 있었다. 몽골 지배 가족의 각 지파는 점성술사, 의사, 직조공, 광부, 곡예사까지 적당하게 나누어 가졌다.

쿠빌라이는 페르시아와 이라크에 농장을 소유하고 있었을 뿐 아니라, 낙타, 말, 양, 염소 떼도 소유했다. 성직자 부대가 제국 전역을 돌아다니며 한 곳에서는 물자를 확인하고 다른 곳에서는 셈을 확인했다. 페르시아의 몽골인은 중국의 친족에게 향료, 강철, 보석, 진주, 직물을 공급했고, 중국의 몽골 왕실은 페르시아에 도자기와 의약품을 보냈다.[185] 중국의 몽골인은 이런 물자를 거두고 운반하는 대가로 4분의 3 정도를 자신들이 챙겼다. 그럼에도 다른 지역의 친척들에게 수출하는 양은 상당했다. 쿠빌라이 칸은 페르시아의 통역과 의사, 나아가서 러시아 병사들도 만 명 정도 수입했다. 이 병사들은 수도 북부의 땅을 식민지로 만드는 데 이용했다. 이 러시아인은 중국에 영주했으며, 1339년에도 중국 공식 연대기에서 언급되고 있다.

　대칸 자리를 둘러싸고 가족 내의 경쟁하는 지파들 사이에 정치적 불화가 생겼음에도 경제적, 상업적 체제는 쉬지 않고 가동되었다. 간헐적인 싸움 때문에 잠깐 정지되거나 우회하는 일이 생겼을 뿐이다. 때로는 전쟁의 와중에도 양편은 싸움을 하면서도 분배 물자의 교환을 허용했다. 우구데이 칸의 손자로서 초원지대 중앙을 통치하던 카이두는 종종 사촌 쿠빌라이에게 반기를 들었다. 그러나 카이두 역시 중국 도시 난징〔南京〕주변에 장인과 농부를 많이 거느리고 있었다. 아마 그 대가였겠지만, 그는 쿠빌라이가 초원지대 부족들로부터 자기 몫의 말이나 물자를 가져가는 것도 허용했다. 몽골 제국의 행정구역은 중국, 모굴리스탄, 페르시아, 러시아 등 크게 넷으로 나뉘었지만, 다른 지역의 물자에 대한 요구는 줄지 않았다. 정치적 분열 때문에 오히려 과거의 분배 제도를 보존할 필요가 강해졌다. 한 칸이 가족의 다른 구성원들에게 그들의 몫을 공급하지 않으면 상대편에서도 자신의 영토에 있는 그 칸의 몫을 보내지 않았다. 따라서 서로의 경제적 이해관계가 정치적 분쟁을 넘어섰던 셈이다.

　이런 분배 물자의 끊임없는 움직임으로 몽골이 전쟁할 때 쓰는 길은 점차 상업적 간선으로 바뀌어갔다. 끊임없이 확장되는 오르토(ortoo) 또는 얌(yam)은 몽골에서 베트남까지 또는 고려에서 페르시아까지 소식과 사람, 물자를 말이나 낙타 캐러밴에 실어 보냈다. 물자의 이동이 늘어남에 따라 몽골 당국은 이전의 전통적인 길보다 더 빠르고 편한 길을 찾았다. 쿠빌라이 칸은 이런 목적을 염두에 두고 1281년에 황허―몽골인들은 '검은 강'이라고 불렀다―의 발원지를 찾아내 지도로 그릴 대규모 원정대를 보냈다. 학자들은 이 정보를 이용해 강의 자세한 지도를 그렸다. 원정대는 중국에서 티베트로 들어가는 길을 뚫었으며, 몽골은 이 길을 이용하여 티베트와 히말라야 지역을 몽골의 역전 제도 안에 포함시켰다. 새로 뚫린 길은 티베트를 중국의 나머지 부분과 상업적, 종교적, 정치적으로 연결시키는 데 가장 큰 기여를 했다.

몽골 관리들은 군사원정을 하는 동안 적의 야영지나 도시에서 지도나 다른 지리학 작업의 결과물을 찾아내 손에 넣으려고 열심히 노력했다. 쿠빌라이의 치세에 학자들은 중국, 아랍, 그리스의 지리 지식을 종합하여 그때까지 나온 가장 높은 수준의 지도 제작법을 선보였다.[186] 쿠빌라이 칸이 데려온 아랍 지리학자들, 특히 자말 앗 딘의 영향으로 장인들은 1267년에 쿠빌라이를 위해 지구본을 제작했다. 이 지구본은 아시아와 인근의 태평양 섬들만이 아니라 유럽과 아시아까지 묘사했다.

처음에는 군사정복을 통하여 만들어진 길을 상업에 이용했지만, 곧 군대는 말을 타고 육지를 가로지르는 것이 가장 빠른 반면 대량의 물자는 배로 움직이는 것이 가장 좋다는 사실을 깨닫게 되었다. 몽골은 이미 황허와 양쯔 강을 연결하고 있던 대운하를 확대하고 연장하여 곡식을 비롯한 다른 농산물을 북쪽 지역으로 더 멀리 더 효율적으로 운송하고 있었다. 그들은 중국의 공학과 과학 기술을 새로운 환경에 적용하여 그들의 영토 전역에서 수로 사업을 벌였다. 윈난에서 몽골 행정관은 10여 개의 댐과 저수지를 만들어 운하들과 연결시켰는데, 이것은 현재도 남아 있다.

몽골은 일본과 자바 침공 과정에서 조선(造船)에 대해 많은 것을 배웠으며, 군사적 노력이 실패로 돌아가자 그 지식을 평화적인 상업활동에 돌렸다. 쿠빌라이 칸은 제국 내에서 식량은 기본적으로 배로 운송한다는 전략적 결정을 내렸다. 바람과 물의 흐름에 의존하는 수상 운송이 느린 육상 운송에 비해 값싸면서 효율은 높다는 것을 깨달았기 때문이다. 육상 운송은 인간과 짐승의 노력에 의존해야 했는데, 이들에게는 늘 먹을 것을 주어야 했다. 몽골은 첫 해에 약 3000톤을 배로 운반했지만, 1329년에는 그 양이 21만 톤으로 늘었다.[187] 고향으로 돌아가는 길에 중국에서 페르시아로 항해한 마르코 폴로는 몽골 배를 돛대 4개짜리 커다란 정크선으로 묘사했다. 이 배에는 승무원이 300명까지 탈 수 있었고, 여러 물자를 운반하는 상인이 들어갈 수 있는 선실은 60개나 되었다. 이븐 바투타에 따르면, 어떤 배에는 뱃사람들에게 싱싱한 음식을 공급하기 위해 나무통에 식물을 기르기도 했다. 쿠빌라이 칸은 많은 짐을 싣고 바다를 돌아다닐 수 있는 큰 배의 건조와 이런 배가 들어갈 수 있는 항구의 건설을 장려했다. 몽골인은 항해에서 사용하는 나침반을 개선했으며 전보다 정확한 해도를 만들게 되었다. 중국 남부의 항구 자이툰(취안저우〔泉州〕를 가리키는 아랍 이름)에서 페르시아 만의 호르무즈에 이르는 길은 극동과 중동을 잇는 주요한 해상 연결로가 되었으며, 마르코 폴로와 이븐 바투타도 이 해로를 이용했다.

배는 이 항로를 따라가면서 베트남, 자바, 실론, 인도의 항구들에도 들렀으며, 들르는 곳마다 몽골인은 자기 땅에서 쉽게 생산할 수 없는 설탕, 상아, 계피, 면화 등의 물자를 많이 만났다. 또 페르시아 만으로부터 몽골의 영향권 너머로 계속 항해하여 아라비아, 이집트, 소말리아에서 훨씬 더 다양한 물자를 정기적으로 거래했다. 몽골 영향권 외부의 그런 지역들은 몽골 물자의 분배체계 내에서 움직이지 않았다. 대신 몽골 당국은 그들과 장기적인 교역 관계를 맺었다. 몽골의 보호를 받는 봉신들은 몽골이 정복에서 능력을 발휘했던 것처럼 상업에서 뛰어난 능력을 발휘하여 인도양의 무역을 지배하기 시작했다.

몽골은 그들이 정치적으로 통제할 수 없는 새로운 지역으로 무역을 확대하기 위해 일부 봉신들, 특히 중국 남부의 봉신들에게 외국 항구로 이주하여 교역기지를 설치하도록 장려했다. 몽골 왕조의 통치 기간 전체에 걸쳐 수천 명의 중국인이 고향을 떠나 베트남, 캄보디아, 말레이 반도, 보르네오, 자바, 수마트라의 해안에 공동체를 만들어 정착했다. 그들은 주로 운송과 교역 일을 했으며 상인으로서 항구로 통하는 강을 따라 오르내리며 장사를 하기도 했다. 그러나 시간이 흐르면서 점차 다른 직종으로도 파고들었다.

몽골인은 남부의 무슬림 국가들을 통과하는 긴 우회로를 거치지 않고 직접 유럽 시장에 도달하기 위해 외국인들이 제국 가장자리 흑해 해안에 교역기지를 설치하는 것을 장려했다. 몽골인은 칭기스 칸 치세인 1226년에는 교역기지를 습격하기도 했지만, 이제 제노바 사람들이 크림 반도의 카파 항구에 교역기지를 세우는 것을 허락했으며, 나중에는 타나에도 교역기지 설치를 허용했다. 그뿐만 아니라 이 교역기지를 육지와 바다에서 보호하기 위해 해적과 강도를 쫓아냈다. 1340년에 출간된 상업 안내서 『상업의 실무(Practica della mercatura)』에서 피렌체의 상인 프란체스코 발두치 페골로티는 몽골 카타이*에 이르는 길은 "낮이나 밤이나 완벽하게 안전하다"[188]고 강조했다.

몽골의 침략으로 페르시아와 이라크의 제조업이 대부분 파괴된 상태에서 새로운 교역로들이 개방되자 중국 제조업은 새로운 기회를 맞이했다. 몽골의 중국 정복은 중동 군사원정만큼 파괴적이지 않았다. 게다가 쿠빌라이는 중국의 전통 물품이 중동 시장들로 유입되는 동시에 무슬림과 인도의 과학기술이 중국으로 광범위하게 이전되도록 밀어붙였다. 몽골의 황금 가족 구성원들은 몫의 분배를 통해 유라시아 전역에서 이루어지는 생산의 많은 부분을 통제했지만, 이런 물자의 운송과 판매는 상인 계급에게 의존했다. 몽골인은 전사에서 주주로 변신했지만, 스스로 상인이 될 생각은 없었던 듯하며, 또 그럴 만한 기술도 없었다.

몽골 엘리트가 교역에 깊숙이 관여하면서 전통과 뚜렷한 단절이 이루어졌다. 중국에서 유럽에 이르기까지 전통 귀족은 일반적으로 상업

---

* 원래 거란족의 땅을 가리키던 키타이에서 나왔으나, 중세 이후 유럽에서는 북중국, 또는 중국을 가리키는 이름이 되었다.

활동을 불명예스럽고, 더럽고, 종종 부도덕하다고 멸시했다. 권력이나 신앙을 독점한 자들이 낮추어보는 육체노동 직업과 같은 급이었다. 나아가서 이 시대 봉건 유럽의 경제적 이상은 모든 나라가 자족적이어야 할 뿐 아니라, 각 장원이 최대한 자급을 이루어야 한다는 것이었다. 장원에서 밖으로 나가는 물자가 있다 해도 그것은 그 땅의 농민이 쓸 다른 물자와 교환되는 것이 아니라 장신구, 종교적 유물, 귀족 가족이나 교회를 위한 다른 사치품을 구매하는 데 사용되었다. 봉건 통치자들은 농민이 식량을 생산하고, 목재로 쓸 나무를 기르고, 연장을 만들고, 옷감을 짜는 등 자신들에게 필요한 모든 것을 공급해주기를 바랐다. 그러나 교역은 가능한 한 바라지 않았다. 봉건체제에서 수입된 물자에 의존하는 것은 곧 국내 경제의 실패를 뜻했다.

중국의 여러 왕국에서는 수백 년 동안 전통적으로 상업을 제한했다. 경계에 성을 쌓는 것은 그런 교역을 제한하는 방법이었으며, 나라의 부를 그 성벽 안에서 온전하게 지키려는 시도였다. 그런 행정가들이 보기에 교역용 물자를 내놓는다는 것은 이웃에게 공물을 바치는 것과 같았기 때문에 가급적 교역을 피하려 했다. 그러나 몽골은 상인을 강도보다 겨우 한 단계 높은 지위에 놓는 중국의 문화적 편견을 정면으로 공격하여 상인의 지위를 모든 종교와 직업보다 높은 자리로 격상했다.[189] 상인보다 높은 지위는 이제 정부 관리밖에 없었다. 대신 중국 전통사회에서 가장 높은 지위를 차지했던 유교 학자들을 아홉 번째 지위로 낮추었다. 거지보다는 높지만 매춘부보다는 하나 낮은 등급이었다.

칭기스 칸 시대 이후 몽골인은 한 곳에서는 흔하고 당연하게 여기는 물품이 다른 곳에서는 이색적인 것으로 여겨져 잘 팔린다는 사실을 알고 있었다. 13세기 마지막 수십 년 동안 상인들은 확대되어가는 몽골의 교역망 어딘가에서 팔릴 만한 새로운 상품 또는 새로운 방법으로 시장에 내놓을 수 있는 오래된 상품을 찾으려고 혈안이 되었다. 염료나 종이나 약에서부터 피스타치오나 폭죽이나 독약에 이르기까지 모든 물품이 거래될 수 있었다. 몽골 관리들은 어디에 사는 누가 구매자가 될 것인지 찾아주기로 결심한 것 같았다. 중국의 몽골 작업장들은 세계시장의 요구에 부응하여 도자기나 비단 등 전통적인 중국 수공업품만이 아니라 특수한 시장을 노리는 완전히 새로운 물품도 생산했다. 예를 들어 상아로 성모 마리아와 아기 예수의 상을 깎아 유럽에 수출하기도 했다.

몽골이 무역을 장려하는 과정에서 지방 생산품을 장악하고 이를 위한 국제시장을 찾아내자 새로운 직물이 다양하게 유통되었다. 이런 직물의 유래는 그 이름의 어원에서 드러나기도 한다. 특별히 부드럽고 광택이 나는 비단은 서양에서 공단(貢緞, satin)으로 알려졌다. 이 이름은 마르코 폴로가 유럽 귀환 여행 때 이용했던 몽골의 항구 자이툰에서 나온 것이다. 매우 화려한 천 가운데 다마스크 비단이 있는데, 이 이름은 페르시아의 일 칸국에서 유럽으로 가는 거의 모든 물자가 통과하던 도시 다마스쿠스에서 나왔다. 마르코 폴로는 모술에서 만든 또 다른 섬세한 고급 천도 언급하는데, 이것은 프랑스 고어 무슬랭(mouslin)이 되었고 영어에서 옥양목(muslin)이 되었다.

아주 사소한 물품이라도 큰 이윤을 낳을 수 있었다. 상인이나 병사들이 가볍고 운반하기 쉬운 놀이기구를 이용한 새 오락에 맛을 들이면서 교역과 함께 카드놀이가 급속히 퍼진 것도 한 예다. 체스나 다른 말판놀이에 거추장스러운 도구가 필요한 것과 비교해볼 때 카드는 병사나 낙타몰이꾼이 손쉽게 운반할 수 있었다. 새로운 시장 때문에 더 빠르고 싸게 카드를 생산할 필요가 생겼고, 그 해결책은 보통 종교 경전을 인쇄하는 데 사용하는 조각된 나무토막을 이용하여 찍어내는 것이었다. 인쇄한 카드의 판매 시장은 경전 시장보다 훨씬 더 커졌다.

[각자의 관습대로 살아라]

역사상 대부분의 제국은 정복한 땅에 자신의 문명을 강요했다. 로마는 라틴어, 신, 와인, 올리브 기름, 밀농사를 강요했다. 밀농사에 적합하지 않은 지방에서도 마찬가지였다. 터키의 에페소스에서 독일의 쾰른에 이르기까지 로마의 모든 도시는 도시설계와 건축양식이 똑같았다. 시장과 목욕탕으로부터 기둥이나 문간의 아주 미세한 곳까지 마찬가지였다. 다른 시대로 가면 영국은 봄베이에 튜더 왕조식 건물을 지었고, 네덜란드는 카리브 해에 풍차를 세웠고, 스페인은 멕시코에서 아르헨티나까지 자신의 양식을 적용한 성당과 광장을 만들었고, 미국은 파나마에서 사우디아라비아에 이르기까지 그들만의 독특한 주거단지를 건설했다. 따라서 고고학자들은 어떤 장소에 남아 있는 물리적 흔적을 연구하기만 하면 힌두, 아스텍, 말리, 잉카, 아랍 제국의 성장을 추적할 수 있다.

그러나 몽골은 자신이 정복한 땅에 가벼운 몸으로 왔다. 그들은 자신만의 독특한 건축양식을 가져오지 않았다. 정복당한 사람들에게 자신의 언어나 종교를 강요하지도 않았다. 오히려 몽골인이 아닌 사람들은 몽골어를 배우는 것을 금지했다. 몽골은 외래 작물의 경작을 강요하지도 않았고 주민의 집단적인 생활방식을 갑자기 바꾸라고 요구하지도 않았다.

몽골은 대규모의 사람들을 움직이고 전쟁을 목적으로 새로운 과학기술을 활용하는 솜씨가 뛰어났기 때문에 몽골 평화 기간에도 똑같은 관행을 유지하여 유목민 사회의 이동 원칙을 생활과 문화가 매우 보수적인 지역에 적용했다. 몽골군은 통역, 서기, 의사, 점성술사, 수학자를 모아들여 악사, 요리사, 금 세공장이, 곡예사, 화가를 분배하듯이 황금 가족에게 분배했다. 행정당국은 이 지식 노동자들을 다른 장인이나 동물이나 수송 물자들과 함께 긴 캐러밴용 길이나 바다를 통해 왕실 가족이 지배하는 각 지역으로 보냈다.

전통적인 제국은 한 도시에 부를 축적했다. 모든 길은 수도로 통했고, 늘 가장 좋은 것은 수도에 이르렀다. 한 도시가 제국 전체를 지배하다 보니 로마나 바빌론 같은 이름은 제국 자체의 이름이 되었다. 그러나 몽골 제국에서는 주요한 도시 하나가 전체를 지배한 적이 없었다. 제국 내에서 물자와 사람은 늘 이곳저곳으로 이동했다.

[동서양 지식의 융합: 농업과 의학]

1261년 쿠빌라이 칸은 권농사(勸農司)를 만들고 8명의 책임자에게 농민의 생활과 소출을 개선할 방도를 찾으라고 명령했다. 이 부서는 농작물의 경작 방법만이 아니라 농민의 복지를 개선하는 포괄적인 책임을 떠맡았다. 몽골의 전통적인 유목민 생활방식에 근거한 태도를 견지하면서 농민과 농업 문제에는 큰 관심을 보이지 않던 몽골 정부의 입장에서 보자면 이런 농민정책은 상당한 변화라고 할 수 있었다. 몽골의 중국 정복 이전에는 한 지역이 대부분 똑같은 작물을 재배했다. 지역에 따라 다르긴 했지만 한 지역 내에서는 다르지 않았던 것이다. 그러나 몽골은 농민이 자기 땅의 기후, 토양, 배수 방식에 가장 적합한 작물을 심으라고 장려했다. 이렇게 강조점이 바뀌자 한 지역 내에서 다양한 작물이 나오고 생산성도 높아졌다. 몽골 당국은 차나 쌀 같은 중국의 전통적인 작물을 새로운 지역, 특히 페르시아나 중동으로 이식하는 일도 권장했다. 몽골은 더 나은 연장을 찾았으며, 그 결과 기능이 뛰어난 동남아시아의 삼각형 쟁기가 중국에 도입되어 널리 사용되기도 했다.

몽골은 페르시아를 장악하면서 그곳에 농업을 장려하고 농법을 개선할 부서를 설치했다. 수천 년에 걸친 경작 때문에 이 지역의 토양은 부식되고 생산성은 낮았다. 몽골은 중국으로부터 종자를 다양하게 수입하여 이 문제를 해결하려 했다. 필요할 때는 중동의 기후와 토양에 적응시키기 위해 새로 조성한 농업단지에 심어둔 싹, 가지, 때로는 나무 전체를 가져오기도 했다. 그들은 새로운 품종의 벼와 기장, 과일나무와 뿌리채소 작물도 들여왔다. 인도, 중국, 페르시아는 몽골인보다 앞서 감귤을 재배했지만, 몽골인이 여러 품종을 옮겨 심고 섞어주자 각 지역마다 더 많은 품종이 생겨나게 되었다. 몽골 정부는 중국 남부 광둥(廣東) 근처에 중동의 영토에서 수입해온 레몬나무 800주로 과수원을 조성했다. 페르시아의 타브리즈에는 반대편에서 수입한, 즉 중국에서 가져온 다른 품종의 레몬과 여러 품종의 감귤나무로 과수원을 만들었다. 몽골은 완두, 잠두, 포도, 편두, 견과, 당근, 순무, 멜론 등 다양한 품종을 비롯하여 여러 잎채소를 이식했고, 또 새로운 품종과 잡종들을 개발해나갔다. 몽골 정부는 사람과 짐승의 식량이 될 수 있는 작물만이 아니라 여러 품종의 면화, 나아가서 직물이나 밧줄, 염료, 기름, 잉크, 종이, 약품을 만드는 데 사용할 수 있는 다른 작물에도 관심을 보였다.

몽골 통치자들은 직물 교역이 이익도 많이 남고 외국과의 무역을 자극하는 데에도 큰 기여를 한다는 것을 알았기 때문에 농부들이 생산하는 비단, 면 같은 섬유들만이 아니라 가축에서 생산되는 여러 종류의 모직물에도 특별한 관심을 기울였다. 그들은 면화 재배를 장려하기 위해 1289년에 목면도제거사(木綿都提擧司)를 만들고 그 직원을 남동 해안이나 양쯔 강변의 새로 정복한 지방에 파견했다. 이 부서는 북쪽의 밀 재배 지역에서 면화를 기르는 방법을 고안하고 면을 생산하는 더 나은 기술을 장려했다. 중국 안팎에서 비단이 여전히 더 높은 지위를 유지했지만, 면은 귀중한 새로운 직물을 만들어내는 작물이었다. 한 지역에서 혁신이 이루어질 때마다 다른 변화도 많이 뒤따랐다. 새로운 작물이 나타나면 새로운 방법으로 땅을 갈고, 씨를 심고, 관개를 하고, 가지를 치고, 막대기로 지탱하고, 추수를 하고, 베고, 도리깨질을 하고, 찧고, 운송하고, 보존하고, 양조하고, 증류하고, 조리해야 했다. 기술이 새로 도입되거나 약간 바뀌면 새로운 연장과 도구가 필요했다. 거꾸로 이런 연장과 도구는 새로운 제조기술을 요구했다.

몽골은 문화를 휴대 가능한 형태로 바꾸었다. 단순히 물자를 교환하는 것만으로는 부족했다. 새로운 생산물을 사용하려면 지식체계 전체를 옮겨와야 하는 경우가 많았기 때문이다. 예를 들어 약품은 그것을 사용하는 방법을 알지 못하면 가치가 없는 교역품이다. 이런 문제 때문에 몽골 왕궁은 페르시아와 아랍의 의사를 중국에 수입했으며, 중국 의사를 중동에 수출했다. 모든 형태의 지식은 상품이 될 가능성이 있었다. 중국인은 약학 지식이 우월할 뿐 아니라 침술이나 뜸 등 특별한 치료법까지 갖추고 있었다. 무슬림 의사는 수술과 관련된 지식이 많았다. 이에 비해 중국 의사는 처형한 범죄자의 해부 경험을 바탕으로 내장과 순환계에 대한 자세한 지식을 갖추고 있었다. 몽골인은 의학 지식의 교류를 장려하기 위해 중국의 병원이나 훈련기관에 중국 의사만이 아니라 인도와 중동 의사도 고용했다. 쿠빌라이 칸은 서양 의학 연구를 위한 부서를 설립하고 기독교 학자에게 감독을 맡겼다.

몽골은 타브리즈 근처에 치료소를 설립했는데 이곳은 병원, 연구소, 훈련시설을 겸한 곳으로 동서양의 의학지식을 모두 활용했다. 라시드 앗 딘은 1313년 몽골이 점령한 페르시아에서 중국 의학에 대한 책을 발간했다. 이것은 중국 외부에서 발간된 최초의 한의학 서적으로 알려져 있으며, 이 책에는 중국에서 제작한 삽화들이 들어 있었다. 그러나 중국의 침술은 중동에서 인기를 끌지 못했다. 침을 꽂는 과정에서 이루어지는 신체의 접촉과 조작이 무슬림의 가치관에 거슬렸기 때문이다. 반면 중국의 진맥은 중동과 인도 무슬림에게 큰 인기를 끌었다. 의사가 환자의 손목만 만져본 뒤에 진단을 내리고 처방을 해주었기 때문이다. 의사는 이 새로운 방법 덕분에 여자 환자의 가족의 명예를 침해하지 않고 진료를 할 수 있었다.

[역법, 수학, 역사, 인쇄술의 발달]

쿠빌라이는 중국을 자신의 통치 하에 통일하고 나서 불과 몇 년 뒤 태사원(太史院)을 세우고 인쇄소를 만들어 달력과 연감을 대량으로 찍어냈다. '하늘의 위임'을 받아 백성을 다스리는 통치자라면 시간을 기록하고, 달의 위상이나 계절 변화, 그리고 월식과 일식의 시기—대중의 여론을 조정하고 자신의 위상을 세우는 데 무엇보다도 중요했을 것이다—를 예측하는 능력을 보여주어야 했다. 그러나 몽골의 통치자들은 역법과 관련하여 다른 제국보다 큰 문제와 마주치게 되었다. 단일한 조정과 수도가 있는 전통적인 제국에서라면 단일한 공식 역법으로 충분했다. 다른 나라에서 다른 역법을 쓰는 것은 상관없었다. 그러나 머리가 여럿 달린 몽골 제국에는 수도들이 멀리 흩어져 있었기 때문에 대군과 대량의 물자를 운반하기 위해서는 서로 역법을 조정할 필요가 있었다. 동아시아에서는 동물들로 이루어진 12년 순환체계를 이용했다. 무슬림은 종교의 창건을 기점으로 삼아 해가 누진되어나가는, 달 기준의 역법을 이용했다. 페르시아인은 춘분을 한 해의 시작으로 여겼다. 어떤 사건의 경우에는 행성, 특히 화성이나 금성, 또는 별의 움직임을 함께 기록했다. 유럽인은 해 기준의 역법을 이용했지만, 사순절, 부활절, 공현 축일 같은 종교축제는 달 기준의 역법으로 계산했다. 기독교 분파들 사이에서는 이 중요한 행사들의 시기를 두고 의견이 일치하지 않았으며, 그 결과 계속 조정을 해도 역법 자체가 서로 맞지 않게 되었다.

몽골의 정복 제국이 교역 제국으로 점점 확장되어 나가면서 제국 전체에서 똑같은 원리에 따라 계산되고 순조롭게 기능하는 역법을 갖추는 일이 점차 중요해졌다. 시간을 기록하는 방법이 서로 다른 여러 장소에서 활동을 조정하고 사회생활을 규제할 필요가 있었기 때문에 몽골인은 어떤 지역을 정복하자마자 행성과 별의 움직임을 정확하게 측정할 관측소부터 세웠다. 여기에는 실용적인 목적도 있었고 종교적인 목적도 있었다. 그들은 타브리즈 바로 옆에 관측소를 하나 세웠다. 그러나 중국은 워낙 넓었기 때문에 여러 곳에 관측소를 세워야 했다. 몽골 점령군은 새로 정복한 땅에서 천문학자와 천문 관측 도구나 도표를 찾아내라는 중앙정부의 구체적인 지침을 받았다. 훌레구는 페르시아와 아랍의 도시에서 포로로 잡은 천문학자 여러 명을 몽골의 고향으로 보냈다. 여기에는 당대에 가장 총명한 천문학자로 꼽혔던 자말 앗 딘도 있었다. 그는 중국에서는 듣지도 보지도 못했던 주요한 천문 관측 도구와 새로운 과학적 측정 수단을 가져왔다.

몽골은 사람, 동물, 건물의 통계조사와 관련된 엄청난 양의 숫자 정보[190]를 처리하고 기록해야 했다. 이전 문명에서는 상상할 수 없었던 규모였다. 그들은 매년 오고가는 모든 물자의 양만이 아니라 가축, 병사, 상인이 이동하는 양까지 계산해야 했다. 새로운 형태의 농업과 천문학에 대한 요구, 통계조사, 또 그 외의 수많은 행정 문제들은 당대 최고 수준의 숫자에 대한 지식과 능력을 요구했다. 그들은 새로운 방법으로 숫자를 다룰 필요를 느꼈다. 필요한 계산을 빠르고 능률적으로 하기 위해 몽골 정부 직원들은 주판을 이용했다. 주판을 이용하면 암산을 하거나 필산을 하는 것보다 정신적 노력을 덜 기울이고도 큰 숫자를 기계적으로 계산할 수 있었다.

숫자 정보에 원래 민감했던데다가 광대한 몽골 제국에는 수억 명이 살고 있었기 때문에 몽골은 점점 더 늘어나는 여러 가지 양을 계산하고 그것을 훨씬 더 복잡한 관련 항목으로 나누어 기록하는 더 간단한 방법과 지름길, 수단을 찾았다. 계산할 양이 늘어남에 따라 복잡한 도표들을 정리하고 여러 나라에서 사용되는 숫자체계의 조정을 통하여 정보를 보존할 새로운 방법을 찾아낼 필요가 생겼다. 몽골 행정관들은 유럽과 중국의 수학이 모두 너무 단순하고 실용적이지 못하다고 생각하여 아랍과 인도의 수학으로부터 유용한 혁신적 방법을 여럿 채택했다. 특히 호라즘 제국의 여러 도시는 수학의 중요한 중심지였다. 연산을 뜻하는 알고리듬(algorithm)이라는 말은 알 호라즘(al Khwarizm)에서 나왔다. 몽골은 이런 혁신적인 방법과 관련된 지식을 제국 전체에 퍼뜨렸다. 몽골은 곧 아라비아 숫자처럼 자릿수를 정해서 숫자를 배치하는 방식의 유용성을 파악했으며, 중국에 0, 음수, 대수학을 소개했다.

 숫자와 역법만이 아니라 제국 여러 지역의 삶 자체가 여러 수준에서 이전 역사와는 다른 방식으로 조정될 필요가 있었다. 역사를 쓰는 것은 워낙 중요한 일이었기 때문에 여러 문명이 각자의 문학적 전통에서 발전시켜온 방법이나 관행에 따라 진행시켜 나가도록 허용할 수 없었다. 몽골인은 자신들이 신민들에게 제시되는 방식을 통제하기 위해 역사를 쓰는 지역적 기준이 몽골 이야기와 연계를 맺고 접합되도록 규정했다. 기록된 역사는 단지 정보를 기록하는 수단이 아니었다. 그것은 지배 왕조를 정당화하고 그 위대한 정복과 업적을 선전하는 수단이었다. 또 기록된 역사는 다른 나라들에 대해 배워 그들을 정복하고 더 효과적으로 통치할 수 있는 수단이 되었다. 쿠빌라이 칸은 1260년대에 국사원(國史院)을 만들었다. 그는 중국식 관행에 맞추어 송 왕조만이 아니라 주르첸과 키타이 왕국의 역사까지 완전하게 편찬하라고 명령했다. 이 기획은 아마 그때까지 이루어진 가장 방대한 역사 관련 사업이었을 것이다. 이 작업은 거의 80년이 걸려 1340년대에야 완성되었다. 페르시아의 일칸 가잔은 주베이니의 계승자 라시드 앗 딘에게 최초의 세계사 집필을 맡겼다. 라시드 앗 딘은 수많은 학자와 번역자가 관련된 엄청난 사업을 조율하여 중국인, 투르크인, 프랑크인―몽골이 유럽인을 부르던 이름―의 역사를 편찬했다.

 몽골 제국에서 생산되는 정보의 양이 늘어나자 보급 방법도 바꿔야 했다. 이제 서기가 기록된 문서를 필사하는 것만으로는 정보의 유통을 감당할 수 없었다. 그들은 기록을 편찬하고, 편지를 쓰고, 필요한 사람에게 정보를 보냈지만, 농업 편람, 의학 논문, 지도책, 천문학 표를 전부 복사할 시간은 없었다. 정보를 대량 보급하려면 대량 생산할 수밖에 없었으며, 몽골은 이 목적을 위해 다시 과학기술로, 즉 인쇄로 고개를 돌렸다.

몽골은 일찌감치 인쇄술을 채택했다. 투레게네는 남편 치세에 인쇄를 후원했으며, 우구데이는 1236년부터 몽골이 통제하는 중국 북부 전체에 일련의 지역 인쇄시설을 세우라고 명령했다. 활자를 이용한 인쇄는 12세기 중반 중국에서 시작되었을 것이다. 그러나 그것을 대규모로 이용하여 국가행정의 요구를 충족시킨 것은 몽골이었다. 몽골인은 중국인과는 달리 수천 개의 글자를 이용해 인쇄를 하는 대신 같은 글자를 되풀이해 사용할 수 있는 알파벳을 사용했다. 몽골 제국에서 인쇄소는 각 활자를 여러 개 새겨둔 다음 필요한 단어를 조합했다. 인쇄소는 새로운 페이지를 인쇄할 때 텍스트 전체를 새기는 것이 아니라 이미 새겨진 활자를 필요한 순서로 배열하여 인쇄를 하고 다음 일이 들어오면 다시 배열하여 인쇄를 했다.

몽골 왕조 시대에 전체적인 식자율(識字率)은 높아졌으며, 이에 비례하여 문자자료의 양도 늘어났다. 1269년 쿠빌라이 칸은 주민에게 정부의 결정을 널리 알릴 인쇄소를 설립했고, 민간 부문에서 이루어지는 인쇄도 장려했다. 여기에는 정부간행물만이 아니라 종교서적과 소설도 포함되었다. 인쇄되는 책의 양이 급격히 증가하자 몽골 시대 내내 책 가격은 꾸준히 하락했다. 몽골 제국 전역의 인쇄소에서는 곧 농업 소책자, 연감, 경전, 법률서, 역사, 의학 논문, 새로운 수학 이론, 노래, 시를 여러 언어로 찍어내기 시작했다.

[몽골 세계체제의 형성과 중세 유럽]

종교적 관용 정책을 펴고, 보편적인 알파벳을 고안하고, 역참을 유지하고, 놀이를 하고, 연감이나 돈이나 천문학 표를 인쇄하는 과정에서 몽골 제국의 통치자들은 일관된 보편주의를 보여주었다. 그들은 신민들에게 강요할 제도가 따로 없었기 때문에 도처에서 제도를 들여와 결합했다. 몽골은 이런 영역에서 뿌리 깊은 문화적 취향이 없었기 때문에 이데올로기적인 해법보다는 실용적인 해법을 찾았다. 그들은 가장 효과가 좋은 길을 찾았다. 그리고 그것을 찾으면 다른 나라로 퍼뜨렸다. 그들은 자신의 천문학이 성경의 가르침과 일치하는지, 글을 쓰는 기준이 중국 관리가 가르치는 고전적 원칙을 따르고 있는지, 무슬림 이맘이 자신의 인쇄와 회화를 승인하는지 걱정할 필요가 없었다. 몽골은 적어도 그들이 지배하던 시기에는 어떤 하나의 문명의 취향이나 편견을 누르고 과학기술, 농업, 지식의 국제적 체계를 새로 편성하고 강요할 힘을 쥐고 있었다. 그들은 이 과정에서 지방 엘리트의 사상 독점을 부수었다.

몽골은 제국을 정복하면서 전쟁 방법에서 혁명을 일으켰을 뿐 아니라 보편적 문화와 세계체제의 핵을 만들어냈다. 이 새로운 지구문화는 몽골 제국의 종언 이후에도 오랫동안 발전을 거듭했으며, 이후 수백 년 동안 근대세계체제의 기반이 되었다. 이 문화에는 원래 몽골이 강조했던 자유교역, 자유로운 교통, 지식 공유, 세속 정치, 여러 종교의 공존, 국제법, 치외법권 등이 고스란히 살아 있었다.

유럽은 몽골의 직접 지배를 받은 적은 없지만 여러 면에서 몽골의 세계체제로부터 가장 많은 이득을 얻었다. 유럽인은 몽골 정복이라는 대가를 치르지 않고도 교역, 기술 이전, '세계 인식의 대전환'에 따른 모든 혜택을 입었다. 몽골은 헝가리와 독일에서 기사를 죽였지만 도시를 파괴하거나 점령하지는 않았다. 로마 멸망 이후 문명의 주류와 차단되었던 유럽인은 열심히 새로운 지식을 흡수하고, 새 옷을 입고, 새 음악을 듣고, 새 음식을 먹었다. 그들의 생활수준은 거의 모든 면에서 급속하게 높아졌다.

유럽인은 일찍이 1240년대에 몽골 침략을 기록했던 매슈 패리스나 스팔라토의 토마스 같은 연대기 기록자들의 히스테리에 찬 논평을 쉽게 잊어버렸다. 그 중간의 100년 동안 몽골은 유럽으로 들어오는 호화로운 교역물자와 진귀한 사치품의 대명사가 되었다. 이제 타타르는 고삐 풀린 공포를 의미하지 않았다. 이탈리아의 작가 단테나 보카치오, 잉글랜드의 작가 초서는 '타타르 천'이나 '타타르 공단'을 뜻하는 파니 타르타리치(Panni Tartarici)를 세계에서 가장 좋은 옷감을 가리키는 말로 사용했다. 잉글랜드 왕 에드워드 3세는 '가터의 기사들'을 위해 양말 대님 (garter)을 150개 만들라고 명령하면서 타타르 파란색을 사용하라고 구체적으로 지정했다. 물론 이 용어는 몽골이 만든 직물이나 염료가 아니라 몽골의 영토에서 나오거나 몽골이 거래한 물품을 가리키는 말일 것이다.

기술 혁신의 결과물은 유럽으로 속속 도입되었다. 광산, 방앗간, 대장간에서 노동 강도가 가장 높은 일은 그때까지는 거의 전적으로 인간이나 짐승의 노동에 의존했지만, 이제 물과 바람의 힘을 이용해 급속하게 기계화가 이루어졌다. 용광로를 개선하는 기술 역시 아시아로부터 몽골 교역로를 거쳐 유럽에 전해졌다. 덕분에 대장장이들은 전보다 높은 온도를 이용해 금속의 품질을 개선할 수 있었다. 이 새로운 첨단 과학기술 시대에 금속은 점점 중요한 물질로 자리를 잡게 되었다. 몽골로 인한 세계 각성의 결과 유럽의 목수들은 일반적인 까뀌*를 덜 쓰고 구체적인 기능에 따라 전문화된 연장을 채택하여 능률적으로 더 빠르게 일을 할 수 있었다. 건축자들은 새로운 유형의 기중기와 게양 장치를 사용했다. 생산하는 데 품은 덜 들고 생산 후 처리도 간편한 새로운 작물이 빠르게 확산되었다. 당근, 순무, 다닥냉이, 방풍나물이 흔하게 식탁에

---

* 한 손으로 나무를 찍어 깎는 연장의 하나.

오르게 되었다. 고기 굽는 쇠꼬챙이를 더 편하게 돌릴 수 있도록 기계화하여 노동강도가 높았던 조리 방법도 개선되었다. 새로운 연장, 기계, 기계화된 장치는 배와 부두에서부터 창고와 운하에 이르기까지 모든 것을 더 빨리 더 잘 만들 수 있도록 도와주었다. 이전에 몽골이 전쟁 기술을 발전시켜 전보다 개선된 대포와 화약으로 더 빠르게 파괴할 수 있었던 것과 마찬가지다.

피지나 양피지에 한 쪽짜리 문서를 만드는 간단한 일에도 여러 숙련 노동자들의 노동이 필요했다. 양을 기르는 목자는 제외한다 하더라도 양을 도살하고 가죽을 벗기는 일은 좋은 품질의 피지를 만드는 데 워낙 중요하기 때문에 숙련된 솜씨를 요구했다. 벗겨낸 가죽은 깨끗하게 닦고 밖의 털과 안의 살을 제거한 뒤 화학약품에 여러 번 담갔다가 틀을 여러 번 조정해가며 쫙 펴서 햇볕에 말려야 했다. 그러나 계속 말리는 것이 아니라 정확히 시간을 정해두고 적셨다가 다시 말려야 했다. 그런 뒤에 털을 완전히 밀어내고 적당한 크기로 자르면 일이 끝났다. 이렇게 만들어진 피지를 책으로 만들려면 잉크를 만들고, 텍스트를 복사하고, 그림을 그려 넣고, 색깔을 칠하고, 이미 작업장에서 일련의 공정을 거친 가죽으로 장정을 하는 등 또 완전히 새로운 일꾼들이 달라붙어야 했다.

피지를 종이—중국에서 만든 혁신적 제품으로, 이미 알려져 있기는 했지만 몽골 시대 이전에는 유럽에서 거의 사용되지 않았다—로 대신하게 되면 한 일꾼에게 요구되는 기술은 늘어났지만 거치는 단계는 대폭 줄어들어 전체적으로 힘과 노동력이 덜 들어갔다. 종이를 만드는 사람은 조각낸 넝마와 다른 섬유질 재료를 삶은 뒤 틀을 큰 통에 담근다. 그러면 틀 위에 섬유질의 막이 한 겹 덮이는데, 이것을 화학약품으로 처리한 뒤에 말린다.

인쇄술의 확산과 더불어 종이에 대한 수요도 늘어났다. 원고와 문서의 필사는 중세사회에서 가장 힘든 일로 꼽혔다. 이 일은 책 공장 기능을 하던 수도원에서 이루어졌는데 커다란 필사실에서 서기들이 하루종일 신중하게 필사를 했다. 그러나 이들에게는 얼마 안 되는 음식과 기본적인 생활비밖에 들어가지 않았기 때문에 책의 판매에서 나오는 수익은 교회 내의 다른 용도에 쓰였다. 그러나 요하네스 구텐베르크가 1455년에 성경 200권을 생산하면서 인쇄 실험을 완성하자, 서구에서 인쇄와 정보혁명이 일어나게 되었다. 새로운 기술 덕분에 상대적으로 하위의 직업이었던 책 제조업은 공적 생활에서 가장 강력한 힘을 가진 직업으로 꼽히게 되었다. 이에 자극을 받아 그리스 고전이 부활했고, 자국어 글쓰기가 발달했으며, 민족주의가 성장했고, 종교개혁이 일어났으며, 과학이 탄생했다. 사실상 생활의 거의 모든 측면, 나아가 농학에서 동물학까지 모든 학문이 자극을 받았다.

몽골 제국의 사상은 유럽의 정신에 새로운 가능성을 일깨웠다. 마르코 폴로의 여행기에서부터 울루그베그의 자세한 성도(星圖)에 이르기까지 새로운 지식은 그들이 의심하지 않고 받아들인 고전 지식의 많은 부분이 잘못되었음을 가르쳐주는 동시에 지적인 발견의 새로운 길을 열어주었다. 몽골 제국은 단순한 과학기술보다는 새로운 사상과 공적 생활을 조직하는 새로운 방식에 기초를 두고 있었으며, 이런 사상에 자극을 받아 유럽에서는 새로운 사고와 실험이 이루어졌다. 몽골 제국 전체의 공통된 원칙 — 지폐, 교회에 대한 국가의 우위, 종교의 자유, 치외법권, 국제법 — 은 새로운 중요성을 얻게 되었다.

일찍이 1620년에 잉글랜드의 과학자 프랜시스 베이컨은 변화하는 기술이 유럽에 준 충격을 인식했다. 그는 인쇄술, 화약, 나침반을 근대 세계의 발판이 된 과학기술 혁신의 세 가지 결과물로 꼽았다. 이 세 가지는 "고대인에게는 알려져 있지 않았지만…… 이제 전 세계의 양상과 상황을 바꾸어놓았다. 첫 번째는 문학에서, 두 번째는 전쟁에서, 마지막으로 항해에서."[191] 이런 물품 자체보다 더 중요한 것은 여기에서 "헤아릴 수 없이 많은 변화가 파생되었다"는 점이다. 베이컨은 그 중요성을 분명히 인식하여 이렇게 말했다. "이 기계적인 발견은 어떤 제국이나 종파, 별보다 인간사에 큰 영향력을 행사한 것으로 보인다." 이 모든 것이 몽골 제국 시대에 서구로 확산되었다.

종이와 인쇄술, 화약과 화기, 나침반을 비롯한 해양 장비의 광범한 영향을 받아 유럽인은 르네상스를 경험했고 문자 그대로 다시 태어났다. 그러나 다시 태어난 것은 그리스와 로마의 고대세계가 아니었다. 다시 태어난 것은 유럽인이 자신의 요구와 문화에 맞게 고르고, 옮겨오고, 바꾸어놓은 몽골 제국이었다.

[몽골풍의 그리스도 삽화]

1288년 5월 교황 니콜라우스 4세는 랍반 바르 사우마를 만나 몽골 조정의 서한과 선물을 받은 직후 자신이 속한 프란체스코 수도회를 위해 아시시에 새로운 교회를 세운다는 교서를 발표했다. 니콜라우스 4세는 프란체스코 수도회 출신의 첫 번째 교황으로서 수도회의 교우들과 함께 프란체스코 수도회가 성년에 이르렀음을 세상에 알리고 싶었던 것 같다. 그들은 이 기획을 위하여 자신들의 새로운 지위를 보여줄 뿐 아니라 수도회의 업적도 부각시킬 이미지를 원했다. 프란체스코 수도회는 유럽의 어느 집단보다 몽골 조정과 긴밀한 유대를 맺고 있었다. 구육이 대칸으로 선출될 때 몽골에 처음 사절로 갔던 피아노 카르피니의 사절단에 참여했던 수사들, 뭉케 칸의 즉위 때 방문했던 루브룩의 기욤이 모두 프란체스코 수도회 소속이었다. 화가들은 몽골이 전파한 중국과 페르시아 예술의 주제와 기법을 빌려왔다. 어쩌면 랍반 바르 사우마가 가져온 선물에서 빌려온 것인지도 모른다.

조토 디 본도네나 그의 제자들의 그림도 경향이 비슷하며, 그 핵심에는 아시시의 프란체스코 수도원에 있는 일군의 그림이 있다. 이 교회의 프레스코화들은 몽골 제국이 탄생하기 1000여 년 전에 살았던 그리스도 또는 몽골과 유럽의 접촉이 이루어지기 직전에 살았던 성 프란체스코의 삶을 묘사하지만, 화가는 등장인물 다수를 몽골인으로 묘사하거나 몽골 옷을 입은 것으로 묘사했다. "여러 프레스코화에서 성 프란체스코의 삶은 말 그대로 비단에 싸여 있다. 거의 모든 장면에 색이 칠해지거나 무늬가 있는 직물이 묘사되고 있다. 이 직물은 이야기의 경계를 정하거나 아니면 띠처럼 밑에 드리워져 있다."[192] 단순한 비단만이 아니라 몽골인이 좋아하여 교황이나 왕에게 선물로 보낸 정교한 능직도 나온다. 화가들은 기독교 회화 속에 독특한 옷, 모자, 활 차림의 몽골인을 집어넣었다. 몽골과 교역을 하면서 인기를 누리게 된 중국 그림과 마찬가지로 말도 등장하기 시작했다. 울퉁불퉁한 바위나 나무를 묘사하는 데서도 아시아의 영향이 강하게 나타났다. 중세 내내 평면적이고 이차원적이었던 유럽 회화가 딱히 유럽적이지도 않고 또 딱히 아시아적이지도 않은 새로운 잡종을 생산해낸 것이다. 이 회화는 깊이, 빛, 직물, 말이 특징이었으며, 나중에 르네상스 회화로 알려지게 되었다.

그 자체로만 보자면 이 이미지들은 화가가 세계의 다양한 인간의 얼굴을 새롭게 자각한 정도로만 느껴질지도 모른다. 그러나 1306년 파도바의 '그리스도 성의(聖衣)' 삽화에서 성의는 몽골의 직물로 몽골 양식에 따라 만들어졌으며, 황금 장식에는 쿠빌라이 칸이 위임해서 만든 몽골의 네모난 파스파 문자들이 그려져 있다. 같은 교회에 그려진 '부정의 악덕'은 쿠빌라이 칸이 좋아했던 토피(자귀풀의 심으로 만든 차양 모자) 비슷한 모자를 쓴 여자의 모습으로 나온다. 구약의 예언자들이 들고 있는 두루마리에는 판독할 수는 없지만 몽골 문자로 긴 텍스트가 적혀 있다. 쿠빌라이 칸 조정의 글과 의복을 직접적으로 암시하는 이런 예술품들을 통해 이탈리아 르네상스 예술과 몽골 제국 사이의 관련은 분명하게 드러난다.

[몽골은 위대하다]

몽골의 얼굴과 문자가 유럽 르네상스 예술에 나타나기 시작한 것과 마찬가지로 몽골의 사상 역시 이 시대의 문학과 철학 작품에 등장하기 시작했다. 몽골 사상과 정책의 자극적인 성격은 독일의 성직자 니콜라우스 쿠사누스의 작품에 결정적으로 나타난다. 그의 1440년 에세이 「학식 있는 무지에 대하여(On Learned Ignorance)」는 유럽 르네상스의 막을 여는 글로 여겨지기도 한다. 니콜라우스는 오스만에게 함락당하기 직전 콘스탄티노플에서 교회 일을 보았다. 그의 글들이 보여주듯이 니콜라우스는 페르시아, 아랍, 몽골 문명의 사상에 친숙했다. 니콜라우스는 1453년에 「신앙의 평화에 대하여(On the Peace of Faith)」라는 제목의 긴 에세이를 썼는데, 여기에서는 17개 나라와 종교의 대표자들이 나와 세계의 평화와 이해를 촉진하는 최선의 방법을 놓고 가상의 대화를 한다. 저자는 여기에서 몽골의 종교 이데올로기에 대해 피상적인 수준을 넘어선 지식을 갖추고 있음을 보여준다. 타타르의 대표자는 자신의 민족을 "다른 신들 위의 한 신을 섬기는 수많은 소박한 사람들"이라고 묘사한다. "우리는 우리와 똑같이 한 신을 섬기는 다른 사람들의 다양한 종교 의식을 보고 놀랍니다. 우리는 일부 기독교인, 모든 아랍인과 유대인의 할례 관습을 조롱합니다. 또 어떤 사람들이 이마에 낙인을 찍는 관습을 조롱하기도 하고, 세례를 받는 관습을 조롱하기도 합니다."[193] 니콜라우스는 몽골인이 기독교 의식과 신학에 어리둥절해한다는 것에 주목한다. 특히 "이런 다양한 제사의 형태들 가운데 기독교 제사도 있습니다. 기독교인은 이 제사에서 빵과 포도주를 주면서 그것이 그리스도의 몸과 피라고 말합니다. 그러나 성체 봉헌 뒤에 이 제물을 먹고 마시는 것은 매우 혐오스러워 보입니다. 자신이 섬기는 것을 먹어치우다니."[194]

토론에 참가한 가공의 타타르인은 예전에 뭉케 칸이 프랑스 사절 앞에서 세계의 여러 종교 간의 적대감을 비난하면서 했던 말을 그대로 반복한다. "신의 계명을 지키는 것은 좋습니다. 그러나 유대인은 이 계명을 모세에게서 받았다 하고, 아랍인은 무함마드에게서 받았다 하고, 기독교인은 예수에게서 받았다 합니다. 이들말고도 성스러운 가르침을 주었다는 다른 예언자를 섬기는 민족도 있을 것입니다. 따라서 우리가 어떻게 일치에 이를 수 있겠습니까?"195) 몽골의 답은 종교적 일치는 모든 종교가 국가권력 밑에 복속함으로써만 이루어질 수 있다는 뜻이었다.

랍반 바르 사우마 같은 몽골 사절의 방문을 통해 유럽인은 멀고 낯선 몽골인의 완전히 다른 관점을 알게 되었다. 유럽인은 이제 몽골을 위협으로 느끼지 않았기 때문에 칭기스 칸의 제국에서 자신이 사는 사회와는 다른 흥미 있는 대안을 보게 되었다. 작가들은 무슬림에게는 유럽인이 경멸하는 모든 것을 갖다 붙인 반면, 몽골은 훨씬 더 나은 세계의 로맨틱한 이미지들로 장식했다. 이 세계는 어떤 면에서는 유토피아, 이상적인 사회로 간주될 수 있었다. 몽골이 위대하다는 이미지는 1390년경 제프리 초서가 가장 분명하게 표현했다.196) 초서는 외교적인 일로 프랑스와 이탈리아를 광범위하게 여행했으며 자신의 독자들 다수보다 훨씬 더 국제적인 안목을 갖추고 있었다. 영어로 쓰인 첫 책 『캔터베리 이야기(The Canterbury Tales)』에서 가장 긴 이야기는 칭기스 칸의 생애와 모험을 로맨틱하고 환상적으로 묘사한다.

>이 고귀한 왕의 이름은 칭기스 칸이었으니
>그는 당대에 큰 명성을 떨쳐
>어느 지역 어느 곳에도
>만사에 그렇게 뛰어난 군주는 없었다.
>그는 왕에게 속한 것은 하나도 부족하지 않았다.
>그가 자신이 태어난 신앙에 따라
>스스로 맹세한 법을 지켰다.

게다가 강인하고, 지혜롭고, 부유했으며,
누가 보아도 정이 많고 의로웠다.
그는 약속을 지켰고, 자비롭고, 명예로웠으며,
그의 감정은 중심이 잡혀 흔들림이 없었다.
그의 집의 어떤 젊은 남자 못지않게
젊고, 생기있고, 강하며, 전투에서 앞서고자 했다.
그는 잘생긴 사람이고 운도 좋았으며,
늘 왕의 지위를 잘 유지하여,
그런 사람은 달리 어디에서도 찾아볼 수 없었다.
이 고귀한 왕, 이 타타르의 칭기스 칸.

환상의 제국

1492년 스페인을 떠난 크리스토퍼 콜럼버스는 대칸의 나라 카타이로 간다고 생각했다.[197]
데 이 비 드   모 건

1332년 혼란과 경악과 고통이 도원경이라고 부르던 몽골의 여름 수도 상도의 쾌락의 궁전을 휩쓸었다. 왕실 가족은 여름이 지나가도록 그곳에 머물렀다. 위기를 감추려는 노력에도 불구하고 몽골 통치자들이 깊은 혼란에 빠져 왕조를 유지하는 것 자체가 어려워졌다는 사실은 곧 분명해졌다. 지금 남아 있는 자료로는 무슨 일이 벌어졌는지 갈피를 잡기가 어렵다. 암살, 실종, 납득이 가지 않는 죽음이 뒤얽히는 가운데 대칸 자리가 형제에서 형제에게로, 아버지에게서 아들에게로 옮겨다녔던 것 같다. 1328년에서 1332년에 이르기까지 황금 가족의 구성원 가운데 적어도 네 명이 옥좌에 앉았으며, 7세의 린친발 칸(헌종憲宗)은 1332년에 불과 두 달 동안만 자리를 유지했다. 모두가 공포에 사로잡혔다. 어린 사람부터 늙은 사람에 이르기까지, 미천한 종부터 대칸에 이르기까지 모두가 참혹한 죽음을 당할 위험에 처한 것 같았다.[198]

수도 안에서만이 아니라 밖에서도 거의 비슷한 소동과 혼란이 벌어지고 있었다. 그러나 몽골 사회를 위협한 것은 외적이나 반군이 아니었다. 두려움의 진원지는 훨씬 더 불길하고 불가사의한 것, 그러나 그 결과는 도처에서 눈에 분명하게 드러나는 것, 곧 역병이었다. 아침까지만 해도 멀쩡해 보이던 사람이 갑자기 고열에 시달리고 오한을 느끼면서 토하고 설사를 했다. 얼마 전까지만 해도 활동적이고 건강하던 사람의 몸이 갑자기 까닭을 알 수 없이 망가지면서 겁에 질려 지켜보는 가족 앞에서 스러져갔다. 살갗 밑에서는 피가 스며나와 살색이 변했으며, 사타구니에는 종기가 생기면서 피고름이 새어나왔다. 그리스어에서 사타구니를 가리키는 말인 부보(bubo)로 일컬어지던 이 종기는 곧 겨드랑이와 목에도 생겼으며, 여기에서 이 병을 가리키는 의학용어인 서혜선종(선[腺] 페스트라고도 부른다)이라는 말이 나왔다. 종기는 점점 커지다가 터졌다. 몸 안에 산소가 부족하고 살갗 밑에 피가 말라붙기 때문에 이 병에 걸린 사람은 시커멓게 변해갔다. 이 극적인 변화 때문에 이 병은 '흑사병(黑死病)'이라고 알려졌다. 환자는 보통 며칠 동안 몹시 괴로워하다가 죽었다. 어떤 환자의 경우에는 병균이 림프절이 아니라 허파를 공격하여, 허파의 공기에 피가 섞여 거품이 일면서 익사한 사람처럼 질식해 죽었다. 환자들은 죽어가면서 심하게 기침을 하고, 콧물을 흘리고, 숨을 헐떡거리기 때문에 주위 사람들도 감염되었다.[199]

상당히 그럴듯한, 그러나 확인할 수는 없는 이야기에 따르면, 이 병은 중국 남부에서 발생했고 몽골 병사들이 북쪽으로 옮겼다고 한다. 이 병의 세균은 벼룩 속에 살며, 벼룩은 쥐의 몸을 타고 남쪽에서 오는 식량이나 다른 공물과 함께 옮겨다녔다. 벼룩은 보통 사람을 감염시키지 않고 말 냄새를 싫어했지만, 곡식 자루나 사람의 옷 같은 주변에서 살다가 사람에게 뛰어들기도 했다. 감염된 벼룩은 고비 사막에 이르자 마못의 굴이나 광범위한 설치류 서식지에서 우호적인 새로운 주거환경을 찾아내 그곳에서 죽 살았다. 이 병은 몽골의 광활한 초원지대에 도사리고 있었지만, 인구밀도가 낮았기 때문에 큰 위험은 되지 않았다. 오늘날에도 이 병으로 매년 여름마다 몇 사람이 죽지만, 소수의 주민이 많은 말과 함께 살아가고 몽골인 거주지에는 벼룩이 없으므로 전염병으로 커지지는 않는다. 반대로 중국의 인구밀도가 높은 도시 지역, 그리고 훗날 다른 도시의 수많은 쥐는 이 세균에게 완벽한 거주환경을 제공했다. 사람들은 쥐가 오랫동안 인간과 아주 가까운 곳에서 살아온 동물이라 이 병과 관련이 있을 것이라고는 생각도 하지 못했다.

1331년 연대기 기록자는 허베이성〔河北省〕 주민의 90퍼센트가 사망했다고 기록했다. 중국은 이 병 때문에 인구가 2분의 1 내지 3분의 1로 줄어든 것으로 전해진다. 13세기 초에 이 나라에는 1억 2300만 명 정도가 살았는데, 14세기 말에는 인구가 6500만 명까지 줄어들었다.

중국은 몽골 세계체제에서 제조업의 중심 역할을 했다. 따라서 중국에서 물자가 쏟아져 나가면서 병도 따라갔다. 이런 식으로 페스트는 순식간에 사방으로 퍼진 것으로 보인다. 교역기지 근처 무덤에서 발견된 고고학적 증거들에 따르면 1338년에 페스트는 중국에서 톈산 산맥을 넘어 키르기스스탄의 이식쿨 호수 근처의 기독교 상인 공동체를 쓸어버렸다. 페스트는 교역으로 옮겨지는 전염병이었다. 13세기와 14세기에 유라시아 세계를 결합했던 몽골의 도로와 캐러밴들은 비단과 향료만 운반한 것이 아니었다. 몽골이 상인을 위해 건설한 도로와 역참 또한 의도와 관계없이 벼룩, 따라서 병 자체가 이동하다 머무는 지점으로 이용되었다. 캐러밴은 사치스러운 직물, 이국적인 향료, 화려한 보석과 더불어 벼룩도 싣고 다녔다. 이렇게 벼룩은 한 숙영지에서 다른 숙영지로, 한 마을에서 다른 마을로, 한 도시에서 다른 도시로, 한 대륙에서 다른 대륙으로 옮겨갔다. 페스트가 고개에 있는 중요한 역참 하나만 휩쓸어도, 사막을 통과하는 길 하나만 막아도, 방대한 제국 내의 큰 지역을 고립시켜버릴 수 있었다.

페스트는 1345년 볼가 강 하류 사라이의 킵착 칸국의 수도에 이르렀다. 이 무렵 킵착 칸인 자니벡은 크림 반도의 항구 카파를 공격할 준비를 하고 있었다. 카파는 현대 우크라이나의 페오도시야로, 제노바 상인들이 무엇보다도 러시아 노예를 이집트로 수출하기 위해 세워놓은 교역기지였다. 몽골은 때로는 이탈리아의 노예상인과 협력했고, 때로는 그들을 탄압했다. 몽골 당국은 이 교역기지에서 제노바인을 몇 번 쫓아냈으나, 그때마다 결국은 마음을 돌려 다시 돌아오는 것을 허용했다. 제노바인은 몽골의 추방 위협에 맞서 자신들을 보호하고 안전하게 노예를 수송하기 위해 도시 주변에 강력한 보호벽을 쌓고, 교역기지의 핵심부를 보호하기 위해 안에도 성벽을 하나 더 쌓았다.

몽골군에서 페스트가 발생하는 바람에 자니벡은 포위를 풀고 퇴각할 수밖에 없었다. 그러나 병은 몽골 숙영지에 인접한 항구로 금세 퍼졌다. 유럽의 한 자료에 따르면 자니벡은 페스트 환자의 주검들을 투석기로 성벽 너머 도시 안으로 쏘았다고 한다.[200] 제노바인이 주검을 바다에 던져버렸지만 그래도 병은 퍼지고 말았다는 것이다. 자주 있는 일이지만 이 이야기 역시 목격자의 이야기를 바탕으로 한 것이 아니다. 알려진 유일한 출처는 제노바 근처 피아첸차라는 읍에서 일했던 변호사 가브리엘레 데 무시스의 서류다. 이 변호사는 몇몇 선원에게서 그런 이야기를 들었다고 주장한다. 그러나 주검은 의도한 표적을 향해 숨을 내쉴 수 없으므로 병을 옮길 수 없기 때문에 도시를 감염시키려면 살아 있는 벼룩을 옮겨야 했을 것이다. 따라서 이 이야기는 의심스럽다. 몽골군이 그런 식으로 병을 옮겼을 것 같지 않아서가 아니라 성공할 수 있는 방법이 아니기 때문이다.

그러나 페스트는 인간의 의도와 관계없이 이미 퍼지고 있었으며, 그 뒤에도 계속 퍼져나가게 된다. 제노바인을 비롯한 피난민은 배로 항구를 빠져나가면서 병도 함께 가지고 갔다. 페스트는 이렇게 해서 콘스탄티노플로 옮겨졌고, 그곳에서 쉽게 이집트의 카이로, 시칠리아의 메시나로 퍼졌다. 도시가 페스트의 이상적인 거주지라면, 배라는 폐쇄된 환경은 이상적인 배양기라고 할 수 있다. 배는 벼룩이 가장 싫어하는 말과 불 없이 인간, 쥐, 벼룩이 친밀하게 섞여 사는 공간이었다. 페스트는 교역로에서는 비교적 느리게 이동할 수밖에 없었다. 적당한 수레나 화물을 기다려야 했기 때문이다. 그러나 배를 타자 돛에 밀려오는 바람과 같은 속도로 퍼져나갔다. 1348년 페스트는 이탈리아의 도시들을 파괴했으며, 그해 6월이 되자 잉글랜드에 진입했다. 1350년 겨울에는 페로 제도에서 북대서양을 건너 아이슬란드를 통과하더니 그린란드에까지 이르렀다. 페스트는 아이슬란드 정착민의 60퍼센트를 죽인 것으로 보이며, 그린란드에서도 살아남으려고 안간힘을 쓰던 바이킹 거주지를 완전히 소멸시키는 데 결정적인 요인이 되었을 것이다.

어떤 추정치에 따르면 1340년에서 1400년에 이르는 60년 동안 아프리카의 인구는 8000만 명에서 6800만 명으로 줄어들었고, 아시아의 인구는 2억 3800만 명에서 2억 100만 명으로 줄어들었다.[201] 세계 전체 인구—페스트가 이때 이후로도 200년 동안 건드리지 않았던 남북 아메리카를 포함하여—는 약 4억 5000만 명에서 3억 5000만 내지 3억 7500만 명으로 줄어들었다. 14세기의 나머지 기간 동안 적어도 7500만 명, 즉 일 년에 100만 명 이상이 사라진 것이다. 학자들의 연구가 진행되어 증거들이 더 쌓이면서 인구는 실제로 더 줄어든 것으로 나타나고 있다. 유럽 인구는 7500만 명에서 5200만 명으로 줄었다. 사망자 수를 2500만 명 정도로 잡는다면 유럽 대륙에서 사라진 목숨이 20세기에 전 세계에서 에이즈로 사망한 숫자와 대체로 비슷한 것이다. 그러나 14세기의 유럽에서 이 숫자는 전체 인구의 3분의 1 내지 2분의 1이었다. 제2차 세계대전으로 유럽이 엄청난 파괴를 당했을 때도 대영제국의 사망자 수는 인구의 1퍼센트가 안 되었으며, 전투가 훨씬 더 많이 벌어졌던 프랑스도 인구의 1.5퍼센트 정도였다. 독일은 9.1퍼센트에 이르렀다. 폴란드와 우크라이나에서는 기근 때문에 사망자 수가 19퍼센트에 육박했지만, 그렇다 해도 14세기의 페스트로 인한 사망률에는 훨씬 못 미친다.

페스트 때문에 어떤 지역에서는 주민이 완전히 사라졌다. 온전하게 살아남은 도시는 몇 개 되지 않았다. 밀라노는 얼마 안 되는 효과적인 방법 가운데 하나를 택했다. 어느 집에서 페스트가 발생하자마자 관리들이 달려가 안에 사람들을 그대로 둔 채 — 환자든 건강한 사람이든, 친구든 하인이든 — 집 전체를 봉쇄해버린 것이다. 다른 도시에서는 종을 친다거나 종 치는 것을 금지한다거나 하는 방법을 사용했지만 별 효과는 없었다. 이 전염병은 피해를 입힌 곳이든 피해간 곳이든 관계없이 대륙의 모든 지역의 삶을 완전히 바꾸어놓았다.[202] 페스트는 로마의 몰락 이후 유럽을 지배했던 사회질서를 거의 파괴해버려, 대륙에는 위험한 무질서만 남았다. 이 병은 도시 거주자를 더 쉽게 공략했기 때문에 교육받은 계급과 숙련된 장인들이 많이 죽었다. 도시 안이든 밖이든 수도원이나 수녀원 같은 폐쇄된 공간은 병이 안에 있는 사람들을 몰살할 수 있는 이상적인 기회를 제공했다. 유럽의 수도원 제도, 나아가서 로마 가톨릭 교회 전체는 이 비극의 충격으로부터 다시 회복되지 못했다. 인구밀도가 높은 마을도 비슷한 위험에 처했다. 성이나 장원에 갇혀 있던 주민도 마찬가지였다.

페스트의 사회적 충격은 피렌체의 작가 조반니 보카치오의 글에 가장 잘 기록되어 있다. 1348년에 페스트가 발생했을 때 보카치오도 가족과 가까운 친구들을 많이 잃었다. 그의 『데카메론(Decameron)』에서는 귀족 부인 10명과 남자 10명이 페스트를 피해 시골의 장원에 은둔한 채 이야기로 시간을 보낸다. 보카치오가 묘사한 세계에서는 오로지 페스트를 피하려고 남편은 부인을 떠나고, 어머니는 자식을 버린다. 하도 많은 사람이 죽는 바람에 사제는 장례식을 다 치러주지 못하고, 장의사는 주검을 다 묻어주지 못한다. 묻지 못한 주검은 집단무덤에 던져지거나 개 돼지의 먹이가 된다. "인간의 법이든 신의 법이든 법의 신성한 권위는 추락하여 완전히 소멸해버렸다." 관리들은 "어떠한 직무도 수행할 수 없었다. 그 결과 모두 자유롭게 자기가 옳다고 생각하는 일을 하게 되었다."203)

사람들은 이 병의 진짜 원인이나 전염 경로는 파악하지 못했지만 곧 도시 안팎의 교역이나 사람의 이동과 밀접한 관계가 있다는 사실 정도는 인식하게 되었다. 보카치오, 페트라르카를 비롯한 당대의 여러 사람의 글을 보면 이 병에 대한 주요한 두 가지 반응이, 가능한 경우 도시를 떠나는 것, 아니면 적어도 외부인에게 도시를 개방하지 않는 것이었음을 알 수 있다. 어느 쪽 반응이든 즉시 교역, 통신, 운송이 중단되었다. 유럽 전역의 지방당국은 페스트의 전파를 막고 대중의 반응을 통제하기 위해 페스트 법을 만들었다. 1348년 토스카나의 작은 도시 피스토이아는 사람들이 감염 지역으로부터 들어오는 것을 막고, 이미 사용된 모든 종류의 직물 반입을 금지하고, 과일 판매나 짐승 도살을 금지했다. 사람들은 짐승을 죽이면 죽음의 냄새가 풍기며, 이것이 페스트의 확산과 관계가 있다고 생각했다. 비슷한 이유에서 무두질도 금지했고, 그 결과 가죽제품 교역도 중단되었다. 다른 곳에 갔다 돌아오는 시민은 약 15킬로그램 정도의 소량의 짐만 가져올 수 있었다. 페스트로 죽은 사람이 있는 집에는 선물을 보낼 수도 없었고 찾아갈 수도 없었다. 아무도 새 옷을 살 수 없었다.

외교사절단과 편지도 오가지 않았다. 몽골 운송체계의 가동이 중단되자 가톨릭 교회와 중국 선교단의 연락이 끊겼다. 겁에 질린 사람들은 외국인이 병을 가져온다고 비난했고, 이로써 국제교역은 더 위축되었다. 유럽에서 기독교도는 다시 유대인을 공격했다.204) 유대인은 교역이나 동방과 밀접한 관련이 있었는데, 이 두 가지는 또 페스트하고도 관계가 깊었기 때문이다. 유럽 사람들은 유대인을 집에 가두고 불을 지르기도 했다. 끌어내어 죄를 자백할 때까지 형틀에 묶고 고문하기도 했다.

1348년 7월 교황 클레멘스 6세가 유대인을 보호하고 유대인 박해를 중단하라는 교서를 내렸음에도 유대인 탄압은 오히려 증가했다. 1349년 성 발렌티누스 축일에 스트라스부르 당국은 유대인 2000명을 시 외곽의 유대인 묘지로 몰고 가 집단 화형을 시작했다. 죄를 자백하고 기독교로 개종한 몇 사람은 목숨을 건졌다. 아이들 몇 명은 강제로 개종당했다. 6일이 넘게 걸린 화형에서는 1000명 이상이 죽었으며, 스트라스부르는 유대인의 도시 거주를 불법화했다. 그 이후 여러 도시가 전염병을 저지하기 위해 유대인을 공개 화형에 처하기 시작했다. 한 연대기 기록자의 자랑에 따르면, 1348년 11월부터 1349년 9월까지 쾰른에서 오스트리아 사이의 모든 유대인이 화형을 당했다고 한다. 스페인의 기독교 지역에서는 무슬림 소수파에 대한 박해가 시작되어, 무슬림 다수가 그라나다나 모로코로 피신했다.

[**황금 가족의 위기**]

페스트는 유럽을 고립시켰을 뿐 아니라 페르시아와 러시아에 사는 몽골인을 중국이나 몽골과 차단했다. 페르시아의 몽골 통치자들은 이제 중국에 있는 자기 소유의 토지와 작업장에서 나온 물자를 얻을 수 없었다. 중국의 황금 가족은 러시아와 페르시아로부터 물자를 얻을 수 없었다. 각 지파 사이에 연결이 끊어지자 서로 맞물리는 소유제도도 붕괴했다. 페스트는 국토를 유린했고, 살아 있는 사람들을 타락시켰고, 교역과 공물을 차단하여 몽골의 황금 가족으로부터 일차적인 소득원을 빼앗았다. 몽골인은 거의 100년 동안 서로간의 물질적 이해관계 덕분에 그들을 가르는 정치적 단층선을 극복할 수 있었다. 그들은 정치적 통일성이 흔들릴 때에도 문화적, 상업적으로는 통일된 제국을 유지했다. 그러나 페스트의 살육이 시작되면서 중심이 버틸 수가 없었고, 그 결과 복잡한 체제는 붕괴했다. 몽골 제국은 사람, 물자, 정보가 제국 전체를 끊임없이 빠르게 돌아다녀야 생존할 수 있었다. 이런 연결이 없으면 제국도 없었다.

몽골인이 외국인 정복자이면서도 때로는 자기들보다 열 배나 더 많은 신민을 큰 탈 없이 통치할 수 있었던 것은 군사력이 약해진 뒤에도 교역물자가 계속 대규모로 흘러다니게 해주었기 때문이다. 그러나 페스트의 여파로 교역도 이루어지지 않고 다른 지파에서 지원병을 보내줄 가능성도 사라지자 칭기스 칸의 황금 가족 각 지파는 신민이 언제라도 적대적으로 변할 수 있는 매우 가변적인 상황에서 스스로 꾸려나가야 했다. 군사적 힘과 상업적 이득이라는 두 가지 이점이 사라지자, 러시아, 중앙아시아, 페르시아, 중동의 몽골인은 자신의 신민과 결혼을 하고 의식적으로 그들의 언어, 종교, 문화를 따름으로써 권력과 정통성의 새로운 양식을 찾아나갔다. 이곳의 몽골 당국은 자신의 가족들로부터 샤머니즘, 불교, 기독교의 잔재를 몰아내고 이슬람 신앙을 강화했다. 이슬람 신앙은 그들의 신민의 주요한 종교였으며, 러시아의 킵착 칸국의 경우에는 이 가문의 권력 유지를 돕는 투르크군의 종교였다.

몽골 왕가의 다양한 구성원들이 자신이 통치하는 주민 내의 특정한 종교분파를 따르게 되자, 왕실 지파들 사이의 불화는 더 심해졌다. 러시아의 킵착 칸국은 무슬림이 되자 이집트와 손을 잡고 아직 이슬람으로 개종하지 않았던 몽골의 일 칸국에 대항했다. 일 칸국의 몽골 통치자들은 이슬람으로 개종한 뒤 그때그때 정치적 판단에 따라 수니파와 시아파 사이를 왔다갔다했다. 시아파에 가장 헌신한 올제이투의 치세에는 불교도나 유대인 같은 소수파 집단들이 심한 박해를 받았다. 칭기스 칸 제국의 보편적 원리는 바람의 재처럼 사라졌다.

무슬림이 된 중동의 몽골인은 쿠빌라이 칸의 예를 따랐다고 볼 수도 있다. 쿠빌라이도 중국에서 중국인처럼 보임으로써 권력을 강화했기 때문이다. 그러나 정작 중국에서 쿠빌라이 칸의 후계자들은 그의 교활한 천재성을 따르기는커녕 이해하지도 못했다. 몽골 당국은 더 중국화하기는커녕 탄압을 강화하여 고립을 자초했다.205) 혼돈의 시기에 조정을 구성하던 몽골인 몇 명은 꿈에 칭기스 칸이 나타나 중국인을 더 탄압하기 위한 엄중한 새로운 조치들을 여러 가지 요구했다고 주장했다. 조정의 관리들은 중국인에게 자유를 너무 많이 주었고, 몽골인이 지나치게 중국 생활에 동화되었다고 판단했다. 그들은 중국 문화 속으로 더 깊이 들어가는 대신 자신들의 이질적 정체성을 강화하면서 중국의 언어, 종교, 문화, 중국인과의 혼인 관계로부터 벗어나려 했다. 몽골 당국은 편집증에 사로잡힌 듯 중국인으로부터 모든 무기를 빼앗았을 뿐 아니라 철로 된 농기구까지 빼앗고, 칼의 사용도 제한했다. 그들은 중국인이 말을 타는 것을 금했고, 비밀 정보가 전달되는 것을 두려워하여 중국의 잡극이나 전통적인 만담 공연도 금지했고, 더불어 다른 공적, 사적 집회도 금지했다. 이런 식으로 극단적인 탄압을 하자 중국 신민은 불만이 늘었으며, 몽골 통치자들을 더 불신하고 두려워하게 되었다. 몽골인이 중국 아이들을 집단 학살했다거나 특별한 성을 가진 중국인을 모두 죽일 계획이라는 소문까지 돌았다.

몽골인은 가능한 한 중국인으로부터 벗어나려는 새로운 노력의 일환으로 다양한 종교를 공정하게 대접한다는 전통적 정책을 버리고 불교, 특히 티베트 불교를 우대하여 특혜를 주었다.206) 티베트 불교는 중국의 유교적 이상과 거리가 멀었다. 중국인은 몽골 통치자들을 직접적으로 비판할 수 없었기 때문에 몽골의 제국 통치를 지원하는 외국인에게 증오심을 분출하곤 했다. 특히 티베트 불교 승려가 증오의 대상이었다. 새로 뚫린 티베트로 가는 길 주변에 사는 사람들은 승려를 먹이고, 재우고, 수송해줄 의무만이 아니라 그들의 물자까지 운반해주어야 했기 때문이다. 종종 무장을 하고 다니던 승려는 그들을 섬기는 사람을 학대한다는 소문이 났다. 선정원(宣政院)에서는 법정에서 승려들을 강력하게 변호했으며, 그들에게 특권을 떠안겨주었다. 이 부서에서는 심지어 승려를 때린 사람은 손을 자른다거나, 승려를 모욕하거나 중상한 사람이 유죄 판결을 받으면 혀를 자른다고 규정하는 법을 만들려고 했다. 몽골 관리들은 이런 법은 신체 절단을 형벌로 이용하는 것을 금지하는 몽골의 통치와 양립할 수 없다고 거부했다.

중국의 몽골 칸들은 페스트의 확산도 효과적으로 막지 못하고 신민들로부터도 점차 고립되자 티베트 불교의 영적 세계에서 피난처를 구했다. 승려들은 사회적 문제라는 관념은 망상이라면서 바깥세계를 외면하고 자신의 영혼에 도움이 되는 행동을 하라고 권했다. 승려들은 몽골의 왕실 구성원들에게 죄수를 석방하면 영적인 점수를 얻어 내세에 더 나은 지위를 얻을 수 있다고 설득했다. 승려들은 곧 죄수 석방을 번창하는 사업으로 일구어냈다. 조정의 한 승려는 괴상한 행사를 열어 몽골 황후의 가운을 입은 채 황소를 타고 궁궐 문을 통과하더니 새장의 새들을 놓아주듯이 죄수들을 석방했다.

티베트 성직자들은 성행위를 통해 깨달음의 길을 얻는다고 하는 탄트라 의식에 따라 종교적 수행을 하라고 권했다. 이 불교 운동 때문에 성적인 예술이 번창했고, 왕실도 정교하게 꾸며진 성적인 춤과 의식에 참여하게 되었다. 대칸 자신이 중심이 되어 이런 의식에 열심히 참여했으며, 라마승들은 곁에서 그 모습을 지켜보았다. 은밀한 의식이 이루어지면서 방탕을 조장한다는 소문이 돌자 중국인들의 편집증과 불신도 늘어갔다. 중국인은 티베트의 라마승들이 칸의 수명을 연장하고 비틀거리는 정권을 유지하려고 조정에서 인간을 제물로 제사를 드린다고 의심하기까지 했다.

중국의 몽골 통치자들이 자신의 영성과 성을 표현하는 데 집중하고 있는 동안 수도의 '금단의 도시'의 담 너머 바깥 사회는 붕괴하고 있었다. 가장 뚜렷한 증상은 몽골 당국이 그렇게 힘겹게 또 꼼꼼하게 만들어낸 화폐제도를 통제할 힘을 잃었다는 점이었다. 경제에서 지폐가 활용되는 원리들은 관헌이 생각했던 것보다 훨씬 더 복잡하고 예측 불가능했다. 결국 화폐제도는 점차 그들의 손에서 벗어나기 시작했다. 몽골 행정부가 약해진다는 조짐만 보여도 지폐에 대한 신뢰도가 떨어져 가치가 폭락하는 대신 구리와 은의 가치는 상승했다. 인플레이션도 매우 심해져 1356년에 이르자 지폐는 가치를 거의 잃고 말았다.

[무장해제된 몽골 제국]

페르시아와 중국에서 몽골 사회는 빠르게 붕괴했다.[207] 각각 1335년과 1368년에 몽골인의 지배가 무너졌다. 페르시아 일 칸국의 몽골인들은 사라졌다. 죽음을 당하거나 자신보다 훨씬 더 큰 신민에게 흡수된 것이다. 중국에서 대칸 토곤 테무르(순제順帝)와 약 6만 명의 몽골인은 명(明)의 반군을 피해 가까스로 달아났다. 그러나 뒤에 남은 약 40만 명은 체포되어 죽음을 당하거나 중국인에게 흡수되었다. 간신히 몽골로 돌아온 사람들은 전과 다름없이 목가적인 유목민 생활을 계속했다. 1211년부터 1368년까지 중국을 다스렸음에도, 그저 남쪽 여름 숙영지에서 조금 오래 머물다 온 듯이 다시 옛날처럼 살아가고 있었다. 러시아의 킵착 칸국는 작은 무리로 나뉘어 이후 400년이라는 긴 기간에 걸쳐 서서히 쇠퇴해갔다. 이 긴 상호작용의 기간에 몽골인과 투르크 동맹자들은 서로 융합하여 투르크-몽골 인종 집단을 여럿 만들어냈다. 이들은 슬라브 사회에 대해서만이 아니라 자기들끼리도 서로 다른 정체성을 유지했다.

몽골의 통치가 끝난 뒤 승리를 거둔 명 왕조의 통치자들은 중국인이 몽골 의복을 입고, 자식들에게 몽골 이름을 지어주는 등 외래의 관습을 따르는 것을 금지하는 칙령을 발표했다. 이들은 정부와 사회생활에서 중국식 원칙들을 살려낼 목적으로 몽골의 정책과 제도 가운데 많은 부분을 조직적으로 철폐해나갔다. 명의 통치자들은 몽골이 중국에 정착하도록 권유했던 무슬림, 기독교도, 유대인 상인들을 쫓아냈다.[208] 또 그렇지 않아도 힘을 잃어가던 지폐를 완전히 없애고 금속화폐로 돌아감으로써 몽골이 세워놓았던 상업체계에 큰 타격을 주었다. 이들은 몽골이 후원했던 티베트의 라마교 계열의 불교도 배격하여 그 자리에 전통적인 도교와 유교의 사상과 전통을 집어넣었다. 새로운 통치자들은 몽골의 교역체계를 소생시키려다 실패하자 대양을 다니던 배들을 태우고, 외국인의 중국 여행을 금지하고, 외국인은 못 들어오고 중국인은 못 나가게 할 목적으로 국민 총생산의 큰 부분을 투여하여 육중한 새 성벽을 쌓았다. 이 과정에서 동남아시아 여러 항구에 살던 수천 명의 중국인이 옴짝달싹 못하게 되었다.

명은 새로운 몽골 침략의 위험으로부터 벗어나고자 중국식 도시라 할 수 있는 남쪽의 난징〔南京〕으로 천도했다. 그러나 이미 통일중국의 통치는 북부의 수도와 밀접한 관련을 맺고 있었고, 주민 다수의 태도와 행동방식도 하루아침에 바꿀 수가 없었다. 명은 결국 옛 몽골의 수도 칸발릭으로 돌아갔다. 대신 명은 몽골의 외양을 제거하여 도시를 다시 만들기로 했다. 그들 나름의 방식으로 새로운 '금단의 도시'*를 세우려 한 것이다. 짧은 기간 예외는 있었지만, 그후 이 수도는 이름만 바뀌었을 뿐 계속 그 자리에 남아 있었다. 베이징은 여전히 중국의 수도 역할을 하고 있으며, 현재의 중국은 몽골 치하의 국경을 거의 그대로 유지하고 있다.

몽골의 통제 하에 있던 여러 나라에 토착 주민의 반란이 일어나 몽골인은 쫓겨나고 지방 엘리트가 정부를 장악했다. 고려, 러시아, 중국은 토착 왕조의 손에 정권이 넘어갔지만, 무슬림 영토들은 복잡한 이행 과정을 겪었다. 이곳에서는 상인, 중개인, 은행가, 선적인, 캐러밴 몰이꾼으로서 아시아와 유럽을 연결해주던 아랍인의 손으로 권력이 돌아가는

---

* 이때 세운 것이 자금성(紫禁城)이다.

대신, 투르크-몽골의 군사제도에 이슬람의 법제도와 페르시아의 고대 문화 전통을 결합한 새로운 혼성 문화가 출현했다. 무슬림 세계의 동부는 새로운 문화적 자유를 얻어 이곳 사람들은 무슬림이면서도 아랍의 지배를 받지 않았다. 실제로 이곳에서는 두 번 다시 아랍인이 권력을 잡지 못했다. 터키의 오스만, 페르시아의 사파비, 인도의 무굴 같은 새로운 왕조들은 '화약 제국'이라는 이름으로 알려지기도 했다. 기본적으로 몽골이 만들어낸 다양한 혁신적 무기, 기병과 무장 보병에 기초한 군사 조직, 화기(火器)에 의존하여 외적과 싸웠기 때문이다. 물론 더 중요한 점은 이러한 힘을 바탕으로 인종적으로 다양한 신민을 다스리며 국내 권력을 유지해나갔다는 것이다.

페스트, 상업체제의 붕괴, 반란 이후 몽골 제국은 무장해제되었음에도, 반역자들조차 옛 제국이 완전히 사라지는 것은 바라지 않았던 것 같다. 새로운 통치자들은 구체제의 장식과 환상에 매달려 자신들의 새로운 통치를 정당화했다. 내부구조가 무너지고 몽골인이 모두 사라지고 난 뒤에도 몽골 제국의 외관은 오랫동안 유지되었다.

명나라 통치자들은 공적 생활에서 몽골의 영향을 씻어낸 뒤에는 몽골의 국새(國璽)를 찾기 위해 큰 노력을 기울였다. 그들은 외교에서 과거와 지속성을 유지하기 위한 방편으로 몽골어를 계속 사용했다. 오스만이 콘스탄티노플을 점령했던 1453년까지도 중국 조정은 몽골어로 서한을 보냈다. 1644년에 명을 타도한 만주족은 전략적으로 칭기스 칸의 후손과 결혼을 하여 정신만이 아니라 혈통에서도 그들의 후계자로서 정통성을 확립하려 했다.

칭기스 칸의 후손은 중앙아시아 심장부의 모굴리스탄—몽골 영토를 가리키는 페르시아 이름*—에서 권력을 계속 유지했다. 14세기 말에 중앙아시아의 몽골 소유지는 티무르의 손으로 넘어갔다. 절름발이 티무르 또는 태멀레인이라고도 부르는 이 투르크 전사는 증거는 박약하지만 자신이 칭기스 칸의 후손이라고 주장했다. 그는 몽골 제국을 다시 살리려 했으며, 인도에서 지중해에 이르기까지 몽골의 이전 영토를 많이 정복했다. 티무르는 자신과 칭기스 칸의 연계를 강화하기 위해 여러 가지 책의 발간을 후원했다. 그는 칭기스 칸이나 몽골인과 피를 섞기 위해 칭기스 칸의 진짜 후손 몇 명과 자신의 가족을 결혼시키기도 했다. 그러나 아미르 티무르는 몽골 제국을 복원하려고 노력하면서도 칭기스 칸의 방법을 따르지는 않았다. 그는 이유 없이 살인을 하고, 죄수들을 고문하고 모욕하는 데서 비틀린 즐거움을 찾는 것 같았다. 티무르는 터키의 셀주크 왕국의 술탄을 사로잡자 저녁식사 자리에서 그의 부인과 딸들을 벌거벗겨 시중을 들게 하고 술탄에게 그 광경을 지켜보게 했다. 어떤 자료에 따르면 티무르는 이 자리에서 그 여자들을 통해 성적인 요구를 만족시켰다고도 한다. 술탄에게 짐승처럼 마구를 채워 왕의 마차를 끌게 한 뒤, 우리에 넣어 전시했다는 이야기도 있다.

티무르가 몽골인을 자처한데다가 실제로 칭기스 칸 왕조의 적법한 사위이기도 했기 때문에 두 집안에게 정복당한 경험이 있는 사람들의 눈에는 그의 행위가 원래 몽골인의 행위와 섞여버리게 되었다. 사실 두 몽골을 구분하기는 어려웠다. 티무르가 공개적인 고문을 자행하고 정복한 도시 바깥에 사람 머리로 피라미드를 쌓자, 사람들은 그가 몽골 민족의 전통에 따라 행동한다고 생각해버렸다. 티무르의 만행의 책임을 칭기스 칸에게 묻는 시대착오적인 일이 벌어진 것이다.

티무르의 후손은 역사에서 인도 무굴인으로 알려지게 되었다. 1519년 무굴 왕조를 창건한 바부르는 칭기스 칸의 둘째아들 차가타이의 13대손이다. 무굴 제국은 바부르의 손자 악바르 치세 — 1556~1608년 — 에 전성기를 구가했다. 그는 칭기스 칸과 마찬가지로 행정의 천재였을

---

* 그러나 후에는 중앙아시아를 지칭하는 용어로 그 뜻이 바뀌었다.

뿐 아니라 무역도 중시했다. 악바르는 원성의 대상이던 지즈야 세금, 즉 무슬림이 아닌 사람들에게 물리는 인두세를 철폐했다. 그는 기병대를 전통적인 몽골의 십진법에 따라 편성했으며(5000명까지), 공무원 체계를 확립하여 공과를 기준으로 사람들을 평가했다. 몽골이 중국을 당대에 가장 생산적인 제조와 교역의 중심으로 만들었듯이, 무굴은 인도를 세계 최대의 제조와 교역 국가로 만들었으며, 무슬림과 힌두 전통과는 반대로 여성의 지위를 높였다. 악바르는 종교에 대한 보편주의적 태도를 유지했으며, 모든 종교를 하늘에는 하나의 신이 있고 땅에는 하나의 황제가 있다는 내용의 하나의 '거룩한 신앙', 즉 디니 일라로 융합하려 했다.

[제국의 잔상]

아주 많은 제국들이 정치에서부터 예술에 이르기까지 몽골 제국의 환상을 유지하려 했기 때문에 여론 역시 몽골 제국이 이제 존재하지 않는다는 사실을 완강하게 믿지 않으려 했던 것 같다. 몽골 제국에 대한 믿음이 그 어느 곳보다 더 오래 지속되고 또 중요한 역할을 차지했던 곳은 유럽이다. 마지막 칸이 중국을 통치하고 나서도 100년 이상이 지난 뒤인 1492년 유럽에서 크리스토퍼 콜럼버스는 자신이 바다를 통해 대칸의 몽골 조정과 다시 접촉하여 허물어진 교역 관계를 회복할 수 있다고 이사벨과 페르난도를 설득했다. 몽골의 교통체계가 무너지면서 유럽인은 제국의 몰락과 대칸의 패배 소식을 듣지 못한 것이다. 그래서 콜럼버스는 유럽에서 몽골 조정으로 가는 육로는 무슬림이 막고 있지만 유럽에서 서쪽으로 항해를 하여 '세계의 바다'를 건너 마르코 폴로가 묘사한 땅으로 가겠다고 주장한 것이다.

콜럼버스는 몽골을 찾기 위한 항해를 시작했으며 마르코 폴로의 여행기 한 부를 들고 갔다.[209] 그는 몽골 궁정에 도착할 때를 대비하여 이 책에 메모를 하고 관찰한 내용을 열심히 기록했다. 콜럼버스에게 마르코 폴로는 영감이었을 뿐 아니라 실질적인 안내자였다. 그는 몇 개의 작은 섬을 찾은 뒤에 쿠바에 이르렀을 때 자신이 대칸의 영토 가장자리에 이르렀고 곧 몽골의 카타이 왕국을 발견하게 될 것이라고 믿었다. 콜럼버스는 칸의 땅이 북쪽으로 약간 더 떨어진 곳 — 오늘날의 미국 본토일 것이다 — 에 있다는 확신을 끝까지 버리지 않았다. 그는 몽골인의 대칸의 땅을 발견하지 못했기 때문에 자신이 만난 사람들이 몽골인의 나라 남쪽에 자리잡은 인도 주민이라고 판단했으며, 그래서 아메리카 원주민을 인디언(인도인이라는 뜻)이라고 불렀다. 이 이름은 오늘날까지 유지되고 있다.

[유럽: 악의 화신 칭기스 칸]

르네상스 시대 작가와 탐험가들이 칭기스 칸과 몽골인에게 공개적으로 찬사를 보낸 반면, 18세기 유럽의 계몽주의자들은 아시아에 대한 적대감을 조장하였으며, 그 중심에는 종종 몽골인이 놓여 있었다. 몽골인은 그 커다란 대륙에서 악하고 불완전한 모든 것의 상징이었다. 일찍이 1748년 프랑스의 철학자 몽테스키외는 논문 「법의 정신(The Spirit of the Laws)」에서 먼저 입을 열어 오만한 태도로 아시아인을 경멸하면서, 그들의 혐오스러운 특질들 가운데 많은 것이 몽골인에게서 유래했다고 비난했다. 그는 몽골인이 "지상에서 가장 독특한 민족"[210]이라고 규정했다. 몽테스키외에 따르면 몽골인은 비굴한 노예인 동시에 잔인한 주인이었다. 그는 몽골인이 고대 그리스로부터 페르시아에 이르기까지 문명을 계속 공격해 왔다고 주장했다. "그들은 인도로부터 멀리 지중해에 이르기까지 아시아를 파괴했다. 페르시아 동쪽에 있는 땅은 모두 사막으로 바꾸어놓았다." 몽테스키외는 유럽인의 조상을 이루는 부족들은 민주주의의 선구자들이었다고 칭송하면서 아시아의 부족민들은 이런 식으로 비난했다. "그리스 제국을 파괴한 타타르는 정복한 나라들마다 노예제와 전제권력을 세워놓았다. 반면 고트족은 로마 제국을 제압한 뒤에 군주제를 세우고 자유를 퍼뜨렸다." 그는 이런 역사 인식에 기초하여 모든 아시아 문명을 간단하게 무시해버렸다. "아시아는 노예정신이 지배하고 있다. 아시아인은 이 정신을 떨쳐버릴 수가 없었다. 아시아의 역사에서는 자유의 정신이 담긴 구절을 단 한 줄도 찾아볼 수 없다. 그곳에서는 과도한 노예제 외에 아무것도 볼 수 없을 것이다."

칭기스 칸은 공격의 표적이 되었다. 볼테르는 치쵠상〔紀君祥〕이 쓴 몽골 왕조의 연극 『차오의 고아(The Orphan of Chao, 趙氏孤兒大報仇)』를 자신의 정치적이고 사회적인 의제에 맞게 고쳐 써서, 프랑스 왕의 대체물인 칭기스 칸을 무지하고 잔인한 악당으로 묘사했다. 볼테르가 『중국의 고아(The Orphan of China)』로 개명한 이 작품은 1755년에 파리에서 초연되었으며, 당시 작가는 스위스에서 안전한 망명생활을 하고 있었다. 볼테르는 이렇게 설명했다. "나는 칭기스 칸의 위대한 시대로 나의 계획을 한정했다. 나는 타타르와 중국인의 관습을 묘사하려 했다. 아무리 흥미 있는 사건이라 해도 관습을 보여주지 않으면 아무것도 아니기 때문이다. 반대로 관습을 그려준다 해도, 이것이 예술의 가장 큰 비밀 가운데 하나지만, 명예와 미덕의 관념에 영향을 주지 못하면 한가한 오락에 지나지 않는다."[211] 볼테르는 "왕 중 왕인 사나운 칭기스 칸/그는 아시아의 비옥한 들판을 황무지로 만들었다"고 묘사한다. 칭기스 칸은 "어려서부터 무기를 써오고/피를 흘리는 일을 해온 거친 스키타이의 병사"였다. 볼테르의 수정된 역사에서 몽골 전사들은 "천막, 수레, 들판에 사는 약탈의 거친 아들들"일 뿐이다. 그들은 "우리의 예술, 우리의 관습, 우리의 법을 혐오하며, 따라서 그 모든 것을 바꾸려 하고, 이 화려한 제국이 있는 자리를 그들의 땅처럼 거대한 사막으로 만들려고 한다."

볼테르는 칭기스 칸에게서 그래도 용서받을 점이 하나 있다면, 그것은 그가 억지로이기는 하지만 교육을 잘 받은 사람들이 도덕적으로 우월하다는 사실을 인정하는 것이라고 말한다. 볼테르는 칭기스 칸이 이렇게 말했다고 인용한다. "보면 볼수록 예술과 무기가 훌륭하고, 학식과 관습이 훌륭한 이 놀라운 사람들을 존경할 수밖에 없구나. 이들의 왕은 지혜의 바탕 위에 권력을 세웠도다."212) 연극의 끝에서 칭기스 칸은 이런 질문을 던진다. "…… 내가 내 모든 승리로 무엇을 얻었는가? 피가 묻고 죄가 얼룩진 월계관으로 무엇을 얻었는가?" 볼테르는 이렇게 답한다. "…… 인류의 눈물, 한숨, 저주를 얻었다."213) 볼테르는 이 말로 몽골인에 대한 근대인의 저주의 포문을 열었다.

그러나 칭기스 칸을 이렇게 부정적인 이미지로 덮어버리기는 했지만 볼테르의 진짜 목표는 프랑스 왕이었다. 다만 두려움 때문에 직접 비판을 하지 못했을 뿐이다. 볼테르는 프랑스를 투사한 몽골이 모든 사악한 것을 대표하게 만들어놓았다. 다른 작가들 역시 금세 볼테르를 따라 몽골을 세계의 악의 상징으로 그리기 시작했다. 그 결과 몽골은 광범위한 문학적, 학문적 공격의 피해자가 되었다. 합스부르크 궁정에서 많은 시간을 보내고 훗날에는 러시아의 예카테리나 여제의 궁정에도 머물렀던 이탈리아의 시인이자 극작가 조반니 카스티의 작품에도 이런 식의 몽골 비판이 간접적으로 나타난다. 카스티는 자신을 후원하는 군주들을 공개적으로 비판하고 싶지 않았기 때문에 「타타르의 시(Poema Tartaro)」나 1778년의 오페라 「타타르의 대칸 쿠빌라이(Kublai, the Great Khan of the Tartars)」에서 몽골을 자신의 위장막으로 이용했다. 오페라의 음악은 합스부르크 궁정에서 볼프강 모차르트의 경쟁자였던 안토니오 살리에리가 작곡했다. 신성로마제국 황제는 이 희곡에 잠재적인 위험 요소가 있음을 간파하고 혁명가들을 부추길까 염려하여 오페라의 공연을 금지했다.

[몽골 인종 죽이기]

그러나 아시아인이 열등하다는 가장 유해한 이론적 설명은 유럽의 철학자나 예술가 쪽에서 나왔다기보다는 계몽주의의 영향으로 태어난 새로운 지식인 종족인 과학자들에게서 나왔다. 18세기 중반 프랑스의 박물학자 뷔퐁 백작은 첫 자연사 백과사전을 편찬하면서 주요 인간집단을 과학적으로 묘사했는데 이 가운데 몽골인은 아시아에서 가장 중요한 집단으로 꼽혔다. 그러나 그의 묘사를 읽어보면 500여 년 전 매슈 패리스와 스팔라토의 토마스의 히스테리가 가득한 글이 다시 돌아온 듯한 느낌을 준다. 뷔퐁은 이렇게 써놓았다. "입술은 크고 두꺼우며 가로로 갈라져 있다. 혀는 길고, 두텁고, 매우 거칠다. 코는 작다. 살갗은 약간 더러운 누런색이며 탄력이 없어 헐겁다는 느낌을 준다." 뷔퐁은 타타르 여자가 "남자와 다름없이 기형적"이라고 주장했다. 그의 눈에 몽골인의 문화는 얼굴만큼이나 추해 보였던 것 같다. "이 부족의 다수는 종교, 도덕, 품위라고는 알지 못한다. 이들은 강도가 직업이다."[214] 그의 작업은 불어로부터 유럽의 모든 주요 언어로 번역되어, 18세기와 19세기의 고전적인 정보 출처의 하나가 되었다.

유럽 과학자들은 개와 말의 혈통으로부터 장미와 민들레의 품종에 이르기까지 모든 것을 분류하려 했다. 1776년부터 1835년까지 독일 괴팅겐 대학 의대 교수이자 동물학자인 요한 프리드리히 블루멘바흐는 비교해부학, 특히 피부 색깔, 머리카락과 눈 색깔, 두개골 유형, 코나 뺨이나 입술의 크기나 형태 같은 얼굴 특징을 기초로 인간의 동물학적 분류를 시도했다. 그의 연구에 따르면 인간은 자연스럽게 아프리카, 아시아, 유럽의 세 가지 기본 인종으로 나뉘며, 여기에 하위 범주로 아메리카와 말레이가 따라붙는다. 그는 아시아인이 몽골에서 유래했다는 이론에 따라 모든 아시아인을 몽골인 항목에 집어넣었다. 유럽 과학자들은 이 이론을 재빨리 받아들여 과학의 복음으로 떠받들었다.

물론 이런 식의 범주 분류에는 진화에 따른 인종간 서열이 전제되어 있다. 이런 순위는 스코틀랜드의 과학자 로버트 체임버스가 1844년에 출간한 베스트셀러 『창조의 자연사의 흔적(Vestiges of the Natural History of Creation)』에서 분명하게 제시했다. "인류의 다양한 인종의 지도적 인물들은 가장 높은 유형, 즉 백색 인종이 발전해가는 특정 단계의 대표자들임이 분명하다." 백색 인종과 비교할 때 "몽골인은 발육이 정지된 갓난아기라고 할 수 있다."[215]

곧 이런 이론가들은 몽골 인종이 아시아의 원숭이인 오랑우탄과 가까운 관계라고 주장하기 시작했다. 얼굴의 특징만이 아니라 자세까지 비슷하다는 이야기였다. 아시아인은 오랑우탄과 마찬가지로 "몽골인" 자세 또는 "붓다" 자세로 다리를 접고 앉는다. 몽골 인종 범주는 꾸준히 확대되어 "중국 북부인, 중국 남부인, 티베트인, 중국 남부의 부족민들, 몽골인, 투르크족 일부, 퉁구스족, 조선인, 일본인, 고(古)아시아 민족들",[216] 나아가서 아메리카 인디언과 에스키모까지 포함하게 되었다.

몽골 인종 분류체계는 서구 과학에 한번 자리를 잡고 널리 받아들여지게 되자 새로운 분야에 적용되어나가기 시작했다. 이 시대의 과학자들은 일부 발달이 늦은 아이의 얼굴이 아시아인과 비슷하다는 사실을 근거로 그런 아이 역시 몽골 인종에 속한 것이 틀림없다고 생각했다. 이번에도 로버트 체임버스가 지진아와 "몽골 인종"[217]을 연결시키는 첫 번째 기록을 남겼다. 게다가 체임버스는 이 병을 근친상간과 연결시키기까지 했다. "친족 관계가 너무 가까운 부모는 몽골인 유형의 자손을 낳는 경향이 있다. 즉 성숙해도 어린아이를 벗어나지 못하는 사람을 낳는다는 것이다."[218] 1867년 잉글랜드 서리의 얼스우드 백치 수용소의 의료 감독 존 랭던 헤이든 다운 박사는 영국의 『저널 오브 멘털 사이언스(Journal of Mental Science)』에 실린 「백치의 인종학적 분류 관찰론(Observations on the Ethnic Classification of Idiots)」에서 새로운 범주체계를 정리했다. 의사들은 아이가 몽골 인종의 모습으로 태어나는 원인으로 근친상간이나 다른 비정상적인 행동에 덧붙여, 식사의 불균형, 정신 불안, 향수의 과도한 사용, 부모의 알코올 중독, 머리가 둘 달린 정자 등을 꼽았다.

과학자들은 이런 아이들이 아시아인의 신체적 특징을 타고나는 역사적 이유를 뒤지다가 13세기 몽골의 유럽 침입에서 정확한 생물학적 관련을 찾아냈다고 생각했다. 과학자들의 새로운 설명에 따르면 훈족, 아바르족, 몽골족 등 유럽을 습격한 부족들이 오랜 세월에 걸쳐 백인 여성을 강간하면서 유럽에 그 유전적 영향이 남게 되었다. 이런 유전자의 후손이 근대에도 이따금씩 돌출하여, 겉으로 보기에는 "정상적"인 유럽 여자가 몽골인의 생김새를 격세유전으로 물려받은 아이를 낳곤 한다는 것이었다. 다운 박사의 아들은 아버지의 이론을 더 갈고 닦아, 자신이 의학박사로서 연구한 결과 이런 저능아들은 몽골 혈통의 예전 형태로부터 파생되며, "인간이라기보다는 인간 이전의 존재"[219]로 간주해야 한다고 주장했다.

영국의 의사 프랜시스 G. 크룩섕크는 1924년에 출간되어 인기를 끌었던 책 『우리 안의 몽골(The Mongol in Our Midst)』에서 몽골인을 자신의 편의에 따라 하나의 인종으로 보기도 하고, 정신적 범주로 보기도 했다. 그는 이 책에서 작은 귓불, 튀어나온 항문, 남녀 모두 작은 생식기 등을 "몽골 낙인"[220]으로 묘사했다. 이렇게 지진아를 다른 인종과 연결시켜놓을 때 필연적인 결론은 이런 아이가 자신이 태어난 공동체, 심지어 가족으로부터도 배제된다는 것이었다. 크룩섕크가 설명하듯이 이런 인간은 "인종이 다르다. 좋은 쪽이든 나쁜 쪽이든 우리 주위의 남녀와는 같지 않다. 그들은 실제로 '국외 이주 몽골인'이나 다름없다."[221] 의사나 관리들은 이런 아이가 부모와 다른 인종에 속해 있기 때문에 제거해야 한다고 생각했다. 지진아는 더 폭넓게 발생하는 "격세유전적 몽골

특성 또는 오랑우탄 특성"²²²⁾이라는 현상의 극단적인 예일 뿐이었다. 이 이론에 따르면, 서양의 몽골인은 발달지체만이 아니라 서구에서 발견되는 범죄와 정신박약에도 큰 책임을 져야 했다. 또 이 이론에 따르면 특히 유대인이 몽골의 영향을 많이 유지하고 있었다. 그들이 하자르족을 비롯한 다른 초원지대 부족들과 결혼을 했고, 그 결과 유럽 전역에 저열한 유전자를 가져왔기 때문이다.

과학자들은 인종과 정신지체의 진화론을 통해 19세기와 20세기 초에 정치선동가나 신문 편집자들이 '황화(黃禍)'라고 부르던 것의 구체적이고 객관적인 증거를 제시한 셈이었다. 동아시아의 많은 나라들이 서구의 식민지가 되는 것을 원치 않았기 때문에 식민지의 유럽인은 이들에 대해 독설을 퍼붓기 시작했다. 황화의 공포는 필리핀인이나 한국인 등 어떤 집단에도 적용될 수 있었지만, 그 가운데도 중국과 일본이 가장 위험해 보였다. 일본은 산업화를 이루고 대군을 육성했다. 중국은 식민지화를 계속 거부하고 기독교로 개종하려 하지도 않았다. 그러자 아시아인은 서구 대중의 눈에 적으로 비치기 시작했다.

19세기 내내 유럽에는 아시아인에 대한 공포가 쌓여갔다. 러시아의 상징주의 시인 블라디미르 세르게예비치 솔로비요프가 1894년에 쓴 시 「범(汎)몽골주의(Pan Mongolism)」에서도 그런 공포를 분명히 볼 수 있다. 그가 보기에 중국과 일본이 근대문명의 가치들을 위협하는 상황은 "동쪽으로부터 미지의 낯선 사람들"²²³⁾이 문명을 공격하고 파괴하던 칭기스 칸 시대에 비길 만했다. 똑같은 일이 일어나고 있었기 때문이다. "잠에서 깬 부족의 무리가 새로운 공격을 준비하고 있다. 알타이로부터 말레이시아 해안에 이르기까지/동쪽 섬들의 여러 지도자는/중국의 무너진 성벽 옆에/대군을 모아놓았다./메뚜기 떼처럼 숫자도 많고/또 게걸스러운 부족은/초자연적인 힘의 보호를 받으며/북쪽으로 오고 있다." 솔로비요프는 독자들에게 곧 "장난감처럼 노란 아이들"이 "너희 낡은 깃발"을 가지고 놀 것이라고 경고한다. "범(汎)몽골주의! 그 이름만으로도 소름이 끼친다."

르네상스와 몽골 제국의 시대 이후 세월이 흐르면서 칭기스 칸은 인간 역사에서 가장 낮은 수준으로까지 격하되었다. 근대 유럽은 새로 발견한 식민지 정복의 힘과 스스로 내세운 세계 지배의 임무 때문에 아시아의 정복자를 도저히 받아들일 수 없었다. 기독교 식민주의자나 공산주의 인민위원을 가릴 것 없이 유럽인은 아시아인을 칭기스 칸과 몽골의 무리가 남긴 유산, 즉 야만적 독재와 처참한 미개 상태로부터 구해내려 했다. 몽골을 아시아 문제의 원천으로 간주하고 이것을 일본에서부터 인도에 이르기까지 모든 몽골인을 정복해야 할 근거로 삼는 태도는 유럽의 정복과 식민주의 이데올로기에서 중요한 자리를 차지하게 되었다. 칭기스 칸과 몽골의 잔혹성은 문명화된 잉글랜드, 러시아, 프랑스의 식민주의자들이 아시아를 통치할 수밖에 없는 구실이 되었던 것이다.

[범몽골주의의 유행]

유럽 과학자나 정치가들과는 정반대로 이 이데올로기의 피해자인 아시아의 지식인과 활동가들은 칭기스 칸에게서 새로운 영웅을 발견했다. 인도에서 일본에 이르기까지 20세기 새로운 세대의 아시아인은 유럽의 지배로부터 벗어나고자 하는 소망 때문에 칭기스 칸과 몽골에서 아시아 최고의 정복자를 보았다. 이것은 유럽의 우월성이라는 교조를 반박하는 생생한 증거였다. 러시아인을 포함한 유럽인이 칭기스 칸과 세계사에서 그의 역할을 격렬하게 공격하고 철저하게 의심했다는 바로 그 이유 때문에 아시아의 정치활동가들은 점차 그에게서 안내를 받으려 했고, 그의 힘을 빌려 서구의 힘과 가치를 공박하려 했다.

약간 뜻밖으로 여겨지는 사람이 칭기스 칸을 재평가하는 데 앞장을 서기도 했다. 인도 독립의 아버지이자 평화의 옹호자인 자와할랄 네루도 그런 사람이다. 네루는 1931년 새해 첫날 독방에 앉아서 영국 식민 당국이 그의 부인을 체포하고 딸을 다른 감옥에 가두었다는 소식을 들었다. 딸이 학대를 당한다는 신문 보도도 있었다. 네루는 13세의 딸 인디라―장차 인도의 총리가 된다―가 두려움에 젖고 기가 죽을 것임을 알았다. 인디라는 부모를 일주일에 두 번밖에 볼 수 없었다. 네루는 인디라가 식민지 학교에서 배운 내용도 반박할 겸 딸에게 역사를 설명하는 긴 편지를 보내기 시작했다. 이후 3년 동안 네루는 거의 매일 너덧 장씩 편지를 썼다. 그 자신 서구 교육을 받은 사람임에도 네루는 이 편지에서 자신의 조국 인도와 아시아 대륙이 세계사에서 차지하는 위치를 이해하려고 했다. "과거를 꿈꾸면서 미래를 과거보다 위대하게 만들 방법을 찾고"224) 싶었기 때문이다. 네루는 딸에게 보낸 첫 편지에서 이렇게 말했다. "유럽의 위대함을 인정하지 않는 태도는 어리석다. 그러나 아시아의 위대함을 잊는 태도 또한 어리석다."

아시아인이자 학자로서 서구가 아시아를 헐뜯기 위해 이용하는 칭기스 칸의 역사적 역할을 이해하려고 노력하는 것도 그의 지적인 과제의 하나였다. 네루는 유럽의 지배에 대항하는 고대 아시아인의 투쟁 속에서 칭기스 칸의 역할을 묘사했다. 몽골인이 세계무대에 갑자기 등장한 것을 놓고 네루는 이렇게 썼다. "이런 화산의 분출에 유라시아 세계가 얼마나 놀랐을지 충분히 상상이 간다. 커다란 자연재해처럼 느껴졌을 것이다. 사람의 힘으로는 어쩔 수 없는 지진 같은 재해 말이다. 몽골의 이 유목민은 아시아 북부의 넓은 초원지대에서 천막을 치고 살아가는 사람들로 어려움에 익숙하고 강했다. 그러나 매우 뛰어난 인물이 지도자로 등장하지 않았다면 그들의 힘과 고된 훈련도 아무런 소용이 없었을 것이다." 이어 네루는 칭기스 칸이 "조심스럽고 신중한 중년 남자이며, 그가 한 모든 큰 일은 사전에 생각하고 준비한 것이었다"고 말했다.

네루는 몽골인이 도시에 살지는 않지만 그럼에도 놀라운 문명을 창조했음을 깨달았다. "물론 그들은 도시예술 같은 것은 잘 몰랐지만 자신들의 세계에 적합한 생활방식을 이루어냈으며, 복잡한 조직을 만들었다." 네루는 그들이 수는 적었지만 "규율과 조직, 그리고 무엇보다도 칭기스 칸의 뛰어난 지도력" 때문에 "전장에서 큰 승리를 거두었다"고 말했다. 네루는 "칭기스 칸이 단연 세계에서 가장 위대한 군사 천재이자 지도자"라고 결론을 내렸는데, 이는 초서의 평가와 비슷하다. 네루는 칭기스 칸을 유럽에서 가장 위대한 정복자들과 비교하기도 했다. "알렉산더와 카이사르도 칭기스 칸 앞에서는 작아 보인다." 그러나 칭기스 칸은 군사적 능력에도 불구하고 세계와 우호적 관계를 맺기를 바랐다. "그의 구상은 문명과 유목 생활을 결합하자는 것이었다. 그러나 이것은 가능하지 않았고, 지금도 가능하지 않다." 몽골 칸은 "영원불변의 법을 믿었다. 아무도 그것을 깰 수 없었다. 심지어 황제도 그 법에 복종해야 했다." 여기에서 네루는 개인적인 이야기를 덧붙인다. "어쩌면 필요 이상으로 자세하게 이야기했는지도 모르겠다. 하지만 나는 이 사람에게 푹 빠졌단다."

황화에 대한 서구의 공포가 커지는 동안 아시아인은 점차 공동의 정체성을 만들어내는 현실적인 방법으로 범몽골주의 개념을 검토하기 시작했다. 몽골 제국이 한때 그랬던 것처럼 아시아인 모두가 하나의 깃발 아래 단결할 수 있다면, 서구 여러 나라의 점점 커지는 힘과 맞서 싸울 수 있을 것 같았기 때문이다. 이 이론은 아시아인이 민족주의적 충성심을 초월하여 공동의 대의 아래 협동하는 방법을 제시했다. 내몽골에서는 새로운 정신의 영향으로 칭기스 칸이 몽골을 창건한 1206년을 기점으로 새로운 역법을 사용하기도 했다.[225] 새로운 몽골 역법에 따르면 1937년은 칭기스 칸 기(紀) 731년이었다.

특히 20세기 전반에 점차 아시아의 지도자로 자처하던 일본은 유럽과 다른 모습을 보이고 싶어하면서 범몽골주의에 강하게 끌리기 시작했다. 새로운 아시아의 지도자가 되고자 하는 쟁탈전에서 칭기스 칸의 이미지는 귀중한 자산이 되었다. 그의 몸, 성소, 고향을 손에 쥐면 그의 유산을 차지할 권리도 강하게 주장할 수 있었고, 나아가서 이것은 그가 한때 다스렸던 땅에 대한 권리로 연결될 수 있었다. 일부 일본 학자들은 칭기스 칸이 사무라이 출신으로 권력투쟁에서 실패한 뒤 고향을 떠나 초원지대 유목민 사이에 살면서 힘을 길러 세계 정복에 나섰다는 이야기를 퍼뜨리기도 했다.

제2차 세계대전으로 치닫는 과정에서 칭기스 칸이 새삼스럽게 중요한 인물로 부각되는 묘한 일이 벌어졌다. 이번에는 선전과 이데올로기에만 이용된 것이 아니라, 실제적인 군사작전에도 응용되었다. 소련, 일본, 독일은 모두 새로 발굴된 『몽골 비사』를 판독하고, 번역하고, 해석하려고 노력을 기울였다. 그 책에 중국과 러시아를 이길 수 있었던 몽골 군사전술의 비법이 숨어 있을지도 모른다는 기대 때문이었다.

20세기에 탱크가 개발되면서 기병과 포병은 다시 하나의 부대로 통합될 수 있었다. 몽골의 말을 탄 궁수 이후로 처음 있는 일이었다. 각국의 군사전략가들은 현대의 탱크전을 운용할 묘책을 찾기 위해 옛날의 몽골 모델로 눈을 돌렸다. 독일은 가장 효과적으로 이 모델을 응용하여 전격전을 개발했다. 이것은 기동성이 뛰어난 군대가 빠른 속도를 이용해 적을 기습하여 혼란에 빠뜨리는 몽골의 작전을 따른 것이었다. 독일은 몽골의 전술을 더 정확하게 이해하기 위해 『몽골 비사』를 독일어로 번역하기 시작했다.[226] 베를린의 프리드리히 빌헬름 대학의 사회학 교수 에리히 해니쉬가 독일어 번역 작업을 맡았다. 해니쉬는 『몽골 비사』의 몽골어 원판을 찾아 몽골을 여행했지만 찾지 못했다. 해니쉬는 한자 음가를 빌려 몽골어를 표기한 텍스트로부터 번역을 하고 사전을 만들었다. 그러나 전쟁으로 인한 물자 부족으로 1941년에야 작은 판본으로 출간이 되었다. 그마저 운송의 어려움 때문에 배포가 지연되었다. 책이 담긴 상자들은 1943년까지 라이프치히에 그대로 보관되어 있다가 연합군의 폭격으로 불에 타버렸다. 결국 역사의 비밀은 나치에게는 그대로 비밀로 남고 말았다.

독일 군부가 몽골 연구를 하는 동안 소련도 같은 일을 하고 있었다. 스탈린은 아시아의 두 정복자 칭기스 칸과 티무르를 이해하려는 강박감에 사로잡혀 티무르의 시신을 발굴하기도 하고, 헛수고이긴 했지만 칭기스 칸의 시신을 찾는다고 부르칸 칼둔 지역으로 군사원정대를 몇 번이나 보내기도 했다. 일부 학자들은 몽골 역사를 번역하기도 하고, 아주 기묘한 해석을 내놓기도 했다. 예를 들어 몽골 땅을 비추는 해의 각도와 힘은 세계 다른 지역과 다르다는 식이었다. 이렇게 엉뚱함과 진지함이 뒤섞인 태도로 소련은 제2차 세계대전에서 몽골 전략을 그들 나름으로 해석하여 따라가기 시작했다. 소련은 1223년 수베데이가 칼카 강에서 러시아를 물리칠 때 사용한 전술을 대규모로 적용하여 독일군을 러시아로 깊이 끌어들였다. 결국 독일군은 러시아의 넓은 지역으로 대책 없이 퍼져나가게 되었고, 소련군은 몽골군처럼 반격을 하여 독일군을 각개격파해나갔다.

[마지막 칸의 최후]

제2차 세계대전이 마지막으로 발악을 하던 1944년 부하라의 전 아미르이자 칭기스 칸의 후손 가운데 최후의 통치자였던 사이드 알림 칸이 아프가니스탄 카불에서 숨을 거두었다. 그는 25년 전쯤 젊은 시절 통치하던 도시에서 카불로 망명했다. 알림 칸의 죽음에 관심을 가지는 사람은 거의 없었다. 주치와 킵착 칸국의 후손을 자처해온 아미르는 가족의 다른 지파의 후손보다는 오래 버텼다. 1857년 영국군은 인도의 마지막 무굴 황제 바하두르 샤 2세를 퇴위시키고 이듬해에 미얀마로 보내버렸다. 대신 빅토리아 여왕이 1877년 인도의 여제가 되었다.

망기트 왕조의 알림 칸이 1910년 부하라의 아미르로서 권좌에 올랐을 때 러시아는 이미 두 세대 동안 그의 고향을 다스리고 있었다. 따라서 알림 칸은 이전의 조상들과는 달리 응석받이 꼭두각시로서 통치를 해온 셈이었다. 1189년 검은 심장 모양의 산 옆의 푸른 호수 가장자리에서 테무진을 칸으로 추대한 첫 번째 부족 쿠릴타이가 열리고 나서 731년이 흐른 뒤 역시 쿠릴타이라는 이름으로 열리기는 했지만 사실은 부하라 공산당 대표자들이 모인 회의에서 그 마지막 후손의 폐위가 결정되었다.

알림 칸은 8월의 마지막 주에 부하라를 빠져나갔으며, 타지키스탄에서 잠깐 저항을 시도하다가 아프가니스탄에서 영국의 보호를 받으며 여생을 보냈다. 아미르가 떠나자 미하일 바실예비치 프룬체 휘하의 볼셰비키 세력은 부하라의 요새를 공격했다. 꼭 700년 전 칭기스 칸의 영기가 몽골인에게 중앙아시아에서 첫 승리를 안겨주었던 바로 그 요새였다. 1902년 9월 2일 프룬체는 레닌에게 "적군과 부하라 부대의 강력한 공격으로 오늘 옛 부하라의 요새를 점령했다"[227]고 보고했다. 그는 극적인 수사를 섞어 "압제와 강제는 정복되고, 리제스탄(아프가니스탄 남서부에 있는 건조한 고원지역) 위에 혁명의 붉은 기가 나부끼고 있다"고 덧붙였다.

[사라진 영기]

20세기 대부분의 기간 내내 러시아와 중국은 칭기스 칸의 고향을 나누어 갖는 협정을 유지해왔다. 중국은 고비 사막의 남부인 내몽골을 차지하고, 소련은 나머지 반, 즉 고비 사막 북쪽의 외몽골을 차지한다는 내용이었다. 소련은 몽골을 그들과 중국 사이의 완충지대로 삼아 비워두었다. 영국이 19세기 인도의 마지막 무굴 황제의 아들과 손자들을 처형했듯이, 소련은 20세기 몽골에 남아 있던 칭기스 칸의 후손을 숙청했다.

이들은 숲으로 끌려가 총살을 당한 뒤 흔적도 없이 땅에 묻히기도 하고, 시베리아의 강제노동수용소로 끌려가 죽을 때까지 일만 하기도 했으며, 그냥 역사의 밤 속으로 사라져버리기도 했다.

1964년 4월 소련의 기관지 『프라우다(Pravda)』는 "피에 굶주린 야만인 칭기스 칸을 역사에서 진보적인 인물로 떠받들려 하는"[228] 시도를 엄중 경고했다. 중국 공산주의자들은 러시아인이 몽골의 침략 덕분에 "더 높은 문화를 알게 될" 기회를 얻었으니 몽골인에게 감사해야 한다고 반박했다. 그러나 몽골인은 소련이 그들의 영웅을 공격한 것에 속으로는 불쾌했는지 몰라도, 어쨌든 소련에 끝까지 충성했다.

이후 몽골 박해 과정에서 언어학자, 역사학자, 고고학자를 비롯해 칭기스 칸이나 몽골 제국과 조금이라도 관련이 있는 주제를 전공하는 학자들 한 세대가 완전히 사라졌다. 칭기스 칸이 태어나고 나서 800년이 지난 1960년대 무렵 공산주의자들이 보관하던 술데, 즉 영기(靈旗)가 사라졌다. 칭기스 칸이 유라시아 대륙을 가로지를 때 들고 다니던 영기였다. 이 숙청의 시대 이후로 칭기스 칸의 술데는 보이지도 않았고 사라진 이유를 설명해주는 사람도 없었다. 학자들 가운데는 당국이 칭기스 칸의 영혼을 완전히 파괴하려고 파괴해버렸다고 생각하는 사람이 많다. 그럼에도 일각에서는 술데가 어느 지하실이나 폐쇄된 방에 먼지가 쌓인 채 방치되어 있다가, 언젠가 다시 나타나 몽골인을 이끌어줄지도 모른다고 기대하고 있다.

맺음말

영원한 푸른 하늘, 칭기스 칸

우리 역사를 잊은 것이 우리의 잘못인가?[229]
D. 자르갈사이칸

칭기스 칸의 제국은 세계사 최후의 대형 부족 제국이었다. 그는 유목 부족과 문명세계 사이의 만년 전쟁, 즉 사냥꾼 겸 목자와 농부 사이의 오랜 투쟁의 상속자였다. 이 투쟁은 무함마드를 따르는 베두인족이 도시 이교도의 우상숭배를 분쇄하던 이야기, 로마가 훈족 원정에 나선 이야기, 그리스가 방랑하는 스키타이인과 싸운 이야기, 이집트와 페르시아의 도시 거주자들이 헤브루의 목자들로 이루어진 방랑하는 부족들을 약탈하던 이야기, 궁극적으로 밭을 갈던 카인이 가축을 기르던 동생 아벨을 죽인 이야기가 보여주듯이 그 역사가 유구하다.

유목 문화와 도시 문화의 충돌은 칭기스 칸에게서 끝나지 않았다. 그러나 그 뒤로는 한 번도 그때 수준으로 올라간 적이 없다. 문명은 부족민을 세계의 가장자리로 더 멀리 내몰았다. 라코타 수족의 '앉아 있는 황소'나 '미친 말', 머스코지족의 '붉은 독수리', 쇼니족의 테쿰세 같은 족장들, 남아프리카의 샤카 줄루는 이후 수백 년 동안 용감하게 칭기스 칸의 뒤를 이으려 했지만 큰 성과를 거두지 못했다. 이런 족장들은 몽골이나 칭기스 칸을 전혀 모르면서도 똑같은 투쟁과 직면하여 아프리카와 남북 아메리카에서 똑같은 싸움을 했다. 그러나 역사는 그들을 넘어 나아갔다. 결국 정주문명이 긴 세계전쟁에서 승리를 거두었다. 미래는 카인의 문명화된 후손의 것이었으며, 그들은 끊임없이 유목 부족의 넓은 땅을 침식해 들어갔다.

칭기스 칸은 이미 과거의 존재가 되어버린 부족 출신이었지만, 상업, 교통, 대형 세속국가로 이루어진 근대세계를 형성하는 데 누구보다 탁월한 능력을 발휘했다. 기동성 있는 전문적인 전쟁 기술, 세계화된 교역, 국제적인 세속법을 통한 통치라는 면에서 그는 철저하게 근대적인 인물이었다. 상대를 없애려는 유목민과 농부 사이의 투쟁에서 시작된 일은 결국 몽골 방식의 문화 융합으로 끝을 맺었다. 나이가 들어 삶의 다양한 면들을 경험하면서 그의 세계관도 성숙해갔다. 그는 자기 민족을 위해 새롭고 더 나은 세상을 만들려고 노력했다. 몽골군은 문명과 문명을 나누고 고립시키는 보호장벽들을 부수어 자기 주변 여러 문명의 독특한 성격을 파괴하고 문화를 서로 엮었다.

역사에서 위대한 역할을 한 인물은 식물 표본처럼 책 속에 깔끔하게 끼워서 보관해둘 수가 없다. 그런 인물의 행동은 기차가 오고 가는 것처럼 구체적인 시간표에 따라 설명할 수 없다. 학자들은 정확하게 한 시대의 시작과 끝을 정하기도 하지만 커다란 역사적 사건들, 특히 갑자기 폭발한 사건들은 오랜 준비 과정을 거치며 또 일단 시작되면 결코 끝나지 않는다. 그 영향은 사건이 시야에서 희미해진 뒤에도 오랫동안 남는다. 종소리가 멈춘 뒤에도 간질거리는 진동은 계속 느낄 수 있듯이, 칭기스 칸은 오래 전에 무대에서 사라졌지만 그의 행동은 우리 시대에까지 계속 영향을 주고 있다.

2000년 4월 필자는 테무진 가족이 800년 전 부르테를 납치하러 온 메르키트의 공격을 피해 달아날 때 택했을 길을 따라가보았다. 테무진의 숙영지를 공격했을 만한 지점, 메르키트가 다가온 방향, 테무진 일행이 달아난 길 등을 찾아본 뒤 우리는 쫓고 쫓기던 사람들이 갔던 길을 따라 초원지대에서 산으로 이동하기 시작했다. 이 지역의 목동들은 우리가 가는 길로 피신했던 사람들과 비슷한 나이였다. 그들은 선조와 마찬가지로 말을 모는 솜씨가 뛰어났다. 몽골의 전통적인 델을 입고, 허리 바로 아래에 밝은 황금색 비단 허리띠를 꽉 동여맸다. 간혹 델 밑에 야구모자, 선글라스, 청바지가 눈에 띄는 것을 제외하면, 목동들은 양모, 플리스, 모전으로 만든 옷을 겹겹이 껴입고 있었다. 선조와 복장도 똑같은 셈이었다.

우리가 탄 말 아홉 마리는 후엘룬 가족이 달아날 때 탔던 말들과 마찬가지로 거세한 수말이었다.『몽골 비사』의 말 묘사는 아주 정확하여 우리는 원한다면 나이, 색깔, 형태, 특징까지 비교해볼 수 있었다. 그러나 우리는 그냥 나이 많고 약간 술에 취한 목자가 우리 목적에 가장 적합하다고 정해준 말을 타고 달렸다. 길을 찾을 필요도 없었다. 유목민의 안내와 직관을 따르기만 하면 그만이었다. 그들은 말과 말을 탄 사람이 이곳에서 저곳으로 어떻게 가는지 정확하게 알고 있었다. 어디는 얼음이 너무 얇아 강을 건널 수 없고, 어디는 눈이 덮였지만 밑에 웅덩이가 있고, 어디는 마못의 굴들이 엉켜 있어 달리던 말이 걸려 넘어질 수 있다는 것을 잘 알고 있었다.

몽골에서 가장 거룩한 산인 부르칸 칼둔의 바위 덮인 비탈을 천천히 올라가는데 바람이 불어 말발굽 주위에서 새로 내린 눈이 춤을 추었다. 말은 상쾌한 공기를 향해 축축한 콧김을 신경질적으로 뿜어댔고, 머리를 자꾸 젖혔다. 공기가 희박한 높은 고도에서 오랫동안 힘겹게 산을 오르다 보니 말의 심장이 쿵쿵거리는 소리가 바람소리를 뚫고 내 귀에까지 들릴 정도였다. 말의 심장이 다리를 타고 내 심장까지 올라올 것 같은 느낌이었다. 마침내 수정처럼 맑고 환한 빛 속에서 발을 멈추자 시야가 사방으로 지평선까지 막힘없이 탁 트였다. 산꼭대기, 너덜지대, 굽이치는 강, 언 호수가 한눈에 들어왔다.

칭기스 칸은 일을 마친 뒤에 이곳으로 돌아왔다. 그는 승리를 거둘 때마다 늘 이곳에 와서 쉬면서 기운을 되찾고 마음을 새롭게 다졌다. 그는 세상을 바꾸었지만 자신이 태어난 땅에서는 아무것도 바꾸지 못하게 했다. 지금도 칭기스 칸이 살았던 시절과 마찬가지로 봄이면 매가 머리 위로 솟아오르고 여름이면 벌레가 노래를 한다. 가을이면 유목민은 산으로 이동하고 겨울이면 이리가 배회한다. 눈을 감자 중국, 유럽, 인도로 달려가는 칭기스 칸의 말발굽 소리가 멀리서 천둥처럼 들리는 듯했다.

숲이 우거진 산을 떠나 지프가 있는 곳으로 돌아갔을 때 우리는 이 이야기와 우리의 원정이 시작된 곳으로 돌아가기로 결정했다. 메르키트가 테무진으로부터 부르테를 납치한 곳이었다. 초원은 사방으로 지평선까지 뻗어 있었다. 나무도 없었다. 건물, 도로, 담장, 전깃줄 등 현대세계의 표지들도 찾아볼 수 없었다. 나는 이 땅을 되풀이해 찾아가면서 몽골인처럼 계절의 색깔로 땅을 구분하게 되었다. 짧은 녹색의 여름은 짝짓는 새들을 유혹했다. 노란 가을에 식물이 마르면 말은 그 위를 달리고 염소는 그것을 먹었다. 하얀 겨울이면 낙타가 마른 풀밭을 찾아 언 강을 천천히 오르내렸다. 갈색의 봄이 오면 짐승이나 짐승을 먹고 사는 인간이나 새 풀이 나기만 기다렸다. 수백 년이 지나도 변하지 않는 이 외진 곳에서 테무진이 어른이 되었고 몽골인을 부족에서 민족으로 바꾸었다.

납치가 일어났다고 생각되는 곳으로 돌아오자마자 주위에서 휘몰아치는 매서운 바람 때문에 우리 모두 입을 다물었다. 우리는 이제 임무를 마치고 돌아와 새로운 느낌으로 이곳에서 벌어진 일을 마주하고 있었다. 큰 돌들 덕분에 이전의 숙영지의 윤곽이 분명하게 드러났다. 그 돌은 한때 거친 바람에 천막이 쓸려가지 않도록 고정하는 데 사용했던 것이다. 이제 몽골 숙영지는 텅 빈 채 찬 바람만 불고 있었다. 그러나 흙먼지만 발로 걷어내면 칭기스 칸의 마지막 깜부기불이 드러나며 온기가 피어오를 것 같았다. 눈을 쓸어내면 얼어붙은 진흙에 찍힌 말발굽 자국이 보일 것 같았다. 돌들은 누가 늘 놓아두던 자리에 놓고 간 것 같았다. 당장이라도 소유자가 돌아와 먼지를 털어내고 다시 한 번 야크나 양을 위한 겨울 야영지를 세우든가 아니면 세계제국의 수도를 세울 것 같았다. 어느 쪽이든 지금 가장 필요한 일을 할 것 같았다.

우리는 몰아치는 바람을 맞으며 말없이 모여서서 겉옷을 여미고 모자를 눌러쓰고 땅만 내려다보았다. 그러다가 한 사람씩 옆으로 가더니 돌 몇 개를 주워와 쌓기 시작했다. 유목민이 수천 년 동안 중요한 자리를 표시하던 방식이었다.* 말을 몰던 나이든 사람—그 지역에 사는 목자였다—은 마른 말똥을 몇 개 집어오더니 돌 앞에 쌓았다. 다른 사람들이 펄럭이는 델을 펼쳐 바람을 막아주자 목자는 말똥에 불을 피웠다. 어머니가 이런 식으로 불을 피우면 가족은 그 주위에 게르를 세우곤 했다.

똥에 불이 붙자 O. 수호바타르 교수가 삼목을 갈아 만든 향을 불에 뿌렸다. 향 냄새는 마음을 달래주었다. 오랜 탐사로 인한 흥분이 가라앉는 것 같았다. 어느덧 우리는 불에 시선을 집중하게 되었다. 향과 똥이 타는 냄새는 우리 탐색의 한 단계가 성공적으로 끝났음을 알려주었다. 모두 몸을 들썩이더니 점차 자세를 바로잡았다. 문화마다 옷을 제대로 입고 경의를 표하는 방법이 있다. 몽골인은 가슴 단추 세 개를 채우고, 옷깃을 똑바로 세우고, 델의 소매를 잡아당겨 손목과 손 윗부분까지 가린다. 모두 넓은 금색 허리띠를 조여매더니 델의 윗부분을 밖으로 빼 낙낙하게 늘어뜨렸다.

앞서 이곳을 통과할 때 이곳에서 어떤 역사적 사건이 벌어졌는지 확

---

* 몽골어로 '오보'라고 부른다.

인하자 목자들은 수호바타르 교수에게 돌로 표시를 하라고 권했다. 그래야 모두가 이곳에서 무슨 일이 있었는지 알게 될 것이라는 이야기였다. 근처에 사는 한 여인은 오랫동안 그런 사실을 알려고 하는 것 자체가 금지되었지만, 이제 자식들에게 알려주겠다고 말했다. 그들에게 그것을 기억하는 방법은 돌에 새기는 것이었다. 목자들은 모두 이 나이 많은 교수를 존경했다. 그들은 당국이 학자들을 숙청하던 시절부터 서로 알고 지내는 사이였다. 교수는 혼자서 목숨을 걸고 칭기스 칸이 다녔던 길을 추적하며 백만 킬로미터 이상을 돌아다녔다. 그때 그를 보호해주고 재워주고 먹여준 사람들이 친절한 목자들이었다.

이제 여행을 끝내고 나자 수호바타르 교수는 목자들의 요청에 동의하여 부르테 납치 사건을 알리는 돌을 세웠다. 그가 글을 쓰고, T. 자미앙수렝 교수가 옛 몽골 문자로 붓글씨를 쓰고, 학생들이 돌을 찾아 그 글을 새기기로 결정이 되었다. 수호바타르 교수는 학생 한 명을 보내 낡은 연감을 가져오라고 하더니 먼지 낀 안경 너머로 일련의 긴 도표와 도형을 훑어갔다. 그는 작은 종이에 몽당연필로 메모를 하더니 얼른 계산을 해보고 다시 연감의 도표들을 뒤졌다. 이윽고 수호바타르 교수는 학생들이 그곳으로 돌아와 기념비를 세울 길일(吉日)을 정해주었다.

르하구아수렝 교수는 델의 감추어진 주머니 어딘가에서 보드카 병을 꺼내더니 돌 위에 뿌리고 공중에도 뿌리더니 이마에도 갖다 댔다. 모인 사람들은 각자 자기 나름으로 우리가 조사하는 이야기와 직접적인 관련을 맺고 있었다. 르하구아수렝은 그의 스승인 고고학자 페를레와 이곳을 여러 차례 답사했다. 당국은 페를레를 수감하면서 르하구아수렝의 아버지도 민족주의 성향이 강하다는 이유로 체포했다. 심지어 계모도 국내 먼 지역으로 유배를 보냈다. 르하구아수렝과 동생들은 정치범의 자식이 되어 울란바토르의 거리로 쫓겨나게 되었다. 당국이 그마저 소년원으로 데려가기 몇 달 전 그는 도시 외곽의 작은 창고 위에 흙을 쌓았다. 동생들끼리 겨울을 날 수 있게 해주려는 것이었다. 르하구아수렌은 감옥에서 십대를 보낸 뒤 먼 국경지대에서 노역을 했다. 그러나 그 뒤에 스승의 고고학 작업을 이어받았다.

목자건 학자건 각 사람에게 우리 주위의 역사는 추상적인 것도 먼 것도 아니었다. 몽골 역사는 마치 지난주에 일어난 일처럼 그들의 삶을 좌우하고 있었다. 필자의 경우 몽골을 가로지르고 시간을 거슬러 탐구하는 일은 거의 어린아이 같은 호기심에서 시작되어 지적이고 학문적인 탐구로 발전했다. 그러나 몽골 동료들의 경우 우리의 탐사는 점점 개인적이고 감정적인 일이 되어갔다. 매일 우리는 그들의 조상이 겪은 곤경과 영웅적 태도를 더 깊이 이해하게 되면서 점차 과거로 빠져들게 되었다. 우리가 서 있는 곳은 범상한 장소가 아니었다. 이곳에서 몽골 민족의 어머니가 공격을 당하고, 납치를 당하고, 폭행을 당했다. 그녀를 빼앗기자 어린 테무진은 자신의 젊은 목숨을 포함해서 모든 것을 걸고 그녀를 되찾으려 했다. 테무진은 결국 그녀를 구했으며, 이후 평생 동안 자신의 민족을 외침으로부터 보호하려고 싸웠다. 이를 위해 쉬지 않고 외부인들을 공격하며 돌아다니는 일도 마다하지 않았다. 그 과정에서 테무진은 세계를 바꾸었고 민족을 창조했다.

사람들은 냄새나는 말똥더미 앞에 무릎을 꿇었다. 코를 훌쩍였고 눈가에는 이슬이 맺혔다. 어스름의 침침해지는 황금 빛 속에서 800년의 간격이 녹아 사라졌다. 오래 전 무시무시한 새벽에 그들의 조상이 느끼던 고통이 우리 주위의 연기에 섞여 떠돌고 있었다. 조그만 돌무더기에서 향이 타는 동안 각 사람은 저마다 한 걸음 앞으로 나가더니, 모자를 벗고 돌 앞에 무릎을 꿇은 다음 언 땅에 이마를 댔다. 이곳이 성스러운 곳이었기 때문이다. 이어 자리에서 일어나 천천히 돌무더기를 세 바퀴 돌며 공중에 보드카를 뿌렸다.

모두 개인적인 물품을 하나씩 꺼내 돌무더기 위에 남겼다. 각설탕

한 조각, 성냥 몇 개, 바스락거리는 종이에 싸인 사탕, 찻잎 한 조각. 마치 수백 년을 거슬러 올라가, 납치자들의 손에 이끌려 말에 올라탄 채 미지의 미래를 향해 달려가는 겁먹은 부르테에게 기운을 북돋워주고 온기를 전할 수 있는 작은 선물을 주고 싶어하는 것 같았다. 아무도 입을 열지는 않았지만 그녀에게, 그들의 어머니에게, 다 괜찮다고, 그녀와 그들, 즉 그녀의 후손은 모든 일을 견디며 800년간 생명을 이어가게 될 것이라고 말하고 싶은 것 같았다. 사실 그들은 여전히 '황금 빛'의 자식들이며, 이리와 암사슴의 후손이다. 몽골의 '영원한 푸른 하늘'의 성긴 구름 사이로 칭기스 칸의 영기는 지금도 바람에 나부끼고 있다.

미주

이 주석은 독자가 다양한 출처로부터 정보를 찾는 일을 돕기 위해 작성한 것이다. 영어 번역판이 없을 경우를 제외하고는 모두 영어로 쓰인 책을 인용했다.

1) Joel Aschenbacher, "The Era of His Ways: In Which We Chose the Most Important Man of the Last Thousand Years", *Washington Post*, 1989년 12월 31일, p.F01.

2) 문화교류에 대한 더 많은 정보는 Thomas T. Allsen, *Culture and Conquest in Mongol Eurasia* (Cambridge, U.K.: Cambridge University Press, 2001).

3) 인용문은 Bacon의 *Opus Majus*에 나온 것이다. Robert Belle Burke 옮김 (Philadelphia: University of Pennsylvania Press, 1928), vol. 1, p.416; vol.2, p.792.

4) D. Jargalsaikhan이 작곡하고 그룹 Chinggis Khaan이 연주한 'Chinggis Khaan'에 나오는 구절이다.

5) 이 인용문은 Allsen, *Culture and Conquest in Mongol Eurasia*, p.88에 나온다.

6) Eric L. Jones, *Growth Recurring: Economic Change in World History* (Oxford, U.K.: Clarendon Press, 1988), p.113에 인용되어 있다.

7) Almaz Khan, "Chinggis Khan: From Imperial Ancestor to Ethnic Hero", *Cultural Encounters on China's Ethnic Frontiers*, Stevan Harrell 편 (Sealttle: University of Washington Press, 1995), pp.261~262.

8) Tom Ginsburg, "Nationalism, Elites, and Mongolia's Rapid Transformation", *Mongolia in the Twentieth Century: Landlocked Cosmopolitan*, Stephen Kotkin and Bruce A. Elleman 편 (Armonk, N.Y.: M.E. Sharpe, 1999), p247.

9) 요즘 몽골인은 대부분 Lkhagvasuren이나 Sukhbaatar처럼 하나의 이름만 사용한다. 그러나 이름이 같아 구별을 할 필요가 있을 때는 부모의 이름 첫 자 (sh, ch, kh, ts의 경우에는 두 글자)를 사용한다.

10) Henry David Thoreau, *Journal* (Princeton, N.J.: Princeton University Press, 1981),

1851년 5월 1일.

11) *Secret History*, 62절 (『몽골비사』는 유원수 역주본[사계절, 2004]을 참조하였으나, 가급적 저자가 인용한 영문 번역을 그대로 우리말로 옮겨놓으려 했다 — 옮긴이).

12) Ata-Malik Juvaini, *Genghis Khan: The History of the World Conqueror*, J.A. Boyle 옮김 (Seatle: University of Washington Press, 1997), p.98.

13) 같은 책, p.15.

14) Minhaj al-Siraj Juzjani, *Tabakat-I-Nasiri: A General History of the Muhammadan Dynasties of Asia*, H. G. Raverty 소령 옮김 (Bengal: Asiatic Society of Bengal, 1881; reprint, New Dehli: Oriental Books, 1970), p.1077.

15) 같은 책, p.105.

16) Juvaini, p.106.

17) *Secret History*, 55절.

18) *Secret History*, 149절.

19) 테무진의 어린 시절에 일어난 사건들의 연도를 정확하게 확정하는 것은 어려운 일이다. 몽골인은 겨울이 끝나고 봄이 올 무렵에 새해가 시작되는 것으로 계산했다. 매번 초원이 녹색으로 바뀌면 일 년이 새로 시작되는 것이었으며, 나이도 아이가 초원이 녹색으로 바뀌는 것을 경험한 회수로 계산했다. 따라서 봄이 시작될 때 태어난 테무진은 태어나자마자 한 살이 되었으며, 이후 초원이 녹색으로 바뀔 때마다 한 살씩 더 먹었다. 그러나 이 책에서는 나이를 서구의 전통적인 방식으로 계산했다.

20) 과부가 의붓아들과 결혼한 예는 17세기의 한 몽골 귀족 집안에서 찾아볼 수 있다. 여자는 남편이 죽은 뒤 아들과 결혼했으며, 이 남편도 죽자 그의 아들과 결혼했고, 이 남편마저 죽자 다시 그의 아들과 결혼했다. 따라서 이 여자는 같은 집안의 네 남자, 즉 첫 번째 남편, 그 남편의 아들, 그 남편이 손자, 그 남편의 증손자와 결혼을 한 셈이다. J. Holmgren, "Observations on Marriage and Inheritance Practices in Early Mongol and Yuan Society, with Particular Reference to the Levirate", *Journal of Asian History* 20 (1986), p.158 참조.

21) Juvaini, *Genghis Khan*, p.21.

22) *Secret History*, 201절.

23) 몽골어도 나이 많은 형제의 중요성을 반영하여, 형 (아크)과 누나 (에그치)에게는 별도의 단어를 배정한 반면 동생은 남녀에 관계없이 하나의 단어 (두)로 묶어버린다. '형'을 뜻하

는 아크라는 말은 매우 중요해서 이 단어는 결국 가족이나 소규모 집단의 우두머리를 뜻하는 말이 되었다. 친형제들 사이에는 태어난 순서에 따라 서열이 분명하다. 그러나 배다른 형제일 경우 아이들 사이의 서열은 여러 요인에 좌우되는데, 그 가운데 특히 중요한 것이 어머니들의 서열이다.

24) *Secret History*, 78절.
25) "Meng-Ta Peu-Lu Ausführliche Aufzeichnungen über die Mongolischen Tatan von Chao Hung, 1221", Peter Olbricht와 Elisabeth Pinks, *Meng-Ta Pei-Lu und Hei-Ta Shih-Lüeh: Chinesische Gesandtenberichte über die frühen Mongolen 1221 und 1237* (Weisbaden: Otto Harrassowitz, 1980), p.12.
26) Ata-Malik Juvaini, *Genghis Khan: The History of the World Conqueror*, J.A. Boyle 옮김 (Seatle: University of Washington Press, 1997), p.22.
27) 몽골과 투르크의 많은 단어의 어원은 물리적, 정치적 힘과 초자연적 힘이 항상 서로 얽혀 있음을 보여준다. 몽골어에서 우두머리를 가리키는 말 Khan은 투르크어에서 샤먼을 가리키는 말 Kham과 거의 같다. 몽골의 여성 샤먼은 idu-khan이라고 부르며, 남성 샤먼을 가리키는 말은 씨름꾼이나 운동선수를 가리키는 말에서 유래했다.
28) Francis Woodman Cleaves 옮김, *The Secret History of the Mongols* (Cambridge, Mass.: Harvard University Press, 1982), par.113, pp.47-48.
29) Urgunge Onon 옮김, *The History and the Life of Chinggis Khan (The Secret History of the Mongols)*, (Leiden: E. J. Brill, 1990), 117절.
30) 두 사람의 계급 관계에 대한 이와 반대되는 해석으로는 Boris Y. Vladimirtsov, *The Life of Chingis-Khan*, Prince D. S. Mirsky 옮김 (New York: Benjamin Blom, 1930) 참조.
31) Rachewiltz 옮김, *The Secret History*, 136절, 1972년.
32) 테무진이 입은 부상은 거의 같은 시기에 벌어진 전투에서 잉글랜드의 사자심왕 리처드가 입은 부상과 비교해볼 수 있다. 1199년 4월 리처드는 반란을 일으킨 봉신과 싸우던 중 왼쪽 어깨에 화살을 맞았다. 리처드는 활을 뽑으려 했으나 쇠 미늘이 걸려 살대만 부러지고 말았다. 의사들이 치료를 했지만 감염이 심해지고 열은 높아졌다. 부상을 당한 지 열하루 만에 리처드는 죽었다. 주검은 방부처리를 한 뒤 몇 조각으로 나누어 그에게 감정적으로 의미가 있는 여러 곳에서 성대하게 장례를 치러주었다. 뇌는 푸아티에의 수도원에 묻었다. 심장은 루앙의 성당으로 갔고, 몸통은 퐁퇴로 수도원으로 갔다. 반면 테무진의 경우에는 젤메가 상처의 피를 빨아주었기 때문에 테무진이 리처드 왕처럼 때 이르게 고통스러운 죽

음을 당하는 것을 막을 수 있었다.

33) *Secret History*, 179절.

34) 몽골에서는 지금도 이 "Esgii Tuurgatan"이라는 말을 사용한다.

35) Ata-Malik Juvaini, *Genghis Khan: The History of the World Conqueror*, J.A. Boyle 옮김 (Seatle: University of Washington Press, 1997), p.38.

36) Marco Polo, *The Travels of Marco Polo*, Ronald Latham 옮김 (London: Penguin Books, 1958), p.94.

37) 발주나 텍스트에서는 호수라고 부르지만 실제로는 강이거나 아니면 오논 강의 지류인 발지 강으로 연결되는 작은 호수였을지도 모른다. 이 사건의 정확한 시기는 논란의 대상이다. 어떤 학자들은 발주나 맹약이 옹 칸의 배신과 이어지는 것이 아니라, 긴 내전의 다른 시점에 발생한 사건이라고 생각한다. 일부 학자들은 이 사건 전체가 근거 없는 전설이라고 생각하지만, 중국 문헌에 근거가 많이 나오기 때문에 대부분의 학자들은 사실로 받아들인다. 이 사건과 이 사건을 다룬 여러 이야기에 대한 자세한 논의는 Francis Woodman Cleaves, "The History of the Baljuna Covenant", *Havard Journal of Asiatic Studies* 18, nos. 3~4 (1955년 12월), pp.357~421.

38) *Secret History*, 194절.

39) "Hei-Ta Shih-Lüeh Kurzer Bericht über die schwarzen Tatan von P'eng Ta-Ya und Sü T'ing, 1237", Peter Olbricht와 Elisabeth Pinks, *Meng-Ta Pei-Lu und Hei-Ta Shih-Lüeh: Chinesische Gesandtenberichte über die frühen Mongolen 1221 und 1237* (Welisbaden: Otto Harrassowitz, 1980), p.161.

40) *Secret History*, 96절.

41) Urgunge Onon 옮김, *The History and the Life of Chinggis Khan (The Secret History of the Mongols)*, (Leiden: E. J. Brill, 1990), 200절.

42) 1206년 쿠릴타이의 개최지에 대해 *Secret History*는 그냥 오논 강의 원류라고만 이야기한다. 그러나 17세기의 Erdeni-yin Tobchi는 좀더 정확하게 케룰렌 강의 섬이라고 말한다. Paul Kahn, *The Secret History of the Mongols: The Origins of Chingis Khan*, exp. ed. (Boston: Chen & Tsui, 1998), p.189.

43) Francois Petit de la Croix, *The History of Genghizcan the Great: First Emperor of the Ancient Moguls and Tartars* (London: Printed for J. Darby, etc, 1722), pp.62~63.

44) *Secret History*, 243절.

45) 칭기스 칸의 대법령에 대한 정보를 더 얻으려면 Valentin A. Riasanovsky, *Fundamental Principles of Mongol Law*, Uralic and Altaic Series, vol. 43 (Bloomington: Indiana University Publications, 1965), p.33 참조.

46) 결혼에 대한 정보를 더 얻으려면 Paul Ratchnevsky, *Genghis Khan: His Life and Legacy*, Thomas Nivison Haining 옮김 (Oxford, U.K.: Blackwell, 1991), pp.191 참조.

47) 정보를 더 얻으려면 같은 책, p.155 참조.

48) *Secret History*, 199절 참조.

49) 칭기스 칸의 세법에 대한 정보를 더 얻으려면 *Riasanovsky, Fundamental Principles of Mongol Law*, p.83 참조.

50) 법이 왕실에 적용되는 문제에 대해 정보를 더 얻으려면 Boris Y. Vladimirtsov, *The Life of Chingis-Khan*, D. S. Mirsky 옮김 (New York: Benjamin Blom, 1930), p.74 참조.

51) Onon, *Secret History*, 203절.

52) 역전에 대한 논의는 Bat-Ochir Bold, *Mongolian Nomadic Society: A Reconstruction of the "Medieval" History of Mongolia* (New York: St. Martin's Press, 2001), p.168 참조.

53) 텝 텡그리의 이름은 쿠쿠추였다. *Secret History*를 보면 이 이름을 가진 사람이 넷 나오는데, 이 가운데 누가 후엘룬의 영지를 맡게 되었는지는 분명치 않다. 두 명의 쿠쿠추는 이 일이 생기기 전에 죽었다. 텝 텡그리 외에 후엘룬이 양자로 들인 타이치우드 소년의 이름도 쿠쿠추였다. 그는 나중에 천호장이 되었다. 양자로 들인 쿠쿠추가 후엘룬 밑에 있는 사람들을 감독했을 것이라고 가정하는 학자들이 많지만, 쿠쿠추 텝 텡그리가 후엘룬 사후에 그녀에게 속했던 사람들을 통제한 것을 보면 감독으로 임명받았던 쿠쿠추가 바로 텝 텡그리였다고 주장할 수도 있다. 이 문제는 확실한 답을 알기는 어렵지만 그렇게 중요한 것은 아니다.

54) *Secret History*, 244절.

55) *Secret History* (238절)에서 위구르 지도자를 이도오드라고 부르는데, 이것은 왕, 제후, 칸 정도의 의미다.

56) Edward Gibbon, *Decline and Fall of the Roman Empire* (London, J. M. Dent, 1910), vol.5, p.76.

57) "Meng-Ta Peu-Lu Ausführliche Aufzeichnungen über die Mongolischen Tatan von Chao Hung, 1221", Peter Olbricht와 Elisabeth Pinks, *Meng-Ta Pei-Lu und Hei-Ta Shih-Lüeh: Chinesische Gesandtenberichte über die frühen Mongolen 1221 und 1237*

(Weisbaden: Otto Harrassowitz, 1980), p.210.
58) Peking Gazette, 1878년 6월 30일, C. W. Campbell의 *Travels in Mongolia: 1902* (reprint, London: Stationery Office, 2000), p.74에 인용.
59) "Meng-Ta Peu-Lu Ausführliche Aufzeichnungen über die Mongolischen Tatan von Chao Hung, 1221", Peter Olbricht와 Elisabeth Pinks, *Meng-Ta Pei-Lu und Hei-Ta Shih-Lüeh*, p.61.
60) Thomas J. Barfield, *The Perilous Frontier: Nomadic Empires and China, 221 B.C. to A.D. 1757*(Cambridge, Mass.: Blackwell, 1992).
61) Marco Polo, *The Travels of Marco Polo*, Teresa Waugh 옮김 (New York: Facts on File, 1984), p.57.
62) "Meng-Ta Peu-Lu Ausführliche Aufzeichnungen über die Mongolischen Tatan von Chao Hung, 1221", Peter Olbricht와 Elisabeth Pinks, *Meng-Ta Pei-Lu und Hei-Ta Shih-Lüeh*, p.58.
63) "Hei-Ta Shih-Lüeh Kurzer Bericht über die schwarzen Tatan von P'eng Ta-Ya und Sü T'ing, 1237", Peter Olbricht와 Elisabeth Pinks, *Meng-Ta Pei-Lu und Hei-Ta Shih-Lüeh: Chinesische Gesandtenberichte über die frühen Mongolen 1221 und 1237* (Welisbaden: Otto Harrassowitz, 1980), p.187 참조.
64) Walther Heissig, *A Lost Civilization: the Mongols Rediscovered*, D. J. S. Thompson 옮김 (London: Thames & Hudson, 1966), p.35.
65) Uradyn E. Bulag, *Nationality and Hybridity in Mongolia* (Oxford, U.K.: Calrendon Press, 198), p.213 참조.
66) "Hei-Ta Shih-Lüeh Kurzer Bericht über die schwarzen Tatan von P'eng Ta-Ya und Sü T'ing, 1237", Peter Olbricht와 Elisabeth Pinks, *Meng-Ta Pei-Lu und Hei-Ta Shih-Lüeh*, p.187.
67) 이 사건들 가운데 일부가 1207년에 일어났는지 1219년에 일어났는지에 대해서는 논란이 있다. 두 해 모두 토끼 해이기 때문이다.
68) *Secret History*, 240절.
69) 카쉬가르에서 일어난 일들과 관련하여 *Secret History*는 이 침공을 1205년 소의 해의 일로 기록하고 있지만, 다른 거의 모든 자료는 1217년 소의 해의 일로 기록하고 있다.
70) 몽골의 쿠출룩 토벌에 대한 정보를 더 얻으려면 René Grousset, *The Empire of the*

Steppes: A History of Central Asia, Naomi Walford 옮김 (New Brunswick, N.J.: Rutgers University Press, 1970), p.234.

71) Ata-Malik Juvaini, Genghis Khan: *The History of the World Conqueror*, J.A. Boyle 옮김 (Seatle: University of Washington Press, 1997), p.67.

72) *Secret History*, 237절.

73) Juvaini, *Genghis Khan*, p.77.

74) François Pétis de la Croix, *The History of Genghizcan the Great: First Emperor of the Ancient Moguls and Tartars* (London: Printed for J. Darby 등, 1722), pp.119~120.

75) René Grousset, *Conqueror of the World*, Marian McKellar와 Denis Sinor 옮김 (New York: Orion Press, 1966), p.209.

76) Juvaini, *Genghis Khan*, pp.79~81.

77) 같은 책, p.80.

78) 같은 책, p.80.

79) 같은 책, p.80.

80) Sechen Jagchid, *Essays in Mongolian Studies* (Provo: Brigham Young University Press, 1988), p.12.

81) Francois Petis de la Croix, *The History of Genghizcan the Great: First Emperor of the Ancient Moguls and Tartars* (London: Printed for J. Darby 등, 1722), p.136.

82) Henry H. Howorth, *History of the Mongols, pt.1, The Mongols Proper and the Kalmuks* (London: Longmans, Green, 1876), p.81.

83) Robert P. Blake와 Richard N. Frye, "History of the Nation of the Archers (the Mongols) by Grigor of Akanc", *Harvard Journal of Asiatic Studies* 12 (1949년 12월), p.301.

84) Yaqut al-Hamawi, Edward G. Browne, *The Literary History of Persia*, vol. 2 (Bethesda, Md.: Iranbooks, 1997), p.431에 인용.

85) Michael Prawdin, *The Mongol Empire: Its Rise and Legacy*, Eden Paul과 Cedar Paul 옮김 (London: George Allen & Unwin, 1940), p.143.

86) Browne, *The Literary History of Persia*, p.430에 인용.

87) 몽골 전사들을 살해한 이야기는 Luc Kwanten, *Imperial Nomads: A History of Central Asia, 500~1500* (Philadelphia: University of Pennsylvania Press, 1979), p.131에 나와

있다.

88) Stuart Legg, *The Barbarinas of Asia: The Peoples of the Steppes from 1600 B.C.* (New York: Dorset, 1970), p.274.

89) 이 원정들에 대한 좀더 자세한 이야기는 David Morgan, *The Mongols* (Cambridge, Mass.: Blackwell, 1986), pp.60~61 참조.

90) 과장된 피살자 수에 대해서는 Legg, *The Barbarinas of Asia*, p.277 참조.

91) Paul Ratchnevsky, *Genghis Khan: His Life and Legacy*, Thomas Nivison Haining 옮김. (Oxford, U.K.: Blackwell, 1991), pp.140 참조.

92) Paul Kahn, *The Secret History of the Mongols: The Origins of Chinggis Khan* (Boston: Cheng & Tsui, 1998), p.153.

93) 같은 책, 254절.

94) 같은 책, 254절.

95) 같은 책, 255절.

96) 같은 책, 255절.

97) Ata-Malik Juvaini, Genghis Khan: *The History of the World Conqueror*, J.A. Boyle 옮김 (Seatle: University of Washington Press, 1997), pp.182~183.

98) Rashid al-Din, *The Successors of Genghis Khan*, John Andrew Boyle 옮김 (New York: Columbia University Press, 1971), p.98.

99) Colonel Kh. Shagdar, "Ikh Khaadin surgaal gereeslel", *Chingis Khaan Sydlal*, vol.4 (2002), pp.3~35, 몽골어에서 번역.

100) 같은 책, pp.3~35.

101) 집단 사냥 절차에 대한 자세한 묘사는 "Hei-Ta Shih-Lüeh Kurzer Bericht über die schwarzen Tatan von P'eng Ta-Ya und Sü T'ing, 1237, Peter Olbricht와 Elisabeth Pinks, *Meng-Ta Pei-Lu und Hei-Ta Shih-Lüeh: Chinesische Gesandtenberichte uber die fruhen Mongolen 1221 und 1237* (Weisbaden: Otto Harrassowitz, 1980), p.117 참조.

102) 몽골의 장례 관행에 대해 정보를 더 얻으려면 V. V. Barthold, "The Burial Rites of the Turks and the Mongols", J. M. Rogers 옮김, *Central Asiatic Journal 14* (1970), pp.195~227 참조.

103) 성직자의 말은 Minhaj al-Siraj Juzjani, *Tabakat-I-Nasiri: A General History of the*

Muhammadan Dynasties of Asia, H. G. Raverty 소령 옮김 (Bengal: Asiatic Society of Bengal, 1881; reprint, New Dehli: Oriental Books, 1970), pp.1041~1042에서 찾아볼 수 있다.

104) 칭기스 칸의 편지의 영어 번역본은, E. Bretschneider, *Medioeval Researches from Eastern Asiatic Sources*, vol. I (New York: Barnes & Noble, 1967), pp.37~39.

105) Edward Gibbon, *Decline and Fall of the Roman Empire* (London: J. M. Dent, 1910), vol. 6, p.280.

106) *The Chronicle of Novgorod: 1016~1491*, Robert Michel과 Novill Forbes 옮김, Camden 3rd Series, vol.25 (London: Offices of the Society, 1914), p.64.

107) Ata-Malik Juvaini, *Genghis Khan: The History of the World Conqueror*, J.A. Boyle 옮김 (Seattle: University of Washington Press, 1997), p.202.

108) Rashid al-Din, *The Successors of Genghis Khan*, John Andrew Boyle 옮김 (New York: Columbia University Press, 1971), pp.61~62.

109) 행정부 확대에 대한 정보를 더 보려면, Thomas T. Allsen, "The Rise of the Mongolian Empire and Mongolian Rule in North China", *The Cambridge History of China, vol. 6, Alien Regimes and Border States, 907~1368*, Herbert Franke와 Denis Twitchett 편 (Cambridge, U.K.: Cambridge University Press, 1994), p.397.

110) Juvaini, *Genghis Khan*, pp.236~237.

111) al-Din, *The Successors of Genghis Khan*, pp.84~85.

112) 추가금에 대한 정보를 더 보려면, Larry Moses와 Stephen A. Halkovic Jr. *Introduction to Mongolian History and Culture* (Bloomington, Ind.: Research Institute for Inner Asian Studies, 1985), p.71.

113) Thomas J. Barfield, *The Perilous Frontier: Nomadic Empires and China, 221 B.C. to A.D. 1757* (Cambridge, Mass.: Blackwell, 1992), p.206.

114) Henry H. Howorth, *History of the Mongols*, pt.1, *The Mongols Proper and the Kalmuks* (London: Longmans, Green, 1876), p.156.

115) Juvaini, *Genghis Khan*, p.77.

116) *The Chronicle of Novgorod: 1016~1491*, Robert Michel과 Novill Forbes 옮김, Camden 3rd Series, vol.25 (London: Offices of the Society, 1914), p.66.

117) 같은 책, p.66.

118) 같은 책, p.81.
119) 이 부분의 인용은 Matthew Paris, *Matthew Paris's Englihsh History from the Year 1235 to 1273*, J. A. Giles 옮김, 1852 (London: Henry G. Bohn; reprint, New York: AMS Press, 1968), vol.1, p.469에서 찾아볼 수 있다.
120) J. J. Saunders, *The History of the Mongol Conquests* (Philadelphia: University of Pennsylvania Press, 2001), p.82.
121) Paris, *Matthew Paris's Englihsh History*, vol.1, p.314.
122) 같은 책, p.314.
123) 같은 책, p.314.
124) 같은 책, p.314.
125) Saunders, *The History of the Mongol Conquests*, p.83.
126) *Chronicle of Novgorod*, pp.87~90.
127) al-Din, *The Successors of Genghis Khan*, p.138.
128) *Secret History*, 277절.
129) 이 전투에 대한 정보는 Erik Hildinger, "Mongol Invasion of Europe", *Military History* (1997년 6월) 참조.
130) Jan Dlugosz, *The Annals of Jan Dlugosz*, Maurice Michael 옮김, Paul Smith 해설, Chichester, United Kingdom: IM Publications, (1997), 1241년 항목.
131) James Ross Sweeney, "Thomas of Spalato and the Mongols", *Florilegium: Archives of Canadian Society of Medievalists* 12 (1980).
132) Paris, *Matthew Paris's Englihsh History*, vol.1, pp.469~472.
133) 몽골인과 성경이 관련이 있다는 생각에 대해서는 Axel Klopprogge, *Ursprung und Auspraegun des abdendlaendischen Mongolenbildes im 13. Jahrhundert: Eine Versuch zur Ideengeschichte des Mitterlaters* (Wiesbaden: Harrassowitz Verlag, 1993)에서 찾아볼 수 있다.
134) Paris, *Matthew Paris's Englihsh History*, vol.1, p.314.
135) 이 문단의 인용문은 같은 책, pp.357~358에서 찾아볼 수 있다.
136) 이 영국인 기사의 정체를 다룬 흥미 있는 소설로는 Gabriel Ronay, *The Tartar Khan's Englishman* (London: Cassell, 1978) 참조.
137) Christopher Dawson 편, *The Mongol Mission: Narratives and Letters of the*

Franciscan Missionaries in Mongolia and China in the Thirteenth and Fourteenth Centuries (New York: Sheed & Ward, 1955), p.195.

138) 투레게네의 칙령에 대한 자세한 논의는 Igor de Rachewiltz, "Töregene's Edict of 1240", *Papers on Far Eastern History* 23 (1981년 3월), pp.38~63 참조.

139) Ata-Malik Juvaini, Genghis Khan: *The History of the World Conqueror*, J.A. Boyle 옮김 (Seatle: University of Washington Press, 1997), pp.245~246.

140) Christopher Dawson 편, *The Mongol Mission: Narratives and Letters of the Franciscan Missionaries in Mongolia and China in the Thirteenth and Fourteenth Centuries* (New York: Sheed & Ward, 1955), pp. 73~76.

141) Juvaini, *Genghis Khan*, p.245.

142) Minhaj al-Siraj Juzjani, *Tabakat-I-Nasiri: A General History of the Muhammadan Dynasties of Asia*, H. G. Raverty 소령 옮김 (Bengal: Asiatic Society of Bengal, 1881; rerpint, New Dehli: Oriental Books, 1970), p.1144.

143) Juvaini, p.245.

144) Juvaini, *Genghis Khan*, p.185.

145) 같은 책, p.556.

146) 숙청에 대해 더 알아보려면 Thomas T. Allsen, "The Rise of the Mongolian Empire and Mongolian Rule in North China", *The Cambridge History of China, vol. 6, Alien Regimes and Border States, 907~1368*, Herbert Franke와 Denis Twitchett 편 (Cambridge, U.K.: Cambridge University Press, 1994), p.394.

147) Morris Rossabi, "The Reign of Khubilai Khan", *The Cambridge History of China, vol. 6, Alien Regimes and Border States, 907~1368*, Herbert Franke와 Denis Twitchett 편 (Cambridge, U.K.: Cambridge University Press, 1994), p.414.

148) Thomas T. Allsen, Mongol Imperialism: *The Politics of the Grand Qan Mongke in China, Russia, and the Islamic Lands, 1251~1259* (Berkeley: University of California Press, 1987), p.36.

149) 이 금세공장이에 대해 더 알고 싶으면, Leonardo Olschki, *Guillaume Boucher: A French Artist at the Court of the Khans* (New York: Greenwood, 1946), p.5 참조.

150) William of Rubruck, "The Journey of William of Rubruck", *The Mongol Mission: Narratives and Letters of the Franciscan Missionaries in Mongolia and China in the*

Thirteenth and Fourteenth Centuries, Christopher Dawson 편, (New York: Sheed & Ward, 1955), p.163.

151) 같은 책, p.189.

152) 같은 책, p.191.

153) 같은 책, p.195.

154) 같은 곳.

155) 몽골의 화폐체계에 대해 더 알고 싶으면, Allsen, *Mongol Imperialism*, pp.171~188, Allsen, "The Rise of the Mongolian Empire and Mongolian Rule in North China", p.402.

156) 단테는 유럽에서 이 단어를 사용한 최초의 유럽 작가로 꼽힌다. 이 말은 *Divine Comedy*, Book XIX에 나온다. 그가 이 말을 사용한 것을 보면 독자가 이 말의 의미를 잘 알고 있다고 전제한 것이 틀림없다. "Io stava come il frate che confessa Lo perfido assassin ……" ("사악한 아사신의 고백을 듣는 수사처럼").

157) René Grousset, *The Empire of the Steppes: A History of Central Asia*, Naomi Walford 옮김(New Brunswick, N.J.: Rutgers University Press, 1970), p.357.

158) "History of the Nation of the Archers (the Mongols) by Grigor of Akanc", Robert P. Blake와 Richard N. Frye 옮김, *Harvard Journal of Asiatic Studies* 12(1949년 12월).

159) 몽골의 정복에 대해 더 알고 싶으면 David Morgan, *The Mongols* (Cambridge, Mass.: Blackwell, 1986), pp.154~155.

160) Blake와 Frye, "History", p.343.

161) 쿠빌라이와 관련된 모든 쟁점에 대하여 가장 권위 있는 자료는, Morris Rossabi, *Khubilai Khan: His Life and Times* (Berkeley: University of California Press, 1988).

162) Herbert Franke, *From Tribal Chieftain to Universal Emperor and God: The Legitimation of the Yüan Dynasty* (München: Verlag der Bayerischen Akademie der Wissenschaften, Sitzungsberichete, vol. 2, 1978), p.27.

163) 몽골 제국 시대의 날씨와 기후에 대해 알려면, William Atwell, "Volcanism and Short-Term Climatic Change in East Asia and World History, c. 1200~1699", *Journal of World History* 12, no. 1 (2001년 봄), p.50.

164) Rashid al-Din, *The Successors of Genghis Khan*, John Andrew Boyle 옮김(New York: Columbia University Press, 1971), p.261.

165) Thomas Mann, *The Magic Mountain*, John E. Woods 옮김 (New York: Alfred A. Knopf, 1995), p.238.
166) Marco Polo, *The Travels of Marco Polo*, Ronald E. Latham 옮김 (London: Penguin, 1958), p.113.
167) Sir John Mandeville, *The Travels of Sir John Mandeville, the Voyage of Johannes de Plano Carpini, The Journal of Friar William de Rubruquis, The Journal of Friar Odoric* (New York: Dover, 1964), p.348.
168) Marco Polo, *The Travels of Marco Polo: The Complete Yule-Cordier Edition* (New York: Dover, 1993), vol.1, p.382.
169) 같은 책, p.154.
170) *Secret History*, 263절. 몽골 법에 대한 자세한 정보는, Valentin A. Riasanovsky, *Fundamental Principles of Mongol Law*, Uralic and Altaic Series, vol.43 (Bloomington: Indiana University Publications, 1965), p.83.
171) 몽골 행정부에 대한 광범위한 평가로는, Elizabeth Endicott-West, *Mongolian Rule in China: Local Administration in the Yuan Dynasty* (Cambridge, Mass.: Harvard University Press, 1989).
172) Marco Polo, *The Travels of Marco Polo*, Teresa Waugh 옮김 (New York: Facts on File, 1984), p.88.
173) 몽골의 문화적 영향에 대해서 더 알고 싶으면, Adam T. Kessler, *Empires Beyond the Great Wall: The Heritage of Genghis Khan* (Los Angeles: Natural History Museum, 1993).
174) 중국에서 몽골의 교육에 대해서 더 알고 싶으면, Morris Rossabi, "The Reign of Khubilai Khan", *The Cambridge History of China*, vol. 6, *Alien Regimes and Border States, 907~1368*, Herbert Franke와 Denis Twitchett 편 (Cambridge, U.K.: Cambridge University Press, 1994), p.447.
175) Sechen Jagchid와 Paul Hyer, *Mongolia's Culture and Society* (Boulder: Westview, 1979), p.241.
176) 몽골의 예술 지원에 대해서는, Morris Rossabi, *Khubilai Khan: His Life and Times* (Berkeley: University of California Press, 1988), p.161.
177) Jacques Gernet, *Daily Life in China on the Eve of the Mongol Invasion, 1250~1276*,

H. M. Wright 옮김 (New York: Macmillan, 1962), p.237.

178) Hidehiro Okada, "China as a Successor State to the Mongol Empire", *The Mongol Empire and Its Legacy*, Reuven Amitai-Preiss와 David O. Morgan 편 (Leiden: Koninklijke Brill NV, 1999), p.260.

179) 몽골 함대와 일본 침공에 대한 정보는 James P. Delgado, "Relics of the Kamikaze", *Archaeology* (2003년 1월), pp.36~41과 Theodore F. cook Jr., "Mongol Invasion", *Quarterly Journal of Military History* (1999년 겨울), pp.8~19 참조.

180) Marco Polo, *The Travels of Marco Polo*, Ronald E. Latham 옮김 (London: Penguin, 1958), p.141~145.

181) 중국의 몽골 음식에 대한 정보를 얻으려면 Paul D. Buell, *Historical Dictionary of the Mongol World Empire* (Lanham, Md.: Scarecrow, 2003), pp.309~312와 Paul D. Buell 과 Eugen N. Anderson, A Soup for the Qan: Chinese Dietary Medicine of the Mongol Era as Seen in Hu Szu-Hui's Yin-Shan Cheng-Yao (London: Kegan Paul, 2000) 참조.

182) Edward Gibbon, *Decline and Fall of the Roman Empire* (London, J. M. Dent, 1910), vol.6, p.287.

183) Matthew Paris, *Matthew Paris's Englihsh History from the Year 1235 to 1273*, J. A. Giles 옮김, 1852 (London: Henry G. Bohn; reprint, New York: AMS Press, 1968), p.155.

184) Marco Polo, *The Travels of Marco Polo*, Teresa Waugh 옮김 (New York: Facts on File, 1984), p.89.

185) 중국과 일 칸국 사이의 교환에 대한 자세한 설명은 Thomas T. Allsen, *Culture and Conquest in Mongol Eurasia* (Cambridge, U.K.: Cambridge University Press, 2001) 참조.

186) 몽골 치하 중국의 과학에 대해 더 알고 싶으면 Joseph Needham, *Science and Civilization*, vols. 4와 6 (Cambridge U.K.: Cambridge University Press, 1971, 1986) 참조.

187) 몽골 해군에 대한 정보는 Louise Levathes, *When China Ruled the Seas* (New York: Simon & Schuster, 1994) 참조.

188) Ronald Latham, Introduction, *The Travels of Marco Polo*, Ronald E. Latham 옮김

(London: Penguin, 1958), p.15.

189) 이 문제와 관련된 몽골의 문화적 태도에 대해서 더 알고 싶으면, Erich Haenisch, *Die Kulturpolitik des Mongolischen Welstreichs* (Berlin: Preussische Akademie der Wissenschaften, Heft 17, 1943), 또는 Larry Moses와 Stephen A. Halkovic, Jr., *Introduction to Mongolian History and Culture* (Bllomington, Ind.: Research Institute for Inner Asian Studies, 1985) 참조.

190) 숫자체계와 수학에 대해 더 알고 싶으면 Joseph Needham, *Science and Civilization*, vol. 3 (Cambridge, U.K.: Cambridge University Press, 1970)

191) Francis Bacon, *Novum Organum, vol.3, The Works of Francis Bacon*, Basil Montague 편역 (1620; reprint, Philadelphia: Parry & MacMillan, 1854), p.370.

192) Lauren Arnold, *Princely Gifts and Papal Treasures: The Franciscan Mission to China and Its Influence on the Art of the West, 1250~1350* (San Francisco: Desiderata Press, 1999), p.39.

193) Nicolaus of Cusa, *Toward a New Council of Florence: "On the Peace of Faith" and Other Works by Nicolaus of Cusa*, William F. Wertz Jr. 편 (Washington, D.C.,: Schiller Institute, 1993), pp.264.

194) 같은 책, p.264.

195) 같은 책, pp.266~267.

196) "The Squire's Tale"과 몽골인에 대해서 더 알고 싶으면 Vincent J. Dimarco, "The Historical Basis of Chaucer's Squire's Tale", *Edebiyat*, vol. 1, no. 2 (1989), pp.1~22와 Kathryn L. Lynch, "East Meets West in Chaucer's Squire's and Frnaklin's Tales", Speculum 70 (1995), pp.530~551 참조.

197) David Morgan, *The Mongols* (Cambridge, Mass.: Blackwell, 1986), p.198.

198) 몽골 영토의 역병에 대한 정보를 보려면 Michael W. Dols, *The Black Death in the Middle East* (Princeton, N.J.: Princeton University Press, 1977) 참조.

199) 일반적인 역병에 대한 정보를 보려면 Robert S. Gottfried, *The Black Death* (New York: Free Press, 1983)과 David Herlihy, *The Black Death and the Transformation of the West* (Cambridge, Mass.: Harvard University Press, 1997) 참조.

200) 몽골이 고의로 역병을 퍼뜨렸다는 소문은 끊이지 않았다. 그러나 그런 행동을 모방하려는 사람들이 가끔 나타났지만 실제로 성공한 적은 없다. 러시아 부대는 1710년 스웨덴과 싸

울 때 이 전술을 이용했다고 하고, 제2차 세계대전 때는 일본이 중국 마을에 비행기로 감염된 벼룩 일으키려 했다. 이 벼룩은 특별히 독성이 강한 페스트의 균을 갖고 있어 실제로 몇 개 마을을 감염시켰지만, 이것이 전염병이 되지는 않았다.

201) 인구 추정치에 대해서는 Massimo Livi-Bacci, *A Concise History of World Population*, 2nd ed., Carl Ipsen 옮김 (Malden, Mass.: Blackwell, 1997), p.31과 Jean-Noel Biraben, "An Essay Concerning Mankind's Evolution", *Population* (1980년 12월).

202) 페스트나 비슷한 병의 충격에 대한 자세한 논의는 William H. McNeill, *Plagues and People* (Garden City, N.Y.: Doubleday, 1976), pp.132~175 참조.

203) Boccaccio, *The Decameron*, M. Rigg 옮김 (London: David Campbell, 1921), vol. 1, pp.5~11.

204) 유대인에게 페스트의 책임을 물은 정황에 대해 더 알고 싶으면 Rosemary Horrox, *The Black Death* (Manchester, U.K.: Manchester University Press, 1994), pp.209~226 참조.

205) 몽골의 반중국 정책에 대해서는 John W. Dardess, *Conquerors and Confucians: Aspects of Political Change in Late Yuan China* (New York: Columbia University Press, 1973) 참조.

206) 몽골 치하의 티베트 불교에 대해서는 Hok-lam Chan과 William Theodore de Bary 편, *Yuan Thought: Chinese Thought and Religion Under the Mongols* (New York: Columbia University Press, 1982), p.484 참조.

207) 중국에서 몽골 통치의 종말에 대해서는 Udo Barkmann, "Some Comments on the Consequences of the Decline of the Mongol Empire on the Social Development of the Mongols" *The Mongol Empire and Its Legacy*, Reuven Amitai-Preiss와 David O. Morgan 편 (Leiden: Koninklijke Brill NV, 1999).

208) 상업의 영향에 대해 더 보려면 Andre Gunder Frank, *ReORIENT: Global Economy in the Asian Age* (Berkeley: University of California Press, 1998), p.112 참조.

209) 크리스토퍼 콜럼버스와 몽골의 영향에 대해서는 John Larner, *Marco Polo and the Discovery of the World* (New Haven: Yale University Press, 1999) 참조.

210) 이 문단의 인용은 Baron de Montesquieu, *The Spirit of the Laws*, Thomas Nugent 옮김 (New York: Hafner, 1949), pp.268~280에 나온다.

211) 이 문단의 인용은 Voltaire, *The Orphan of China, The Works of Voltaire*, vol. 15, William F. Fleming 옮김 (Paris: E. R. DuMont, 1901), p180에 나온다.

212) 같은 책, p.216.
213) 같은 책, p.216.
214) 이 문단의 인용은 George Louis Leclerc Buffon, *Buffon's Natural History of the Globe and Man* (London: T. Tegg, 1831), p.122에 나온다. 이 내용은 다시 Kevin Stuart, *Mongols in Western/American Consciousness* (Lampeter, U.K.: Edwin Mellen, 1997), pp.61~79에 인용되어 있다.
215) Robert Chambers, *Vestiges of the Natural History of Creation* (London: John Churchill, 1844; reprint, Chicago: University of Chicago Press, 1994), p.307.
216) Carleton Coon, *The Living Races of Man* (New York: Knopf, 1965), p.148.
217) John Langdon Haydon Down, "Observations on the Ethnic Classification of Idiots", *Journal of Mental Science* 13 (1867), pp.120~121, Stuart, *Mongols in Wester/American Consciousness*에 인용.
218) Chambers, *Vestiges*, p.309.
219) Francis G. Crookshank, *The Mongol in Our Midst: A Study of Man and His Three Faces* (New York: Dutton, 1924), p.21에 인용.
220) 같은 책, pp.72~73.
221) 같은 책, p.13.
222) 같은 책, p.92.
223) Vladimir Sergeevich Soloviev, *Pan Mongolism, From the Ends to the Beginning: A Bilingual Anthology of Russian Verse*, http://max.mmic.northwestern.edu/~mdenner/Demo/index.html
224) Jawaharlal Nehru, *Glimpses of World History* (New York: John Day, 1942), p.5.
225) 칭기스 칸 역법에 대한 정보를 얻으려면 Sechen Jagchid와 Paul Hyer, *Mongolia's Culture and Society* (Boulder: Westview, 1979), p.115 참조.
226) 1차 세계대전 동안에는 러시아와 중국의 혁명 때문에 *Secret History*의 연구가 많이 이루어질 수 없었다. 1920년대에 프랑스의 중국학자 Paul Pelliot는 불어 번역판을 준비했지만 2차 세계대전이 끝난 뒤에야 출간되었다. 독일의 Verlag Asia Maior를 운영하던 출판업자 Bruno Schindler는 라이프치히에서 독일어판을 내려고 준비했지만 나치의 박해가 심해지는 바람에 영국으로 피신해야 했다. 그가 남겨둔 원고는 Otto Harrassowitz 출판사가 넘겨받아 1940년에 조판을 했다. Pelliot의 불어판은 1949년에 나왔다. 러시아어 완

역판도 비슷한 시기에 나왔지만, 독어판은 1981년에 나왔다. 그러나 이 원고를 연구하던 소수의 학자들 외에 관심을 가지는 사람은 거의 없었다. 이후 수십 년 동안 여러 국적의 헌신적인 학자들은 먼저 원래의 몽골어와 중국어로 이 역사를 재구성하고 번역한 뒤, 다시 러시아어와 불어로 번역하려고 노력해 왔다. 지금도 몇 구절에 대해서는 논란이 벌어지고 있다. 러시아, 독일, 프랑스의 번역판 발췌문이 영어로 번역되기도 했지만 영어권에서는 이른바 *Secret History*는 물론 몽골 전체에 별 관심이 없었던 듯하다.

227) Helene Carrere D'Encausse, *Islam and the Russian Revolution: Reform and Revolution in Central Asia*, Quintin Hjoare 옮김 (Berkeley: University of California Press, 1988), pp.164~165.

228) Larry Moses와 Stephen A. Halkovic Jr, *Introduction to Mongolian History and Culture* (bloominton, Ind.: Research Institute for Inner Asian Studies, 1985), p.168.

229) "Chinggis Khaan", D. Jargalsaikhan이 작곡하고 그룹 Chinggis Khaan이 부른 노래에 나온다.

용어 해설

게르(ger) — 격자 틀 위에 모전을 덮어 만든 이동식 주택. 외부인들은 유르트라고 부른다.

구르 칸(Gur-khan) — 최고의 칸을 뜻하는 고대의 칭호.

구육(Guyuk) — 몽골 제국의 대칸(1246~1248). 우구데이의 아들.

쿠출룩(Guchlug) — 나이만족 타양 칸의 아들. 훗날 카라 키타이 왕국의 통치자가 된다.

나담(naadam) — 씨름, 활쏘기, 말달리기를 하는 축제.

나이만(Naiman) — 몽골 서부의 부족. 타양 칸이 다스렸지만 1205년에 칭기스 칸에게 패했다.

네르게(nerge) — 집단사냥을 시작할 때 동물을 가두는 데 사용하던 줄.

델(deel) — 몽골의 전통 겉옷.

메르키트(Merkid) — 현재 몽골과 시베리아 경계에 있는 셀렝게 강변의 부족.

모린 호르(morin huur) — 마두금(馬頭琴).

뭉케 칸(Mongke Khan) — 톨루이의 장남. 1251부터 1259년까지 대칸.

바투(Batu) — 주치의 아들로 1227년 러시아의 칸이 되어 1255년에 사망했다.

발주나 호수(Baljuna, Lake) — 칭기스 칸과 충성스러운 부하들 사이에 발주나 맹약이 맺어진 장소. 실제로는 강이었을지도 모른다.

베르케(Berke) — 주치의 아들. 형 바투 칸에 이어 러시아의 칸(1257~1267)이 되었다. 일 칸국의 사촌들과 싸웠으며 쿠빌라이를 대칸으로 인정하지 않았다.

벡테르(Begter) — 테무진의 배다른 형제. 테무진에게 죽음을 당했다. 예수게이와 소치겔의 아들.

벨구테이(Belgutei) — 테무진의 배다른 동생. 100년이 넘게 살면서 테무진에게 끝까지 충성했다. 1255년 사망.

보르지긴(Borijin) — 칭기스 칸의 씨족 이름.

보르추(Boorchu) — 테무진의 어린 시절 친구. 훗날 몽골군의 주요한 장군이 된다.

부르칸 칼둔(Burkhan Khaldun) — '신의 산.' 헨티 산맥에 있다.

부르테(Borte) — 테무진의 첫 부인이자 가장 중요한 부인. 1160년경 태어나 1222년경 사망했다.

부스구이(Busgui) — 남성. '허리띠가 없다'는 의미.

샹크 사원(Shankh Monastery) — 자나바자르가 세운 절로 칭기스 칸의 검은 술데를 안치한 곳이다.

소르칵타니(Sorkhokhtani) — 툴루이의 부인이자 뭉케, 쿠빌라이, 훌레구, 아릭 부케의 어머니. 1251년 대칸 우구데이 가를 누르고 몽골 제국을 자신의 자식들에게 넘겨주었지만 그 직후 사망했다.

소치겔(Sochigel) — 예수게이에게서 벡테르와 벨구테이를 낳았다. 예수게이와 결혼을 했을 수도 있고 하지 않았을 수도 있다. 『몽골 비사』에는 이름이 나오지 않는다.

술데(Sulde) — 깃발, 영혼, 영.

시기 쿠투쿠(Shigi-Khutukhu) — 후엘룬이 키운 타타르 소년. 1180년경에 태어나 1262년경에 사망했다. 몽골 제국의 최고 재판관이며 『몽골 비사』의 저자일 가능성이 높다.

아릭 부케(Arik Boke) — 툴루이의 막내아들. 대칸 자리를 둘러싼 경쟁에서 형 쿠빌라이에게 패한다. 1217년경에 태어나 1264년에 사망했다.

아바르가(Avarga) — 칭기스 칸이 주르킨의 영토를 빼앗은 뒤 본영지에 세운 몽골 제국 최초의 수도. 케룰렌 강과 쳉케르 강이 만나는 곳에 있다.

아이라크(airak) — 발효한 암말 젖. 마유주(馬乳酒).

안다(anda) — 의형제. 테무진과 자무카는 안다였다. 예수게이(테무진의 아버지)는 케레이트의 옹 칸으로 알려진 토그릴 칸과 안다였다.

예수겐과 예수이(Yesugen and Yesui) — 칭기스 칸과 결혼한 타타르 자매.

예케 몽골 울루스(Yeke Mongol Ulus) — 대몽골국.

예케 카툰(Yeke Khatun) — 황후.

오굴 가미시(Oghul Ghaimish) — 구육의 부인. 미망인이 되자 섭정으로 몽골 제국을 다스리려 했으나 소르칵타니와 그 자식들에게 패했다.

오논 강(Onon River) — 부르칸 칼둔에서 흘러나오는 세 강 가운데 하나. 칭기스 칸은 이 강변에서 태어나 어린 시절을 보냈다.

오르도(ordu) — 칸의 왕궁. 이 말은 영어에서 horde가 되었다. 투르크어 ordu로도 사용되었는데, 이 말은 야영지나 군대의 언어 Urdu가 되었고, 이것이 파키스탄의 공용어가 되었다.

오르토(ortoo) — 몽골의 역전제도. 얌이라고도 부른다.

옷치긴(Otchigen) — 가족의 막내아들. 화로의 왕자.

옹 칸(Ong Khan) — 케레이트 부족의 통치자. 본명인 토그릴도 알려져 있고, 왕 칸이라고 부르기도 한다. 그의 부족이 기독교를 믿었기 때문에 유럽에서는 그를 전설 속의 프레스터 존이라고 불렀다.

우구데이(Ogodei) ― 칭기스 칸과 부르테의 셋째아들. 1229년부터 1241년까지 몽골 제국의 대칸이었다.

울란바토르(Ulaanbaatar) ― 몽골의 현대 수도. '붉은 영웅'이라는 의미.

위구르(Uighur) ― 현재 중국 서부에 살고 있는 투르크족. 바깥 나라로는 처음으로 칭기스 칸의 몽골 제국에 들어오겠다고 했다.

이흐 호리그(Ikh Khorig) ― 대금구(大禁區). 칭기스 칸의 매장지 주변을 부르는 이름.

자나바자르(Zanabazar) ― 라마승으로 칭기스 칸의 후손이며 샹크 사원을 지었다.

자다란 씨족(Jadaran clan) ― '바보' 보돈차르가 임신한 부인을 납치한 뒤 태어난 첫째아들의 후손(보르지긴 씨족은 그녀가 낳은 막내아들의 후손이다).

자무카(Jamuka) ― 칭기스 칸의 안다. 짧은 기간 몽골의 구르 칸이었지만 칭기스 칸에게 처형당했다.

재너두(Xanadu) ― 내몽골에 있던 쿠빌라이의 수도 상도(上都)를 서방에서 가리키는 이름. 쿠빌라이가 칸발릭을 건설한 뒤 상도는 여름 수도가 되었다.

주르첸(Jurched, 여진족) ― 중국 북부를 다스린 만주족. 금(金) 왕조(1115~1234)로도 알려져 있다. '황금 칸'이 다스렸다.

주르킨(Jurkin) ― 칭기스 칸과 친족 관계인 가문.

주치(Jochi) ― 칭기스 칸과 부르테의 장남. 그러나 형제들에게 적자로 인정받지 못했다. 아버지와 마찬가지로 1227년에 사망했다. 그의 후손은 러시아의 '킵착 칸국'을 세웠다.

차가타이(Chaghatai) ― 칭기스 칸과 부르테의 둘째아들(1183~1242). 그의 후손은 중앙아시아의 대부분을 다스렸으며, 나중에 인도의 무굴 왕조가 되었다.

칠레두(Chiledu) ― 메르키트 부족 사람으로, 후엘룬이 예수게이에게 납치당하기 전 그녀의 남편이었다.

칭기스 칸(Genghis Khan) ― 1206년 테무진에게 주어진 칭호. 1189년에 처음 칸이 되었을 때부터 사용되었을 수도 있다.

카라코룸(Karakorum) ― 하르호린으로도 알려져 있는 이곳은 몽골 제국의 두 번째 수도(1235~1260). 우구데이가 몽골 중부 오르콘 강변에 세웠다. 원래는 케레이트족의 옹 칸의 땅이었다.

카사르(Khasar) ― 칭기스 칸의 바로 아래 동생. 장사인 데다 명사수였다.

카이두(Khaidu) — 투레게네와 우구데이의 손자(1236~1301). 중앙아시아의 많은 부분을 다스린 칸이었으며 사촌인 쿠빌라이 칸의 경쟁자였다.

카타이(Cathay)* — 옛 유럽에서 키타이를 부르던 이름. 키타이는 몽골족의 친척으로 907년~1125년에 중국 북부를 다스렸다. 중국에서는 요(遼)라고 불렸다.

카툰(Khatun) — 몽골의 왕비.

칸(Khan) — 우두머리 또는 왕. 초원지대 칭호들은 매우 혼란스럽다. 칭기스 칸 왕조에서 황제를 가리키던 가장 흔한 칭호는 칸 외에 카안, 카간, 카한 등이 있었다. 이 책에서는 혼란을 피하기 위해 쿠빌라이 칸이나 바투 칸처럼 이름 뒤에는 칸이라는 칭호로 통일했다. 황제나 카간(大汗)을 부를 때는 '대칸'이라는 칭호를 사용했다. 예를 들어 "칭기스 칸의 아들 우구데이는 1229년에 대칸으로 선출되었다"는 식으로 썼다.

칸발릭(Khanbalik) — 쿠빌라이가 세운 몽골의 수도로 현재의 베이징이다. 몽골 시대 중국인에게는 대도(大都)라고 알려졌다. 이전에는 중도(中都)라는 이름으로 주르첸의 수도 노릇을 했다.

케레이트(Kereyid) — 몽골 중부의 부족 또는 부족 연합체. 오르콘 강과 툴라 강의 비옥한 목초지에 자리잡고 있었다. 옹 칸이라고 부르던 토그릴이 다스렸다.

케룰렌 강(Kherlen River) — 부르칸 칼둔에서 흘러나오는 세 강 가운데 하나. 테무진이 이 강에 살 때 메르키트가 부르테를 납치했다. 나중에 테무진은 하류로 더 내려가 아바르가에 본영지를 만들었다.

쿠데에 아랄(Khodoe Aral) — 아바르가 주위 지역을 가리키던 말. 케룰렌 강과 쳉케르 강의 합류점 근처에 있다.

쿠릴타이(Khuriltai) — 공식 회의. 보통 선거를 하거나 전쟁 등 중요한 문제를 결정할 때 소집한다.

쿠비(Khubi) — 전리품, 사냥해서 잡은 짐승, 약탈품의 분배.

쿠빌라이 칸(Khubilai Khan) — 칭기스 칸의 손자(1215~1294)로 대칸을 자처했다 중국에 원(元) 왕조를 세웠다.

키타이(Khitan)** — 몽골족과 친척 관계인 부족. 이들은 요(遼) 왕조(907~1125)로서 중국 북부를 다스렸지만, 주르첸에게 패배했다. 몽골은 키타이를 중국 북부 전체를 가리키는

---

* 유럽에서 중국 북부나 중국 전체를 가리키는 이름으로도 쓰였다.
** 거란족을 가리키는 말.

이름으로 사용했으며, 마르코 폴로는 이것을 카타이라는 말로 퍼뜨렸다.

킵착(Kipchak) — 러시아 남부의 투르크족.

타양 칸(Tayang Khan) — 몽골 서부 나이만족의 통치자.

타이치우드(Tayichiud) — 테무진 가족의 가까운 친척들이지만 테무진의 아버지가 죽자 이들을 버렸다.

탕구트(Tangut) — 오르도스 사막을 포함한, 황허 상류의 서하(西夏) 왕국을 다스리던 부족 왕조. 이 나라를 다스리던 부르칸 칸은 1227년 몽골 제국에 합병되면서 몽골군에게 죽음을 당했다.

테무게(Temuge) — 칭기스 칸의 막내아우(화로의 왕자).

테무진(Temujin) — 칭기스 칸이 태어날 때 얻은 이름.

테무진 우게(Temujin Uge) — 예수게이가 죽인 타타르 전사로, 예수게이는 이 이름을 아들에게 붙여주었다.

테물룬(Temulun) — 부르테의 막내딸이자 테무진의 유일한 여동생.

텝 텡그리(Teb Tengeri) — 칭기스 칸 가족 내에서 불화를 일으킨 샤먼으로 칭기스 칸의 막내아우인 테무게에게 죽음을 당한다.

투레게네(Toregene) — 우구데이 칸의 부인. 1241~1246년까지 몽골 제국의 섭정이었다.

톨루이(Tolui) — 칭기스 칸의 막내아들(1193~1233). 소르카타니와 결혼했다. 소르카타니는 제국을 네 아들에게 넘겨주었고, 결국 권력은 넷 가운데 쿠빌라이에게 돌아갔다.

투멘(tumen) — 부대 단위. 만호(萬戶).

후엘룬(Hoelun) — 칭기스 칸의 어머니. 메르키트족 칠레두의 부인이었으나 1161년경 예수게이에게 납치당했다. 예수게이에게서 아들 넷과 딸 하나를 낳았다.

훌레구(Hulegu) — 바그다드의 정복자. 페르시아의 일 칸국의 건립자. 1265년 사망.

***

이름과 용어의 완전한 목록은 Paul D. Buell, *Historical Dictionary of the Mongol World Empire* (Lanham, Md.: Scarecrow Press, 2003) 참조.

참고문헌

Abu-Lughod, Janet L. *Before European Hegemony: The World System A.D. 1250-1350.* New York: Oxford University Press, 1989.

Achenbacher, Joel. "The Era of His Ways: In which We Chose the Most Important Man of the Last Thousand Years." *Washington Post*, December 31, 1989.

al-Din, Rashid. *The successors of Genghis Khan.* Trans. John Andrew Boyle. New York: Columbia University Press, 1971.

Allsen, Thomas T. *Mongol Imperialism: The Politics of the Grand Qan Mongke in China, Russia, and the Islamic Lands, 1251-1259.* Berkeley: University of California Press, 1987.

―― . *Commodity and Exchange in the Mongol Empire: A Cultural History of Islamic Textiles.* Cambridge, U.K.: Cambridge University Press, 1997.

―― . *Culture and Conquest in Mongol Eurasia.* Cambridge, U.K.: Cambridge University Press, 2001.

Amitai-Preiss, Reuven. *Mongols and Mamluks*, Cambridge, U.K.: Cambridge University Press, 1995.

Amitai-Preiss, Reuven, and David O. Morgan, eds. *The Mongol Empire and Its Legacy.* Leiden: Koninklijke Brill NV, 1999.

Arnold, Lauren. *Princely Gifts and Papal Treasures: The Franciscan Mission to China and Its Influence on the Art of the West, 1250-1350.* San Francisco: Desiderata Press, 1999.

Atwell, William. "Volcanism and Short-Term Climatic Change in East Asia and World History, c.1200-1699." *Journal of World History* 12, no. 1 (Spring, 2001).

Bacon, Francis. *Novum Organum.* Vol. 3, *The Works of Francis Bacon.* Ed. And trans. Basil Montague. 1620. Reprint, Philadelphia: Parry & MacMillan, 1854.

Bacon, Roger. *Opus Majus.* 2 vols. Trans. Robert Belle Burke. Philadelphia: University of

Pennsylvania Press, 1928.

Barfield, Thomas J. *The Perilous Frontier: Nomadic Empires and China, 221 B.C. to A.D. 1757.* Cambridge, Mass.: Blackwell, 1992.

——. *The Nomadic Alternative.* Englewood Cliffs, N.J.: Prentice-Hall, 1993.

Barthold. V. V. "The Burial Rites of the Turks and the Mongols." Trans. J. M. Rogers. *Central Asiatic Journal* 14 (1970).

Bawden, Charles R. *The Mongol Chronicle Altan Tobchi.* Weisbaden: Göttinger Asiatische Forschungen, 1955.

Bazargür, D., and D. Enkhbayar. *Chinggis Khaan Historic-Geographic Atlas.* Ulaanbaatar: TTS, 1997.

Becker, Jasper. *The Lost Country: Mongolia Revealed.* London: Hodder & Stoughton, 1992.

Beckingham, Charles F., and Bernard Hamilton, eds. *Prester John, the Mongols, and the Ten Lost Tribes.* Aldershot, U.K.: Variorium, 1996.

Berger, Patricia, and Terese Tse Bartholomew. *Mongolia: The Legacy of Genghis Khan.* London: Thames & Hudson, 1995.

Biran, Michal. *Qaidu and the Rise of the Independent Mongol State in Central Asia.* Richmond, U.K.: Curzon, 1997.

Blake, Robert P., and Richard N. Frye. "History of the Nation of the Archers (the Mongols) by Grigor of Akanc." *Harvard Journal of Asiatic Studies* 12 (December 1949).

Boinheshig, *Mongolian Folk Design.* Beijing: Inner Mongolian Cultural Publishing House, 1991.

Bold, Bat-Ochir. *Mongolian Nomadic Society: A Reconstruction of the "Medieval" History of Mongolia* New York: St. Martin's Press, 2001.

Boldbaatar, J. *Chinggis Khaan.* Ulaanbaatar: Khaadin san, 1999.

Bretschneider, E. *Mediœval Researches from Eastern Asiatic Sources.* Vol. 1. New York: Barnes & Noble, 1967.

Browne, Edward. G. *The Literary History of Persia.* Vol. 2. Bethesda, Md.: Iranbooks, 1997.

Budge, E. A. Wallis. *The Monks of Kublai Khan, Emperor of China; or, The History of the Life and Travels of Rabban Swama, Envoy and Plenipotentiary of the Mongol Khans to the Kings of Europe, and Markos Who as Mar Yahbhallaha III Became Patriarch of the Nestorian Church in Asia*. London: Religious Tract Society, 1928.

———. *The Commentary of Gregory Abu'l Faraj, Commonly Known as Bar Hebraeus*. London: Oxford University Press, 1932.

Buell, Paul D. *Historical Dictionary of the Mongol World Empire*. Lanham, Md.: Scarecrow, 2003.

Buell, Paul D., and Eugene N. Anderson. *A Soup for the Qan: Chinese Dietary Medicine of the Mongol Era as Seen in Hu Szu-Hui's Yin-Shan Chang-Yao*. London: Kegan Paul, 2000.

Buffon, George Louis Leclerc. *Buffon's Natural History*. Vol. 1. London: Bishop Watson, J. Johson, et al., 1792.

Bulag, Uradyn E. *Nationality and Hybridity in Mongolia*. Oxford, U.K.: Clarendon Press, 1998.

———. *The Mongols at China's Edge*. Lanham, Md.: Rowman & Littlefield, 2002.

Carpini, Friar Giovanni DiPlano. *The Story of the Mongols Whom We Call the Tartars*. Trans. Erik Hildinger. Boston: Branding Publishing, 1996.

Chambers, James. *Genghis Khan*. London: Sutton Publishing, 1999.

Chan, Hok-Lam. *China and the Mongols*. Aldershot, U.K.: Ashgate, 1999.

Chan, Hok-Lam, and William Theodore de Bary, eds. *Yüan Thought: Chinese Thought and Religion Under the Mongols*. New York: Columbia University Press, 1982.

Ch'en, Paul Heng-chao. *Chinese Legal Tradition Under the Mongols: The Code of 1291 as Reconstructed*. Princeton. N.J.: Princeton University Press, 1979.

Christian, David. "Silk Roads or Steppe Roads?" *Journal of World History* 11, no. 1, (Spring 2000).

———. *A History of Russia, Central Asia, and Mongolia. Vol. 1, Inner Eurasia from Prehistory to the Mongol Empire*. Malden, Mass.: Blackwell, 1998.

The Chronicle of Novgorod: 1016-1471. Trans. Robert Michel and Nevill Forbes. Camden 3rd Series, vol. 25. London: Offices of the Society, 1914.

Cleaves, Francis Woodman. "The Historicity of the Baljuna Covenant." *Harvard Journal of Asiatic Studies* 18, nos. 3-4 (December 1955).

———. trans. *The Secret History of the Mongols*. Cambridge, Mass.: Harvard University Press, 1982.

Conermann, Stephan, and Jan Kusber. *Die Mongolen in Asien und Europa*. Frankfurt: Peter Land GmbH, 1997.

Cook, Theodore F., Jr. "Mongol Invasion." *Quarterly Journal of Military History* (Winter 1999).

Crookshank, Francis G. *The Mongol in Our Midst: A Study of Man and His Three Faces*. New York: Dutton, 1924.

Curtin, Jeremiah. *The Mongols: A History*. Westport, Conn.: Greenwood Press, 1907.

Dardess, John W. *Conquerors and Confucians: Aspects of Political Change in Late Yüan China*. New York: Columbia University Press, 1973.

———. "Shun-ti and the End of Yüan rule in China." In T*he Cambridge History of China, vol. 6, Alien Regimes and Border States, 907-1368*, ed. Herbert Franke and Denis Twitchett. Cambridge, U.K.: Cambridge University Press, 1994.

Dawson, Christopher, ed. *The Mongol Mission: Narratives and Letters of the Franciscan Missionaries in Mongolia and China in the Thirteenth and Fourteenth Centuries*. New York: Sheed & Ward, 1955.

DeFrancis, John. *In the Footsteps of Gernghis Khan*. Honolulu: University of Hawaii Press, 1993.

de Hartog, Leo. *Russia and the Mongol Yoke*. London: British Academic Press, 1996.

———. *Genghis Khan: Conqueror of the World*. New York: Barnes & Noble, 1999.

Delgado, James P. "Relics of the Kamikaze." *Archaeology* (January 2003).

D'Encausse, Helene Carrere. *Islam and the Russian Revolution: Reform and Revolution in Central Asia*. Trans. Quintin Hjoare. Berkeley: University of California Press, 1988.

Di Cosmo, Nicola. "State Formation and Periodization in Inner Asian History." *Journal of World History* 10, no. 1 (Spring, 1999).

DiMarco, Vincent J. "The Historical Basis of Chaucer's Squire's Tale." *Edebiyat*, vol. 1, no. 2 (1989), pp. 1-22.

Dlugosz, Jan. *The Annals of Jan Dlugosz*. Trans. Maurice Michael, Chichester, U.K.: IM Publications, 1997.

Dols, Michael W. *The Black Death in the Middle East*. Princeton, N.J.: Princeton University Press, 1977.

Dunn, Ross E. *The Adventures of Ibn Battuta*. Berkeley: University of California Press, 1989.

Elias, N., and E. Denison Ross. *A History of the Moghuls of Central Asia: Being the Tarikh-I-Rashidi of Mirza Muhammad Haidar, Dughlát*. London: Curzon Press, 1895.

Elverskog, Johan. "Superscribing the Hegemonic Image of Chinggis Khan in the E*rdeni Tunumal Sudur.*" In *Return to the Silk Routes,* ed. Mirja Juntunen and Birgit N. Schlyter. London: Kegan Paul, 1999.

Endicott-West, Elizabeth. "Imperial Governance in Yüan Times." *Harvard Journal of Asiatic Studies* 46 (1986).

———. *Mongolian Rule in China: Local Administration in the Yuan Dynasty*. Cambridge, Mass.: Harvard University Press, 1989.

Fernandez-Gimenez, Maria E. "Sustaining the Steppes." *Geographic Review* 89, no. 3 (July 1999).

Fletcher, Joseph F. "The Mongols: Ecological and Social Perspectives." *Harvard Journal of Asiatic Studies* 461 (June 1986).

Frank, Andre Gunder. *The Centrality of Central Asia*. Amsterdam: VU University Press, 1992.

———. *ReORIENT: Global Economy in the Asian Age*. Berkeley: of University of California Press, 1998.

Franke, Herbert. "Sino-Western Contacts Under the Mongol Empire." *Journal of the Royal Asiatic Society* (Hong Kong Branch) 6 (1966).

———. *From Tribal Chieftain to Universal Emperor and God: The Legitimization of the Yüan Dynasty*. München: Verlag der Bayerischen Akademie der Wissenschaften, Vol. 2, 1978.

———. *China Under Mongol Rule*. Brookfield, V.: Ashgate, 1984.

———. "The Exploration of the Yellow River Sources Under Emperor Qubilai in 1281." In

Orientalia Iosephi Tucci memoriae dicata, ed. G. Gnoli and L. Lanciotti. Rome: Instituto italiano per il medio ed estermo oriente, 1985.

Franke, Herbert, and Denis Twitchett, eds. *The Cambridge History of China. Vol. 6, Alien Regimes and Border States, 907-1368.* Cambridge, U.K.: Cambridge University Press, 1994.

Gibbon, Edward. *Decline and Fall of the Roman Empire* Vol 5. London: J. M. Dent, 1910.

Ginsburg, Tom. "Nationalism, Elites, and Mongolia's Rapid Transformation," *Mongolia in the Twentieth Century: Landlocked Cosmopolitan.* Ed. Stephen Kotkin and Bruce A. Elleman. Armonk, N.Y.: M. E. Sharpe, 1999.

Gluschenko, Nick. "Coinage of Medieval Rus." *World Coin News* (June 1998).

Gottfried, Robert S. *The Black Death.* New York: Free Press, 1983.

Grousset, René. *Conqueror of the World.* Trans. Marian McKellar and Denis Sinor. New York: Orion Press, 1966.

———. *The Empire of the Steppes: A History of Central Asia.* Trans. Naomi Walford. New Brunswick, N.J.: Rutgers University Press, 1970.

Haenisch, Erich. *Die Kulturpolitik des Mongolishchen Welstreichs.* Berlin: Preussische Akademie der Wissenschaften, 1943.

Halperin, Charles J. *Russia and the Golden Horde.* Bloomington: Indiana University Press, 1985.

———. *The Tatar Yoke.* Columbus, Ohio: Slavica Publishers, 1985.

Heissig, Walther. *A Lost Civilization: The Mongols Rediscovered.* Trans. D. J. S. Thompson. London: Thames & Hudson, 1966.

———, ed. *Die Geheime Geschichte der Mongolen.* Düsseldorf: Eugen Diederichs Verlag, 1981.

Herlihy, David. *The Black Death and the Transformation of the West.* Cambridge, Mass.: Harvard University Press, 1997.

Hildinger, Erik. "Mongol Invasion of Europe." *Military History* (June 1997).

———. *Warriors of the Steppe.* Cambridge, Mass.: Da Capo, 1997.

Hoang, Michel. *Genghis Khan.* Trans. Ingrid Canfied. London: Saqi Books, 2000.

Holmgren, J. "Observations on Marriage and Inheritance Practices in Early Mongol and

Yüan Society, with Particular Reference to the Levirate." *Journal of Asian History* 20 (1986).

Howorth, Henry H. *History of the Mongols*. pt. I, *The Mongols Proper and the Kalmuks*. London: Longmans, Green, 1876.

Hsiao Ch'i-ch'ing. "Mid-Yüan Politics." In *The Cambridge History of China*, vol. 6, *Alien Regimes and Border States*, 907-1368, ed. Herbert Franke and Denis Twitchett. Cambridge, U.K.: Cambridge University Press, 1994

Humphrey, Caroline. *Shamans and Elders*. New York: Oxford University Press, 1996.

Hyer, Paul. "The Re-Evaluation of Chinggis Khan." *Asian Survey* 6 (1966).

Jackson, Peter. "The State of Research: The Mongol Empire, 1986-1999," *Journal of Medieval History*. 26-2. (June 2000).

Jagchid, Sechen. *Essays in Mongolian Studies*. Provo: Brigham Young University Press, 1988.

Jagchid, Sechen, and Paul Hyer. *Mongolia's Culture and Society*. Boulder: Westview, 1979.

Jagchid, Sechen, and Van Jay Symons. *Peace, War, and Trade Along the Great Wall*. Bloomington: Indiana University Press, 1989.

Jones, Eric L. *Growth Recurring: Economic Change in World History*. Oxford, U.K.: Clarendon Press, 1988.

Juvaini, Ata-Malik. *Genghis Khan: The History of the World Conqueror*. Trans. J. A. Boyle. Seattle: University of Washington Press, 1997.

Kahn, Paul. *The Secret History of the Mongols: The Origins of Chingis Khan*. Boston: Cheng & Tsui, 1998.

Kaplonski, Christopher. "The Role of the Mongols in Eurasian History: A Reassessment." In T*he Role of Migration in the History of the Eurasian Steppe*, ed. Andrew Bell. New York: St. Martin's Press, 2000.

Keegan, John. A *History of Warfare*. New York: Knopf, 1993.

Kessler, Adam T. *Empires Beyond the Great Wall: The Heritage of Genghis Khan*. Los Angeles: Natural History Museum, 1993.

Khan, Almaz. "Chinggis Khan: From Imperial Ancestor to Ethnic Hero." In *Cultural

Encounters on China's Ethnic Frontiers, ed. Stevan Harrell. Seattle: University of Washington Press, 1995.

Khazanov, Anatoly M. Nomads and the Outside World. Madison: University of Wisconsin Press, 1994.

Khoroldamba, D. Under the Eternal Sky. Ulaanbaatar: Ancient Kharakhorum Association, 2000.

Klopprogge, Axel. Ursprung und Auspraegung des abdendlaendischen Mongolenbildes im 13. Jahrhundert: Eine Versuch zur Ideengeschichte des Mitterlaters. Wiesbaden: Harrassowitz Verlag, 1993.

Komaroff, Linda, and Stefan Carboni, eds. The Legacy of Genghis Khan: Courtly Art and Culture in Western Asia, 1256-1353. New York: Metropolitan Museum of Art, 2002.

Komroff, Manuel, ed. Contemporaries of Marco Polo, New York: Liveright, 1928.

Kotkin, Stephen, and Bruce A. Elleman, eds. Mongolia in the Twentieth Century: Landlocked Cosmopolitan Armonk, N.Y.: M. E. Sharpe, 1999.

Kwanten, Luc. Imperial Nomads: A History of Central Asia, 500-1500. Philadelphia: University of Pennsylvania Press, 1979.

Lamb, Harold. Genghis Khan. New York: Garden City Publishing, 1927.

Lane, George. Early Mongol Rule in Thirteenth-Century Iran: A Persian Renaissance. London: RoutledgeCurzon, 2003.

Larner, John. Marco Polo and the Discovery of the World. New Haven: Yale University Press, 1999.

Latham, Ronald. Introduction to The Travels of Marco Polo, by Marco Polo, trans. Ronald Latham. London: Penguin, 1958.

Lattimore, Owen. Studies in Frontier History. New York: Oxford University Press, 1962.

———. "Chingis Khan and the Mongol Conquests." Scientific American 209, no. 2 (August 1963).

Legg, Stuart. The Barbarians of Asia: The Peoples of the Steppes from 1600 B.C. New York: Dorset, 1970.

Levathes, Louise. When China Ruled the Seas. New York: Simon & Schuster, 1994.

Lhagvasuren, Ch. Ancient Karakorum. Ulaanbaatar: Han Bayan, 1995.

―――. *Bilge Khaan*. Ulaanbaatar: Khaadin san, 2000.

Liu, Jung-en, ed. *Six Yüan Plays*. Middlesex, U.K.: Penguin, 1972.

Livi-Bacci, Massimo. *A Concise History of World Population*. 2nd ed., Trans. Carl Ipsen. Malden, Mass.: Blackwell, 1997.

Lynch, Kathryn L. "East Meets West in Chaucer's Squire's and Franklin's Tales." *Speculum* 70 (1995).

Mcneill, William H. *Plagues and People*. Garden City, N.Y.: Doubleday, 1976.

―――. *The Pursuit of Power*. Chicago: University of Chicago Press, 1982.

Man, John. *Gobi: Tracking the Desert*. New Haven: Yale University Press, 1999.

Mandeville, Sir John, *The Travels of Sir John Mandeville, the Voyage of Johannes de Plano Carpini, the Journal of Friar William de Rubruquis, the Journal of Friar Odoric*. New York: Dover, 1964.

Marshall, Robert. *Storm from the East*. Berkeley: University of California Press, 1993.

Montesquieu, Baron de. *The Spirit of the Laws*. Trans. Thomas Nugent. New York: Hafner, 1949.

Morgan, David. *The Mongols*. Cambridge, Mass: Blackwell, 1986.

Moses, Larry, and Stephen A. Halkovic Jr. *Introduction to Mongolian History and Culture*. Bloomington, Ind.: Research Institute for Inner Asian Studies 1985.

Needham, Joseph. *Science and Civilization in China*. Vol. 3, 4, 6. Cambridge: U.K. Cambridge University Press, 1954-1998.

Nehru, Jawaharlal. *Glimpses of World History*. New York: John Day, 1942.

Nicolaus of Cusa. *Toward a New Council of Florence: "On the Peace of Faith" and Other Works by Nicolaus of Cusa*. Ed. William F. Wertz Jr. Washington, D.C.: Schiller Institute, 1993.

Olbricht, Peter, and Elisabeth Pinks. *Meng-Ta Pei-Lu and Hei-Ta Shih-Lüeh: Chinesische Gesandtenberichte über die Frühen Mongolen 1221 und 1237*. Weisbaden: Otto Harrassowitz, 1980.

Olschki, Leonardo. *Marco Polo's Precursors*. Baltimore: Johns Hopkins University Press, 1943.

―――. *Guillaume Boucher: A French Artist at the Court of the Khans*. New York:

Greenwood, 1946.

Onon, Urgunge, trans. *The History and the Life of Chinggis Khan (The Secret History of the Mongols)*. Leiden: E. J. Brill, 1990.

———. *The Secret History of the Mongols: The Life and Times of Chinggis Khan*. Richmond, U.K.: Curzon Press, 2001.

Ostrowski, Donald. *Muscovy and the Mongols*. Cambridge, U.K.: Cambridge University Press, 1998.

Paris, Matthew. *Matthew Paris's English History from the Year 1235 to 1273*. Trans. J. A. Giles, 1852. London: Henry G. Bohn. Reprint, New York: AMS Press, Vol. 1, 1968.

Pegg, Carole. *Mongolian Music, Dance, and Oral Narrative*. Seattle: University of Washington Press, 2001.

Pétis de la Croix, François. *The History of Genghizcan the Great: First Emperor of the Ancient Moguls and Tartars*. London: Printed for J. Darby, etc., 1722.

Polo, Marco. *The Travels of Marco Polo*. Trans. Ronald Latham. London: Penguin, 1958.

———. *The Travels of Marco Polo: The Complete Yule-Cordier Edition*. 2 vols, New York: Dover, 1993.

Prawdin, Michael. *The Mongol Empire: Its Rise and Legacy*. Trans. Eden Paul and Cedar Paul. London: George Allen & Unwin, 1940.

Purev, Otgony. *The Religion of Mongolian Shamanism,* trans. Narantsetseg Pureviin and Elaine Cheng. Ulaanbaatar, Mongolia: Genco University College, 2002.

Rachewiltz, Igor de. *Papal Envoys to the Great Khans*. Standford, Calif.: Stanford University Press, 1971.

———. "The Secret History of the Mongols: Introduction, Chapters One and Two." *Papers on Far Eastern History* pp. 115-163. (Canberra: Department of Far Eastern History, Australian National University) no. 4 (1971).

———. "The Secret History of the Mongols: Chapter Three." *Papers on Far Eastern History* (Canberra: Department of Far Eastern History, Australian National University) no. 5 (1972), pp. 149-175.

———. "Some Remarks on the Ideological Foundations of Chingis Khan's Empire." *Papers on Far Eastern History* (Canberra: Department of Far Eastern History,

Australian National University) no. 7 (1973), pp. 21-36.

———. "The Secret History of the Mongols: Chapter Four." *Papers on Far Eastern History* (Canberra: Department of Far Eastern History, Australian National University) no. 10 (1974), pp. 55-82.

———. "The Secret History of the Mongols: Chapter Five." *Papers on Far Eastern History* (Canberra: Department of Far Eastern History, Australian National University) no. 13 (1976), pp. 41-75.

———. "The Secret History of the Mongols: Chapter Six." *Papers on Far Eastern History* (Canberra: Department of Far Eastern History, Australian National University) no. 16 (1977), pp. 27-65.

———. "The Secret History of the Mongols: Chapter Seven." *Papers on Far Eastern History* (Canberra: Department of Far Eastern History, Australian National University) no. 18 (1978), pp. 43-80.

———. "The Secret History of the Mongols: Chapter Eight." *Papers on Far Eastern History* (Canberra: Department of Far Eastern History, Australian National University) no. 21 (1980), pp. 17-57.

———. "The Secret History of the Mongols: Chapter Nine." *Papers on Far Eastern History* (Canberra: Department of Far Eastern History, Australian National University) no. 23 (1981), pp. 111-146.

———. "Töregene's Edict of 1240." *Papers on Far Eastern History* 23 (March 1981), pp. 39-63.

———. "The Secret History of the Mongols: Chapter Ten." *Papers on Far Eastern History* (Canberra: Department of Far Eastern History, Australian National University), no. 26 (1982), pp. 39-84.

———. "The Secret History of the Mongols: Chapter Eleven." *Papers on Far Eastern History* (Canberra: Department of Far Eastern History, Australian National University) no. 30 (1984), pp. 81-160.

———. "The Secret History of the Mongols: Chapter Twelve." *Papers on Far Eastern History* (Canberra: Department of Far Eastern History, Australian National University) no. 31 (1985), pp. 21-93.

―――. "The Secret History of the Mongols: Additions and Corrections." *Papers on Far Eastern History* (Canberra: Department of Far Eastern History, Australian National University), no. 33 (1986), pp. 129-138.

Rashid al-Din. *The Successors of Genghis Khan*. Trans. John Andrew Boyle. New York: Columbia University Press, 1971.

Ratchnevsky, Paul. *Genghis Khan: His Life and Legacy*. Trans. Thomas Nivison Haining. Oxford, U.K.: Blackwell, 1991.

Reid, Robert W. *A Brief Political and Military Chronology of the Mediaeval Mongols, from the Birth of Chinggis Qan to the Death of Qubilai Qaghan*. Bloomington, Ind.: Publications of the Mongolia Society, 2002.

Riasanovsky, Valentin A. *Fundamental Principles of Mongol Law*. Uralic and Altaic Series, vol. 43. Bloomington: Indiana University Publications, 1965.

Ronay, Gabriel. *The Tartar Khan's Englishman*. London: Cassell, 1978.

Roosevelt, Theodore. Forward to *The Mongols*, by Jeremiah Curtin. Westport, Conn.: Greenwood, 1907.

Rossabi, Morris. *Khubilai Khan: His Life and Times*. Berkeley: University of California Press, 1988.

―――. "The Reign of Khubilai Khan." In *The Cambridge History of China*, vol. 6, *Alien Regimes and Border States, 907-1368*, ed. Herbert Franke and Danis Twitchett. Cambridge, U.K.: Cambridge University Press, 1994.

Roux, Jean-Paul. *Genghis Khan and the Mongol Empire*. Trans. Toula Ballas. New York: Harry N. Abrams, 2003.

Sabloff, Paula L. W., ed. *Modern Mongolia: Reclaiming Genghis Khan*. Philadelphia: University of Pennsylvania Museum of Archaeology and Anthropology, 2001.

Saunders, J. J. *The History of the Mongol Conquests*. Philadelphia: University of Pennsylvania Press, 2001.

Schmieder, Felicitas. *Europa und die Fremden*. Sigmaringen: Thorbecke, 1994.

Shen, Fuwei. *Cultural Flow Between China and the Outside World Throughout History*. Beijing: Foreign Languages Press, 1996.

Sinor, Denis, ed. *The Cambridge History of Early Inner Asia*. Cambridge, U.K.: Cambridge

University Press, 1990.

———. *Studies in Medieval Inner Asia*. Brookfield, Vt.: Ashgate Publishing, 1997.

Skelton, R. A., Thomas E. Marston, and George D. Painter. *The Vinland Map and the Tartar Relation*. New Haven: Yale University Press, 1965.

Soloviev, Sergei M. *Russia Under the Tatar Yoke, 1228-1389*. Vol. 4 of *History of Russia*. Trans. Helen Y. Prochazka. Gulf Breeze, Fla.: Academic International Press, 2000.

Spence, Jonathan D. *The Chan's Great Continent*. New York: W. W. Norton, 1998.

Spuler, Bertold. *The Mongols in History*, Trans. Geoffrey Wheeler. New York: Praeger, 1971.

———. *History of the Mongols Based on Eastern and Western Accounts of the Thirteenth and Fourteenth Centuries*. Trans. Helga and Stuart Drummond. Berkeley: University of California Press, 1972.

Stuart, Kevin. *Mongols in Western/American Consciousness*. Lampeter, U.K.: Edwin Mellen, 1997.

Sweeney, James Ross. "Thomas of Spalato and the Mongols." *Florilegium: Archives of Canadian Society of Medievalists* 12 (1980).

Tanaka, Hedemichi. "Giotto and the Influence of the Mongols and Chinese on His Art." *Art History* (Tohoku University) vol. 6 (1984).

———. "Oriental Scripts in the Paintings of Giotto's Period." *Gazette des Beaux-arts* Vol. 113 (January-June 1989).

Togan, Isenbike. *Flexibility and Limitation in Steppe Formations*. New York: Brill, 1998.

Trubetzkoy, Nikolai S. *The Legacy of Genghis Khan*. Trans. Anatoly Liberman. Ann Arbor: Michigan Slavic Publications, 1991.

Vaughan, Richard. *Chronicles of Matthew Paris*. New York: St. Martin's Press, 1984.

Vladimirtsov, Boris Y. *The Life of Chingis-Khan*. Trans. Prince D. S. Mirsky. New York: Benjamin Blom, 1930.

Voltaire. *The Orphan of China*. In *The Works of Voltaire*, vol. 15, trans. William F. Fleming. Paris: E. R. DuMont, 1901.

Waldron, Arthur N. *The Great Wall of China*. Cambridge, U.K.: Cambridge University Press, 1992.

Waley, Arthur. *The Travels of an Alchemist.* London: Routledge & Kegan Paul, 1931.

──. *The Secret History of the Mongols and Other Pieces.* New York: Barnes & Noble, 1963.

Wang, Edward. "History, Space, and Ethnicity: The Chinese Worldview." *Journal of World History* 10, no. 2 (1999).

감사의 글

칭기스 칸이 1206년에 세운 몽골 나라는 현재도 살아 있다. 이 연구를 가능하게 해준 그 나라 공직자들, 특히 N. 바가반디 대통령, A. 찬지드 과학기술교육문화부 장관, 이흐 후랄의 의원 A. 샤그다르수렝에게 먼저 감사하고 싶다.

몽골 전역의 교사와 목자들의 자발적인 지원에 감사드린다. 몽골 사람들은 필자와 함께 다닌 Kh. 르하구아수렌 교수와 O. 수호바타르 교수를 존경했기 때문에 늘 우리 연구를 도와주려고 나섰다. 나는 외국인이었지만, 그들이 받는 명예의 혜택을 누릴 수 있었다.

우리를 도와준 사람들이 얼마나 헌신적이었는지 이루 말로 표현하기 어렵다. 아주 외딴 곳에서 야영을 해도 오래지 않아 지평선 쪽에서 한 소녀가 불을 피울 짐승 똥이나 물을 실은 야크 수레와 함께 나타나곤 했다. 더운 날이면 자작나무 껍질을 촘촘하게 엮어 만든 작은 통을 주기도 했다. 그 안에는 과일이나 마른 요구르트가 들어 있었다. 또 어떤 날은 젊은 사냥꾼이 새로 준비한 마못 요리나 우유 사발을 건네주기도 했다. 목자들은 묵을 곳이나 음식을 제공했을 뿐 아니라 말이나 양을 가져와 자신들의 조상을 연구하는 일에 직접 기여하기도 했다. 가족 전체가 하던 일을 중단하고 어린아이는 다른 사람에게 맡기고 우리와 동행하면서 우리 일을 함께 이야기한 것도 여러 번이다. 늑대가 들끓는 지역을 통과하던 어느 날에는 사람들이 자발적으로 나서서 우리를 보호해주기도 했다. 노인들은 말을 타고 왔지만, 무장한 젊은이 네 명은 50킬로미터를 우리 옆에서 뛰다시피 했다.

몽골 사람들은 가끔 반들거리는 생가죽이나 윤이 나는 짐승 뿔 같은 귀한 선물을 아낌없이 주기도 했다. 어떤 사람들은 나무를 깎아 만든 말, 양, 염소 상을 가져오기도 했다. 샤먼들은 우리 연구의 성공을 빌어주었고, 승려들은 성스러운 곳을 만나면 피우라고 향을 나누어주기도 했다. 달리 줄 것이 없는 사람은 작은 돌멩이를 주기도 했다. 자신이 사는 곳을 기억해달라는 표시였다. 필자는 이런 선물을 받고도 한 번도 보답을 하지 못했다.

이 책의 부족한 점은 오로지 필자의 책임이지만, 이룬 일이 있다면 그 공은 여럿이 나누어 가져야 한다. 몽골 국립대학 사회과학부의 J. 볼드바타르 교수의 인도에 감사한다. 울란바토르 칭기스 칸 대학의 직원, 교수, 학생들로부터는 꾸준한 도움을 받았다. 몽골어로 이 책을 내고 관련된 글을 몇 편 발표했을 때 그들은 고맙게도 비평을 해주고 더 낫게 고칠 수 있도록 도움을 주었다. 이 점에서 특히 O. 푸레프 교수, Kh. 샤그다르 교수, D. 볼드 에르데네 교수, G. 바르타르트소지 교수에게 감사한다. 번역에서는 T. 자미앙수렝, A. 문군줄, Ts. 키시그바야르, D. 치메들캄의 지원을 받았으며, 현장에서는 학생인 O. 하시바트, D. 오치르도르지의 도움을 받았다. 이 책을 위해 그림을 그려준 S. 바드랄 박사에게도 깊이 감사한다.

여행 준비를 하고 장비와 물자를 확보하는 일을 지원해준 T. 볼드, Sh. 문차그, D. 체체가자르갈, Sh. 바추가르, T. 바툴가에게 감사한다. 미국에 갔다가 다시 몽골에 갈 때는 더글러스 그라임스, 애니 루커스, 앤젤러 헬로넌-웹의 도움을 받았다.

이 연구를 진행하면서 정부나 재단의 지원은 받지 못했지만, 매컬리스터 대학은 내내 큰 도움을 주었다. 특히 전 세계에서 텍스트를 찾아준 드위트 월러스 도서관의 사서와 직원들에게 감사한다. 대니얼 발리크, 메리 루 번, 케이 크로퍼드, 짐 크라우더, 존 데이비스, 후아니타

가르시아고도이, 마틴 건더슨, 아르준 구네라트네, 지타 하마버그, 대니얼 혼바흐, 데이비드 이츠코비츠, 마나즈 쿠샤, 데이비드 래니그런, 데이비드 매커디, 마이클 맥퍼슨, 케런 나카무라, 캐슬린 파슨, 소니아 패튼, 아메드 사마타르, 칼둔 사만, 다이애너 샌디, 폴 솔론, 앤 서덜랜드, 피터 웨이슨슬 등 필자의 동료도 큰 도움을 주었다. 그러나 그 누구보다도 필자의 집착을 너그럽게 받아주고 또 작업을 도와주려 한 학생들에게 감사한다.

필자의 작업의 여러 단계에서 도움을 준 분들이 또 많다. 레이딘 아체베도, 크리스토퍼 애트우드, 브라이언 보먼, 나란 빌리크, 대니얼 부에트너, 리와 로드니 캠퍼 부부, 함 드빌리지, 존 딩거, D. 엔크출룬, 케빈 페이건, 제임스 피셔, 레이 개철리언, 자이다 지랄도, 트잘링 할베르츠마, Ts. 자르갈사이칸, 월트 젠킨스, 크리스토퍼 카플론스키, D. 코르돌담바, 필립 콜, 데이비드 매컬러프, 나비드 모세니, 액슬 오델버그, B. 오트곤바야르, 리 오언스, 키 이, 마르크 스와르츠, 돈 월시 등은 조언과 지원과 격려를 아끼지 않았다.

25년 동안 필자와 함께 일해온 대리인 로이스 월러스의 부지런함에 늘 감사한다. 오랫동안 함께 일해온 제임스 O. 웨이드의 도움에도 감사한다. 편집 과정에서는 필자의 편집자들인 에밀리 루스와 크리스토퍼 잭슨의 명석한 안내에 큰 빚을 졌다. 또 메리 빈슨트 프랑코와 린 올슨에게도 감사한다.

이 기획을 추진해온 오랜 기간 동안 몽골 사람들이 필자에게 준 선물 가운데 노래보다 귀한 것은 없었다. 필자가 지친 몸으로 다른 사람들을 쫓아가려고 말을 달릴 때면 누군가 필자에게 노래로 힘을 주곤 했다. 긴 하루가 끝나고 유목민 가족의 집에서 쉴 때면 어린 소녀가 필자 앞에 서서, 외국인에 대한 두려움 때문에 필자의 얼굴을 똑바로 바라보지 못하면서도 입을 크게 벌려 아름답고 감정이 풍부한 노래를 불러주었다. 그럴 때면 마치 시간이 정지하는 듯한 느낌을 받곤 했다.

점차 나는 그런 노래들이 단순한 오락이나 기분전환의 도구가 아님을 알게 되었다. 노래에는 귀중한 정보가 들어 있었으며, 몽골 문화와 역사에 대한 깊은 통찰이 담겨 있었다. 몽골인 같은 유목민은 늘 이동하는 생활 때문에 책과 그림을 노래에 담아가지고 다닐 수밖에 없었다. 몽골의 음악은 가사만이 아니라 땅 자체의 흐름과 일치하는 음의 오르내림으로 그들의 땅의 풍경을 기록하고 지도로 그린다. 마두금(馬頭琴)이라고 하는 모린 호르는 보통 남자가 연주하는데 새와 짐승의 소리를 낼 수 있다. 긴 노래는 보통 여자가 부르는데 목소리를 부리는 솜씨가 뛰어나 먼 땅의 풍경을 불러낼 수 있다. 캐럴 페그는 오랜 세월에 걸쳐 이런 노래들을 채록해왔으며, 그녀의 연구서인『몽골 음악, 춤, 구비설화(Mongolian Music, Dance, and Oral Narrative)』에 노래가 담긴 CD가 들어 있다.

필자가 몽골을 떠나 있을 때에도 사람들은 필자의 작업을 지원하기 위해 몽골 음악이 담긴 비디오나 녹음을 보내주었다. 익명으로 보내주는 경우도 많았기 때문에 이 자리를 빌려 그 모든 분들에게 감사하고 싶다. Ts. 푸레브쿠와 D. 아리우나의 모린 호르 녹음과 20세기의 위대한 몽골 가수 N. 노로브반사드의 탁월한 가창에 특히 감사한다. 필자는 D. 자르갈사이칸과 그룹 칭기스 칸으로부터 영감을 얻었을 뿐 아니라, 알타이-항가이, 검은 말, 검은 장미, 콘크, 텡게르 아얄구, 투멘 에크 등의 재능도 필자에게 큰 힘이 되었다. 세계 굴지의 작곡가로 알려진 N. 잔차노로프의 음악은 어떤 책에 있는 어떤 말보다도 뛰어나게 몽골 풍경의 아름다움, 그리고 그 역사에 감추어진 정열을 드러내 준다.

필자의 아들 로이 메이뱅크는 몽골과 중국 여행에 한 번 동행하며 필자를 도와준 적이 있다. 딸 워커 벅스턴은 연구 과정 내내 격려와 지원을 아끼지 않았다. 가장 큰 빚은 아내인 워커 피어스에게 졌다. 아내는 러시아, 중국, 몽골의 현장에서 필자를 도와주었을 뿐 아니라, 이 기획을 진행하는 6년 내내 늘 영감과 웃음의 원천이 되었다. 아내와 함께 손자들을 데리고 말을 타고 칭기스 칸의 초원을 달릴 날을 고대한다.

역자 후기

옮긴이는 도시에서 태어나 수십 년을 살았지만 그동안 살아본 동네는 열 손가락으로 충분히 헤아리고도 남으며, 가장 멀리 떨어진 두 동네 사이의 거리도 50킬로미터를 넘지 않는다. 농사를 짓는 친척 한 분은 옮긴이와 나이 차이가 열 살도 벌어지지 않지만, 군대 갔던 기간을 빼면 평생 한 동네에 살았다. 옮긴이나 그 친척은 '정주(定住)', '정착(定着)', '안주(安住)' 등등의 말의 의미를 몸으로 체현하고 있는 사람들이며, 자신이 오래 살아온 동네와 집과 방이 주는 익숙함과 안온함이 무엇인지 살갗의 느낌으로 아는 사람들이다. 여행은 찰나의 쾌감을 맛보기 위해 가끔 겪는 고행길이라 생각하고, 집에 돌아오는 순간 "역시 집이 최고"라고 외치는 사람들이다. 이런 사람들의 마음에는 무시무시하고 완강한 집착들이 자리를 잡을 수밖에 없으며, 그런 집착들이 알게 모르게 성격을 형성하고, 나아가 유전자까지 좌우할지도 모른다 (어쩌면 이렇게 살아온 것도 그 정주 유전자 탓인지 모른다). 이런 사람들에게 텐트를 쳤다 접었다 하며 평생을 돌아다니며 산다는 것, 다시 말해서 집을 접어서 휴대하고 다닌다는 것은, 글쎄 머리로는 몰라도 몸으로는 도저히 상상도 할 수 없는 일이겠다.

이렇게 정주 유전자에 지배당하며 살아온 옮긴이의 눈으로 볼 때 칭기스 칸이 이끄는 소수의 유목민 부대가 다수의 정주문명 부대와 맞서 승승장구하는 것은 어찌 보면 당연한 일이다. 전쟁 기술의 문제를 떠나, 마음속에 수많은 집착과 잃을 것에 대한 아쉬움이 가득한 정주 문명의 군대와 빈손으로 왔다가 빈손으로 털고 떠나는 데 익숙한 유목민 군대의 싸움은 심리전에서 이미 결판이 났을 것이기 때문이다. 물론 정주문명 군대라 해도 직업군인이 모인 규율 잡힌 군대라면 상황이 좀 달라지겠지만, 일반 농민이나 농민 부대가 몽골군 특유의 기습 작전에 휘말렸을 때 그 심리적 공황은 짐작이 가고도 남음이 있다. 살아남은 사람들 가운데 일부는 영원한 줄 알았던 것들의 덧없음을 평생 처음으로 뼈저리게 실감했을 것이고, 그 가운데 또 소수의 사람들은 이것을 각성의 계기로 삼았을지도 모르겠다.

칭기스 칸이 이끄는 몽골군은 정주 문명 사람들의 심리 상태를 얄밉도록 정확하게 파악하고 있었던 것 같다. 그래서인지 칭기스 칸은 자신의 민족을 '모전 벽의 사람들'로 부르기를 좋아했다고 한다. 즉 돌이나 흙으로 세운 벽 안에 사는 사람이 아니라 언제든지 접고 떠날 수 있는 털가죽 천막에 사는 사람들이라는 뜻이다. 아마 칭기스 칸은 이 말을 하면서 단지 자신들의 특징을 묘사만 하는 것이 아니라, 자기 민족의 생존 원리를 강조하고 싶었던 것인지도 모른다. 즉 자신의 민족은 어디까지나 노마드로서 늘 노마드답게 살아야 버텨나갈 수 있다는 이야기를 하고 싶었을지도 모른다는 것이다. 그래서 그는 세계 최고의 정복자이면서도 평생 게르를 떠나지 않았던 것이 아닐까. 뒤집어 생각하면 칭기스 칸 이후 세대, 특히 쿠빌라이에 이르러 '모전 벽'이 '돌 벽'으로 바뀌는 순간 몽골인의 기세는 정점을 넘어 쇠퇴의 길을 걸을 수밖에 없었다고 생각할 수도 있을 것 같다. 이런 것을 보면 미래는 안주(安住)하지 않는 사람들의 것이라는 말이 그래도 세상에 얼마 남지 않은 중요한 교훈 가운데 하나라는 생각이 들기도 한다.

이 책의 저자 웨더포드는 인간 집단의 그러한 문화와 심리에 익숙한 인류학자의 눈으로 칭기스 칸의 생애와 몽골의 정복의 역사를 본다. 따라서 그는 어떤 사건을 이야기하든 그것을 그 시대를 살아가던 사람들의 구체적인 생활과 연결시키려고 노력한다. 맺음말을 보면 알 수 있지만, 그가 여러 차례 몽골 학자나 안내자들과 더불어 몽골의 역사적 현장들을 답사하고, 현재 몽골 초원에서 살아가는 사람들을 만난 것도 그런 노력의 일환이었던 셈이다. 이런 의미에서 이 책은 과거의 역사를 기록한 글이면서도 놀랍게도 '발로 쓴' 글이라고 할 수 있다. 만일 독자가 역사라는 씨줄에 인류학적 에세이라는 날줄이 교직된 이 묵직한 옷감에서 언뜻 땀 냄새를 맡았다면, 그것은 저자가 몽골 현지에서 흘린 땀의 향기라고 믿어도 무방하다.

그러나 웨더포드는 땀냄새만 풍기는 것이 아니라 눈이 번쩍 뜨일 만한 거시적 통찰도 보여준다. 그의 눈에 비친 칭기스 칸과 유목민의 정복이란 땅을 차지하여 내 것으로 만든다는 의미라기보다는 길을 열고 잇는다는 의미다. 칭기스 칸은 어떤 땅에 눌러앉아 백성을 다스리는 데는 관심이 없었다. 물자와 사람이 돌아다닐 수 있는 길을 뚫고 이은 다음, 그 흐름의 방향만 통제하면 그만이었다. 이렇게 뚫어놓은 길, 게다가 몽골이 안전하게 지켜주기까지 하는 길을 통해 활발한 교류가 이루어지면서, 당대 최고의 인류 문명이 변방 유럽에까지 흘러들어가게 되었다. 당시만 해도 유럽은 몽골의 입장에서 보자면 가져갈 것이 없어서 건드리지 않은 궁핍한 땅이었다. 따라서 높은 수준의 문물을 자랑하던 아랍은 몽골에게 상당한 피해를 입은 반면, 유럽은 피해는 보지 않고 몽골이 뚫어놓은 길로 들어오는 문명의 혜택만 입었으며, 이것이 유럽이 주도하는 이른바 근대 세계가 형성되는 계기가 되었다는 것이 웨더포드의 지적이다. 몽골인이 몰고 온 머나먼 아시아 북부 초원의 차갑고 상쾌한 바람에 유럽이 오랜 잠에서 깨어난 것이다.

서구의 근대 문명이 현재 세계를 주도하다 보니 늘 서구가 세계를 주도해온 것 같지만 사실은 그렇지 않다는 것은 이제 상식에 속하는 일이다. 그럼에도 여전히 잘 믿기지 않는 일이기도 하다. 그만큼 그쪽과 동일시하는 관념이 뿌리 깊다는 뜻일 것이다. 그렇다고 근대 이전에 서구 이외의 세계가 높은 수준의 문명을 구가했다는 사실 자체만 자꾸 강조하는 것도 궁색한 노릇이 되기 십상이다. 역시 현재를 제대로 사는 데 그 지식이 어떤 도움이 되느냐가 문제겠다. 정주 유전자를 가진 사람이 유목민에게 품는 환상일지 모르지만, 칭기스 칸 역시 자신이 뚫은 길 입구에 시공자로 자기 이름을 적어두는 일에 크게 연연하지는 않았을 것 같다. 노마드답게.

번역 과정에서 직간접으로 조언과 지원을 아끼지 않은 여러 분들, 특히 김호동, 유원수, 이목 세 분에게 감사드린다.

2005년 3월
정영목

찾아보기

ㄱ

가미카제〔神風〕 305
가브리엘레 데 무시스 345
가축 도둑질 127
가톨릭 교회 237, 258, 347, 348
간쑤성(甘肅省) 146
갈리치 213
갈릴리 해 239
개의 해 102
검은 강 319
검은 뼈 가문 84, 86, 87, 91, 106, 125
검은 숲 73
검은 타타르 55
게르만 229, 230
경극 301
계몽주의 25, 358, 361
고려 15, 25, 137, 180, 280, 300, 305~308, 319, 354
고비 사막 14, 16, 33, 50, 57, 74, 92, 137, 146, 147, 160, 163, 165, 199, 206, 370
공산주의자 20, 28, 29, 297, 371
공성 망치 156, 223, 224

구르 칸 74, 98, 122
구육, 구육 칸 7, 218, 228, 229, 241~249, 252, 260, 287, 288, 315, 337
구텐베르크, 요하네스 336
그루지야 211, 212, 214, 216, 242, 254, 267, 268
그린란드 346
금단의 도시 290, 352, 354
기독교 21, 75, 79, 113, 124, 127, 129, 136, 147, 168, 175, 183, 208, 211, 213, 217, 229, 231~237, 241~245, 252~259, 266~268, 270, 272, 301, 314, 316, 328, 329, 338, 339, 340, 344, 348~350, 353, 364, 365
기번, 에드워드 139, 202, 314

ㄴ

나이만 74, 75, 88, 115~119, 121, 122, 129, 168, 170, 208
나폴레옹 전쟁 192
난징 319, 354
내몽골 159, 161~163, 288, 367, 370

네루, 자와할랄 365~367
네스토리우스파 255, 290
'노란 궁전' 166
노브고로드 연대기 204, 216, 217,
　　222, 227
니샤푸르 173, 176, 184, 186
니자리 이스마일파 263
니콜라우스 4세, 교황 315, 337
니콜라우스 쿠사누스 339

ㄷ

다마스쿠스 198, 210, 262, 271,
　　272, 324
다섯 주둥이 85
다운, 존 랭던 헤이든 362, 363
다윗 왕 235
다카시마 섬 307
닭의 해 88, 97
대원(大元) 287
데이 세첸 73
『데카메론』 347
델리의 술탄 183
도쿄 201, 208, 241, 274, 275, 290, 354
도나우 강 66, 147, 238
독일 21, 29, 183, 230~235, 325, 333,
　　339, 346, 361, 368, 369
돌론 노르 160, 163
돼지 해 109, 163, 251
드네프르 강 213, 217

들루고시, 얀 231
디니 일라 357
뜸 328

ㄹ

라시드 앗 딘 24, 192, 207, 208,
　　328, 331
라오스 249, 307, 308
랍반 바르 사우마 314~316, 337, 340
랴오양[遼陽] 158
러시아 7, 16, 17, 20, 21, 26, 28~32,
　　48, 213~217, 221, 222, 224, 226,
　　227, 229, 234, 238~240, 243, 247,
　　248, 261, 268, 270, 273, 276, 298,
　　302, 318, 319, 345, 349, 350, 353,
　　354, 360, 364, 365, 368, 369~371
레닌 370
로마 제국 359
『로마 제국 쇠망사』 139
로마노비치, 키예프의 모스티슬라프 공 213
루브룩의 빌렘 254~259, 337
루이 9세, 프랑스의 왕 258, 259
르네상스 22, 23, 337~339, 358, 365
르하구아수렌 교수 32, 377, 378
리아잔 222, 223
린친발 칸 342

ㅁ

마그나 카르타 237
마니교 127
『마의 산』 283
만리장성 131
말라바르 307
말레이 반도 321
말의 해 51, 141, 196
맘루크 273, 309
망기트 왕조 370
메르키트 52, 74, 77~84, 95, 102, 107, 111~113, 119, 121, 189, 228, 253, 373~375
메르키트 부족 51, 52, 84
메시나 345
메카 265
명 왕조 353
모건 342
모굴리스탄 280, 319, 355
모술 181, 324
모전 벽의 사람들 107, 109, 111, 122
모차르트, 볼가 강 360
모히 평원 232
몰루카 제도 308
『몽골 비사』 27, 29~36, 41, 51, 53, 61~67, 69, 71, 72, 76, 80, 83, 84, 86, 87, 91, 92, 94, 95, 100, 116, 118~120, 132, 133, 144, 167, 170, 189, 190, 192, 199, 201, 368, 374

『몽골 연구』 173
몽골 인종 26, 353, 361~363
몽테스키외 358
무굴 7, 17, 25, 26, 355~357, 369, 370
무슬림 21, 22, 26, 57, 75, 113, 129, 136, 146, 168~172, 174, 175, 178, 180~182, 191, 198, 201, 207, 208, 211, 212, 217, 220, 249, 250, 256, 257, 262, 263, 265~268, 270~273, 289, 290, 295, 298, 322, 328, 329, 333, 340, 349, 350, 353~355, 357
무칼리 151
무투겐 185
무함마드, 예언자 266, 340, 372
무함마드 2세, 호라즘의 술탄 171
물탄 196
뭉릭 134
뭉케, 뭉케 칸 220, 221, 226, 240, 248~254, 256, 258~262, 264, 265, 273~277, 287, 288, 300, 337, 339
'미녀' 알란 68
미얀마 249, 307, 310, 369
미하일 공 227
미하일 바실예비치 프룬체 370

ㅂ

바그다드 175, 210, 249, 262, 263, 265~272, 275, 315
바그다드의 칼리파 242

'바보' 보돈차르 86
바부르 356
바빌론 유수 235
바얀 302
바이칼 호수 79, 83
바투 칸 218, 219, 227, 247, 248
바하두르 샤 2세 17, 369
발라사군 169
발주나 맹약 113
발주나 호수 113
번개 진격 114
범몽골주의 364, 365, 367
범의 해 121, 238
『법의 정신』 358
베르사유 192
베르케 248
베오그라드 238, 253
베이징 27, 30, 141, 160, 289, 354
베이컨, 프랜시스 22, 23, 336, 337
베트남 15, 31, 249, 298, 300, 307, 308, 319, 321
벡테르 60, 67~70, 121, 134, 313
벨구테이 67, 69, 73, 75, 76, 79, 90, 94, 96
벨라 4세, 헝가리 왕 233
보르네오 321
보르지긴 씨족 54, 61
보르추 76, 79, 90, 124, 151
보카치오, 조반니 334, 347, 348
볼가 강 66, 173, 218, 220, 221, 238, 344
볼테르 25, 359, 360
부르칸 칼둔 34, 37, 79~81, 83, 97, 107, 113, 117, 121, 143, 172, 199, 218, 275, 369, 374
부르테 7, 61, 73, 75~77, 79, 82~84, 87, 105, 111, 114, 126, 134, 189, 192, 375, 377, 379
부리 94, 96, 228
부세, 기욤 253, 291
부하라 17, 41~49, 98, 173, 272, 280, 369, 370
북아프리카 267, 272, 289
불가리아 50, 183, 221
불가리아인 183, 220, 221, 234
불교 12, 19, 75, 79, 113, 127, 147, 168, 185, 208, 244, 256, 257, 274, 275, 290, 298, 350, 351, 352, 354
불이 붙은 창 158
뷔퐁 백작 361
블루멘바흐, 요한 프리드리히 361
비단길 16, 30, 57, 59, 137, 164, 166, 170
비잔틴 제국의 안드로니쿠스 2세 315
빅토리아 여왕 369
빈 회의 192

ㅅ

사마르칸드 46, 48, 173

사이드 알림 칸 369
사파비 355
살리에리, 안토니오 360
상도(재너두) 279, 288, 289, 342
『상업의 실무』 322
생굼 109
샤먼 33, 75, 99, 122~124, 132, 134, 135, 246, 259, 311
서혜선종 343
성전기사단 233
세 왕 235
셀렝게 강 79, 83
셀주크 174, 242, 271, 356
셰익스피어, 윌리엄 301
셰포 303
소련 20, 28~30, 33, 368~371
소로, 헨리 데이비드 39
소르칵타니 7, 218, 219, 240, 246~253, 261
소의 해 119, 254
소치겔 54, 60, 62, 76, 78
솔로비요프, 블라디미르 세르게예비치 364
송 왕조 286, 292, 302, 331
수마트라 321
수베데이 209, 211~214, 216~221, 227, 230, 232, 275, 302, 313, 369
수학 174, 325, 329~332
수흐바타르, O. 32, 376, 377
슐레지엔의 헨리크 2세 230
스탈린, 요시프 11, 28, 369

스트라스부르 349
스팔라토의 토마스 334, 361
슬라브족 16
시기 쿠투쿠 129, 162
시레문 208
시리아 249, 255, 263, 316
시리아 알파벳 129
시베리아 부족들 136, 166
시칠리아 345
식자율(識字率) 180, 332
「신앙의 평화에 대하여」 339
신장〔新疆〕 129, 168
실론 304, 321
심리전 43, 182
심장 모양의 산 35, 89, 370
십자군 175, 178, 183, 235, 271, 272
쓰시마 섬 305
쓰촨〔四川〕 275, 300

ㅇ

아나톨리아 174, 271
아라비아 반도 272
아랄 해 193
아르메니아 25, 176, 217, 254, 255, 267, 268, 270, 271, 272, 295
아릭 부케, 아릭 부케 칸 7, 249, 253, 262, 275, 277~280, 287
아무다리야 42
아바르가 96-97, 107, 166, 169, 193, 204

아시리아 동방교회 75
아이슬란드 346
아인 알 잘루트 273
아제르바이잔 214, 276
아조프 해 214
아칸츠의 그리고르 271
아프가니스탄 14, 26, 48, 169, 171, 174, 185, 196, 250, 263, 280, 369, 370
안남 307, 308
알라무트(독수리 둥지) 263
알타이 산맥 55, 121, 131
알타이어 55
알탄 칸 74
압바스 왕조 266, 270
야로슬라프 2세, 대공 242
야쿠트 알 하마위 179
얄타 회담 192
양의 해 143
양쯔 강 320, 327
에드워드 1세, 잉글랜드 왕 314
에드워드 3세, 잉글랜드 왕 334
에부스쿤 240
에이즈 346
역법 22, 51, 329, 331, 367
역병 233, 343
역전 업무 131
영기 11~14, 28, 29, 63, 80, 99, 112, 122, 200, 313, 370, 371, 379
'영원한 푸른 하늘' 12, 16, 45, 79, 80, 113, 123, 124, 132, 143, 144, 154, 201, 202, 287, 317, 372, 379
예수게이 53, 54, 56, 60~62, 74, 76, 98, 208, 287, 313
예수겐 105
예수이 105, 199
옐뤼 왕조 152
옐뤼 추차이 141, 152
오굴 카이미시 카툰 250
오논 강 28, 34, 36, 51~53, 60~62, 64, 66~68, 70, 81, 83, 85, 99, 100, 121, 161, 206, 275
오르콘 강 73, 206
오카다, 히데히로 303
오트라르 172, 173
올쿠누트 부족 51
옹 칸 73~75, 77, 81, 82, 89, 92, 93, 98, 99, 102, 108~115, 135, 141, 218, 252, 300
『완벽한 역사』 181
외몽골 160, 370
용의 해 41
우구데이 7, 125, 166, 188, 191, 192, 204~210, 217~219, 227~231, 237, 238, 240, 241, 245, 248~252, 261, 274, 280, 288, 319, 332
우르겐치 173, 193, 194
『우리 안의 몽골』 363
우익 82, 149, 262, 278, 313
우크라이나 221, 238, 345, 346
울루그베그 336

원 왕조 7, 301
원숭이의 해 220
위구르 16, 129, 136, 137, 144~146,
　　160, 166, 168~171, 176, 250, 295,
　　298, 303
윈난(雲南) 275
유교 288, 290, 300, 323, 351, 354
유대인 175, 182, 235, 236, 237,
　　258, 266, 268, 339, 340, 348~350,
　　353, 364
유라시아 49, 50, 187, 322, 344,
　　366, 371
유프라테스 강 267
의학 326, 328, 332, 343, 363
이라크 7, 26, 181, 250, 271, 318, 322
이란 280
이븐 바투타 321
이븐 알 아씨르 181, 182
이븐 알 이브리 251
이사벨, 스페인 여왕 357
이스파한 182
이슬람 21, 41, 79, 127, 147, 181, 208,
　　244, 256, 264~266, 272, 350, 355
이식쿨 호수 248, 344
이집트 239, 273, 309, 321, 345,
　　350, 372
이카 섬 305
인노켄티우스 4세, 교황 243, 244
인더스 강 14, 48, 147, 173, 196, 272
인도 7, 15~17, 26, 31, 56, 75, 99,
　　172, 174
인도양 321
인쇄술 22, 329, 332, 335~337
일 칸국 7, 280, 324, 350, 353
일본 26, 302, 303~309, 320, 362,
　　364~368
일본어 55

ㅈ

자그치드, 세첸 173
자니벡 344, 345
자다란 씨족 64, 82, 121
자르갈사이칸 D. 372
자무카 64~67, 82, 84~89, 91~93,
　　97~99, 102, 103, 108~112,
　　115~121, 134, 135, 253
자바 304, 308, 309, 320, 321
자이툰 321, 324
잘랄 앗 딘 182
'장사' 부리 94, 96
전격전 230, 368
전족 298
절름발이 티무르(태멀레인) 355
제1차 세계대전 192
제2차 세계대전 192, 219, 346, 368, 369
제베 151, 152, 158, 169, 170, 211, 212,
　　214, 216
젤메 76, 79, 90, 100, 101, 151
조선 320

조토 디 본도네 337
종교개혁 336
종이 129, 178, 180, 260, 297, 323, 327,
　　　335, 377, 379
좌익 82, 149, 262, 278
주르첸 16, 74, 92, 93, 141~149, 151,
　　　152, 154~156, 158~162, 166, 168,
　　　170, 174, 177, 178, 202, 209, 211,
　　　289, 298, 331
주르첸의 황금 칸 142
주르킨 93~96, 102, 104, 107, 121
주베이니, 아타 말리크 43, 44, 47, 48,
　　　64, 78, 109, 169, 170, 172, 192, 205,
　　　207, 209, 242, 247, 260, 331
주즈자니, 민하지 알 시라지 44, 186,
　　　200, 245
주치 7, 84, 109, 125, 135, 136,
　　　188~194, 197, 218, 261, 276,
　　　288, 369
주판 22, 330
준가르 분지 231
중국어 55, 153, 277, 298, 299, 303, 304
『중국의 고아』 25, 359
중도(베이징) 141, 160~163, 177, 289
쥐의 해 117, 226
지중해 15, 31, 107, 147, 174, 239, 271,
　　　272, 309, 356, 358
지폐 22, 209, 260, 261, 297, 336,
　　　352~354
직물 교역 327

ㅊ

차가타이 7, 125, 185, 188~191, 193,
　　　240, 246, 250, 261, 356
『차오의 고아』 359
참파 307
『창조의 자연사의 흔적』 362
천문학 174, 177, 330, 332, 333
체르니고프 213
체임버스, 로버트 362
쳉케르 강 96, 166
초서, 제프리 9, 23, 25, 334, 340, 367
총명왕 조르지 3세 211
치쥔상 359
칠레두 51, 52, 53
'칭기스 칸의 대법령' 124, 125, 244

ㅋ

카다 162
카라 키타이 118, 145, 168, 170, 178
카라코룸 206~208, 210, 224, 238,
　　　242, 244, 248, 251, 252, 258, 260,
　　　261, 264, 265, 272~275, 277, 281,
　　　290, 291
카르피니, 조반니 데 피아노 179, 337
카사르 67~70, 75, 90, 111~113,
　　　132~134, 152
카쉬가르 168, 169
카스티, 조반니 360

카스피 해 48, 173, 211, 212
카이두 280, 319
카이로 262, 345
카이펑(開封) 161
카자흐스탄 31, 168, 172, 280
카파 322, 344, 345
카프카스 산맥 48, 173
칸발릭 289~291, 298, 354
칼카 강 214, 369
캄보디아 308, 321
『캔터베리 이야기』 9, 23, 340
케레이트 부족 74, 98, 206
케룰렌 강 73, 76, 78, 81, 85, 93, 96, 107, 143, 161, 166, 169, 193, 206
케르차간 207
코르코낙 골짜기 85
콜럼버스, 크리스토퍼 342, 357, 358
쾰른 235, 325, 349
쿠데에 아랄 97, 166
쿠릴타이 89, 93, 95, 98, 104, 112, 121, 128, 143, 144, 187, 188, 192, 210, 217, 220, 228, 242, 248, 249, 261, 275, 277, 278, 279, 288, 296, 370
쿠빌라이 22, 279, 280, 285, 286, 289, 291, 292, 295, 296, 298~300, 302~304, 310, 312, 314, 315, 318, 320, 321, 326, 328, 331, 332, 338, 350
쿠출룩 118, 168~170
큐슈 305

크레모나 183
크루아 123
크룩섕크, 프랜시스 G. 363
크림 반도 217, 239, 322, 344
클레이스테네스 106, 107
키르기스스탄 31, 168, 344
키예프 213, 226, 227, 229, 231
키질쿰(붉은 사막) 42, 43
킵착 칸국 7, 276, 280, 344, 350, 353, 369

E

타양 칸 74, 115, 116, 118, 122, 129, 168
타이치우드 씨족 60~63, 69~73
타지크 42, 176, 242, 295
타클라마칸 136
타타르 25, 39, 55, 56, 61, 74, 88, 92~95, 102~105, 107, 109, 110, 121, 122, 129, 162, 181, 199, 217, 222, 225, 226, 233~235, 283, 315, 334, 339, 341, 359~361
탄트라 의식 352
탕구트 16, 18, 144~146, 157, 160, 174, 178, 198, 199, 295, 298, 300
터키 17, 164, 174, 242, 249, 280, 325, 355, 356
테무게 옷치긴 132, 134, 187, 246
테무진 우게 56, 61

테물룬 56
텝 텡그리 99, 122, 132~135, 246
톈산 산맥 168, 248, 344
토끼 해 167, 173
토레 마조레의 로제르 233
토마, 사도 75
토마스 233, 283
토쿠차르 184
톨루이 7, 125, 188, 206, 218, 221, 240, 246, 251, 252, 288
투레게네 7, 240~242, 245, 246, 248, 280, 332
투르코만 174
투르크 24, 31, 36, 42, 44, 46, 55, 56, 106, 123, 137, 171, 174, 176, 212, 264, 267, 362
투르크-몽골 인종 집단 353
투르키스탄 16, 240, 280
투사기 157
투석기 47, 157, 183, 223, 232, 262, 345
툴라 강 73, 81, 82, 107
티그리스 강 265~267, 269
티베트 12, 16, 146, 280, 295, 298, 303, 311, 318~320, 351, 352, 354

ㅍ

파스파 문자 299, 338
파키스탄 169, 174, 196
파티마 카툰 245

패리스, 매슈 224~226, 229, 234~236, 315, 334, 361
페골로티, 프란체스코 발두치 322
페르난도, 스페인 왕 357
페르시아 24, 26, 174, 175, 182, 235, 262, 280, 337, 353, 355, 358
페르시아 만 31, 321
평형추 투석기 47, 157
포르데노네의 오도릭 290
포츠담 회의 192
폴란드 230~234, 238, 309, 346
폴로, 니콜로 315
폴로, 마르코 18, 31, 109, 148, 285, 290, 291, 295, 297, 311, 317, 321, 324, 336, 357, 358
폴로, 마페오 315
푸른 투르크족 55
푸른 호수 35, 89, 370
프리드리히 1세 183
피렌체 322, 347
『피킹 가제트』 142

ㅎ

하자라 26, 185
하카타 305, 307
한국어 55
한자동맹 230
한족 288
항저우〔杭州〕 145, 302, 303

「항저우의 옛 황궁을 지나다」 303

해니쉬 368

헝가리 15, 29, 50, 227, 230~235, 237, 238, 298, 302, 309, 333

헤라트 173, 186

헤브루 부족들 75, 235, 236, 258, 372

헨티 산맥 50, 51

호라즘 41, 42, 171~179, 188, 193, 196, 198, 199, 211, 229, 242, 264, 330

호르무즈 321

화살 전령 131

화약 21, 158, 223, 232, 234, 269, 305, 335, 336, 337

화약 제국 355

화폐제도 298, 352, 353

황금 가족 204, 208, 224, 242, 246, 250~252, 254, 259, 277, 279, 318, 322, 325, 342, 349, 350

황금 오르도 276, 280

황허 14, 18, 51, 146, 275, 289, 300, 319, 320

후엘룬 51~56, 60~62

훈족 39, 56, 201, 202, 216, 363, 372

훌레구, 페르시아의 일칸 7, 249, 262~273, 275~277, 279, 318, 330

흑사병 343

흑해 171, 212, 213, 216, 239, 322

흰 뼈 가문 86, 87, 91, 106